남북교류협력을 넘어 평화통일로

상호주의
전략

상호주의전략

초판 1쇄 인쇄 | 2012. 2. 10
초판 1쇄 발행 | 2012. 2. 20

지은이 | 하정열
발행인 | 황인욱
발행처 | 圖書出版 오래

주　소 | 서울특별시 용산구 한강로2가 156-13
이메일 | orebook@naver.com
전　화 | (02)797-8786~7, 070-4109-9966
팩　스 | (02)797-9911
홈페이지 | www.orebook.com
출판신고번호 | 제302-2010-000029호

ISBN 978-89-94707-53-2

상호주의 전략

하정열 저

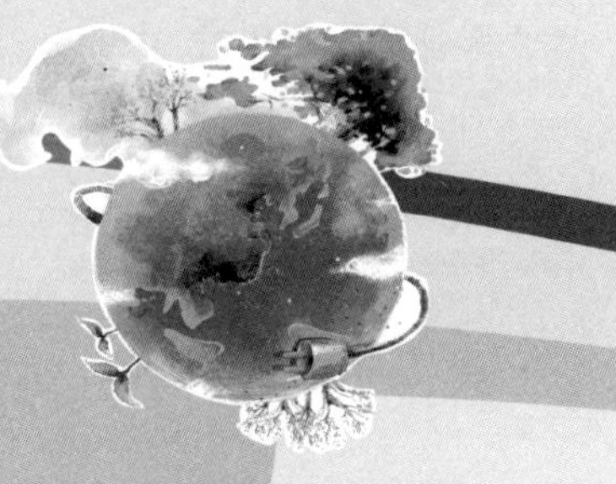

圖書出版 오래

한반도 정세는 최악의 상황에 직면해 있다. 천안함 폭침사건과 연평도 포격사태 등으로 인해 남북한 관계는 꽁꽁 얼어붙어 있다. 은둔의 왕국에서 김정일이 사망하고 김정은이 세습체제를 다져나가고 있다. 북한체제의 불안정성의 강도가 높아지고 있다. 남북한 상호 간의 불신이 극에 달해 있다. 서로 적대시 정책을 추진하며 상대를 타도해야 할 대상으로 보고 있다.

'평화통일된 일류국가'를 지향하는 우리는 극한 대치상황을 극복하고 남북이 협력할 수 있는 여건을 조성해 나가야 한다. 20세기에 우리가 건국, 산업화와 민주화에 성공하였다면, 21세기에 우리는 평화통일을 달성하여 일류국가를 만들어 가야 할 시대적 소명을 가지고 있다. 평화적인 통일이 없이는 일류국가 건설은 제한될 것이다. 그 길이 쉽게 보이지 않는다는 데 우리의 고민이 있다. 그러나 실망할 필요는 없다. 우리가 상호주의(相互主義, reciprocity) 이론을 전략적으로 잘 활용한다면 남북한이 서로 상생하면서 평화통일의 길을 열 수 있기 때문이다.

이 책은 저자의 박사학위 논문『상호주의 시각에서 본 남북관계분석』을 재정리한 것이다. 저자는 학위 수여 후 1년 반 동안 무엇을 첨삭할 것인가 고민하였다. 특히 이명박정부의 정책을 분석범위에 포함시킬 것인가를 심도 깊게 검토하였다. 그러나 지금 추진 중인 정책을 분석하는 데 한계가 있고, 아직은 모호성이 있으므로 이를 포함시키지 않기로 하였다. 따라서 근본적인 수정을 요구하는 사안이 없어 원문에 가깝게 책자로 발간하기로 하였다.

졸저는 최근 한국정치와 남북관계에서 논란이 계속되고 있는 상호주의에 대해 개념적인 정의를 보다 구체화하고 있다. 남북관계를 활성화하고 증진시킬 수 있는 이론으로 정립하여 남북한 교류협력에 적합한 유형을 제시하고 있다. 그리고 남북한 관계 및 교류협력 증진에 상호주의를 실천적으로 적용하기 위한 효율적인 전략을 제시하였다.

첫째, 전략적으로 이 글은 남북한 관계개선과 교류협력에도 일정한 전략과 원칙이 있어야 하는데, 바로 그 원칙은 호혜주의에 바탕을 둔 상호주의가 되어야 한다고 주장한다.

둘째, 이론적으로 이 글은 국제협력의 조건에 관한 액셀로드의 비탄력적 상호주의와 코헨의 포괄적 상호주의에 추가하여, '신축적 상호주의' 개념이 보완되어야 한다고 주장한다. 즉 액셀로드(Robert Axelrod)와 코헨(Robert O. Keohane)이 '미래의 잔영'이라고 지칭한 상호 관계의 지속성과 장기성, 그리고 협력의 조건으로 오래 그리고 널리 지적되어온 이슈의 연계와 다자주의 등의 협력조건은 결국 시간, 공간, 이슈 차원의 '신축적 상호주의'의 일면을 이룬다고 주장한다.

셋째, 경험적으로 이 글은 지금까지 북한문제의 해결과정은 대체로

'눈에는 눈, 이에는 이' 식의 비탄력적 상호주의의 작동으로 볼 수 있지만, 그것이 성공한 이면에는 관계의 지속성과 장기성, 이슈간의 연계, 참여자의 다수 등 포괄적·신축적 상호주의의 조건을 전략적으로 설정하거나 그것들이 구조적으로 존재하였기 때문이라고 주장한다.

넷째, 이러한 분석이 지닌 정책적 함의는 전략으로서 상호주의와 분석적 개념으로서 상호주의는 비탄력적 상호주의, 포괄적 상호주의와 신축적 상호주의로 구분되어야 하며, 이것을 혼동할 시나 한 쪽의 전략에 집착할 시는 전략의 실패와 이론적 분석의 실수가 초래될 수 있다고 주장한다.

다섯째, 남북관계가 평화통일로 가는 장기적 시간표 속에서 발생하는 여러 기능적 측면이 혼합되고, 다자가 작동하는 국제적인 틀에서 전개될 경우 비탄력적 상호주의와 포괄적 상호주의 및 신축적 상호주의의 복합적이고 선택적인 운용으로 남북 간 상호협력의 가능성은 높아진다고 주장한다.

이러한 주장에 근거하여 상호주의를 적용한 남북한 교류협력의 유형을 제시한다.

남북한 관계는 단기적으로 가시적인 성과와 업적에 연연하지 말고 호혜주의에 기반을 둔 상호주의 원칙에 입각한 교류협력 관계가 되도록 해야 한다. 국가 간의 관계이자 통일을 지향하는 특수관계인 남북한 교류협력과정에서 비탄력적 상호주의만으로는 많은 문제를 해결할 수 없다. 즉 정책적 유연성을 지니지 못해 성공을 담보하기 어렵다. 남북한 교류협력과정에서 상호주의의 적용은 신축적이고 탄력적으로 이루어지는 것이 바람직하다. 호혜주의에 바탕을 둔 남북 간의 상호주

의는 서로 호혜적 반응의 결과가 협력으로 나타날 수 있는 것이어야
한다. 왜냐하면 통일의 길은 남북한 관계에서 성공의 길이 당장 보이
지 않더라도 희망을 가지고 따라가야 하는 어려운 길이기 때문이다.

대한민국이 제로섬게임의 논리보다 상생의 원리가 작동해야 하는
남북한 관계와 교류협력에서 전체적으로 좋은 성과를 올리기 위해서
는, 매번 북한보다 잘해야 할 필요는 없다. 특히 통일로 연결되어야
할 남북한 관계에서는 '북한 측의 성공이 사실상 내가 성공을 거두기
위한 전제조건이다'라고 생각하며, 생존의 이익 분야를 제외하고는 포
괄적이고 신축적인 상호주의를 적절하게 활용해야 한다. 그래야 상호
주의 작동의 핵심요소인 신뢰와 '미래의 잔영'을 길게 가져갈 수 있는
것이다. 상호주의전략에 구현된 호혜주의는 국제정치의 이론으로도
좋은 원칙이다. 우리가 북한 측의 변화를 평가하듯이, 북한 측은 남한
측이 협력을 협력으로 되갚는지 예의 주시하고 있다는 점을 알아야
한다.

이 책은 상호주의를 연구하는 학도들에게 도움을 줄 것이다. 특히
남북관계에서 상호주의를 적용하고자 하는 정치집단이나 정책수립자
에게 큰 도움이 될 것이다. 평화통일에 대해 연구하는 분들이나 남북
교류협력 분야에서 헌신하고 노력하는 분들에게도 참고가 될 것이다.
시간이 부족한 분들은 요약과 결론 부분만 일독해도 될 것이다.

졸저의 내용에는 미흡한 점이 많다. 전적으로 저자의 책임이다. 특
히 이명박정부의 비탄력적 상호주의에 집착한 "비핵 개방 공생공영

3000”의 대북 및 통일정책의 사례들이 세부적으로 분석되어 포함되어야 할 것이다. 앞으로 수정보완하면서 남북교류협력과 평화통일에 기여할 수 있는 보다 완벽한 이론으로 정립해나갈 것이다.

졸저를 흔쾌히 출간해준 ‘오래’의 황인욱 대표님께 감사를 드린다. 논문작성과정에서 많은 가르침을 통해 지도해 주신 양무진 교수님께 고개숙여 경의를 드린다. 평화를 지키는 일과 평화통일을 앞당기는 일에 ‘통일가족’으로 헌신적으로 동참하며, 내조하고 있는 사랑하는 가족에게도 그저 감사할 뿐이다!

평화통일된 일류국가를 만들어 가는 일은 바로 21세기를 한반도의 주인으로 살아가는 우리 국민들의 몫이다! 올바른 전략을 세워 발전적으로 추진해야 한다. 이 저서가 남북교류협력의 증진과 평화통일 달성에 일조하길 기원한다. 사랑하는 조국이여! 평화통일을 딛고 일어서서 번영 발전하라!

평화통일된 일류국가를 열며
통 일 하 정 열

본 저서의 목적은 최근 한국정치와 남북관계에서 논란이 계속되고 있는 상호주의에 대해 개념적인 정의를 보다 구체화하며, 남북관계를 활성화하고 증진시킬 수 있는 이론으로 적용될 수 있는 수준까지 정립하여 남북한 교류협력에 적합한 유형을 제시하는 데 있다.

김대중정부와 노무현정부의 '대북정책(對北政策)'은 동서독 관계사가 중요한 참고대상이 되었다. 서독의 빌리 브란트(Willy Brandt) 수상의 '신동방정책(新東方政策, Neue Ostpolitik)' 이후 동서독 간의 관계는 서독이 경제적 지원을 하면 동독이 이에 보답하는 방안으로 정치범을 석방하는 식의 포괄적이고 신축적인 상호주의였다. 즉 동독은 서독으로부터 지원을 받으면 그에 상응하는 일정한 조치로 체제간의 체면치레를 했다. 그러한 과정에서 동서독의 양 체제와 주민 사이에 적대감이 점진적으로 희석되고 교류협력이 활성화되었으며, 결정적인 시기에 통일로 연결되었다.

김대중정부와 노무현정부 당시 전개된 남북교류와 협력의 확장 속에서 북한에 대한 부정적 인식과 퍼주기 논란에 따라 남북 교류협력에 발목을 잡고 나선 논리가 바로 상호주의였다.

상호주의는 국제정치에서 군비경쟁이나 갈등의 해결과정 등에서 널리 주목되던 행위패턴이었다. 그러나 1984년 액셀로드(Robert Axelrod)

의 저서[1]와 1986년 코헨(Robert Keohane)의 논문[2]에 의해 국제협력을
고취할 수 있는 전략개념으로 제안된 이래 후속 연구에 의해 국제협
력의 핵심이론의 하나로 자리잡았다.

상호주의란 일반적으로 '공정한 교환이나 동등한 가치의 교환'으로
정의된다.[3] 사회적 관계는 지속성을 지니고 있기 때문에 인간은 통상
상대방의 행위에 적절한 대응을 한다. 인간관계가 단 한번만 일어나는
일회성 관계라면 상대방의 우호적 행위로 이익을 취한 후, 상대방에게
는 항상 우호적인 행위로 보답하지는 않을 것이다. 그러나 지속적으로
계속되는 인간관계에서는 원하지도 않는 우호적인 대우를 상대방으로
부터 받을 경우라도, 통상 이에 상응하는 우호적인 행위로 상대방에게
대응해야 하는 의무감을 느낀다.

이러한 '상호주의 규범(norm of reciprocity)'은 인간의 사회적 관계에
서는 일반적으로 존재해왔다. 엘빈 굴드너(Alvin Gouldner)는 "상호주
의 규범은 자신을 도운 사람을 도와야 하며, 그들에게 해를 끼쳐서는
안 된다는 신념"[4]이라고 정의하였다. 일반적으로 우리 인간들은 이런
상호주의 규범을 지키지 않았을 때는 스스로 죄책감을 느끼며, 공동체
내에서 타인으로부터 인정받지 못한다.[5]

상호주의란 좋은 것을 되돌려 받는 것만을 의미하는 것이 아니다.
즉 나쁜 것을 되돌려 주는 것도 포함하는 개념이다. '눈에는 눈, 이에
는 이'라는 극단적으로 비탄력적 상호주의(엄격한 상호주의라고도 표현할
수 있으나, 상호주의 용어가 가지는 엄격성을 고려하여 비탄력적 상호주의로 표현
하였다)도 있다. 그러나 우리의 사회생활에서는 실질적으로 상대방이
보낸 '눈'과 똑같은 '눈'을 찾을 수 없기 때문에 극단적으로 엄격한 상
호주의는 여러 가지 현실적인 제약이 있다. 또 구성원 서로가 원하는

것이 다르기 때문에 '눈에는 눈, 이에는 이'의 극단적으로 엄격한 상호
주의는 결코 바람직하지도 않다. 따라서 일반적으로 상호주의는 받은
것과 같은 수준의 가치를 가진 것을 되돌려주는 행위를 말한다.[6]

개인은 물론 국가차원의 관계에서 나타나는 상호주의의 원천적인
의미는 동일한 가치품목의 동일한 양과 질로 교환되는 것은 아니다.
국가 간의 관계는 외교적 관계 진전의 과정에서 상호 진실성과 실질
적인 '실천의지(實踐意志)'가 중요한 것이지, 물질적 차원에서 똑같은
상호 이해관계의 교환이 핵심내용은 아닌 것이다. 특히 분단 반 세기
동안 적대적 대립관계를 유지해 온 남북한 관계가 화해와 협력의 평
화체제를 지향해 가는 과정에서 '제로섬게임(Zero-Sum Game)' 식의 냉
전주의 사고에 기반한 비탄력적 상호주의의 고집은 대승적 관점에서
미래지향적인 통일인식이라고 하기에는 거리가 멀다고 할 수 있다.

최근의 남북한 관계에서 이러한 '상호주의 원칙'의 실천적 전략과
관계된 문제가 많은 장애요소로 작용하고 있다. 그동안의 남북한 관계
에서 상호주의에 대한 논란이 최초로 발생한 것은 아이러니하게도 '포
용정책(包容政策)'을 구사한 김대중정부 시기였다. 1998년 4월 베이징
에서 있었던 남북차관급회담에서 우리 측의 남북 이산가족 면회소 설
치 요구와 북한 측의 비료제공 요구가 쟁점으로 떠올랐을 때 우리 정
부 측은 일관되게 '상호주의 원칙'을 주장하였다.[7]

북한 측은 이에 강력히 반발하였다. 남북한 간의 관계는 '특수관계
(特殊關係)'이므로 국가 간에나 적용할 수 있는 상호주의 개념을 남북
한 간의 교류협력에 적용할 수 없다는 논리였다. 즉 "민족 간의 특수
관계인 남북한 간에 상호주의의 적용은 북한의 붕괴를 조장하는 행위
로 타당하지 않다"[8]고 주장하였다.

남한 사회에서는 남북한 관계에서도 상호주의가 적용되어야 하나, 북한은 스스로 원론적인 상호주의 정신도 지키지 않으면서 남한으로부터 필요한 것만 얻으려 한다고 인식하고 있다. 우리 사회의 많은 집단들은 정부에 대해서 인도적 지원과 경제협력에 이르기까지 상호주의 원칙을 견지하라고 주장하고 있다.

그동안 상호주의란 용어도 명확한 개념 정의를 거치지 않고 매우 다양하게 사용되고 있어 무척 혼란스럽다. 학자와 사용하는 집단에 따라 '호혜주의(互惠主義)'와 상호주의를 혼용하고 있다. 상호주의를 구분 시는 '구체적(具體的) 상호주의' '엄격한 상호주의' '포괄적 상호주의' '유연한 상호주의' '점진적 상호주의' '신축적 상호주의' '비등가(非等價) 상호주의' '비대칭적 상호주의' '비동시적 상호주의' 등 각각 다른 표현을 사용하고 있다. 또한 상호주의 이론의 적용방법을 놓고도 많은 논란이 지속되고 있다.

이 저서는 앞에서 제기한 목적을 구현하기 위해 다음과 같은 이론 체제를 갖추고 있다.

첫째, 국제협력이론을 정리하여 상호주의의 개념을 보다 명확하게 정립할 것이다. 지금 남북교류협력을 포함한 남북한 간의 관계는 상호주의 이론의 적용방법을 놓고 많은 어려움에 처해 있다. 또한 통상 국제정치에서 국가 간에 적용되는 상호주의를 남북한 특수관계에서는 어떻게 적용할 것인지에 대한 논란이 지속되고 있다.

상호주의 이론은 미국의 액셀로드 교수의 '수인의 게임(Prisoner's Dilemma Game: PDG)'에 기반을 둔 협력이론에서 발전하여 '맞대응전략(Tit-for-Tat: TFT)[9]'의 개념으로 국제정치와 국제경제 분야 등에서 활용되고 있다. 그러나 그 개념의 모호성으로 인해 국가 간의 협력의 문제를 분석하기에는 많은 제한이 따르고 있다. 특히 남북한 간의 교류협력을 설명하기에는 모호성이 많다. 왜냐하면 남북한의 전통과 관습은 서방국가들의 그것과는 많은 차이가 있고, 남북한 간의 관계도 국가 간의 관계이면서 특수관계라는 이중적인 성격을 지니고 있기 때문이다. 즉 남북한 관계에서 국제정치의 상호주의 이론을 원론적으로 바로 적용하는 데는 많은 어려움이 있다.

둘째, 국제적으로 상호주의 개념은 액셀로드의 비탄력적(엄격한) 상호주의와 코헨의 포괄적 상호주의가 통용되고 있다. 본 논문에서는 여기에 '신축적 상호주의(伸縮的 相互主義, Flexible Reciprocity)' 개념을 추가하여 정립할 것이다.

셋째, 현 시점에서 모든 안보·정치·사회·경제적인 영역에서 "눈에는 눈, 이에는 이" 식의 비탄력적 상호주의에 따라 북한과 협력을 해야 하는지, 아니면 대북 포용정책이라는 포괄적 상호주의나 또 다른 형태의 상호주의를 취해야 하는지를 알아볼 것이다.[10] 왜냐하면 포괄적 상호주의가 비탄력적 상호주의보다 결국은 양측에 모두 좋은 결과를 가져다주는 효과적인 정책이라 할지라도 국가가 어느 경우에나 포괄적인 상호주의를 취할 수 있는 것은 아니기 때문이다. 포괄적 상호주의를 택할 경우, 우호적인 행위가 착취될 수 있기 때문에 일시적인 손해를 감수할 수 있고 국민들이 이에 동의하는 상황하에서만 국가는 포괄적 상호주의 원칙을 취할 수 있기 때문이다.[11] 따라서 비탄력적 상호주의와 포괄적 상호주의가 가진 문제점을 분석하고 이에 추가하여 '신축적 상호주의'를 함께 제시할 것이다.

넷째, 상호주의에 관한 이론적 논의를 한반도의 현실에 비추어 적용함으로써 남북한 교류협력과정에서 실천적인 방안을 제시한다. 이를 위해 본 논문에서는 상호주의 이론을 지난 10여 년 간 남북교류협력을 둘러싼 핵심 사안을 분석하는 데 활용할 것이다.

국가차원의 외교적 관계에서 나타나는 상호주의의 본래적 의미 자체도 똑같은 가치품목의 똑같은 양과 질로 교환되는 엄격성을 의미하는 것은 아니다. 즉 국가 간의 관계 진전의 과정에서 상호 진실성과 성실성의 실질적 외교의지가 중요한 것이지, 물질적 차원에서 동일한 상호 이해관계가 핵심내용으로 자리하는 것이 아니라는 것을 의미한다. 국제관계에서 나타나는 고전적 의미의 상호주의는 절대적 차원의 비탄력적 상호주의가 아니다. 비록 대등하지는 않더라도 관련 당사국이 비(非)등가성, 비동시성, 비대칭성에 입각해 신축적, 탄력적으로 유연하게 적용해 나가는 것이다.

분단 60여 년 동안 적대적 대립관계를 유지해 온 남북한 관계는 통일을 지향하는 과정에 있다.[12] 상호 화해와 협력의 평화체제를 지향해 가는 과정에서 여전히 '제로섬게임(Zero-Sum Game)'에 입각한 비탄력적 상호주의에 대한 집착은 대승적 관점에서 볼 때 평화통일지향적인 교류협력방식이라고 단정할 수는 없을 것이다.

다섯째, 실천적 이론의 측면에서 김대중정부에서 노무현정부까지 진행된 남북한의 교류협력 실태를 비판적으로 검토하여, 상호주의의 관점에서 비교분석하고, 남북교류협력에서의 상호주의의 효율적인 모형을 도출할 것이다. 국가 간의 관계이자 특수관계인 남북한의 관계에서 상호주의는 실천적 중요성을 지니고 있다.

1998년 초 김대중정부가 출범하면서 대북포용정책(햇볕정책)을 천명한 가운데 상호주의를 남북한 간의 새로운 교류협력원칙의 하나로 선언하였다. 노무현정부를 거쳐 이명박정부에 이르기까지 상호주의는 대북정책을 둘러싼 정치적 공방에서 핵심적인 쟁점의 하나가 되었다. 그와 같은 논쟁의 존재 자체가 암시하듯, 상호주의는 한반도 상황에 맞는 개념으로 정립되지 않음으로써 남북한 간 교류협력에 많은 혼란을 주고 있기 때문에 이를 바르게 정립할 필요가 있다.

본 저서의 연구범위는 다음과 같다.

첫째, 상호주의에 대한 개념을 보다 구체화하기 위하여 상호주의의 이론적 고찰을 실시하여 상호주의의 개념구조와 상호성의 성격과 형태 그리고 상호주의 접근의 이론적 성격을 분석할 것이다. 적용대상 사이의 상호주의를 보다 명확하게 분석하기 위해 인간집단, 국가 및 특수집단 간에 적용되는 대표적인 사례를 도출하여 분석할 것이다. 적용 분야별로 상호주의를 분석하기 위해 안보, 정치, 경제, 사회문화 및 인도적 지원 분야에서 적용되는 대표적인 사례를 분석한 후 분석결과를 현실적으로 조명하면서 상호주의에 대한 분석적·경험적 비판을 할 것이다.

둘째, 통일을 지향하는 남북한 관계에서 상호주의를 적용하는 목적은 효과적으로 협력을 끌어내어 남북관계의 발전을 촉진하는 것이지 경쟁의 악순환이 아니다.[13] 정부의 정의에 따르면 상호주의 원칙은 "상거래에서 적용되는 등가성의 상호주의가 아니라 대북지원 등 남한의 남북관계 개선 노력에 대해 북한도 일정 수준의 상응한 조치를 취해야 한다"[14]는 것으로 규정한다. 액셀로드는 협조를 끌어내기 위한 상호주의 전략으로 "1:1의 맞대응전략보다 위반행위(tat)에 대해 9/10 정도의 보복을 가하는 전략이 더 나을 것"[15]이라고 한다. 또한 코헨은 상호주의를 '구체적(specific) 상호주의'와 '포괄적(diffuse) 상호주의'로 구분하여 제시하고 있다.

이러한 개념들을 비판적인 시각으로 수용하면서 남북한의 특수관계에서 적용할 수 있는 상호주의 개념을 보다 구체적으로 정립하기 위해 상호주의의 적용분야, 적용대상과 적용방법 등을 세분화하여 분석하고 모형화할 것이다. 이 과정에서 상호주의를 비탄력적 상호주의, 포괄적 상호주의, 신축적 상호주의로 구분할 수 있는지를 검토할 것이다.

셋째, 남북교류협력의 실태를 상호주의 관점에서 비판적으로 고찰할 것이다. 이를 위해 남북한은 상호주의 개념을 어떻게 인식하고 있으며, 남한과 북한이 남북교류협력의 수행과정에서 이를 어떻게 적용하고 있는지를 비판적으로 분석할 것이다. 이를 위한 분석 대상 기간은 김대중정부가 시작되는 시기인 1998년 3월에서 노무현정부가 끝나는 시점인 2008년 2월까지를 선정할 것이다.

졸저의 연구방법은 문헌분석과 사례분석을 중심으로 할 것이다. 문헌분석에서는 앞에서 언급한 국내외 문헌들을 정밀하게 검토할 것이다. 먼저 상호주의의 이론을 고찰하기 위해서 액셀로드와 코헨의 상호주의를 학문적 접근으로 살펴본 후 맞대응전략의 개념이 남북교류협력을 설명하기에는 제한사항은 없는지 검토할 것이다.

국내외의 선행연구 문헌을 통해서는 김대중정부와 노무현정부에서의 상호주의 적용실태와 문제점을 도출할 것이다. 그리고 상호주의의 개념을 보다 구체적으로 정립하기 위해 개인과 조직의 행동원리를 규명할 것이다. 상호주의 관점에서 본 국가의 행동원리는 게임이론과 대표적인 사례연구를 통해서 규명할 것이다. 그리고 남북한 간의 교류협력에 많은 시사점을 주고 있는 동서독의 교류협력 사례를 분석하여 활용할 것이다.

이러한 문헌과 사례분석을 통해 남북교류협력에 필요한 하나의 모형을 제시할 것이다. 즉 상호주의를 비탄력적 상호주의, 포괄적 상호주의, 신축적 상호주의 모형으로 정립할 수 있다는 가정하에 분야별, 사안별로 적용 가능한 방안을 제시할 것이다.

국가 간의 관계와 민족 간의 관계라는 2중성을 지닌 특수 관계인 남북한 간의 교류협력에서 상호주의 적용실태를 검토할 것이다. 비탄력적 상호주의는 군사·안보 분야를 중심으로, 포괄적 상호주의는 인도적 지원과 사회문화 분야, 신축적 상호주의는 경제 분야 위주로 포괄적으로 구분하여 분석하고 비판할 것이다.

졸저는 7개 장으로 편성되어 있다.

제1장은 상호주의에 대한 이론적 검토로서 제1절에서는 상호주의의 개념구조, 상호성의 성격과 형태, 상호주의 접근의 이론적 성격을 규명하여 개념을 정립하고 적용실태를 분석할 것이다. 제2절에서는 상호주의 유형을 비탄력적 상호주의, 포괄적 상호주의, 신축적 상호주의로 구분하여 제시한다.

제2장은 상호주의와 대북정책을 다룬다. 제1절에서는 분단국의 상호주의에 대한 인식과 정책으로서, 상호주의에 대한 북한의 인식과 서독의 동방정책에서 나타난 상호주의를 연구할 것이다. 제2절에서는 대북정책과 상호주의의 경험적 분석을 위해 김대중정부 및 노무현정부에서의 상호주의 적용 실태를 연구할 것이다.

제3장은 남북교류협력의 사례분석 중 군사·안보분야 교류협력을 고찰하면서 비탄력적 상호주의가 어떻게 적용되었는지 분석한다. 이를 위해 제1절에서는 남북한 간에 성공적으로 추진된 군사분계선(軍事分界線, MDL: Military Demarcation Line) 일대의 선전물과 방송장비의 철수과정을 분석한다. 제2절에서는 서해북방한계선(北方限界線, NLL:

Northen Limited Line) 문제 해결과정에서의 비탄력적 상호주의 적용과
정을 분석할 것이다. 제3절에서는 남북 철도·도로 연결문제를 연구
할 것이다. 그 과정에서 군사·안보 분야에서도 호혜적 차원의 신축
적 상호주의가 적용될 수 있다는 점을 제시할 것이다.

제4장은 남북교류협력 사례분석 중 '인도주의적 지원(앞으로는 인도적
지원으로 통일해 사용할 것이다)'과 사회문화 분야를 중심으로 다룰 것이
다. 특히 식량·비료지원과 이산가족 상봉문제 및 사회문화 분야 교
류협력에서 포괄적 상호주의 적용 실태를 분석한다.

제5장 경제 분야에서는 금강산 관광, 개성공단 개발 등 남북한 간
경제협력 시 신축적 상호주의가 적용된 실태를 분석한다.

제6장에서는 상호주의와 남북교류협력 등 남북관계에 대한 비판적
고찰을 통해 상호주의의 적용모형을 제시할 것이다.

제7장 결론에서는 남북관계와 교류협력을 안정적으로 증진시킬 수
있는 개념과 전략으로서 상호주의의 모형과 전략을 요약·정리한다.

차 례

제7장 결 론

도표 차례

부록 차례

상호주의에 대한 이론적 검토

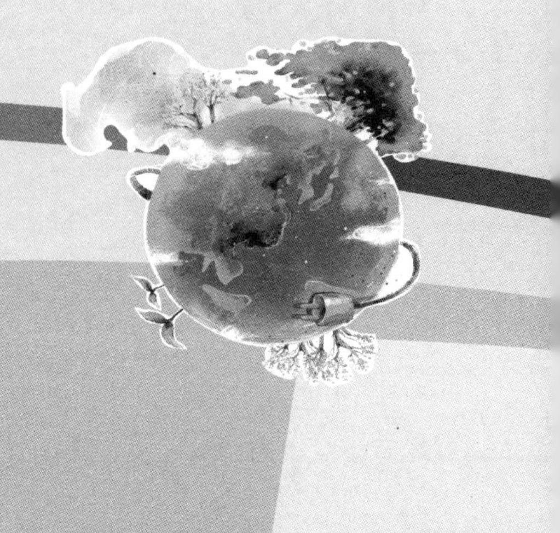

제 1 장

상호주의에 대한 이론적 검토

제 1 절 상호주의의 개념

1. 상호주의의 개념 구조

'상대방이 위반행위를 했을 때는 합당한 제재를 가하고 협력할 시에는 적절한 보상을 주는 것'이 국제정치학에서 본 상호주의 개념이다. 국제정치학자들은 국제정치에서 협력을 얻어내기 위해서는 상대방에게 일방적으로 이익을 제공하는 것보다 상대방의 협조의 정도에 따라 적합한 이익을 제공하는 것이 바람직하다고 주장한다.[1]

협력을 "합의를 통한 정책의 조정에 따른 공동이익의 실현"[2]이라고 정의할 때, 국가 상호간의 협력은 매우 어렵다는 것이 주로 현실주의 국제정치이론이 지배해온 국제정치학의 일반적인 주장이다. 이러한 주장은 주권국가들로부터 구성된 국제체계의 무정부적인 구조에 근거를 두고 있다. 즉 국가보다 위에 서서 국가를 규율할 중앙정부가 없는 국제 무정부 상태에서 국가 상호간의 합의는 그 이행이 보장되지 않기 때문에 국가들은 서로 협력하는 것을 주저한다는 것이다. 신현실주의(新現實主義) 국제정치학의 대표적인 학자인 케네츠 월츠(Kenneth Waltz)는 국제 무정부 상태에서 국제협력이 어려운 이유로 ① 협력에서 오는 대외의존에 대한 우려와 ② 협력 이득의 분배에 관한 우려 등 두 가지를 예시하고 있다.[3]

제2차 세계대전이 종식된 후의 국제경제는 무질서와 혼미에서 벗어나 미국이 주도하는 자유주의 경제이념의 기치하에 재편성되기 시작하였다. 자유로운 교역의 확대를 위해 '가트(GATT: General Agreement on Tariffs and Trade)'가 성립되었고, 확대되는 교역의 원활한 유통을 위해 '브래튼우즈(Bretton Woods)' 통화체제가 확립되었다. 가트와 브래튼우즈 통화체제의 생성과 유지의 저변에는 미국의 패권적 지도력이 크게 작용하고 있었다. 당시 미국은 자유주의 경제질서 유지에 필수적인 집단재(集團財, collective goods)를 제공함으로써 국제경제체제의 안정과 존속에 결정적 역할을 해 올 수 있었던 것이다.

그러나 미국의 지도력에 의해 생성되었던 국제경제의 자유주의 질서가 붕괴위기에 처하고 있다. 미국의 달러를 기축화폐로 하여 구축되었던 브래튼우즈 통화체제는 이미 해체되었고, 다변적 무역체제로서 역할을 해 오던 가트마저 'WTO(World Treaty Oganization)'에 자리를 넘겨주었다.[4]

국제경제체제의 이러한 무질서 현상은 국제정치와 경제학자들에게 여러 가지 흥미 있는 연구 과제를 던져주었다. 그 중 가장 관심을 끌고 있었던 과제는 패권적 지도력에 기반을 둔 자유주의체제가 붕괴되고, 국제경제가 무질서해졌을 때 어떠한 방법으로 이를 효율적으로 극복하여 협력과 질서를 다시 복원시키느냐 하는 문제였다.[5]

이 문제 해결을 위해 여러 각도에서 행해진 탐구 중 가장 관심을 끌고 있는 것은 액셀로드와 코헨을 중심으로 하여 전개되었던 상호주의 이론이었다.[6] 이 이론에 따르면 국제 무질서 상황에서 자국 중심적인 행위자들의 협력을 유도하고 질서를 복구하는 최선의 방법은 상호주의 원칙에 입각한 쌍무적인 '견제와 균형'이라는 것이다.

국제무정부 상태에서 상호주의 이론을 뒷받침한 게임이론은 '수인의 딜레마'게임으로 대표된다.[7] 이 게임에서 두 사람은 '협력'과 '배신' 중 선택을 하게 되는데 통상 배신을 선택할 동기를 갖게 된다는 것이다. 그 이유는 첫째, 자신이 협력을 선택했을 경우 상대가 배신을 선택함으로써 스스로를 최악의 궁지에 빠뜨릴지 모른다는 의구심에서 오는 '방어적 동기'에서 온다. 둘째, 상대가 협력을 선택할 경우 자신은 배신을 선택하는 것이 자신에게 최선의 결과를 가져다 준다는 '공격적 동기'가 작용한다. 그런데 배신은 상대방이 무엇을 선택하더라도 보다 나은 결과를 가져다 줄 수 있다는 점에서 통상 '지배전략(支配戰略, dominating strategy)'이 될 수 있다. 또 서로가 결정적으로 유리한 전략을 선택하려는 데서 초래된 상호 배신의 결과는 상대방이 현재의 상태를 고수하는 한 일방적으로 선택을 변경할 이유가 없는 '내쉬의 균형점(Nash equilibrium)'[8]이 된다.

여기에서 선택자의 딜레마는 개인적으로는 이 결과가 최악에 가깝고, 두 선수가 모두 보다 나은 결과를 얻을 수 있는 대안이 있음에도 불구하고, 이것을 달성하지 못한다는 데 있다. 개인적으로는 합리적인 선택이 사회적으로 볼 때는 비합리적인 결과를 가져온다는 역설이 국제정치학의 주요 현상의 하나인 바로 '안보 딜레마'의 핵심이다. 또 이것이 다수 간의 상황에 적용될 때 공공재의 과소공급을 초래하는 '집단행동의 딜레마'의 근간을 이룬다는 것이다.

국내사회에서는 이러한 집단행동의 딜레마는 일반적으로 정부에 의해 해소될 수 있다. 예를 들면 정부가 국가권력으로 탈세자를 처벌하고 조세와 공공정책을 통해 공공재의 공급을 확보하는 것이다. 그러나 국제 무정부상태에서는 그러한 역할을 수행할 세계정부가 존재하지 않기 때문에 국제공공재는 대부분 과소공급 상태이며, 국가 간의 관계는 협력보다는 갈등이 지배적으로 나타나는 것으로 인식되고 있다.[9]

이와 같이 상호주의는 패권적 안정의 붕괴에서 오는 무질서 현상을 극복하기 위한 하나의 방안으로 대두되었다. 상호주의 이론을 본격적으로 전개시킨 주역은 미시간대학의 액셀로드 교수다. 그는 미국의 국가과학재단의 연구지원 사업으로 수행한 수인의 게임에 관한 연구결과를 『협력의 진화(*The Evolution of Cooperation*)』라는 책을 통해 발표했고, 연구 결과는 학계의 비상한 관심을 불러일으켰다.[10] 왜냐하면 그의 발견은 수인의 게임(PDG)이 항상 상호불신과 궁극적으로는 갈등과 대립만을 야기시킨다는 종래의 주장에 이론(異論)을 제기하고 있기 때문이다. 그는 비록 PDG가 국제적 상황에서는 무정부상태를 가정하고 있고, 그러한 상황하에서 협력의 조화를 추구하기가 힘들지만, 일단 PDG를 일회에 중단시키지 않고 '맞대응전략'으로 지속할 경우에는 '수인의 딜레마'에서 벗어날 수 있다고 보았다.[11]

이를 보다 구체적으로 살펴보면, 1984년에 출간된 액셀로드의 『협력의 진화』는 조정되지 않는 개별행위자들의 이기적인 행위가 서로 어떻게 맞물려 국제협력의 결과를 가져올 수 있는가를 논리적으로 규명하여 국제협력이론의 새로운 전기를 마련하였다. 그의 논지는 다음 두 가지로 요약될 수 있을 것이다.

첫째, 액셀로드는 무한 반복의 PDG게임을 도입하여, 딜레마에 빠진 죄수들 사이에서도 협력이 논리적으로 가능하다고 주장한다. 그 이유는 그들이 다음에 또 만날 수 있다는 '미래의 잔영(shadow of the future)' 속에 살고 있기 때문이다. 즉 반복게임에 참여하는 선수들은 게임의 결과에서 오는 수익을 미래부분을 포함하여 새로이 계산, 정의함으로써 게임의 구조가 달라질 수 있기 때문이다. 구체적으로 액셀로드는 일종의 조건부 협력전략인 'TFT(Tit-for-Tat)전략'과 항상 배신을 택하는 'AD(Always Defect)전략'을 비교하면서, 일정한 조건이 충족되면 TFT전략이 지배전략이 되고 상호협력이 '내쉬의 균형'이 되어 협력은 안정적으로 지속될 수 있다는 것을 수식을 사용하여 증명하고 있다.[12]

둘째, 그는 행위자들이 '미래의 잔영' 속에 살고 있다고 느낀다면, 행위자들이 다수일 때도 협력은 논리적으로 가능할 뿐만 아니라 현실적이라고 주장한다. 그는 많은 게임이론의 전문가들에게 그들 나름대로의 전략을 제출할 것을 요청하여, 그들 서로 간에 가상의 점수를 부여한 PDG게임을 일정횟수(200회)만큼의 컴퓨터 토너먼트 게임을 실시하였다. 15개의 상이한 전략을 가지고 나머지 14개의 전략을 상대로 15차례의 토너먼트를 실행한 결과 아나톨 레퍼포트(Anatol Rapoport) 교수가 제출한 TFT전략이 최고의 평균점수를 얻었다. 그는 이 결과를 공표한 후 새로운 게임을 공모하여 제2차 컴퓨터 토너먼트를 실시하였다. 당시 제출된 63개의 전략이 서로 게임을 벌인 결과 대부분의 전략들이 주로 TFT전략에 대항하여 고안되었음에도 불구하고 놀랍게도 TFT전략이 최고의 점수를 얻었다.[13]

TFT전략이 모든 전략을 상대로 일대일의 승리를 거둔 것은 아니었다. 따라서 모든 상대를 이길 수 있다는 의미에서 최선의 전략은 아니다. 예를 들면 무조건 배신을 택하는 AD전략은 일대일의 대결에서 TFT전략을 이길 수 있는 것이다. 단 다양한 전략을 택하는 많은 행위자간에 복합적으로 일대일 게임이 진행될 때 평균적으로 최고의 수익을 얻었다는 점에서 TFT전략은 지금까지 알려진 바로는 최선의 전략이다.

액셀로드의 주장에 의하면 TFT전략은 다음과 같이 두 가지의 강점을 갖고 있다.

첫째, 전략의 '견실성(堅實性, robustness)'이다. 어떤 전략은 특정전략에 대해 매우 높은 점수를 낼 수 있지만 또 다른 전략에 대해서는 상대적으로 매우 낮은 점수를 기록하여 평균적으로는 큰 점수를 기록하지 못하였다. 반면 TFT전략은 어떠한 전략에 대해서도 꾸준히 평균 이상의 점수를 기록하였다는 것이다. TFT전략의 견실성은 말하자면 남들이 쉽게 이용하거나 혹은 역이용할 수 없다는 점에서 나온다.

둘째, 전략의 '단순성(單純性, simplicity)'이다. 전략 자체가 매우 단순하여 상대가 쉽게 알아볼 수 있다는 것이다. 즉 쉽게 알아볼 수는 있으나 역이용하기는 상대적으로 어려운 TFT전략에 있어서는 이것이 약점이 아닌 강점이 될 수 있다는 것이다. 즉 상대방이 TFT전략을 쓰고 있고 또한 그 전략을 역이용하기 어렵다는 것을 알면 사람들은 자신의 이익을 위해 자발적으로 협력해 온다는 것이다. 따라서 액셀로드는 협력은 다수가 끊임없이 상호작용하고 있는 사회생활에서 '자생적(自生的)'으로 생성되어 나온다는 일종의 진화론적인 주장을 펴고 있다.[14)]

이러한 액셀로드의 연구결과는 무정부 상태하의 국제협력문제에 있어서 중대한 이론적 의미를 지닌다. 즉, 반복되는 게임에서 상호주의에 입각한 TFT전략의 성공은 지금의 배신이 미래에는 처벌을 받고 지금의 협력이 미래에는 보상된다는 것을 의미한다. 이는 '자력구제(自力救濟)'의 국제체제에서 국가의 행위를 최소한 개체의 차원에서 효율적으로 보상 또는 처벌함으로써 국가 간의 약속이 "분권적으로 집행됨"을 위미하며, 법집행의 중앙권위체가 결여되어 있다는 의미에서의 국제 무정부상태의 개념에 중대한 수정을 가하는 것이다. 이와 같은 인식과 전환은 '국제협력이론(國際協力理論)'이 국제정치학 연구의 한 핵심을 이루게 된 계기가 되었다.[15]

액셀로드의 TFT전략은 '상호성(相互性)'의 원칙에 기반하고 있다.[16] 여기서 상호성은 여러 가지 의미를 내포한다. 그 의미를 세부적으로 살펴보면 ① 양자 간에 쌍방의 행위에 대한 상호보충(相互補充, mutual reinforcement), ② 상호협력(相互協力, mutual cooperation), ③ 부정적 또는 긍정적 조건적 교환(contingent exchange of nagative or positive reinforcement), ④ 동등한 교환(equivalent exchange), ⑤ 상대방에게 영향력을 발휘하여 그 행태를 수정하는 전략, ⑥ 행태의 한 원칙 또는 기준 등으로 나누어 볼 수 있다.[17]

이러한 의미를 내포하는 상호성의 원칙은 이미 여러 시각에서 연구되어 왔다. 국제정치학, 인류학, 사회학 및 경제학 등에서는 상호성의 원칙이 집중적으로 다루어져 왔다. 국제법의 경우에서는 상호성을 상대국가의 비우호적 행위에 대한 '합법적 보복(retorsion)'과 상대국가의 비합법적 행위에 대한 '비합법적 보복(reprisals)'으로 분류하여,[18] 상호성 특히 보복(報復, retaliation)이라는 개념을 중앙정부가 없는 무정부적 국제체계 내에서 질서를 유지할 수 있는 하나의 규범으로 보고 있

다.[19]

한편 피터 브라우(Peter Blau)는 그의 '사회교환이론(社會交換理論, social exchange theory)'에서 교환의 형태를 사회적 교환과 경제적 교환으로 나누고 보상의 조건적 교환으로서의 상호성은 사회적 교환의 가장 중심이 되는 규범이라고 제시하였다.[20] 교환구조를 집중적으로 연구한 사린(Marshall Sahlin) 역시 원시사회에 있어서 교환의 형태를 '수지타산적 상호성(balanced reciprocity)'과 '일반화된 상호성(generalized reciprocity)' 교환으로 나누어 보면서 상호성이 경제적 교환의 핵심적인 규범으로 작용하고 있다고 본다.[21]

이러한 상호성의 의미를 보다 분석적(分析的)으로 정리하고 이를 국제정치에 적용시킨 것은 극히 최근의 일이다. 코헨은 그의 논문에서 상호성이란 개념을 집중적으로 분석했다. 그의 이러한 노력은 액셀로드의 영향을 크게 받았다. 사실 코헨은 1984년 저서인 『*After Hegemony*』에서 패권국이 쇠퇴한다 하더라도 자유주의적 경제질서는 지속될 수 있다고 보았다. 왜냐하면 패권국이 사라진 후에도 그 국가를 생성하고 유지시켜 온 체제들은 그 자체에 내제해 있는 '제도적 타성(制度的 惰性, institutional inertia)'에 의해 존속되고 작용하기 때문이라는 것이다. 그러나 이와 같은 제도적 타성에 의한 체제의 지속성이란 코헨의 명제는 다른 측면에서 비판받기 시작했다.[22] 이 시점에서 코헨의 발견은 하나의 이론적 탈출구를 제시해 주는 것이었다. 액셀로드의 TFT 명제는 '규제적인 체제(regulative regimes)'가 존재하지 않아도 무정부적 국제사회에서도 질서와 조화를 모색할 수 있도록 허용해 주는 것이기 때문이다.

코헨은 상호성을 "선에는 선, 악에는 악을 베풀듯이 일방이 타방의 그 이전 행동에 '부수적(附隨的, contingent)'으로 행동을 할 때 나타나는 대략적인 등가교환(roughly equivalent exchange)"[23]이라고 정의하고 있다. 이와 같은 정의는 두 가지 중요한 개념들에 근거하고 있는 것이다. 그 하나는 부수성 내지는 '조건부성(條件附性, contingency)'이며 다른 하나는 등가성 내지는 '동등성(同等性, equivalence)'이다. 조건부성은 '탈리오의 법칙(lex talionis)'[24]에서처럼 상대방의 행동여하에 따라 나의 행동도 결정된다는 것이다. "미소에는 미소로, 배신에는 배신으로"에서처럼 모든 교환이 조건부 상황에서 이루어짐을 의미한다.[25]

코헨의 저서 『*After Hegemony*』에서 시사하고 있듯이 많은 학자들은 미국의 패권적 지도력을 상실한 상황하에서의 국제정치를 어떻게 분석하느냐 하는 데 연구의 초점을 두고 있다.[26] 즉 미국의 패권적 지도력이 상실된 상태에서 발생되는 국제정치와 국제경제체제의 혼란을 극복하고, 협력의 정신을 가져올 수 있는 방법은 상호주의 원칙에 입각한 정책의 전개라고 하는 것이 이 이론의 핵심 요지인 것이다.

본 저서의 주제인 '상호주의 이론(相互主義理論, theory of reciprocity)'은 바로 이러한 맥락과 연계되어 있다. 따라서 대북 정책에서도 상호주의 전략이 어떻게 효과적으로 구사되어야 남북한 관계를 협조의 게임으로 유도해 낼 수 있겠는지를 검토해야 할 필요가 있다.

2. 상호성의 성격과 형태

1) 상호교환의 조건부성과 동시성

'맞대응전략'의 요지는 첫 게임에서는 먼저 협력하고, 그 다음부터는 항상 상대가 바로 전에 한 대로 따라하는 전략이다. 상대가 배반하면 나도 다음 게임에서 반드시 배반한다는 뜻이다.[27]

축구 등 각종 시합과 달리 '맞대응전략'에서는 상대방이 무조건 나를 꺾으려 한다고 가정하는 것은 바람직하지 않다. 사실 맞대응전략에서 최상의 전략은 상대 경기자가 어떤 전략을 쓰고 있는지, 특히 그 전략에 상호협력이 발전될 여지가 있는지에 전적으로 달려 있다. 이 원칙은 현재 진행되는 게임에 비해 다음 게임의 중요성이 충분히 커서 미래가 중요해야 함을 의미한다. 다시 말하자면 '할인계수(割引係數, discount factor)'[28]가 충분히 커서 총보수를 합산할 때, 미래의 비중이 커야 한다. 물론 상대 경기자를 다시는 만날 것 같지 않거나, 혹은 미래의 보수에 신경 쓰지 않는다면, 지금 배반을 선택하고 앞날의 결과는 신경 쓰지 않아도 된다.[29] 이러한 '수인의 딜레마'의 틀은 인간, 국가, 심지어 박테리아까지 아우를 수 있을 만큼 포괄적이다.[30]

일반적으로 미래를 향한 협력은 미래에 이번 상호작용의 영향을 안 받는 사람이 아니라, 나의 호의를 미래에 호의로 되갚을 수 있는 사람과 협력하는 것이 최선일 것이다. 따라서 협력이론은 협력의 증진뿐 아니라 협력방지대책 마련에도 이용될 수 있다.[31] 이 과정에서 조건부 전략행동은 다음 세대로 유전된다.

조건부성과 등가성을 개념적 골자로 하는 상호주의는 두 개의 기준에 의해서 그 형태적 특징을 구분할 수 있다. 그 하나는 상호적 교환의 '시간적 성격'이며, 다른 하나는 상호적 교환의 '규범적 성격'이다.[32] 여기서 상호교환의 시간성을 세분하면, 동시 '일회성(一回性, simultaneous) 교환'과 '연속성(連續性, sequential) 교환'으로 구분된다. 동시 일회성 교환은 통상 시장교환 같은 데서 주로 발생한다. 가령 김 모씨가 이모씨의 아파트를 3억 원에 구매한다고 하자. 여기서 김씨와 이씨의 교환은 상호적이지만, 모든 계약 조건을 만족시킨다면 일회에

끝난다. 즉 김씨가 이씨의 아파트를 구입했다 해서 거래가 끝난 후에 별도의 사례를 할 필요는 없는 것이다. 이와 마찬가지로 대부분의 상 거래들은 동시 일회성 상호교환의 성격을 지닌다.

일반적으로 연속성의 성격을 띠는 상호교환은 시장교환에서는 찾아 보기 어렵고, 주로 '사회적(社會的) 교환'에서 쉽게 찾아볼 수 있다. 사 회적 교환에서는 통상적으로 '주고받는' 행위가 한 번에 끝나지 않고 장기간 걸쳐 연속적으로 이루어진다. 예를 들어서 김씨가 친구인 이씨 에게 술을 샀다고 하자. 이씨는 친구에게서 얻어먹은 술을 바로 그 자 리에서 동시에 되갚을 수는 없다. 만일 이씨가 동시적인 호혜를 베풀었 다고 하면 이것은 상호교환의 성격을 벗어난 각자 지불의 형태가 된다. 따라서 통상적으로 이씨는 시간을 두고 순차적으로 친구에게 호혜를 베푼다. 관혼상제에서 부조를 하고, 선물을 상호 교환하는 등의 사회적 인 행위들은 바로 이 연속적인 상호교환의 성격을 지니는 것이다.

국제정치에 있어서 상호주의는 국가 간 행위의 '등가성(等價性)'과 '동시성(同時性)'이라는 두 개념을 중심으로 '비탄력적 상호주의'와 '포 괄적 상호주의'로 구분해서 사용해왔다. 통상적으로 대등한 국력관계 에서는 국가들이 등가와 동시를 강조하는 비탄력적 상호주의에 따라 행동하는 경향이 있다. 그러나 비대칭적 국력구조를 가진 국가들 간의 관계에서는 강한 국가가 약한 국가에게 우호적인 행동을 하고도 즉시 약한 국가로부터의 동일한 보답을 원하지 않는다. 언젠가는 약한 국가 도 강대국의 우호적 행동에 대해 약간은 덜 가치가 나가는 우호적 행 위로 보답하려 한다. 이러한 포괄적 상호주의가 국력의 차이가 심한 국가들 간에는 보편적이다. 비대칭적 국력 구조에서의 포괄적 상호주 의는 국가 간의 협력이 왜 국력의 차이가 큰 상태에서 더 잘 이루어지

|도표 1-1| 상호성의 성격과 형태[33]

구 분	성 격	대 상	형 태
조건성	등가성	타인, 타 집단, 적대국, 대칭적 국가	비탄력적 상호주의
	비등가성	친족, 친구, 동맹국, 비대칭적 국가	포괄적 상호주의
동시성	일회성	시장 교환, 적대적 관계 교환	비탄력적 상호주의
	연속성	사회적 교환 우호적 관계 교환	포괄적 상호주의

는가를 설명한다, 이러한 상호성의 성격과 형태는 〈도표 1-1〉에서 보는 바와 같다.

2) 상호주의전략의 적용 과정에서의 문제점

상호주의전략의 적용에서 나타나는 첫 번째 문제는 과연 어떠한 전략이 상호주의적인지를 규정하기가 쉽지 않다는 것이다. 이것은 바로 상호주의의 개념 정의 문제와 관련되어 있다. 상호주의의 개념 정의에는 다음 두 가지 요소가 반드시 포함되어야 한다고 보여진다. 하나는 대응의 '조건성(條件性, contingency)'이고 다른 하나는 '동등성(同等性, equivalence)이다. 코헨은 "상호주의란 각각의 행동이 상대방의 이전 행동에 대하여 선은 선으로 보답하고, 악은 악으로 보답하는 방식으로 대응하면서 대체로 동등한 가치의 교환이 이루어지는 것을 의미한다"[34]라고 정의하고 있다. 그러나 이러한 정의에 기초한 상호주의를 현실에 적용하려고 할 때 나타나는 문제는 여전히 ① 상대방의 어떤 행동이 문제시되는 행동이며, ② 그것이 선한 것인지 악한 것인지를 어떻게 판단할 것이며, ③ 동등의 교환이라는 것을 누가 어떤 기준으로 판단할 것인가 하는 것들을 식별하는 것이다. 따라서 우리는 상호주의의 핵심 구성요소인 조건성과 동등성은 결국 각 당사자의 주관적 인식에 크게 좌우될 수밖에 없다는 점을 인정할 수밖에 없다.[35]

상호주의를 현실에 적용하는 과정에서 나타나는 바로 이러한 어려움은 곧 상호주의 전략의 위험성과 연결된다. 그것은 곧 상호주의가 협력을 가져오는 것이 아니라, 마찰과 분쟁을 가져올 수도 있고, 국가 간의 관계를 교착상태로 몰고 갈 위험성도 내포하고 있다는 점이다. 즉 상호주의는 협력을 위한 수단일 뿐만 아니라 갈등과 분쟁을 야기하는 수단일 수도 있다는 것이다. 상호주의 전략의 이러한 위험성은 이미 '국제협력이론'에서도 잘 인식되고 있었다. 액셀로드 역시 "맞대응전략의 문제점은 일단 불화가 시작되면 이것이 무한정 계속될 수 있다는 것이다. 이것이 바로 맞대응전략의 심각한 문제점이다"[36]라고 시인하고 있다.

국제관계에 있어서의 상호주의 전략이 가지고 있는 협력과 분쟁이라는 양면적인 기능성이 국제무역관계에서는 어떻게 실현되었는가? 국제무역관계에 있어서는 상호주의전략이 '국제협력을 통하여 자유무역질서를 구축하였는가, 아니면 국제무역분쟁을 유발하고 배타적이고 보호주의적인 국제무역질서를 가져왔는가?'를 탐구하는 연구가 지속되고 있다. 그런데 여기에서도 서로 상반된 이론이 제시되고 있다. 상호주의의 옹호론자들은 1980년대 이후 상호주의적이고 차별적인 무역정책 덕분에 자유무역질서가 유지되고 있다고 주장한다. 이에 반해 상호주의의 비판론자들은 상호주의가 차별적인 쌍무주의와 지역주의 협정들을 결과하면서 국제무역 분쟁들이 그치지 않고 있으며, 그 결과 다자적인 무역질서가 크게 위협받고 있다고 주장한다.[37] 따라서 아직도 상호주의에 대한 논란은 지속되고 있다고 보아야 할 것이다.

3. 상호주의전략의 이론적 성격

1) 상호주의전략 이론의 특성

액셀로드와 디온(Douglas Dion)은 공동 작업의 결과로서 하나의 논문을 발표하였다.[38] 논문의 제목은 "협력의 진화의 진화(The Further Evolution of Cooperation)"이었는데 1984년 이후 4년간 이루어진 이 분야의 발전을 요약한 것이었다.[39]

이론의 기본 전제는 협력의 창발을 가능하게 해주는 것은 두 경기자가 다시 만날 수 있다는 사실이다. 다시 만날 수 있는 가능성 때문에 오늘의 선택은 현재 게임의 결과를 결정할 뿐만 아니라 미래의 선택에도 영향을 미치게 된다는 것이다. 따라서 미래는 현재에 그림자를 드리우고 현재의 전략적 상황에 영향을 미칠 수 있다는 점을 밝히고 있다.[40]

이미 앞에서 설명한 내용의 개념구조와 형태를 지니고 있는 상호주의전략은 어떠한 이론적 특징을 가지고 있는가? 상호주의전략이 지니는 이론적 특징의 핵심은 다음과 같이 요약할 수 있을 것이다.

첫째, 미국 등 기존세력의 패권적 지도력의 상실에서 기인한 '자유주의 경제질서(liberal economic regimes)'의 점진적인 붕괴현상은 자국중심의 국익추구를 기정사실화하면서 무정부적 국제질서를 잉태시키고 있다.

둘째, 무정부 상황에서 이기적인 국가들 간에 협력을 구축하는 최선의 방법은 각자가 맞대응전략을 추구하는 것이다. 연속적인 상호교환에 기반을 둔 맞대응전략은 무정부적 상황하에서 발생하는 상호 배신에 의한 손실을 감소시키고, 궁극적으로는 상호협력의 길로 이끌어준다.

셋째, 연속적으로 이루어지는 상호주의전략의 효율성은 ① 교환 주체 간의 이해관계의 정도와 구조, ② 교환 주체의 수, ③ 미래의 잔영(shadow of the future)에 대한 두려움의 정도[41]에 의해 좌우된다.[42]

넷째, 상호주의전략 이론은 국제사회에서 새로운 방법론상의 전진을 의미한다. 특정적, 연속적 상호주의 교환을 주요 전략이자 개념으로 채택함으로 해서 종래의 제도적, 서술적 방법론에서 벗어나 연역적 방법론을 국제정치 분석에 도입시켜 주고 있다. 왜냐하면 특정적이고 연속적인 상호주의는 게임이론에 의해 적절히 포착할 수 있고, 따라서 그 형식화가 비교적 용이하고, 국제정치적인 이론이 될 수 있기 때문이다.

위와 같은 특징들을 주요 내용으로 삼고 있는 상호주의 접근방법은 궁극적으로는 '패권적 안정이론'의 제한성을 보완하는 이론적 대안으로 등장했다고 볼 수 있다. 그러나 이 접근방법의 제안자들은 정확하게 검증할 수 있고, 설득력 있는 명제들을 제시하지 못하고 있다. 게임이론이란 방법론적인 도입 이외에 이론의 체계적인 구성을 위한 노력도 부족하다. 아직 이론발전의 초보단계라는 관점에서 볼 때 이러한 현상은 당연하다고 할 수 있다. 그러나 이와 같은 이론이 미처 성숙하기도 전에 그 현실적 적용은 활발하게 진행되고 있다.

즉 상호주의전략 이론은 아직 그 발전의 초보단계에 있다. 액셀로드의 실험실적 발견과 코헨의 이론적 접근에서 벗어나 현실적 검증을

거친 완벽한 '이론체계(理論體系)'로의 전환은 시간이 더 필요하다.[43]

그럼에도 불구하고 상호주의전략 이론이 갖는 현실적인 설득력은 크다. 이기주의적 교환주체가 스스로의 이익을 극대화시키는 과정에서 맞대응전략을 취하면 교환주체 모두에게 혜택을 주는 협조와 질서, 그리고 조화가 궁극적으로 도출될 수 있다는 이 이론의 논리는 오늘날과 같은 험난한 세계질서의 확립에 도움이 될 수 있다. 1970년대의 국제정치·경제학이 연역적 이론의 부재현상으로 비판받아 왔다는 점을 고려할 때, 게임이론에 기초한 상호주의 이론의 출현은 새로운 인식의 지평을 열어주는 것일 수도 있다. 이러한 긍정적 측면에도 불구하고, 상호주의이론은 여러 가지의 분석적이고 경험적인 제약과 모순을 내포하고 있다.

2) 상호주의전략 이론의 제약과 문제점

상호주의전략 이론의 가장 큰 제약은 개념적인 모호성에서 찾아볼 수 있다. 앞에서 설명한대로 상호주의이론은 두 가지 기본 개념에 근거한다. 상호주의의 핵심개념인 '조건부성'과 '등가성'이란 개념은 많은 문제를 함유하고 있다. 등가성의 가장 원형적 표현은 "눈에는 눈, 이에는 이"라는 탈리오의 법칙에서 찾아볼 수 있을 것이다. 또한 시장교환에서의 화폐처럼 교환의 매개 주체가 계량화할 수 있을 경우에만 등가성이 엄격히 적용될 수 있다. 그러나 국가 간의 관계에 있어서 이러한 등가성을 찾기는 쉽지 않다. 바로 이런 이유에서 코헨도 엄격한 의미의 등가성이란 개념을 피하고 '대충 동등한 가치(roughly equivalent value)'의 교환이란 표현을 썼던 것이다.

등가성의 문제는 수치로 측정할 수 있는 매개수단이 없다는 데서 그치지 않는다. 특히 국가 간의 상호교환의 경우에는 교환의 주체, 교환수단 그리고 교환대상 등의 측면에서 문제가 제기될 수도 있다.[44] 오늘날의 국제정치에서는 일부 현실주의자들을 제외하고는 어느 누구도 국가를 하나의 통합된 개별적 행위자로 보지는 않는다. 즉 국가를 다원적 사회노력으로 구성된 하나의 인위적 또는 자연적 집합체로 보는 성향이 지배적이다.[45] 이와 같은 시각에서 볼 때 교환주체에 있어서 '등가성'은 개념적인 불분명성에 봉착하게 된다.

즉 상호주의를 적용하는 데 가장 중요한 문제는 과연 동등한 가치가 무엇인가 하는 것이다. 경제활동은 수요와 공급에 의해 비교적 쉽게 가격이 결정된다. 천 원을 주고 공책을 사고 만 원을 주고 책을 산다. 경제활동의 대상인 물건의 가격은 비록 유동적이긴 하지만 어느 정도 정해져 있다. 한 물건이 다른 물건에 비해 어느 정도 가치가 있는지 비교적 명확하게 드러나지만, 사회적 거래에서 사회적 상품인 행위의 가치는 쉽게 결정될 수 없다. 즉 경제에서는 돈의 단위로 물건 가치의 고저가 결정되나, 사회적인 행위는 가치를 정해줄 단위가 없다. 사회적 행위자, 그 행위의 수혜자, 그리고 객관적인 제3자의 경우 같은 행위에 대해 그 가치를 각각 다르게 볼 수 있기 때문이다.[46]

쉬운 예를 들어 남한이 북한에 식량 등을 지원해주면서 이러한 대가로 기대하는 것은 어느 정도인가? 북한 측이 남한 측의 정상회담과 이산가족 상봉, 개성공단 등의 제의를 받아들인 것은 남한의 원조에 대한 대가로는 어느 정도 부족한 것인가? 사회적인 행위의 가치는 극히 주관적이기 때문에 일방의 우호적 행위에 대해서 상대국이 우호적 행위로 화답하여도 전자는 자신의 행위가 더 가치 있는 행위라는 생각에서 상대국의 우호적 행위에 상호주의로 대응하지 않을 수도 있다는 점이 상호주의의 근원적인 문제점이다.

상호주의이론이 안고 있는 또 다른 문제점은 '게임이론'[47)]에 과잉 의존하는 데서 생기는 방법론적인 제약성이다. 액셀로드와 코헨은 국제정치체계를 무정부주의적 상태로 진단하고 이를 PDG로 단순화하고자 하였다. 그리고 PDG에서 상호배신에 의한 갈등구조를 벗어나고 협조와 조화를 구하는 전략을 특정적·연속성 상호 배신에 근거한 TFT전략으로 규정한다. 이러한 게임이론적인 접근은 항상 '보상구조(報償構造, pay-off structure)'에 따른 결과 분석에 치중한다.

그러나 현실 정치를 이해하는 데 있어서는 결과적 분석은 많은 제약성을 갖고 있다. 첫째, 동기(動機, motivation)적 요인에 대한 과소평가이다. 즉 '칸트(Kant)적 딜레마'[48)]가 국가 간의 상호교환에서 자주 발생한다. 이 때 행동의 동기를 무시하고 그 결과만을 가지고 보복한다면, 협조와 조화는 어려워지고 혼란이 증폭될 수 있다.

게임이론의 또 다른 문제는 '교환과정(交換過程, exchange process)'을 무시한다는 점이다. 게임 이론가들이 인식한 것과는 달리 국가 간의 상호과정은 복합적이다. 쉬운 예로 북한과 미국 간의 핵관련 협상을 놓고 보면 이를 쉽게 알 수 있다. 그러므로 양국 간의 주장과 행동만을 놓고 그에 상응하는 상호주의적 행위를 취할 수는 없을 것이다.

중요한 국가전략과 정책이 산출되는 데는 복합적인 국내외 정치적 요소들이 개입하여 상승 및 억지작용을 하기 마련이다. 이 과정에 대한 분석이 없이는 국가의 상호교환의 성격을 객관적으로 규명할 수는 없다. 상호주의 이론가들의 이러한 제약은 게임이론에 대한 배타적 의존뿐만 아니라 국제정치를 케네츠 월츠식의 '제3의 이미지(third image)'[49)]로 분석하려는 경향에서 유래하는 것이다.[50)]

세 번째 문제는 더 심각할 수 있다. 액셀로드와 코헨의 이론적인 공헌은 '패권적 안정(覇權的 安定, hegemonic stability)'이란 주요 설명변수의 설득력 상실에 대응하여 맞대응전략을 하나의 핵심 개념으로 등장시켰다는 점이다. 그러나 맞대응전략은 기존의 일반흥정이론에서 상세히 논의되고 검토된 바 있다.[51] 특히 분석상의 어려움 때문에 게임이론화를 주저했던 '불특정적이고 연속적인 상호성'에 대해서도 이미 다각도로 이론적 논의와 사례적용이 있어 왔다. 브라우와 굴드너를 중심으로 전개된 '사회교환이론'[52]과 토마스 쉘링(Thomas C. Schelling)의 '묵시적 흥정(tacit bargaining)이론' 등이 바로 그것이다.[53] 이와 더불어 사회심리학자들에 의해서도 상호성의 형태에 대한 이론적이고 실증적 논의가 본격적으로 있어 왔다.[54]

한편 1980년대부터 진화생물학 분야에서 동물들의 행동을 분석하는 데 게임이론이 응용되기 시작하면서 '진화게임이론'이 발전했다. 존 메이나드 스미스(John Mainad Smith)에서 출발하여, 윌리엄 해밀턴(Wiliam Hamilton), 로버트 트리버스(Robert Tribers)를 거치면서 동물들 사이에서 먹이, 짝짓기 및 영역권 확보를 둘러싼 갈등이나, 먹이의 공유, 집단행동 등으로 드러나는 이타적 협조를 설명하는 데 있어서 진화게임이 유용한 도구임이 인식되어왔다. 그 후 액셀로드의 『협력적 행위의 진화』의 출간과 함께 사회과학의 영역에서도 진화게임이론이 도입되기 시작되었다. 그리고 개인들 간의 상호작용 및 사회적 제도의 발현 등을 규명하려는 연구에 빈번하게 등장하는 이론적 도구가 되었다. 최근에는 여기에 행동사회과학이나 실험경제학 등이 접목되면서 더욱더 풍성한 연구가 진행되고 있다. 또한 진화게임이론은 이제 사회과학으로까지 그 영역을 확장하여 학문적 교류에 기초 역할을 하고 있다. 각종 제도에 대한 미시적 기초를 밝혀내며, 상호성과 이타성, 신뢰 및 규범 준수 등 개인들의 행동성향을 분석하며 그 기원을 밝히는 데 중요한 이론적 도구가 되고 있는 것이다.

여기서 가장 핵심적인 논제인 '맞대응전략'을 성공으로 이끄는 네 가지 요인은 다음과 같다. 첫째, 상대가 협력하는 한 거기에 맞춰 행동하고 불필요한 갈등을 일으키지 말아야 한다. 둘째, 상대의 예기치 않는 배반에 응징할 수 있어야 한다. 셋째, 상대의 도발을 응징한 후에는 가능한 용서해야 한다. 넷째, 상대가 나의 행동패턴에 적응할 수 있도록 나의 행동을 명확히 해야 한다.[55]

맞대응전략에 기반을 두고 출발한 상호주의전략에서 대상 간의 협력이 진화하려면 그들이 다시 만날 확률이 충분히 커서 미래에 서로 이해관계로 얽힐 것이라고 믿어야 한다. 그러면 협력은 통상 다음과 같은 세 가지 가정을 두고 진화한다.

첫째, 무조건적으로 배신만 하는 세계에서도 협력은 싹틀 수 있다. 사실상 서로 상호작용할 기회가 없는 대상들이 산발적으로 협력을 시도한다면 협력은 일어날 수 없다. 그러나 아주 작게나마 대가성 협력을 바탕으로 서로 상호작용하는 무리가 있다면 이들로부터 협력이 진화할 수 있다.

둘째, 호혜주의를 기반으로 한 상호주의전략이 수많은 전략들이 난무하는 세계에서 살아남을 수 있다.

셋째, 협력이 호혜주의를 원칙을 기반으로 일단 정착되면, 상호주의전략은 협력적인 전략들에 맞서 스스로를 지켜낼 수 있다는 것이다.[56]

4. 상호주의의 개념 정립과 적용

상호주의의 개념이 최초로 적용되었던 무역 분야에서는 상호주의란 상대국의 시장개방 정도에 맞추어서 자국의 시장개방을 결정하려는 입장으로서, 수출입품의 제한과 관세 및 기업 활동과 금융의 자유화 등에 대한 결정은 상대국이 자국을 어떻게 취급하느냐에 따라 달라진다고 하는 원리라고 정의되어 있다.

이러한 상호주의 개념은 원래 미국의회가 미국의 국익을 지키기 위해서 지녀왔던 전통적인 사고방식이었다. 미국경제가 활황기 국면이었던 1960년대 이전에는 상호간에 관세를 인하하여 시장개방을 지향한다는 발전적이고 진보적인 상호주의였다. 그러나 이러한 입장은 미국경제의 국제적인 지위가 하락하고 경제가 어려워짐에 따라 주요 선진국에 대하여 상대국이 양보하는 이상의 이익을 미국이 주어서는 안된다는 시장제한성이 강한 상호주의, 즉 비탄력적 상호주의로 변화하였다.

상호주의는 상대국의 시장개방 정도에 맞추어서 자국의 시장개방을 결정하려는 입장인 데 반해서, '호혜주의(互惠主義)'는 무역 당사국들이 통상협정을 통해 호혜관세라는 동등한 조치를 취함으로써 상호간의 무역장벽을 완화시키고 무역증진을 도모하려는 것이다.

코헨은 이러한 상호주의의 구성요소를 밝힘으로써 상호주의의 개념을 보다 명확히 하고자 시도하였다. 그의 이론에 따르면 상호주의는 행위의 '연계성(連繫性, continggency)'과 질적·양적인 '상응성(相應性, equivalence)'을 의미한다. 보다 구체적으로 말하면 쌍방 간에 행위가 연계되어 있음을 주장할 만한 시간적인 근접성이 있어야 한다. 나아가

선의에는 선의, 악의에는 악의라는 질적 상응성과, 받은 만큼 되돌려 준다는 양적 상응성 혹은 등가성(等價性)이 존재할 경우에 우리는 이 것을 상호주의적 상황이라고 정의할 수 있다는 것이다.[57]

이러한 개념에 바탕을 두고 적대적인 또는 긴장 상태에 있는 국가 간에 있어서 긴장완화와 평화정착을 위하여 상대국의 협력을 이끌어 내는 방안으로써 ‘상호주의전략(相互主義戰略, Strategy of Reciprocity)’이 제시되고 있다. 이 상호주의전략은 상대국가의 유화적인 반응을 기대 하면서 가능한 특별한 조건을 제시하지 않고 일단 일방적인 방식으로 상대국에게 호의적인 정책을 구사하는 것이며, 이를 통하여 상호간에 협력관계를 구축해 나가고자 하는 전략이다.

상호주의전략은 학문적으로는 ‘맞대응전략(TFT)’이 대세를 이루고 있는 가운데, 단계적인 ‘상호긴장완화(GRIT: Graduated Reciprocation in Tention Reduction)전략’도 그 범주 속에서 함께 연구되고 있다.[58] 국가 간의 무역과 관계개선 및 협력, 군비축소와 대량 살상무기 문제의 해 결방안으로 주로 거론되고 있는 이 전략들은 오랜 시간 동안 협력이 단절된 상태에서 극도의 긴장을 유지해온 남북한 관계개선에도 많은 시사점과 교훈을 제공하고 있다.

남북한 교류협력의 과정에서는 북한을 국가 간의 관계이자 특수관 계로서 동등한 대화와 협상의 상대, 교류협력의 동반자 관계로 규정하 는 것은 지극히 당연한 일이다. 이것은 상호주의에 기반을 둔 협력과 나눔의 정신, 즉 호혜성이 미래지향적인 화해협력의 남북관계를 형성 하는 기반이 될 수 있기 때문이다.

남북 간의 교류협력에서 남한이 하나를 주면 북한도 어떠한 형태로 든 상응하는 성의를 보여야 한다는 것이 세금을 부담하는 국민정서에도 부합된다. 더구나 남한의 경제가 어려운 상황에서 무조건적이며 일방적인 지원을 하는 것은 그 타당성을 잃는다. 따라서 남북한 간 교류협력 과정에서 상호주의 원칙을 적용하는 것은 바람직하다. 그 방향은 남과 북이 서로 필요로 하는 목표를 제시하고 수용함으로써 상호이익을 증진하는 '호혜성 원칙'에 따라야 할 것이다.[59] 즉 상호간에 약속한 사항을 실천함으로써 신뢰구축과 안정적인 관계발전을 도모하는 방향이 되어야 한다.

지금도 상호불신이 상존하는 남북관계에서는 서로 '주고받는' 관계를 정착시키는 것이 불필요한 명분경쟁을 지양하고 상호 이익을 추구하는 효율적인 접근방법이 될 수 있다. 하지만, 비대칭적인 남북한의 위상을 생각하면, '철저하고 비탄력적 상호주의'가 되어서는 곤란하다. 그러한 차원에서 상호주의 적용과 관련해 독일의 교류협력과 통일의 경험을 살펴보고, 남북관계에서의 상호주의 적용 방안을 제시하고자 한다.

지금까지의 내용을 종합하면 다음과 같다. 첫째, 상호주의는 구조적으로 어려운 국제협력을 용이하게 만들어 주는 전략이자 국제사회에서 널리 실천되고 있는 개념이다. 둘째, 상호주의는 맞대응전략의 비탄력적 상호주의와 특정 시점, 특정 사안, 특정 행위자간 교환행위의 연계성(連繫性)과 교환가치의 '다자성(多者性)', 사안 차원의 연계성을 허용하는 포괄적 상호주의 및 신축적 상호주의로 구분할 수 있다.

맞대응전략에 기반을 둔 비탄력적 상호주의는 구체적인 협상상황에서 이기적인 국가들이 협상을 깨지 않으면서도 상대방의 배반을 막기 위해 채찍을 주로 사용하여 자국의 이익을 극대화하려는 좁은 의미에서의 강요성의 협력전략이다. 반면 호혜주의에 기반을 둔 포괄적 상호주의는 주로 경험적 현상을 설명하기 위한 분석적 개념인 동시에, 국가지도자들이 자국의 협상입지를 높이고, 나아가 협력의 가능성을 높이기 위한 당근 위주로 상대방의 협력을 유도하는 장기적인 포용전략 개념이라고 할 수 있다. 신축적 상호주의는 다자간의 국제협력의 틀 속에서 각국의 입장을 최대한 고려하면서 필요시 전체의 균형을 유지하고 당근과 채찍을 적절히 병행 사용하여 사안별 협력을 강화하는 융통성 있는 전략이다.

남북한처럼 갈등하는 당사자들 간의 문제를 해결하는 방법에는 상호주의를 직접 적용하여 문제를 해결하는 방법뿐만 아니라, 상호주의 개념에 입각한 '원칙 있는 협상'에 의한 방법도 존재한다. 이 원칙 있는 협상이란 가능한 상호 호혜주의 입장에서 이해관계를 추구한다. 양측의 이해관계가 상충하는 경우에도 양측의 의지와는 무관한 상호 호혜적인 공정한 기준에 의거하여 결론을 얻어야 한다는 것이다. 이 원칙 있는 협상은 일반적으로 현명한 합의를 추구하는데, 이는 가능한 공동체의 이해관계를 고려하여 양측의 합법적인 이해관계를 최대한 충족시켜 주며, 상충되는 이해관계도 공정하게 해결해주는 방안이라고 할 수 있다. 이러한 상호주의에 입각한 원칙 있는 협상방법을 국가 간의 갈등 과제를 해결하기 위해서 적용해볼 수 있다.[60]

남북한이 협력을 시작하는 것만큼 상호 호혜주의에 기반을 둔 협력이 유지되는 조건들도 중요하다. 상호협력을 유지할 수 있는 전략은 협력이 있을 때는 보상하고, 도발이 있을 때는 이를 응징할 수 있는 것이어야 한다. 이를 위해 상호간에 행동을 자제하고 있는 기간에도 양측은 필요하다면 분명히 보복할 수 있음을 상대에게 보여주어야 한다.[61]

교류협력과정에서 남북한의 지도자들은 자신들의 행동의 직·간접적인 영향을 잘 이해해야 한다. 이 영향은 액셀로드가 '메아리'원칙이라고 부르는 것으로, "상대방을 불편하게 만드는 것은 나에게 돌아와 나를 불편하게 만들 뿐이다"[62]라는 내용이다.

상호 자제하는 모습을 협력적으로 교환하는 것은 상호작용의 성격 자체를 바꿀 수 있다. 협력적 교환이 양측 모두 서로의 복지를 염려하게 만드는 것이다. 이런 변화는 수인의 딜레마 개념으로 해석할 수 있다. 지속적인 상호협력의 경험 자체가 참여자들이 누리는 보상의 범위를 확대시켰고, 그 결과 상호협력의 가치는 더욱 커질 수 있기 때문이다. 이러한 개념이 사람관계, 국가관계 및 특수관계 등에도 적용됨을 확인할 수 있다.

1) 사람관계와 상호주의

일반적으로 경제학에서는 사람은 각자 자신의 이익을 좇아 행동하는 이기적인 존재이고, 시장의 보이지 않은 손에 의해 이기적인 사람의 행동이 조정되어 사회적으로 바람직한 결과를 낳는다고 정의된다. 그러나 이러한 일반적인 정의에는 여전히 의문이 남는다. 개인에게는 희생 또는 비용이 들지만 다른 사람에게는 혜택을 주는 행위를 사회 곳곳에서 쉽게 볼 수 있기 때문이다.

매트 리들리(Matt Ridley)는 이러한 주장을 직접적으로 반박하는 책을 발간하였다. 도킨스(Richard Dawkins)처럼 영국에서 태어나 옥스퍼드 대학에서 연구한 후부터 재능 있는 과학 저술가로서 활동하고 있는 그는 『붉은 여왕』이라는 책을 쓴 것을 계기로 큰 주목을 받기 시작하였고, 『게놈』을 통해 세계적인 작가로 부상했다. 그는 인류는 본

성적으로 사회적인 동물인가 아니면 반사회적인 동물인가라는 질문으로부터 인간 사회의 뿌리를 연구하기 시작하였다. 그는 인간 사회의 뿌리는 그가 생각한 것보다 훨씬 깊은 곳에, 즉 문자 그대로 인간의 본성에 내재한다는 사실을 입증하려고 하였다.

매트 리들리는 『이타적 유전자(*The Origins of Virtue*)』라는 책에서 사람의 정신은 이기적인 유전에 의해 만들어졌음에도 불구하고 사회성과 협동성, 신뢰성을 지향한다고 주장한다. 그는 "인간은 사회적 본능을 가지고 있다. 모든 이타주의의 이면에는 분명히 이기성이 숨어 있다. 사랑과 상호 부조의 내밀한 성소(聖所)인 자궁에서조차 냉혹한 이기적인 관계가 발견된다. 하지만 사람의 내면에는 협동, 이타적 행위, 아량, 동정, 친절, 자기희생 등과 같은 미덕이 자리잡고 있으며, 이것은 모든 인종의 공통적인 심리적 경향이다. 사람은 개미와 꿀벌보다 더 상호의존적이다. 그러므로 호혜주의는 사람 본성의 불가결한 일부, 즉 본능일 가능성이 높다. 인간 사회에서는 호혜주의가 보편적으로 발견된다. 사회적 이타주의에 관한 한, 사람은 아주 독보적인 존재다"라고 주장한다.

상호협력을 향한 인간의 가장 큰 이점은 노동 분화다. 이것은 다른 사회적 동물과 구별 짓는 인간의 특징이다. 사람의 면역 체계를 보더라도, 이기적인 세포도 결과적으로는 인체 전체의 이익을 지향한다. 인생은 '제로섬게임(zero-sum game)'이 아니다. 나의 성공이 반드시 너의 희생을 전제하는 것은 아니며, 둘 다 승리하는 것이 가능하다. 인간 외에 어떤 영장류도 가정과 직장에서 노동 분화를 하지 않았다. 우리의 언어와 생활, 즉 관습과 문화는 온통 호혜주의적 관념이 존재한다. 인간에게는 나의 호의에 대한 상대방의 보답을 감시하는 본능이 있다. 인간의 뇌는 다른 동물들의 뇌보다 뛰어나기만 한 것이 아니라, 전혀 다르다. 인간의 뇌에는 호혜주의를 구사하여 공동사회를 이루며 서로 돕고 살아가는 이점을 충분히 활용하는 특별한 재능이 있다. 동물들과는 달리 사람은 상호 신뢰성을 높이는 구속력을 만들어내기 위해 감정을 활용한다. 인간의 감정은 사회 속에서 신뢰가 유지될 수 있게 해주고 헌신성을 보장해주는 정신적인 도구다. 사람의 감정은 사람이 서로 호혜성을 주고받으며 살아가기 위한 정교한 도구다.

사람을 다른 동물들과 구별 짓는 것 중의 중요한 요소의 하나는 문화와 관습이다. 관습은 협동과 희생을 고양하는 기능이 있다. 음악은 감동과 정서를 보장한다. 그러므로 음악은 집단에 대한 헌신성을 과시한다. 상호 이익을 위한 교류와 협력은 오랜 옛날부터 인간다움의 조건 중의 하나였다. 이것은 진화의 과정에서 다른 동물들과 완전히 구별되는 독보적인 장점이다.

사람에게는 만사가 마음먹기에 따라 달리 보일 수도 있다면, 인간이 지닌 이기적인 요소도 생각에 따라서는 상당히 이타적으로 작용할 것이고, 그 반대로 작용할 수도 있을 것이다. 만약 그렇다면, 이기적인 것이 곧 이타적인 것이 될 것이고, 이타적인 것도 곧 이기적인 것이 될 수도 있다. '게임이론'을 통해 검증해 본 결과로 사람은 비열한 전략보다는 우호적인 전략을 택할 것이라고 믿을 수 있기 때문이다.

이런 진화론의 흐름을 거슬러 올라가면서 사람이 서로 돕고 살 수 있는 능력은 어디서 오는가 하는 질문에 대한 학자들의 연구가 최근 더욱 활발해지고 있다. 이 의문에 이론적 체계를 정립한 학자가 미국의 로버트 트라이버스(Robert Tribes)이다. 그는 1971년에 발표한 논문에서 '이기적 이타주의(利己的 利他主義)'를 들고 나왔다. 그의 이타주의는 내가 너의 등을 긁어주면, 너도 나의 등을 긁어준다는 호혜적인 행동으로 요약된다. 그는 이 이론을 뒷받침하는 예로 공생하는 물고기의 세계를 들었다. 아주 작은 물고기 종류 중에 반 정도는 큰 물고기들의 몸에 붙어 기생하는 생물들을 먹고 산다. 큰 물고기들의 몸을 청소해 주는 것이다. 반면에 큰 물고기들은 이 작은 청소군 물고기들을 잡아먹지 않는다. 서로에게 이득이 되기 때문이다. 공생관계를 이루고 있는 '악어와 악어새'의 사례에서도 호혜주의에 기초한 협력은 쉽게 발견된다.

로버트 트라이버스의 이러한 이론은 결국 사람의 문제로 귀결될 수 있다. 사람은 약육강식의 진화론적인 존재로만 이해될 수 없다는 것이다. 인간 사회에서 계약이니, 교환이니, 양보니, 의무니, 지원이니 하는 어휘들은 약육강식이 아니라, 호혜주의 정신에서 나오는 언어라는 것이다.

『이타적 인간의 출현』이라는 책은 우리 사회에서 이타적인 협력행위가 어떻게 진화해 왔는가를 '게임이론(game theory)'의 연구 결과를 중심으로 설명한다. 게임이론에서 자주 등장하는 게임이 앞에서 설명한 PDG이다. 이 상황은 게임 당사자들 사이에 협조가 이루어지면 큰 이익을 볼 수 있다. 하지만 상대방과 협조를 하지 않고 자신의 이익만 좇아 행동을 하면 더 큰 이익을 얻을 수도 있기 때문에 사회적으로 협조적 행위보다는 이기적 행위가 지배적으로 나타나는 경우이다. 이러한 죄수의 딜레마 상황에서 어떻게 하면 협조적 행위를 유도할 수 있는가, 혹은 이 게임이 예측하는 결과인 이기적 행위보다는 이타적 행위가 현실에서 자주 목격되는 이유는 무엇인가 등의 문제를 해결하기 위해 많은 학자들이 연구를 해 왔다.

위와 같은 문제에 대해 이 책에서 소개되는 연구 결과는 다음과 같이 요약할 수 있다.

첫 번째 이론은 '혈연선택(血緣選擇, kin selection)' 가설이다. 이 가설에 의하면 내가 누군가를 돕는 이유는 다름이 아니라 나와 동일한 유전자를 갖고 있을 확률이 높은 사람을 도와 나의 유전자를 퍼뜨리기 위해서라는 것이다. 따라서 자연스럽게 나와 친족관계 있는 사람을 도울 가능성이 높은데, 이를 통해 현실세계에서 나타나는 이타적 행동을 설명하는 데에는 다소 무리가 있다. 사회에서 혈연관계에 있는 사람뿐만 아니라 아무런 관계도 없는 익명의 사람을 돕는 현상도 자주 목격되기 때문이다.

그래서 등장한 이론이 바로 '반복-호혜성' 가설이다. 이 이론은 장기적인 관점, 즉 타인과 지속적인 관계를 유지하면서 거래를 하는 경우에는 이기적인 행동보다는 이타적인 행동이 자기에게 더 유리하기 때문에 이타적인 협조행위를 한다는 것이다. 이를 게임이론에서는 죄수의 딜레마 상황에서 협조적 행위가 일어나는 이유는 게임이 반복되는 경우에 내가 무임승차를 하면 상대방도 다음부터는 무임승차를 함으로써 나에게 보복할 것이기 때문에 그 보복이 두려워 협조적 행위를 한다고 설명한다. 그러나 현실에서는 반복되는 경우가 아니라 일회적인 상황에서도 이타적 협조행위가 일어나기 때문에 이 이론도 모든 이타적 행위를 설명하기에는 역부족이다.

그래서 그 대안으로 등장한 이론이 '유유상종(類類相從, assortative interaction)' 가설과 '집단선택(集團選擇, group selection)' 가설이다. 먼저 유유상종 가설에 의하면, 이타적인 사람들은 상대적으로 이타적인 사람들과 어울리고 이기적인 사람들은 다소 이기적인 사람들과 어울리게 되는 경향이 사회에 문화적 특징으로 존재하여 협조적 행위가 진화한다는 것이다. 다음으로 집단선택 가설은 어떤 집단이 어떤 특성을 갖는가, 혹은 어떤 특성을 지닌 사람들을 얼마나 많이 보유하고 있는가에 따라 그 집단의 생존 가능성이 결정되는데, 한 사회에 이타적인 행위를 하는 사람들이 많을수록 그 집단은 성공할 가능성이 더 높고 따라서 이러한 집단선택 과정이 이타적 행동의 진화를 가능케 하는 메커니즘이라는 것이다.

저자는 한 걸음 더 나아가 불완전한 시장에서 거래 당사자들 간의 계약 문제 등을 해결해 주는 것이 바로 '호혜적 인간(互惠的人間, homo reciprocan)'이라고 주장한다. 정보의 비대칭성 때문에 계약이 완전하지 못한 경우에도 호혜적인 인간들이 존재한다면 시장은 정상적으로 작동될 수 있다는 것이다.

사람은 본성적으로 이타적이지도 이기적이지도 않다. 연구자들의 말을 빌리면 사람이란 '조건부 협력자'이자 '이타적인 응징자'라고 할 수 있다. 허버트 긴티스(Hubert Gintis)와 그의 동료들은 이러한 인간의 행태를 '강한 상호주의'라고 명명하였다. 이것은 타인과 협력하고자 하는 성향과 협력의 규범을 위반하는 자에 대해서는 어떠한 대가를 치르더라도 응징하려는 성향이라고 정의하였다. 남이 자기에게 하기를 원하는 것처럼 남에게 하라는 것도 만약 남이 그렇게 하지 않으면 개인적인 비용을 치르더라도 응징하겠다는 의미다. 인간은 어떤 사람은 믿을 수 있고, 어떤 사람을 믿을 수 없는지, 내가 누구에게 신세를 지고 있으며, 누가 나에게 신세를 지고 있는지, 그리고 누군가가 자기를 활용하고 있는 건 아닌지에 대한 고도의 판단력을 가지고 있다.

강한 상호주의에 대한 진화론적 논리는 간단하다. 제로섬게임이 아닌 세계에서는 조건부 협력자가 순전히 이타적 혹은 이기적 전략을 따르는 사람보다 좋은 성과를 낸다는 것이다.

전통적인 경제학이 가정하고 있는 이기주의에 가장 가깝게 행동하는 종족은 페루 우림에 사는 '마치구엥가(Machiguenga)' 사람들인 것으로 나타났다. 마치구엥가 족의 문화적 규범은 다른 사회처럼 강한 상호주의를 강조하지 않는 것으로 나타났다. 따라서 마치구엥가 문화는 이기주의, 상호불신, 낮은 협동정신 등이 특징이다. 그들 사회의 조직은 가족 단위의 범위를 넘어서지 못하였으며, 따라서 실험 대상 중 가장 가난한 사회였다.

제로섬게임에서의 최고의 전략은 상대를 타격하는 것이다. 그러나 '총합(總合, total sum)'이 증가하는 '상생(相生, non-zero sum)' 구도에서는 협력하는 것이 남을 타격할 때보다 더 큰 이익이 나에게 돌아오므로 협력한다. 이때는 남을 타격하는 '제로섬(zero sum)'이 총합을 줄이는 효과를 줄 뿐 아니라, 나의 이익에도 손실을 가하는 행위가 되므로 사회는 이런 개인을 응징한다. 따라서 마치구엥가 사회가 극도의 이기주의와 불신의 문화로 인해 지구상에서 가장 빈곤하게 산다는 것을 입증하는 사례가 되었다.

액셀로드는 제1차 세계대전 참호전 당시에 서유럽 전장에서 나타난 "공존공영(live-and-let-live)" 시스템의 흥미로운 예를 자세히 설명하고 있다.[63] 이 참혹한 참호전이 한창일 때 제1선 병사들은 자주 사격을 자제했다는 것이다. 그렇게 하면서 적군 역시 호의를 갚기를 바랐기 때문이다. 이런 상호자제가 가능했던 이유는 참호전의 특성 때문이었다고 그는 설명하고 있다. 참호전에서는 상당 기간 동안 동일한 소규모 전투부대가 서로의 얼굴을 마주보며 대치하였다. 이들은 실제로 전

|도표 1-2| 인간집단 간의 상호주의 적용

구 분	특 성	행동 형태	상호주의 적용
이기주의	· 이기심은 사람의 본능 · 이기주의, 상호불신 · 법적 통제	· 낮은 협동정신 · 제로섬게임 · 비열한 전략 선호	· 비탄력적 상호주의
이타주의	· 호혜성은 사회적 동물의 특성 · 아량, 자기희생 · 사회성, 협동성 · 문화, 관습 제한	· 노동 분화 · 넌제로섬게임 · 우호적 전략 선호	· 포괄적 상호주의
조건부협력주의 이타적 응징주의	· 협력과 자기이익 동시 추구 · 규범위반자 응징	· 토탈섬게임 · 협조적 전략 선호	· 신축적 상호주의

* 출처: 혈연선택 가설, 집단선택 가설을 포함하여 작성.

술적 협력관계를 유지하기 위해 상부의 명령과 교전수칙(交戰守則)도 위반하였다. 이 사례를 자세히 뜯어보면 집단 간 협력이 발생할 조건이 존재하기만 하면 인간 간의 협력은 시작되고, 전혀 가능할 것 같지 않는 상황에서도 유지됨을 알 수 있다. 특히 협력이 일어나기 위해 서로 간에 우정이 필요하지 않음을 잘 보여준다. 적절한 조건만 갖추어지면 적과 적 사이에서도 호혜주의에 입각한 협력이 발전될 수 있을 것이다.[64] 인간집단 간의 관계에서 상호주의 적용사례는 〈도표 1-2〉에서 보는 바와 같다.

2) 국가관계와 상호주의

국제정치체제에서 국가의 대외정책은 국내정치 또는 국가정책의 지속성을 유지하려는 경향 못지않게 상대국가의 행위에 의해 영향을 받는다. '나를 도운 자를 도와야 하며 해를 끼쳐서는 안 된다'는 상호주의의 규범은 무정부 상태의 국제정치체제에서 이기적인 국가가 어떻게 협력하는지를 설명한다.

인간관계에서뿐만 아니라 국가 간의 관계에서도 상호주의의 규범은 존재한다. 즉 상대국가로부터 양보를 받은 국가는 상대국에게 합당한 양보를 한다. 이 규범을 따르지 않는 국가는 국제사회에서 소외된다.

국제사회에서 상호주의란 국가들 사이에서 서로 비슷한 것을 주고받는 것을 가리킨다. 국제사회에서 국가가 합리적으로 행동한다는 것을 전제한다면, 어느 일방도 상대방에 대해 조금 받고 많이 주려고 하지 않을 것이다. 특히 '무정부(無政府, anarchy)' 상태하에 놓여있는 개별국가들은 생존문제에 매우 민감하기 때문에 국제관계에서의 손해나 양보가 자국의 존립을 위협할 것이라고 우려하지 않을 수 없다. 따라서 국가들은 서로에게 이익이 되는 경우에라도 서로가 얻은 이익의 크기, 즉 상대수익이 다르면 국제협력이 일어나기 어렵다고 주장되고 있다.[65]

상호주의전략은 이러한 냉엄한 국제관계에서의 상대 수익문제를 해결함으로써 국제협력을 유도하고 지속시킬 수 있는 효과적인 전략이라는 주장이 폭넓게 제기되어 왔다. 상호주의는 상대방의 비협력적 전략에 당하는 것을 막아주고, 오히려 처벌까지 할 수 있게 해주는 전략이라는 것이다. 그리고 상대방의 협력적 태도에 대해서는 협력으로 보상해 주기 때문에 국제협력을 가능하게 해준다는 것이다.[66] 액셀로드는 컴퓨터 시뮬레이션을 통하여 상호주의 전략인 맞대응전략(TFT)이 상대방의 협력을 유도하는 데 효과적일 뿐 아니라 다른 전략들보다도 좋은 결과를 가져온다는 것을 보여주었다. 이를 통해서 상대방의 협력을 유도할 수 있고, 그 결과 서로가 협력에 따른 수익을 누릴 수 있다는 것을 제시하였다.[67]

상호주의 전략을 통한 국가 간의 협력의 가능성에 대한 이론적 논의가 얼마나 현실적인가? 상호주의가 국제협력에 미치는 영향에 대한 경험적 검토에 앞서 상호주의의 현실적 적용에서 발견되는 문제점과 이에 따른 위험을 살펴볼 필요가 있다.

국가는 자국의 이익에 반하더라도 통상 상호주의의 규범에 의해 행동한다. 극도로 차이가 나는 군사력을 가진 국가 사이에서도 비록 낮은 수준이지만 상호주의가 존재한다. 약한 국가는 강한 국가의 위협에 대해 위협으로 대응한다. 자국이 분명코 패전할 전쟁을 일으키지 않을 정도로 상대국의 위협에 강하게 대응한다.[68] '한미상호방위조약'과 같이 국력 차이가 큰 국가들 사이의 상호 안보조약도 국가 간에 상호주의가 존재한다는 것을 보여준다. 한국의 안보가 미국으로부터 더 많이 보호받지만, 상호주의의 규범에 따라 한국 역시 미국의 국익을 위해 해외파병을 하고 방위비를 분담함으로써 미국의 안보에 기여하고 있다.

국제사회에서 각 국가들이 상호주의 규범을 따르는 데 대한 이론적 설명은 다음과 같다.[69]

첫째, '사회교환이론(社會交換理論, social exchange theory)'은 사람이 합리적이고 이기적이며 효용을 극대화하려 한다고 가정한다. 마틴 파첸(Martin Patchen)은 국가가 상대국의 행위에 같은 가치라고 인정하는 행위를 돌려줄 것인가 아닌가는 돌려주었을 때 기대되는 결과가 다른 정책을 취했을 때보다 효용이 크기 때문이라고 주장한다.[70]

둘째, 게임이론과 '행태수정이론(行態修訂理論, behavior modification

theory)’ 역시 상호주의를 따르는 것이 이익이기 때문에 사람은 그가 받은 보답과 제재를 상대에게 되돌려 준다고 주장한다. 액셀로드는 시행착오를 통해 사람은 상호주의를 배운다고 주장한다.[71] 즉 상대방의 선행을 착취할 경우 상대방으로부터 비우호적인 대우를 받아 결국 손실을 보기 때문에 이기주의자들도 상대방의 선행에 상호주의로 대응해야 하는 것을 배운다.

셋째, 상대국가의 우호적인 행위는 자국이 우호적인 행위를 할 경우 두 국가 간 협력관계가 발전될 것이라는 기대감을 갖게 함으로써 우호적인 행위를 하게 한다. 반면 상대방의 적대적 행위는 자국이 우호적으로 행동을 하더라도 좋은 반응을 받지 못할 것이라는 인식을 갖게 함으로써 적대적인 행위를 하게 된다.

넷째, ‘선제행동(先制行動)’을 하는 국가가 상호주의전략을 택하면, 타국들이 이 전략을 택하는 국가를 확고하고 공정하다고 평가하기 때문에 상호주의전략을 택한다. 비우호적 행위를 보복함으로써 국가는 자국이 착취당하지 않을 것이라는 것을 보여주고 선행에 보답함으로써 공정하고 믿을 만한 국가라는 것을 상대국뿐만 아니라 모든 국가에게 보여줄 수 있기 때문이다.[72]

다섯째, 국내외 여론은 선한 행동에는 선하게 대응하는 것을 선호하기 때문에 지도자는 상대국의 우호적 행동에 우호적으로 대응하도록 압력을 받는다.

그러나 국가가 상호주의의 규범을 따르지 않거나 못할 경우도 발생한다.

첫째, 선제행동을 하는 국가는 우호적 행동을 할 경우 상대국가로부터 우호적인 행동을 이끌어 낼 수 있다는 기대하에서 상호주의를 전략적으로 사용한다. 그러나 이러한 선제적 상호주의가 상대국가에 의해서 악용되고 있다고 느낄 경우에는 그 국가는 통상적으로 상호주의를 택하지 않는다. 특히 상대방의 우호적인 행동에 다른 저의가 있다고 의심을 할 경우에는 그 국가는 상호주의를 따르지 않는다.[73] 예를 들면 상대국가의 군축(軍縮)제의가 자국의 군축을 이끌어 낸 후 공격하기 위한 것이라고 의심이 되는 경우에는 상대국의 우호적 군축제안을 받아들이지 않는다. 이것은 북한이 남한의 우호적인 행동이 북한의 체제붕괴를 촉발하기 위한 것으로 생각할 때도 해당될 수 있다.

둘째, 선제 행동 국가가 자국의 이익을 위해 상대국에게 우호적인 행동을 취할 경우 이러한 우호적 행동에는 상대 국가는 상호주의를 적용하여 행동할 필요가 없다.[74] 일례로 1950년대에 아이젠하워 미국 대통령은 흐루시초프의 소련군대의 감축에 대해 이에 상응하는 미국 군대의 감축을 시행하지 않았다. 왜냐하면 소련군이 필요 이상으로 너무 많았고, 이들이 농업이나 기타 민간 부문에서 더 유익하게 소련을 위해 사용될 수 있었다고 판단했기 때문이었다.[75]

셋째, 두 국가가 오랜 기간 적대관계에 있었기 때문에 우호적인 행위를 우호적이라고 받아들이지 않을 경우, 그리고 상호주의를 택할 여력이 없거나, 상호주의를 택하면 극도로 약해질 것이라는 생각이 있는 경우에도 상호주의를 택하지 않는다.[76] 남북한의 경우에는 특히 북한 측의 입장이 이와 비슷한 상황이라고 생각할 수 있다.

이러한 상황을 염두에 두고, 남북한의 관계처럼 국력차이가 많이 나는 국가들 간의 상호주의는 어떻게 적용되는 것인가를 살펴보는 일은 무척 중요하다.

마틴 파첸(Martin Pachen)은 국력이 대등한 국가 사이에서 상호주의가 비교적으로 더 잘 일어난다고 주장한다.[77] 그에 따르면 약한 국가의 우호적 행위는 약함의 표시로 인식되어 강대국은 이에 상호주의로 대하지 않으나, 국력이 대등한 국가의 우호적 행동은 유약함으로 인식되지 않기 때문에 상대국은 이를 선의의 행위로 받아들이고 우호적으로 대응한다는 것이다.

그러나 파첸의 이러한 주장은 다음과 같은 문제를 내포하고 있다.

첫째, 대등한 국가 간의 관계에서 우호적인 행위가 상대국가에게 정확하게 전달되느냐 하는 것이다. 특히 상대국가와 오랜 기간 동안 적대적 관계에 있어온 경우에는 대등한 국력의 국가가 우호적인 행동을 했을 경우 우호적인 행위가 약함으로 보이지는 않을지라도 음모로 인식되어 상호작용을 가져오지 않을 가능성이 크다. 즉 대등한 국력을 가진 상대국가의 우호적 행동은 자국의 방어태세를 낮추기 위한 음모 내지 계략으로 인식될 가능성이 상존한다. 따라서 선제행동을 하는 국가는 우호적 행동에 음모가 있지 않다는 것을 보여주기 위해서는 계속적으로 우호적 행동을 반복하여 행동의 진실성을 상대국에게 확신시켜야 한다. 그러나 자국과 대등한 국력을 가진 국가에게 반복적인 우호적 행위는 자국의 국력을 상대방보다 약하게 함으로써 자국을 위험한 상황에 빠지게 할 수 있기 때문에 쉽지 않다. 따라서 우호적인 행위임을 입증할 방법이 대등한 국력의 국가에게는 제한될 수 있다. 이러한 딜레마 현상은 1970년대와 80년대의 남북한의 대립관계에서 쉽게 찾아볼 수 있을 것이다.

둘째, 국력이 대등한 경우에 상대국의 우호적 행위가 우호적으로 인식되기는 하더라도, 국가들은 상대적 이득에 민감하여 자국의 우호적 행위의 가치와 이에 대한 상대국의 우호적 행위의 가치를 항상 비교하게 된다. 대등한 국력 관계에 있는 국가들은 일반적으로 일대일의 비탄력적 상호주의를 따라 행동한다. 아무리 비탄력적 상호주의를 따라 상대국가의 행위와 동등한 가치의 행동을 할지라도, 동등하다고 판단하는 것은 행동을 하는 국가일 뿐 상대 국가는 자국의 행동이 더 우호적이었다고 판단하여 섭섭하게 생각할 수 있다. 그리고 자국이 상대국가에게 자국을 해칠지 모르는 상대적인 이익을 주었다고 생각하고 불안해하며, 상대적인 손실을 만회하기 위해서 노력할 것이다. 이러한 행동이 한번 시작되면 끊임없는 적대적 배반행동으로 이어진다.[78] 즉 국가는 항상 자국의 우호적 행위에 비해 상대국의 행위는 덜 우호적이라고 생각하는 경향이 있다. 대등한 국력의 국가들은 상대적 손실에 민감하기 때문에, 대등한 국력의 국가들의 비탄력적 상호주의는 지속적인 우호적 관계를 이루기가 쉽지 않다.[79]

지금의 남북한 관계처럼 국가 또는 특수집단 간 국력의 차이가 큰 경우에는 앞에서 언급한 문제점은 없다.

첫째, 국력의 차이가 큰 상태에서는 강한 국가의 우호적 행위는 진의로 인식될 것이다. 왜냐하면 강한 힘으로 상대방을 움직일 수 있는 상태에서 우호적인 선제 행동을 취했기 때문이다. 따라서 약한 국가는 상호주의의 규범에 따라 강대국에 우호적으로 반응할 것이다. 국력의 차이가 큰 상황에서 약소국가의 우호적 행동은 약함의 표시로 인식될 수 있다. 그러나 이 경우에도 약한 국가는 지속적으로 우호적 행동을 함으로써 자국의 행위가 진실로 관계개선을 원하기 때문에 행하는 것이라는 것을 상대국에게 확신시킬 수 있다. 즉 국력의 우열관계를 바꾸어 놓지 않을 것이기 때문에 약소국가는 상대적으로 강한 국가가 자국에 대해 가지고 있는 불신을 제거하고, 자국의 우호적 행동이 우호적임을 확신시키기 위해 지속적으로 우호적 행동을 하고 우호적인 행동임을 상대방에게 확신시킬 수 있는 것이다. 그것은 과거의 조공관계를 형성한 국가들에서 쉽게 찾아 볼 수 있는 사례이다. 이 경우에는 강한 국가가 약한 국가와의 관계개선을 원하는 경우 두 국가 간 관계는 쉽게 개선될 수 있을 것이다.

둘째, 두 국가 간 국력의 차이가 큰 경우에는 국가 간 행위의 주고받음이 동등한 가치의 교환인가에 대해 양 국가는 보다 덜 민감할 수 있다. 따라서 양 국가는 자국의 우호적 행동에 대한 즉각적인 동등한 가치의 우호적 행위를 상대방으로부터 요구하지 않는다. 즉 상대국가로부터의 우호적인 반응이 없더라도 계속적으로 우호적인 행동을 할 수 있는 것이다.

┃도표 1-3┃ 국가 간의 상호주의 적용

상 태	특 성	행동 양상	상호주의 적용
무정부 상태	·무질서, 적대적 관계 ·이기적 국가집단 ·대등한 국가집단	·국가이익 우선 ·상대적 이익 선호 ·힘 중시, 채찍 우선	비탄력적 상호주의
합리적 상태	·국제관례, 국제법 ·국제기구 기능 유지 ·평화적 여건 조성	·배반과 협력 관리 ·채찍과 당근 병행 ·질서와 균형 중시	신축적 상호주의
상호협력 상태	·동맹 유지 ·특수협력 관계 유지 ·장기적 신뢰 형성	·상호 호혜적 협력 ·우호적 행위 ·당근 우선	포괄적 상호주의

* 출처: 사회교환이론, 행태 수정이론, 게임이론을 적용하여 작성.

결론적으로 대등한 국력을 가진 국가 간의 상호주의는 비탄력적 상호주의로 지속적인 우호적인 관계를 유지하기가 쉽지 않는 반면, 남북한처럼 국력의 차이가 큰 상태에서는 포괄적 상호주의나 신축적 상호주의에 의한 우호적 관계가 지속될 수 있다. 국가 간의 상호주의 적용 사례는 〈도표 1-3〉에서 보는 바와 같다.

3) 특수관계와 상호주의

남북한 간의 관계는 국가 간의 관계와 특수한 관계라는 이중성을 갖고 있다. 특수한 관계에 대해서는 1991년 12월 13일 남북한 사이에서 체결된 '남북 사이의 화해와 불가침 및 교류협력에 관한 합의서' 전문에 다음과 같이 명시되어 있다.

"남과 북은 분단된 조국의 평화적 통일을 염원하는 온 겨레의 뜻에 따라, 7·4남북공동성명에서 천명된 '조국통일 3대 원칙'을 재확인하고, 정치·군사적 대결상태를 해소하여 민족적 화해를 이룩하고, 무력에 의한 침략과 충돌을 막고 긴장 완화와 평화를 보장하며, 다각적인 교류·협력을 실현하여 민족공동의 이익과 번영을 도모하며, 쌍방 사이의 관계가 나라와 나라 사이의 관계가 아닌 통일을 지향하는 과정에서 잠정적으로 형성되는 특수관계라는 것을 인정하고, 평화통일을 성취하기 위한 공동의 노력을 경주할 것을 다짐하면서, 다음과 같이 합의하였다."[80]

북한은 이것을 인용하여 남북한이 특수관계라는 점을 강조하면서 국가 간의 관계에서나 적용되는 상호주의를 남북한 간에 적용하려 한다고 다음과 같이 강하게 반발하고 있다.

"무엇을 하나 주면 하나를 받아야 한다는 〈상호주의〉는 전형적인 장사꾼의 론리이다. 이와 같은 저속한 론리로 민족문제인 북남관계와 나라의 통일문제를 대하는 것 자체가 속물근성의 표현으로서 언어도단이라고 하지 않을 수 없다.

우리의 민족문제는 결코 북과 남의 등가교환에 의하여 해결할 성격의 문제가 아니다. 북남관계를 개선하고 나라의 통일위업을 실현하는 것은 일방의 리해관계를 떠나 오로지 민족 공동의 리익을 첫 자리에 놓고 해결해야 할 숭고한 애국위업이다. 이것을 장사꾼의 론리로 대한다는 것은 우리 민족의 성격에도 맞지 않으며 문제의 해결책으로도 될 수 없다. 북과 남이 제각기 제 주머니를 차고 장사꾼 같이 민족적 위업을 흥정할 내기를 한다면 상방은 항상 대결하는 상대로나 될 뿐 언제가도 민족의 숙원인 조국통일문제를 풀어나갈 수 없다. 이런 의미에서 남조선 당국의 〈상호주의〉는 철두철미 반민족적인 분열의 론리이며 대결의 론리이다."[81]

북한은 상호주의는 반민족적이고 반통일적인 것이라며 아래와 같이 부정적인 입장을 나타내고 있다.

북한은 "상호주의는 그 어떤 민족공동의 가치기준도 없다. 도대체 무엇을 주고 무엇을 받는다는 말인가? 나라의 통일과 민족공동의 리익을 제쳐놓고 좋은 것이든 나쁜 것이든, 옳은 것이든 그른 것이든 덮어두고 맞바꾸자는 것은 황당무계한 넉두리이다. 애국적인 것과 매국적인 것 외세의존적인 것과 반통일적인 것을 뒤섞어 놓고 서로 바꾸자고 하는 것은 우리에게 저들이 하는 반민족적인 짓도 받아들이라는 것인데 도대체 이런 론리가 누구에게 통할 수 있겠는가. 애국과 매국 사이에는 흥정도 타협도 있을 수 없다. 애국의 자대가 없는 〈상호주의〉는 백해무익하다"[82]라고 주장하고 있다.

북한은 상호주의는 국가 간에 적용되어야 할 사안이라고 주장하고 있다. 즉 북한은 "우리는 물론 상호주의를 반대하지 않는다. 국가 간의 관계에서는 호상성이 일반적으로 통용되고 있다. 그러나 북남관계는 남조선 당국자 자신이 서명한 북남합의서에도 명기되어 있듯이 나라와 나라 사이의 관계가 아니다. 자기들도 인정한 이러한 북남관계에 국제에서 통용되는 상호주의를 끌어들인 것도 문제지만 합의서조차 안중에 없이 북남관계를 국가 간의 관계로 간주하고 심지어 합의서를 〈국제조약〉이라고까지 공언하고 있는 사실은 더욱 묵과할 수 없는 언동이다"[83]라고 주장하면서, 특수관계인 북남관계에서 상호주의 적용은 묵과할 수 없다고 주장하고 있다.

북한이 일회성 대화를 통한 실리획득 전술을 구사할 경우 남한정부의 상호주의에 적당히 응하는 조건으로 좀 더 큰 대가를 요구할 수도 있다. 북한은 상호주의가 '반통일적 역풍'이며 민족통일염원에 대한 엄중한 도전이라고 주장하고 이의 철회를 요구한 바 있다. 이와 관련해 북한은 "민족문제는 결코 북과 남의 등가교환에 의하여 해결할 성격의 문제가 아니다. 남조선 당국이 상호주의를 내드는 것은 북남합의서와 조국통일 3대 원칙을 공공연히 유린하는 엄중한 배신행위로 될 뿐이다"[84]라고 비난하기도 했다. 이러한 북한의 주장을 감안해서 판단한다면, 북한과의 교류협력 시에는 상호주의는 적용하되, 상호 호혜성에 기초하여 서로에게 이익이 되도록 하는 것이 바람직할 것이다. 상호주의는 국가 간의 관계뿐 아니라 남북한 특수관계에서도 충분히 적용할 수 있는 이론이고 전략이기 때문이다.

한민족의 전통과 관습 속에서 '강한 호혜성'은 집단 내 무임승차행위를 최대한 억제하고, 집단의 구성원들 사이에서 이타적 협조행위의 가능성을 높이도록 작용한다. 한민족의 관습에서 구성원들은 금전적·물질적 제약에 단순히 수동적으로 반응하는 존재가 아니다. 이를 능동적으로 해석하며, 한민족 특유의 행동기준을 적용하여 행동하곤 한다. 민족의 전통 속에서 우리들은 완전히 이타적으로 행동하기도 하고, 또 어떤 경우에는 공평성 내지는 형평성을 중요한 행동과 가치판단의 기준으로 삼아 강한 호혜성에 따라 행동하도록 강요되기도 한다. 이러한 전통에서는 물질적·금전적 유인보다도 규범, 관습, 제도가 구성원들의 행위를 인도하는 나침반이 된다.

농경문화 속의 한민족 사회는 유목민의 계약사회와는 달리 서면계약보다는 무언의 약속과 체면을 중시한다. 한 마을과 지역에 오래 정착하는 관례상 인간관계에서 의리를 중시하고 무언의 협력을 강조한다. 시간에 맞추어 지어야 하는 논농사의 특성상 마을 주민 상호간의 협력과 협동이 없으면, 제때 농사를 지을 수가 없다. 따라서 비탄력적 상호주의에 입각한 협력과 보복보다는 포괄적이고 신축적인 상호주의에 입각한 무언의 배려에 익숙해 있다.

충·효·예를 중시하는 민족문화는 공동체 속에서 상호 호혜성의 정신을 기반으로 국가와 지역 그리고 가족을 위해 헌신봉사를 통한 협력을 최고의 선으로 부각시키고 있다. 대가족제도를 중심으로 하는 집단주의 정신은 개인의 이익보다는 공공의 이익을 위해 우선적으로 협력할 것을 강조하고 있다.

유목민족의 문화와는 달리 한민족 사회에서는 계산적이고 남을 돕는 과정에서 생색내는 일을 바람직하지 않게 생각하고 있다. 서양의 사회가 '더치페이(Dutch Payment)'의 비탄력적 상호주의의 성격의 사회라면, 한민족의 사회는 가진 자가 보다 많이 부담하는 포괄적인 상호주의에 익숙해 있다.

각종 부조와 축의금의 관습에서 볼 수 있듯이 친구와 주변에 큰 일이 있으면, 당연히 도와야 하며, 이때 가진 자가 조금 더 부담해야 하는 것은 당연시되고 있다. 그러한 면에서 너무 타산적이고 엄격하게 행동하면 그 사람 너무 쩨쩨하다는 이야기를 듣게 된다. 즉 마음속의 배려를 최고의 선으로 생각한다. 한국적인 관습으로는 비탄력적 상호주의는 인색한 것으로 평가되며, 포괄적이고 신축적인 상호주의 정신은 폭넓고 어진 사람으로 평가된다.

이러한 포괄적이고 신축적인 상호주의 정신은 외식을 하는 식당에서 자주 관찰된다. 식사 후의 식사비를 서양사회의 경우 특별히 초청한 경우를 제외하고는 대부분 각자 부담으로 지불한다. 하지만 우리의 경우 대부분 보다 돈이 많은 친구가 함께 계산한다. 그것을 일일이 나누어 내는 것 자체를 매정하고 서로 간 부담스런 일로 생각한다. 조금 발전하면 돈이 많이 드는 식사는 통상 상급자나 돈 있는 친구가 부담하고, 보다 값싼 차 대접은 부하직원이나 가난한 친구가 분담하기도 한다. 그것도 생색내는 일을 몹시 꺼린다.

한국인 사회에서는 통 큰 지도자를 바람직한 것으로 생각한다. 업무에 대해 사소한 부분까지 가르쳐주고 간섭하는 지도자보다는 큰 틀의 지침을 주고 뒤에서 후원해주는 지도자를 좋아한다. 업무에 대해서는 너그럽고 개인사에 대해서는 보다 관심을 보여주는 상사를 선호한다. 그래서 북한도 김일성과 김정일을 통 큰 지도자로 부각시키기 위해 노력한다. 직장에서도 엄격한 상호성보다는 호혜주의에 입각한 포괄적·신축적 상호주의를 선호한다.

개인적 · 사회적으로 그러한 문화와 관습이 정착되다 보니 국가의 일도 그러한 시각으로 바라보고 판단한다. 그래서 일본이 아무리 돈이 많은 부국이라고 하더라도 그들의 소심한 행동거지를 보고 시시한 나라라고 무시하곤 한다. 심지어 이제는 세계 G2 대열에 들어서고 있는 중국까지도 대단치 않게 평가한다. 외국에 가면 우수개소리로 세계에서 미국과 맞장 뜨는 나라는 북한밖에 없고, 일본을 우습게 보는 나라는 한국밖에 없다는 이야기를 가끔 듣는다. 바로 통이 큰 것을 선호하는 우리의 문화와 관습이 국가의 영역에까지 영향을 미치고 있는 것이다. 이러한 차원에서 북한은 보다 잘사는 남한에게 민족적 차원에서

┃도표 1-4┃ 남북한 간 특수관계와 전통 속에서의 상호주의 적용

남북한 관계 형태		행동양상	상호주의 적용
국가 간의 관계 (국익 우선)	적대국가	· 대립, 위협 · 분단체제 유지 · 등가 교환	비탄력적 상호주의
	우호적 국가	· 우호적 행위 · 비등가 교환	신축적 상호주의
특수관계 (민족 우선)	일시적 협력관계	· 교류협력 여건조성 · 필수분야 지원	신축적 상호주의
	지속적 협력관계	· 교류협력 활성화 · 각종 협력사업 추진 · 평화체제 정착	포괄적 상호주의
전통, 관습	· 강한 호혜성 · 규범과 관습우선 · 농경문화 정착 · 비타산적, 강자(가진 자) 묵시적 부담	· 이타적 협력 행위 · 의리와 체면 중시 · 협동과 협력 강조 · 배려	포괄적 · 신축적 상호주의

보다 통 큰 지원을 해줄 것을 요청한다.[85] 즉 북한이 이제는 잘사는 남한의 존재를 인정하니, 남한은 배려의 차원에서 북한의 체면을 유지 해주면서 보다 포괄적이고 신축적인 도움을 줄 것을 요구하고 있는 것이다. 남북한 간의 특수관계와 남북한의 전통 속에서의 상호주의 적 용사례는 〈도표 1-4〉에서 보는 바와 같다.

제 2 절 상호주의의 유형

1. 비탄력적 상호주의

1) 개념정의

'비탄력적 상호주의(非彈力的 相互主義, specific reciprocity)'[86]는 맞대 응 전략으로 상징되며, 상대방의 조치에 대응하여 행동을 한다는 것이 다. 비탄력적 상호주의는 "눈에는 눈, 이에는 이"의 일대일 맞대응 (TFT)을 의미한다. 이것은 액셀로드의 맞대응전략과 코헨이 구분한 '구체적 상호주의(specific reciprocity)'와 같은 개념이며, 상대방의 협력 에는 협력으로 상대방의 배반에는 배반으로 대응하는 개념이다.

액셀로드의 비탄력적 상호주의에 기초한 협력이론은 다음과 같은 사실에 기반을 두고 있다. 그는 무한히 반복되는 PD게임에서 엄격한 '구체적 상호주의'의 표현인 맞대응전략의 선택이 이익의 극대화라는 측면에서 보면 합리적일 수 있음을 논리적으로 밝히고 있다. 그러나 여기서 협력을 유도하는 핵심요인은 맞대응전략 그 자체가 아니라 게 임이 무한히 반복된다는, 즉 행위자들이 "미래의 잔영" 속에 살고 있 다는 외생적(外生的)인 조건이라 할 수 있다.

맞대응전략은 이러한 두 가지의 특성이 합쳐진 것이다. 그는 신사적이고, 관대하며, 보복적이다. 결코 먼저 배반하지 않고, 한 차례의 배반은 즉각 응징한 후 용서하고 쉽게 잊는다. 그러나 그동안의 관계가 아무리 좋았어도 배반은 절대 눈감아 주지 않는다.[87]

국제사회에서 맞대응전략의 강건한 성공은 신사적이고, 보복적이며, 관대하고, 명료한 특성들이 결합된 결과라 볼 수 있다. 즉 신사적이라 쓸데없는 문제에 휘말리지 않고, 보복적이라 상대가 배반을 시도할 때마다 더 이상 지속하지 못하게 억제한다. 관대함은 상호협력을 회복하는데 도움이 되며, 명료성은 상대로 하여금 이해하기 쉽게 해서 장기적 협력을 이끌어낸다. 맞대응전략은 자신의 '명료성'의 덕을 보는 것이다.[88]

맞대응전략은 총체적으로 보면 안정되어 있다. 이 명제의 의미는 한 집단 내 모든 사람이 TFT전략을 쓰고, 따라서 서로 협력할 때는 미래의 그림자가 현재에 충분히 '길게 드리우는 한' 아무도 다른 전략을 써서 더 잘할 수 없다는 의미이다.[89]

상호주의적인 맞대응전략은 합리적인 이기주의자들이 사는 세계에서 자신의 이익을 지킬 수 있는 유용한 전략이며, 나아가 행위자 사이에 협력을 유도하는 데도 바람직한 기능이 있다. 그러나 여기서 협력을 유도하는 핵심조건은 상호주의의 전략 그 자체가 아니라 '다수간의 협력게임'이라는 또 하나의 외생적 조건이다. 액셀로드의 엄격한 상호주의에 기반을 둔 협력이론의 핵심적인 요소는 결국 시간 차원에서의 무한반복과 행위자 차원에서의 다수에 기반하고 있기 때문이다.

상호주의 전략에 따르면 상대방과의 관계를 개선시키기 위해서는 최초에는 상대방에게 호의적인 행동을 취하고, 그 다음 단계의 행동은 상대방의 행동에 그대로 상응하는 조치를 취하는 것이다. 예를 들면 먼저 군사적 긴장을 완화시키기 위해 군대의 수를 축소시킨 뒤, 그 다음 단계에서는 상대국의 조치에 따라 행동을 하는 것이다. 예를 들면 상대국이 군비를 감축시키면 자국도 감소시키고, 상대방이 군비를 증가하면 자국도 증가시키는 것이다. 따라서 상대방의 우호적인 조치에는 상응하는 우호적인 조치를 취하고, 상대방의 비타협적인 조치에는 같은 종류의 비타협적인 조치로 대응한다는 것이 이 전략의 핵심이다.

2) 적용개념

맞대응전략은 게임이론의 전략 중 하나로 '반복적인 수인의 딜레마'에 매우 효과적이다. 이것은 1980년경 액셀로드 교수가 실시한 두 번의 토너먼트에서 아나톨 라퍼포트(Anatol Rapoport) 교수가 처음 소개했다. 이 전략은 상대방의 행동에 따른 '대등한 복수(equivalent retaliation)'의 개념을 포함한다. 이 전략을 사용하는 행위자는 처음에는 협조적이지만, 그 다음부터는 상대방의 행동에 따라 대응한다. 만약 상대편이 협조적으로 행동하면 행위자는 협조적이다. 그러나 상대편이 비협조적이면 행위자는 비협조적이다.

이러한 맞대응전략은 다음과 같은 다섯 가지의 가정에 의존하는 경향이 있다. 첫째, 상대가 도발하지 않으면 행위자는 항상 협력할 것이다. 둘째, 상대가 도발하면 행위자는 복수할 것이다. 셋째, 행위자는 빠르게 용서한다. 넷째, 행위자는 한 번 이상 상대방과 경쟁할 수 있는 '좋은 기회'를 가져야 한다. 다섯째, 경쟁을 의미 있게 만드는 것으로, 경쟁의 끝이 행위자에게 미리 알려져서는 안 된다는 것이다.[90] 여기서 '좋은 기회'란 '보수행렬(報酬行列, payoff matrix)'에 의존하는데, 중요한 것은 처음 협력으로부터 발생하는 가능한 손실보다 더 높은 장기적 보상을 산출하는 벌과 용서의 반복이 충분할 만큼 경쟁이 오래 지속되어야 한다는 것이다. 이러한 이유로 '맞대응전략'은 반복적인 '수인의 게임'에 아주 효과적이다. 개인이나 집단의 삶이 독립되지 않고 일정하게 공유된다면, 상호주의 원칙을 따를 때, 협력은 일어날 수 있다. 협력이 일어나려면 참여자들이 다시 만날 가능성이 높고 미래에 관심을 가져야 한다. 그래야만 협력의 진화가 될 수 있다.

수인의 딜레마 게임이 반복되면, 이 반복게임에서 각 행위자는 미래에 자신이 얻을 수 있는 이득에 대해 관심을 가질 수 있다. 이러한 상황에서 양측은 단순히 협력 또는 배반이라는 '이원적 전략'뿐만 아니라 앞선 게임에서 상대방이 보여준 전략에 따라 자신의 전략을 선택할 수도 있게 된다. 일례로 상대방이 맞대응 전략을 취하고, 내가 협조를 한다면 상대방도 협조할 가능성이 높다. 이것이 지속되면 '협조전략(協助戰略)'이 된다. 반대로 상대방의 협조에 대해 내가 배반한다면 다시 상대방도 배반할 가능성이 높다. 이것이 지속되면 '배반전략(背反戰略)'이 된다.[91]

맞대응전략의 성공요인은 대략 다음 두 가지로 요약될 수 있다. 첫째, 상대가 협력하는 한 자신도 협력해서 불필요한 갈등을 피해야 한다. 둘째, 나의 행위패턴을 분명히 하여 상대로 하여금 이에 적응할 수 있도록 해야 한다.

맞대응전략의 주요 특징으로 3가지를 꼽을 수 있다.[92] 첫째, 자신의 호의에 상대방이 화답할 것이라고 상대방을 신뢰해야 한다. 둘째, 상대가 배반하면 반드시 상응하는 조치를 취해야 한다. 셋째, 상대가 배반했더라도 다시 태도를 바꾸어 협력적 태도를 보이면 즉시 이를 받아들인다.

맞대응전략과 같이 엄격한 상호주의에 입각하여 상대방의 협력을 유도하는 전략은 비타협적인 경쟁만을 견지하는 것에 비해 모두에게 유익한 결과를 가져올 수 있다는 점에서 주목을 받고 있다. 또한 이 전략은 합의사항에 대한 배신의 가능성이 상존하는 게임 상황에서 효과적인 것으로 평가되고 있다. 그러나 이 전략이 지니고 있는 몇 가지 문제점과 한계로 인해서 그 효용성에 대한 의문이 제기되고 있다.[93]

첫째, 행위자들이 공동으로 추구하는 이익이 존재해야 한다. 따라서 '제로섬게임'과 같은 상황에서는 효과를 발휘하기가 힘들다. 또한 행위자들이 상대적 이익을 극대화하려 할 경우에도 상호 협력을 기대하기가 쉽지 않게 된다.

둘째, 행위자의 최초의 호의적인 조치가 상대방에게 정확하게 전달되지 않을 수도 있다. 특히 과거에 서로 간에 부정적인 경험이 많아서 상대방에 대한 부정적인 선입견이 많은 경우에는 그러한 현상은 두드러지게 나타날 수 있다.

셋째, 일방의 비협력적인 행동이 상대방의 또 다른 비협력적인 행동을 불러일으키는 식으로 비협력적 행위의 연쇄반응 현상이 나타날 수 있다.

넷째, 양자 간에 상당 기간 동안 적대의식으로 대립해온 경우, 한 번의 협력적인 조치가 상대방으로 하여금 같은 조치를 취하도록 보장해 주지 않는다. 이러한 상황에서는 상대방의 협력적인 행동을 유도해 내기 위해서 연쇄적인 협력적인 행동이 필요할 수 있다.

다섯째, 남북한 관계에서 보듯 국내정치적인 요인들이 행위자의 정책결정에 중요한 영향을 미치게 된다. 따라서 일방이 협력적인 조치를 취하고 상대방이 그에 상응하는 협력적인 조치를 취하더라도 국내여론이 부정적일 경우 이를 실행하기 힘들다.

여섯째, 상대방과의 협상과 상호주의적인 조치에 대비하여 일방적으로 정해진 카드를 사전에 마련하는 비신사적인 행동을 할 수 있다.

마지막으로 각 국가들이 처한 상황이 상이할 때, 특히 많은 국가가 참여하는 상황에서는 국가 간의 관계에서 일대일 대응을 한다는 것 자체가 어려운 일이 될 수 있다.

이러한 여러 가지의 문제점에도 불구하고, 최소한 적대관계에 있는 두 국가가 추구할 수 있는 공동이익이 존재하고, 국가의 지도자가 국가의 미래를 위해 관계개선이 필요하다는 신념과 이를 실천하려는 강력한 의지를 갖는 경우 상호주의전략은 시도할 만한 가치가 있다고 판단한다.

2000년 6월에 개최된 남북정상회담을 계기로 노무현정부까지 남북관계가 빠른 속도 개선되었던 현상은 남북이 추구할 공동이익이 존재한다는 사실을 보여주고 있는 것이다. 그리고 양측 지도자들이 이 과정에서 보여준 관계개선의 필요성에 대한 분명한 인식과 강력한 의지는 향후 상호주의적인 전략이 남북관계를 지속적으로 발전시킬 수 있는 방안이 될 수도 있다는 가능성을 보여주었다.

남북한 모든 문제에 맞대응전략을 직접적으로 적용하기에는 많은 한계가 있다고 보인다. 첫째, 남북한 간에 신뢰가 구축되지 않는 상태에서 상대방에게 호의를 기대하고 일방적인 조치를 구사하는 것에 대한 정치적 부담감이 크다. 둘째, 분단의 오랜 역사 속에서 정치체제와 경제적 상황이 상이한 남북한 간에 정책수단에서 일대일 대응을 추구한다는 것이 기본적으로 쉽지 않다. 셋째, 신뢰구축을 위해서는 상당한 기간 동안 반복적으로 우호적이고 협조적인 조치를 취할 필요가 있다. 그러나 국내정치적으로 어려움이 수반된다. 따라서 맞대응전략을 남북한 문제에 적응하기 위해서는 보완작업이 필요하다.[94]

맞대응전략은 포괄적이거나 혹은 신축적인 상호주의의 과정보다 훨씬 엄격한 상호주의 사이클에 의해 이루어진다. 즉 나의 행동이 상대방의 행동에 영향을 주고, 상대방의 행동이 나의 대응을 결정한다. 그러나 액셀로드가 고안한 컴퓨터게임의 결과는 죄수의 딜레마게임을 반복하는 가운데 맞대응전략이 협력을 성취하는 데 최선의 전략이었다는 것을 보여주었다. 즉 이 전략은, 양측이 긍정적인 움직임만을 교환하는 상태로 수렴되어 협력이 성립될 때까지, 상대방의 화해 움직임을 이쪽의 화해 움직임으로 보상한다. 또한 상대측의 적대적인 움직임에 대해서는 이쪽의 부정적인 대응으로 응답할 것을 요구한다는 점에서 포괄적 및 신축적 상호주의의 일부 형태들과 유사하다.

비탄력적 상호주의 전략이 지속적으로 안정되려면 상대의 배반을 눈감아 주지 말고 반드시 응징해야 한다. 그러나 호혜주의를 바탕으로 하는 협력은 일단 자리를 잡으면 새로 참여하는 대상자들이 규칙을 잘 따르지 않는다 해도 안정적으로 유지될 수 있음을 액셀로드의 실험결과는 보여준다. 특히 지속적인 관계가 유지되면, 호혜주의를 기반으로 하는 상호협력이 안정적으로 자리잡을 수 있었다. 그리고 양측 모두 먼저 배반하지 않고, 혹시 상대가 배반하면 가차 없이 응징하는 전략을 따랐다[95]는 점은 남북관계에 시사하는 바가 크다.

맞대응전략을 시간적 측면에서 보면, 상대경기자의 도전에 즉각 반응을 일으키지 않는 느긋한 경기자는 더욱 빈번하게 상대에게 이용당한다는 것을 알 수 있다. 즉 상대방의 배반에 대한 응징은 빠르면 빠를수록 좋다는 의미다. 맞대응전략의 성공은 이런 사실을 확실히 뒷받침한다. 내가 즉각 반응해야 배반을 선택하면 손해라는 사실을 최대한 빠르게 상대방에게 전달할 수 있다.

우리는 냉전 상황 시 미국과 소련 간의 군비축소 협정파기 가능성에 대한 대응에서 이 점을 명확하게 확인할 수 있다. 구소련은 미국과 맺은 협정의 한계를 시험하기 위해 계획된 것으로 보이는 배반행동을 가끔 하였다. 그 과정에서 미국은 구소련의 시험을 최대한 빨리 탐지하고 즉각 대응할수록 결과가 좋았다. 이런 시도가 여러 차례 누적될 때까지 두고 보다가는 더 큰 사태가 벌어져 대규모로 대응하는 위험을 감수해야 했다. 즉 호미로 막을 수 있는 것을 가래로 막아야 하는 상황이 발생하는 것이다. 반응속도는 상대방의 선택을 탐지하는 데 걸리는 시간에 좌우된다. 엄격한 상호주의에서는 반응 시간이 짧으면 짧을수록 협력은 더 안정적일 수 있다.[96]

자유진영의 봉쇄정책에 의해서 냉전시대의 공산권이 크게 약화된 것은 부인할 수 없는 역사적 사실이다. 그러나 공산독재체제는 태생적으로 자급자족을 지향하는 폐쇄체제를 기초로 성립되어 유지되어 왔다는 사실도 간과해서는 안 된다. 즉, 봉쇄에 의해서라기보다는 스스로 폐쇄체제를 유지해 왔다는 엄연한 사실에도 주목할 필요가 있다.

우리는 북한체제가 태생적으로 폐쇄적 자급자족을 원칙으로 하면서 대외적으로는 대결과 긴장을 조성함으로써 비로소 체제의 정당성과 생존기반을 유지할 수 있는 역설적인 형태를 취하고 있음에 주목해야 할 것이다. 우리는 과거의 대결적 압박이 어떤 효과를 가져왔는가를 진지하게 검토해 볼 필요가 있다. 그것은 긍정적인 효과, 즉 북한체제가 약화되어 더욱 궁지에 몰리게 되었다는 평가를 내릴 수도 있겠으나, 그보다는 독재지배와 주민동원을 정당화시켜 줌으로써 결과적으

로 체제존속을 도와주는 부정적인 효과에도 기여해 왔다는 사실을 인
식해야 한다.

남북한의 냉전대결은 상호 의존적인 적대관계라는 파행적인 분단
고착화의 구조를 심화시키는 데 기여하였다. 그에 비해서 상대적으로
북한체제의 변화에는 별로 기여할 수 없었다는 점을 숙고해 볼 필요
가 있을 것이다.[97]

비탄력적 상호주의의 대표적인 또 하나의 사례는 냉전 시대에 미국
과 소련의 미사일 군비통제과정에서 잘 구현되고 있다. 김대중정부와
노무현정부에서의 남북한 간의 관계에서도 안보와 군사 분야에서 적
절히 활용되었다. 여기서는 대표적인 사례로 ① DMZ 내의 선전물과
방송장비 철거과정에서의 상호주의, ② NLL 준수과정에서의 상호주
의 적용 사례를 분석할 것이다.

2. 포괄적 상호주의

1) 개념정의

'포괄적 상호주의(包括的 相互主義, diffuse reciprocity)'[98]란 한쪽의 정
책결정자가 일방적인 조치를 통하여 협력을 시도하고, 이러한 조치를
통해서 상대방의 선의적인 대응을 유도하는 전략이다. 포괄적 상호주
의전략은 남북관계처럼 두 집단 혹은 국가가 긴장고조와 적개심 악화
의 증폭과정에 처해 있을 때 더욱 적합하다고 할 수 있다. 이 전략은
맞대응전략(TFT)과 같이 상호주의에 입각한 전략이지만, 상호주의를
보다 느슨한 형태로 적용함으로써 맞대응전략이 갖는 한계를 극복하
고자 한다.[99]

액셀로드는 맞대응전략에 따른 엄격한 상호주의를 주장하면서도 엄

격성에 따른 문제점과 제한성을 극복하는 차원에서 때로는 상대방의 90% 수준의 보답에도 만족하는 포괄적 상호주의 개념을 제시하였다. 반면 코헨은 상호주의를 '비탄력적 상호주의(Specific Reciprocity)'와 '포괄적 상호주의(Diffuse Reciprocity)'로 구분하였다.[100] 비탄력적 상호주의는 "눈에는 눈, 이에는 이"의 일대일 대응(TFT)을 의미하는 반면, 포괄적 상호주의는 하나를 주고 즉시 하나를 요구하지 않고 상대방으로부터 우호적인 반응이 없더라도 지속적으로 우호적으로 행동하여 결국에는 상대방으로부터 우호적인 행동을 이끌어내고, 결과적으로 이러한 교환이 대등한 가치의 교환인 것을 의미한다. 따라서 비탄력적 상호주의는 양측의 행위가 같은 가치일 것을 주장하나, 포괄적 상호주의는 양측의 행위가치의 균형에 보다 관대하다.[101]

코헨은 이 두 가지 요소를 엄격하게 적용할 경우를 비탄력적 상호주의라고 부르고, 이들 중 어느 하나가 보다 느슨하게 적용될 경우를 포괄적 상호주의라고 부른다. 액셀로드가 말한 양자 간의 반복게임에서 맞대응전략은 보상과 보복이 즉각적으로 이루어지고 질적인 상응성이 철저히 이행된다는 점에서 비탄력적 상호주의의 전형적인 형태이다. 그러나 코헨은 사회생활에서 많은 협력행위가 반드시 비탄력적 상호주의에 기반을 두지 않고, 막연한 의무감에서 비롯된다고 보는 '사회교환이론(社會交換理論)'을 빌어 포괄적 상호주의 개념을 내세우고 있다.

포괄적 상호주의전략의 목적은 기본적으로 서로 간에 신뢰구축 노력을 통해서 상대방이 자신에 대해서 가지고 있는 부정적인 이미지와 관념을 개선함으로써 상호협력이 보다 용이하도록 하자는 것이다. 이를 위해 행위자는 상대방에게 자신의 선의를 입증하기 위하여 자신이 감당할 수 있는 범위 안에서 어느 정도의 위험부담을 감수하고 협력적인 조치를 점진적으로 시행해 나가야 한다.

시간 차원과 행위자 차원에서의 연계성이라는 상호주의 요건을 보다 완화한 포괄적 상호주의는 액셀로드의 양자 간 논리와 스나이더의 다자간 논리에서 보듯이 주어진 외생적 조건에서 자신의 이익을 극대화하기 위한 행위자 차원의 합리적 계산의 결과이지, 굳이 사회적 규범에 따라 상대방에게 양보하는 행위로 규정할 필요는 없다.

2) 적용개념

포괄적 상호주의 전략의 핵심은 처음에는 일방적으로 상대방에게 협력적이거나 우호적인 조치를 취하되, 이쪽의 의도를 전달하면서 그에 상응하는 요구사항을 상대방에게 분명하게 알리는 것이다. 또한 이때의 일방적인 조치는 검증이 가능하고 분명한 것이어야 하나, 비탄력적 상호주의와는 달리 상대방의 즉각적 반응이 없더라도 일정 기간 동안은 지속적으로 추진해야 한다는 것이다.

포괄적 상호주의 전략은 비탄력적 상호주의와는 달리 점진적 · 단계적으로 발전하는 방식으로 이행되어야 한다는 관점에서 전략상의 발전단계가 제기되기도 한다.[102]

초기 단계에서는 선제 행위자가 두 집단 간에 대화의 장을 마련하는 데 도움이 될 심리전 성격의 조치를 일방적으로 취하는 것이다. 중간 단계에서는 일방적인 조치를 취하되, 초기 단계에서와 같은 상징적인 조치가 아니라 상대적으로 중요하게 여겨지는 정치적이고 군사적인 양보를 하는 것이다. 본격적인 단계란 성과 있는 협상이 가능할 정도로 상대방에 대한 상호 불신과 적대감이 감소되어 협력이 가능하게 되었을 때를 전제한다고 할 수 있다. 그러므로 이 단계에서는 위협을 실질적으로 완화시키기 위한 방안으로 '양자협정(兩者協定, bilateral agreement)'을 도출하게 된다. 결국 상징적인 양보를 통해서 대화의 계기를 마련하고 점차 보다 실질적인 양보를 거치면서 상대방과의 신뢰관계를 구축한 뒤, 협력을 제도화시킬 수 있는 협정을 체결하는 방식으로 양자관계를 발전시켜 나간다는 것이다.[103]

이러한 포괄적 상호주의는 한 국가가 일방적으로 '선제행동(先制行動)'를 취함으로써 발생하는 협력모형을 보여준다. 행위 자체는 무조건적이지만 대상국가가 의미 있는 행위로서 반응해 오지 않으면 이 포괄적이고 호혜적인 전략은 폐기된다. 그러나 일방의 선제적인 화해조치가 상대측의 긍정적 반응을 이끌어 내는 경우에는 상호협력이 뒤따르게 된다. 이처럼 점진적인 상호 호혜조치는 응답행위에 대한 비탄력적 상호주의적 합의를 이루지 않고도 해당 국가에 대한 협력을 요구하는 것이다. 그 과정에서 이쪽의 선제행위가 얼마나 지속되는가는 무조건적 선제행동의 의도와 상대측의 반응여하에 따라 달라질 수 있다.

이 과정에서 이루어지는 점진적인 상호조치는 국가 간의 불신을 제거하여 긴장완화의 길을 열자는 보다 제한된 목적을 가지고 있다. 점진적인 상호조치는 일련의 의미 있는 화해협력행위를 취하는데, 이 행위에는 양보가 포함되어 있을 수 있다.[104] 호혜주의에 바탕을 둔 점진적 상호조치의 일례로서 1998년 이후 2년여 동안 김대중정부 측의 일련의 일방적 양보조치를 중심으로 한 대북포용정책을 들 수 있다.

포괄적 상호주의전략을 구성하는 핵심 요소는 다음과 같이 요약할 수 있을 것이다.

첫째, 상호주의전략의 일환으로 구사되는 자국의 행위는 긴장을 완

화시키기 위한 의도적 전략으로서 실행되기 이전 적절한 시점에 공개
적으로 발표하며, 이때 어떤 형태로든 상대방의 대응을 촉구하는 조항
을 포함한다.

둘째, 선제 행위자에 의해 일방적으로 발표된 행위는 계획대로 수
행해야 하며, 이러한 자국의 행위가 즉각적인 대응행위를 초래하지 못
하더라도 일정 기간 이상은 점진적이고 꾸준하게 지속되어야 한다.

셋째, 이러한 일방적인 행위는 비타협적 혹은 부정적 제재의 형태
이기보다는 선의에 기초하여 수행된다는 점을 공개적으로 밝히고, 이
후에도 확인이 가능하도록 최대한 명확히 제시해야 한다.

넷째, 상대측이 긍정적인 반응을 보일 경우에는, 보다 강도 높은 협
력조치를 통해서 상호 대응 정도에 따라서 상대방의 행동에 대한 보
상을 하는 방식으로 단계적으로 이루어져야 한다.

다섯째, 상대방이 이쪽의 선의에 적대적인 반응을 보이거나, 이를
악이용하려고 할 경우에는 즉각적으로 이에 대응하여 현상을 회복할
수 있어야 한다. 이를 위해 자신을 보호할 수 있는 능력을 제한할 정
도로 지나친 조치는 취하지 않아야 한다.

따라서 포괄적 상호주의전략의 성공을 위해서는 국가안보에 직결되
는 분야가 아닌 경제와 사회부문 등에서 시작할 필요가 있다. 특히 쌍
방이 모두 실질적으로 움직일 준비가 되어 있다고 인정되는 분야에서
시작하는 것이 바람직하다. 그때에는 자국의 일방적인 행위가 어느 한
영역에서 자국의 입지를 약화시키지 않도록 다양한 형태를 지녀야 한
다.[105)]

상당 기간 동안 적대적 대치상태를 지속해온 남북한의 역사를 돌이
켜 볼 때, 불신을 극복하고 신뢰관계를 구축하는 작업이 단기간에 해

결되기는 힘들다고 할 수 있다. 그런 점에서 남북관계에 있어서는 비탄력적 상호주의에 입각한 일대일의 맞대응식 상호주의(TFT)전략보다는 충분한 시간적인 여유를 가지고 서로에게 호의를 베풀면서 점진적으로 신뢰관계를 만들어가는 포괄적 상호주의전략이 보다 적실성이 클 것으로 보인다. 그러나 이 전략은 어느 정도의 계산된 위험과 손실을 감수해야 한다는 점에서 국내의 정치적 지지기반이 뒷받침되지 않은 경우에는 수행하기 힘들다는 것이 제약조건으로 작용할 수 있을 것이다.[106]

우리는 포괄적 상호주의에 기반을 둔 화해적 포용의 효과에 대해서 긍정적인 면과 부정적인 면을 동시에 고려해야 할 것이다. 독일 브란트(Willy Brandt) 수상의 '신동방정책'과 1970년대 동서 데탕트는 결과적으로 1980년대 말의 공산권의 붕괴와 동서 냉전의 해체 그리고 독일 통일을 현실화하였다. 그 때 크게 기여한 것은 바로 포괄적 상호주의전략이었다. 그러한 의미에서 우리는 포괄적 상호주의의 긍정적인 효과를 먼저 고려할 수 있을 것이다.

포괄적 상호주의에 기반을 둔 화해협력정책은 북한으로 하여금 냉전대결의 명분을 제거하고 평화공존의 여건을 조성하여 북한이 개방과 개혁으로 나올 수 있는 길을 열어주는 효과를 기대할 수 있을 것이다. 즉 북한이 직면하고 있는 체제의 한계와 대외적인 고립, 그리고 경제파탄 및 식량난으로부터 탈출할 수 있는 통로를 열어 줌으로써, 새로운 상황에 대처하기 위한 변화를 촉진시켜서 당면한 냉전종식 및 평화정착에 기여토록 유도해야 한다. 북한이 두려움을 갖지 않고 개방과 개혁을 추진할 수 있는 환경여건을 만들어 줌으로써 궁극적으로는 체제 유지기반을 변화시켜 민족공동체적인 평화통일을 이끌어 내고자 하는 전략이라고 평가할 수 있다.

포괄적 상호주의전략은 50년 이상 지속된 비탄력적 상호주의에 입각한 냉전전략의 한계를 생각할 때 지금으로서는 가장 효과적이고 의미 있는 전략적 돌파구를 제공하고 있다고 평가할 수 있다. 그러나 구소련은 동서 데탕트하에서도 군비를 확장하고, 아프가니스탄을 군사적으로 침공하는 등 냉전 대결노선을 포기하지 않았다. 북한의 김정일 역시 우리의 포괄적 상호주의 전략에도 불구하고 핵 및 전략무기 개발을 통한 '강성대국(强盛大國)' 건설과 '선군정치(先軍政治)'를 운운하는 '군사 제일주의 노선'을 포기할 가능성이 엿보이지 않고 있다는 점에 유의할 필요가 있다.

따라서 포괄적 상호주의 전략은 한편으로는 북한체제의 변화라는 긍정적인 효과를 기대하면서도 북한의 대남 대결노선이라는 부정적인 효과에도 동시에 고려해야 할 전략적 현실을 감안해야 하는 것이다.[107]

비탄력적 상호주의는 1:1식의 주고받는 식의 맞대응을 통해 규제를 하나하나 풀어나가려는 제도이다. 반면, 포괄적 상호주의전략은 상대적으로 북한을 극단적인 상황으로까지 몰고 가지 않으면서도 교류협력을 강화시킬 수 있다는 이점이 있다.

이러한 사례는 김대중 대통령이 2001년 3월 미국 방문 기간 중 한·미 정상회담에서 언급한 대북전략 개념에서 찾을 수 있다. 이 전략개념은 한반도의 평화정착을 위해서 북한으로부터 제네바합의 준수, 미사일 수출 중단, 무력 도발 포기를 보장받고, 그 대가로 북한의 안전보장과 경제개발을 뒷받침해 준다는 것을 핵심 내용으로 하고 있다. 즉 포괄적 상호주의전략을 주장한 것으로 요지는 한·미 양국과 북한

이 서로 세 가지를 양보하고 세 가지를 얻어내자는 것이었다.

북한으로부터 얻어야 할 것은 ① 제네바합의의 철저한 준수, ② 미사일 제조와 판매 문제 해결, ③ 남한에 대한 무력도발을 하지 않는다는 보장 등이다.

그 대가로 한미 양국이 북한에 줄 것은 ① 북한의 안전에 대한 한미 양국의 보장, ② 적정한 경제협력, ③ 북한의 국제사회 진출과 금융기관의 차관을 얻을 수 있도록 도와주는 것 등 세 가지다. 그는 이런 포괄적 상호주의를 추진하되, 이 약속이 실천되는지는 검증을 통해 밝혀야 한다는 '검증'의 중요성을 강조했다.

이러한 협력이론의 내용 중 액셀로드의 게임에서 비교적 높은 점수의 프로그램 집단과 낮은 점수의 프로그램 집단을 구분하는 특징은 결코 먼저 배신하지 않는 신사적 특성임이 밝혀지고 있다. 액셀로드의 실험에서 "신사적인 규칙은 평균 472점에서 504점 사이를 기록했고, 비신사적인 것들 중 가장 높은 점수를 얻은 것은 401점에 불과했다"[108]고 그는 밝히고 있다. 신사적 게임이 승리할 수 있었던 핵심개념은 '용서(容恕, forgiveness)'라고 하는 결정규칙이다. 용서는 약식으로 표현하자면 상대가 배신한 다음 게임에서도 협력하는 관용성이다. 신사적 규칙들 중 가장 낮은 점수를 얻는 것은 가장 용서할 줄 모르는 규칙이었다.[109] 맞대응전략도 용서를 하지만 포괄적 상호주의전략은 상대방의 배반을 단 한 번의 제한된 배반으로 대응하고, 그 다음부터는 완전히 용서한 상태에서 새롭게 대응한다. 즉 한 번의 제한된 응징으로 과거는 쉽게 잊어버린다.

액셀로드의 게임에서 좋은 성적을 낸 또 다른 프로그램은 상대가 이전의 두 게임에서 연속 배신을 할 때만 배반을 하는 전략이었다. 즉 딱 한 번 하는 배반은 응징하지 않는다는 점에서 맞대응전략보다 관대한 버전이다. 이 '팃포투탯(Tit-for-Two-Tat) 프로그램'[110]이 올린 뛰어난 성적은 참가자들의 공통된 오류를 분명하게 보여준다. 즉 관대할수록 더 많은 점수를 얻을 수 있는데 대부분의 참가자들이 맞대응전략보다 덜 관대해야 더 많은 점수를 얻을 수 있다고 생각한 것이다. 이러한 발견이 시사하는 바는 충격적이다. 왜냐하면 전문가들조차도 용서의 가치에 그다지 무게를 두지 않았음을 의미하기 때문이다.[111] 즉 정치학, 경제학, 사회학, 심리학, 수학 분야의 전략 전문가들조차도 관용의 중요성을 간과하였다. 즉 상대의 협조가능성에 대해 너무 비판적으로 생각하며, 자기 이익을 위해 지나치게 경쟁적이 되는 체계적 오류를 범했다. 이 게임의 결과는 맞대응전략에 비해 보다 관대한 포괄적인 상호주의전략도 상당히 높은 성과를 낼 수 있다는 것을 검증한 것이다.

액셀로드의 제1차 대회 결과보고서는 맞대응전략의 성공 요인이 결코 먼저 배신하지 않는 신사적인 특성과 상대의 배신 후 단 한 차례 응징 후 용서하고, 협력하는 경향이라고 강조하고 있다.

2차 대회에서도 프로그램이 신사적인가의 여부와 거둔 성적 사이에는 확연한 상관관계가 있었다. 최상위 15등에 들어간 프로그램 중 하나만 제외하고는 모두가 신사적이었다. 반면에 최하위 15개 규칙은 하나만 빼고는 모두가 비신사적이었다. 게임규칙의 신사적인 특성과 대회에서 거둔 점수 사이의 전체적인 상관관계는 0.58로 상당히 컸다.[112]

포괄적 상호주의전략을 구현하는 과정에서는 상대방의 배반에 대한 두려움이 생기게 된다. 먼저 상대방이 배반을 하여 이익을 볼 수 있기 때문이다. 또한 상대방이 나의 협력에 협력으로 갚지 않을 것을 우려할 수 있다. 즉 북한 측이 항상 배반하는 전략을 쓴다면, 남한 측이 혼자서 아무리 신사적으로 행동한다 해도 손해만 볼 수 있다. 이럴 때에는 남한도 배반하는 전략으로 대응하는 것이 최선이다. 하지만 아주 낮은 비율이라도 호혜주의와 같이 협력을 갚을 줄 아는 전략을 쓰는 북한 측과 상호 작용할 수 있다면, 다른 주변국가들 모두가 항시 배반 전략을 쓰더라도 나는 상호주의전략을 쓰는 것이 유리하다. 액셀로드는 "맞대응전략과 상호작용을 하는 비율이 전체 상호작용 가운데 5퍼센트만 되더라도 항상 배반을 선택하는 것보다 상호주의가 더 나은 성과를 올릴 수 있다"[113]고 주장한다.

남한 측은 계속해서 배반하면서 기다리다가 북한 측이 협력하면 그때부터 협력을 시작하는 안전제일주의를 시도해볼 수도 있다. 하지만 컴퓨터 대회의 결과를 보면, 이것은 매우 위험한 전략이다. 남한 측이 배반을 시작하는 순간 북한 측도 보복을 시작할 것이기 때문이다. 이 경우에는 양측이 모두 상호배반의 고리에서 벗어나기 어렵다. 북한 측의 보복에 대해서 남한 측이 보복을 하면 북한 측 역시 다시 보복을 하고, 이런 식으로 보복의 메아리가 미래로 퍼져나가게 된다. 그렇다고 상대의 배반을 무작정 용서한다면, 상대가 나를 쉽게 이용할 수 있는 상대로 무시할 위험이 있다. 혹시 이런 장기적인 문제를 어떻게 피해갈 수 있더라도, 나의 첫 배반에 대한 상대의 즉각적 보복 때문에 처음부터 신사적으로 나가지 않은 것을 후회하게 될 것이다.[114] 북한의 '벼랑 끝 전략'처럼 신사적이지 않은 전략은 처음에는 전도유망해 보이지만 장기적으로는 자기 성공에 필요한 환경을 스스로 파괴하여 결국 몰락하고 만다는 것이다.

과거부터 한민족은 체면을 중시하는 면이 강하다. 북한은 수백만 명의 주민들을 굶겨죽이면서까지 자존심을 내세워 미국과 대치하고 있다. 맞대응전략을 기반으로 한 비탄력적 상호주의전략으로 계속해서 북한을 자극하는 것은 오히려 남북관계를 더욱 악화시킬 수 있다. 특히 하나 주고 하나 받기식의 비탄력적 상호주의전략은 화해협력의 논리와는 다른 것이며, '이에는 이 눈에는 눈'이라는 극단적인 성격을 내포하고 있다.

포괄적 상호주의에 기반한 화해협력정책은 '퍼주기'의 논란이 되고 있지만 동서독의 경우에는 수십 년에 걸쳐서 매년 연간 약 40억 달러의 지원이 이루어진 반면, 우리는 김대중정부에서 노무현정부까지 10여 년 간 지원한 금액이 30억 달러 정도인 것을 보면 사실 퍼주기라는 말의 의미도 되새겨 볼 만한 가치가 있다. 이에 대응해 남북교류협력 강화, 철도와 도로 연결, 개성공단과 금강산 등의 개방 등의 상응하는 대가를 받았던 것이지 그냥 퍼준 것은 아니다. 때문에 포괄적 상호주의가 남북통일정책에서도 긍정적으로 발휘한 부분을 인정해야 한다.

상대국가의 시민사회에 대한 포용은 상대정부에 대해 정치적·경제적인 유인책을 제공하는 것이 불가능할 때 실시되는 경우가 많다.[115] 예를 들어 때때로 대상국가의 불분명한 국내정치 상황 때문에 누가 권력을 잡고 있으며, 누가 이쪽이 제공하는 일정한 유인책에 대상이 될 수 있는가가 명확하지 않을 수 있다. 또한 포용의 가장 주요한 관심이 정권교체일 수도 있다. 시민사회에 대한 포용은 포용의 궁극적 목표가 정권교체일 때 가장 적합하다. 즉 경제적·정치적 조치에 의해 정권을 고립시키려 하면서도, 주민의 고립은 피하고자 할 때 활용될 수 있다.

시민사회포용에 따른 혜택은 상대방 정권이 아니라 상대 사회에 제공하며, 제공의 주체는 정부뿐 아니라 비정부적인 단위일 수도 있다. 또한 조건이 따라붙지 않고 보다 장기적인 전망과 변화를 두고 실시된다. 상당 기간 동안 상대측의 시민사회에 제공된 협력 수단이 시민사회를 변화시켜서 이것의 효과가 정부에 대한 압력으로 작용하여, 결국에는 정부의 협력을 이끌어 내는 중요한 창구역할을 할 수 있도록 도와주어야 한다.

포괄적 포용전략은 ① 상호성의 정도, ② 포용의 범주와 위협의 연계 정도 등에 따라 적용방안이 달라진다. 그 방안은 일방적 양보로부터 엄격한 상호성에 이르기까지 다양한 유형이 있을 수 있다. 또한 순수한 포용과 군사행위를 포함한 상당한 위협까지를 혼합하는 것에 이르기까지 다양할 수 있다. 어떤 포용전략이 가장 적합하고, 가장 효율적인 것인가에 대해서는 대상국가의 성격과 동기 그리고 정책이 추진되는 특정맥락 등에 의해 좌우될 수 있다.[116]

포괄적 상호주의의 대표적인 외국의 사례로는 서독의 '신동방정책(新東方政策)'이 있으며, 국내의 대표적인 사례로는 김대중정부의 햇볕정책을 들 수 있다. 본 논문에서는 대표적인 사례로 ① 인도적 지원 분야에서의 상호주의, ② 사회문화교류협력 분야에서의 상호주의를 분석할 것이다.

3. 신축적 상호주의

1) 개념 정의

상호주의는 액셀로드의 비탄력적 상호주의와 코헨의 포괄적 상호주의에 교환의 구성요소, 대상(사안), 수단과 조건(가치), 시간 등에 따라

'신축적 상호주의(伸縮的 相互主義, flexible reciprocity)'가 추가되어야
한다.

　교환의 구성요소와 대상의 차원에서 보면, 북한의 핵문제처럼 많은
국가가 관련된 사안을 해결하거나, 남북관계처럼 특수관계에 있으면
서 정치, 경제, 사회문화 등 복잡한 문제가 얽힌 상대방과의 상호주의
의 적용은 비탄력적 상호주의와 포괄적인 상호주의만으로 문제를 해
결할 수 없는 상황이 발생한다. 따라서 참여대상 간의 입장을 고려하
면서 복잡한 상황을 사안별로 대처할 필요성이 증가한다. 즉 복잡한
남북한 간의 문제를 해결하기 위해서 상호주의는 적용하되, 전반적인
상황에 일률적으로 적용하지 않고, 사안에 따라 '당근과 채찍'을 사용
하여 접근해야 한다. 이를 해결할 수 있는 방법으로 '신축적 상호주의'
를 주장한다.

　수단과 대가 차원에서 보면, 상호주의는 대가를 바라지 않거나 적
어도 명확히 하지 않고, 우호적인 행위를 하는 선물의 성격을 띤 것과
대가 혹은 의무를 부착해서 보내는 거래 성격을 띤 것으로 구분할 수
있다.[117] 사회관계에서의 에티켓은 우호적인 행위의 대가를 명시적으
로 나타내서는 안 된다는 것이다. 대가 혹은 의무를 요구하는 우호적
행위는 통상적으로 매수, 혹은 뇌물이 되어 사회적으로 지탄을 받는
다. 그러나 냉혹한 국제관계에서 국가는 적대관계에 있는 국가와 관계
개선을 원할 경우 우호적 행위를 하면서 상대방도 우호적인 행동을
할 것을 촉구한다. 주는 것에 대한 동등한 가치를 요구하는 것을 비탄
력적 상호주의로, 비슷한 성격의 우호적인 행위를 요구하는 것은 포괄
적 혹은 신축적 상호주의로 구분할 수 있다.

　상호주의가 이루어지는 시간 차원에서 보면, 교환이 동시에 이루어

지는 것과 시차를 두고 이루어지는 것으로 구분할 수 있다. 대부분의 경우에 있어서 한쪽에서 한 행위를 한 후 상대방이 이와 같은 종류의 행위를 돌려보내는 것으로, 시차가 있는 상호주의가 보편적이다. 사회에서는 사실상 시차가 너무 작은 것은 예의에 어긋난다. 상대방이 나를 식사에 초대했을 때 바로 그 다음날 식사에 상대방을 초대한다면 이것은 예의에 어긋나는 것이다. 이렇게 받자마자 되돌려주는 상호주의는 우호적인 행위를 한 상대방을 기분 나쁘게 할 수 있으므로, 상대방의 우호적인 행위를 보답하지 않고 남겨두는 경우도 있다. 반면 교환이 동시에 일어나는 경우도 있다. 시차가 있는 상호주의에서 먼저 우호적인 행동을 취한 쪽은 이러한 우호적 행동에 대한 답례를 상대편으로부터 받지 못할 위험을 안고 있다. 따라서 적대국가 등 적대관계에 있는 행위자는 일방이 상대방에게 우호적인 행위를 할 경우 이것이 우호적 행위로 돌아오지 않고 착취당하는 것을 두려워하여 동시교환을 선호하게 된다. 시간적으로 동시교환의 형태를 비탄력적 상호주의, 시차를 두고 시행되는 교환을 포괄적 혹은 신축적 상호주의로 분류할 수 있다.

이처럼 상호주의의 핵심요소인 연계성과 상응성의 요건을 시간과 공간, 즉 행위자 차원에서 고려할 때, 신축적인 상호주의를 가능하게 해주는 또 하나의 요소가 있다. 바로 대상 사안(주제, 혹은 이슈) 간의 연계문제이다. 상호주의의 논의와는 별개로 적지 않는 연구들이 사안 간의 연계가 국제협력을 용이하게 해주는 중요한 요소의 하나라고 지적한다.[118] 사안 간의 연계가 가능할 때 협상에서 합의의 폭이 크게 넓어지기 때문이다. 즉 사안이 서로 연계될 때 국가는 특정사안에서의 양보가 다른 사안에서 보상될 수 있다고 믿어 양보를 쉽게 할 수 있

고, 따라서 협력이 용이해질 수 있는 것이다.[119]

'양면게임(Two-level Game)'의 논리로 국제정치와 국내정치 간의 연계를 설명한 로버트 퍼트남(Robert D. Putnam)은 사안 간의 연계가 국제협력을 용이하게 해주는 또 하나의 중요한 이유는 특정사안에 대한 반대를 중화시킴으로써 두 사안 간의 합의가 동시에 가능해지는 상승적 효과도 가능하다고 지적한다.

신축적 상호주의는 분석적으로 시간, 행위자, 사안 차원에서 개념화할 수 있다. 시간 차원에서는 현재시점에서의 양보가 나중 시점에서의 상대방의 양보로 보상될 수 있다. 공간 차원에서는 '갑'의 '을'에 대한 양보가 '을'이 '갑'에게 한 양보로 보상되어질 수 있다. 사안 차원에서는 A사안에 대한 양보가 B사안에서의 상대방의 양보로 보상될 수 있다. 이러한 경우에는 상호주의는 유지된다고 볼 수 있다.

신축적 상호주의전략은 나의 양보에 대해 상대측의 정책과 행위에서 그에 상응하는 변화를 보일 것을 요구한다.[120] 이는 보상과 징벌을 통해 행위를 교정하고자 하는 심리학적 기술을 외교에 적용하여, 대상국가의 행위와 태도에서 근본적인 변화를 초래하기 위한 전략이다. 이러한 신축적 상호주의는 북한과 같은 불량국가와 그 지도부의 성격을 근본적으로 변화시키는 노력의 일부로서 사용될 수 있다. 즉 국제체제의 규범과 실제에 대한 반감을 점진적으로 국제체제를 한층 지지하는 태도와 행위로 교체해 나간다는 의미에서 근본적 변화를 위한 전략이라 할 수 있다.

2) 적용개념

신축적 상호주의를 전략수단으로 사용하는 경우에는 상대측에 주는

것과 그 응답으로 요구하는 것에 대해서는 항상 전략적 계획이 필요
하다. 가능한 일련의 '검증과정(檢證過程)'이 계획되어야 하며, 그 결과
를 보아가며 유연하게 추진해야 한다.[121] 신축적 상호주의를 실행할
때는 일반적으로 다음과 같은 원칙에 준하는 것이 바람직하다.

첫째, 상대측에 주어지는 양보와 이득은 상대측이 이행 의무가 있
는 상호적인 조치를 이행하지 않을 때는, 철회되거나 최소한 중단될
수 있어야 한다. 양보가 불가피하다면, 그 피해가 받아들일 수 있을
만한 것이어야 한다. 그리고 상대측의 의무 불이행은 다른 방법으로
징벌될 수 있어야 한다.

둘째, 상대측에 주어지는 양보와 이득은 상대방이 이해하고 동의하
는 행위에서의 선제행위자의 특정한 변화요구와 연계되어야 한다. 선
제행위자에게서 주어지는 이득은 행위를 개선하겠다는 상대측의 막연
한 주장만을 믿고 제공되어서는 안 된다. 근절되어야 하는 특정행위와
함께 그것을 교체해야 하는 보다 적절하고 수용 가능한 특정행위를
명확히 요구해야 한다.

셋째, 상대측에 대한 보상은 가능한 긍정적 반응이 일어난 다음에
단계적으로 주어져야 한다.

넷째, 아국의 양보와 이득은 상대국의 지도자와 주민이 신축적 상
호주의 과정을 지속해나가는 데 관심을 가지도록 할 수 있는 것이어
야 하며, 이를 수용하고, 참여하면 이득이 있다는 것을 일깨우는 것이
어야 한다.

다섯째, 상호주의 정책의 일관성이 유지되어야 한다. 상대국가와 협
력을 강화하기 위한 개념화된 구체적인 장기전략(長期戰略)이 존재한
다고 해도, 여러 가지 이유로 일관성 있게 추진되지 못할 수도 있다.

즉 상대측에 대한 포용전략이 국내 및 국제적 이해와 지지를 얻고 유지하는 것이 어려울 수 있다. 특정 정책에 대한 행정부 내의 의견불일치는 당근과 채찍을 일관성 있게 사용할 수 없게 만들 수도 있다.

이러한 신축적 상호주의 전략이 성공하기 위해서는 유인책, 즉 당근을 적절히 활용해야 한다.

첫째, 신축적 상호주의 성공의 필요조건은 선제 행위를 하는 국가가 충분한 유인책을 제시할 만한 능력과 의사를 가지고 있어야 하며, 이쪽이 제시한 유인책을 상대방이 명확하게 이해할수록 신축적 상호주의가 성공할 가능성이 높아진다.

둘째, 유인책이 상대방의 필요에 화답할 수 있는 내용이어야 한다. 그러나 상대국가가 제기한 모든 필요 또는 요구를 완전히 충족해야 신축적인 상호주의가 성공하는 것은 아니다. 중요한 것은 상대국가가 핵심적이라고 생각하는 최소한의 요구를 충족할 수 있어야 한다.

셋째, 상대방이 긍정적으로 호응할 만한 유인책이 존재하면, 신축적 상호주의의 성공 가능성은 상대적으로 높아진다. 상대국의 요구의 전부가 아니라 일부만을 충족시킬 수 있는 경우에는 그 성패를 결정하는데 중요한 것은 상대국가가 유인 제공 국가의 호의를 받아들여야 한다.

넷째, 북한처럼 상대측의 탐욕이 많을수록 포용하는 국가는 상대방의 상호성을 요구하며, 당근과 채찍을 적절히 섞는 전략을 구사하는 것이 좋다. 하지만 상대측의 불안이 심할수록, 유인책 제공 국가는 보다 많은 당근을 제시하며 보다 포괄적인 포용전략을 취하는 것이 더 바람직하다.

상대방에 대한 유인책 구사는 세 가지 유형으로 할 수 있다. 등가적

교환에 해당하는 유인책을 제시하는 비탄력적 상호주의와 비등가적·
비동시적 교환을 요구하는 포괄적 상호주의, 그리고 현안마다 적절한
당근을 활용하는 신축적 상호주의 유형이다.

이러한 신축적 상호주의 전략은 상대측으로부터 역이용당할 가능성
이 있다. 이쪽의 긴장감소 노력에 대해 대상 국가는 더 많은 요구를
할 기회로 보면서, 요구수준을 점차 높일 수 있다. 궁극적으로는 보다
많은 당근을 요구하기 때문에 결국에는 전쟁 등 극단적인 수단을 통
하지 않고서는 거절이 불가능한 요구를 제기할 가능성도 있다.

그러나 대상국가가 신축적인 상호주의를 택하는 국가를 결코 취약
하다고 인식하지 못하도록 할 수 있는 다양한 방법이 있다.

첫째, 신축적인 상호주의를 사용하는 국가는 상대 국가나 집단을
다루는데 있어서 '확고함'에 대한 평판을 일정 기간 동안 쌓은 이후에,
필요한 양보를 행할 수 있어야 한다.

둘째, 신축적인 상호주의를 택하는 이유가 나의 취약성 때문이 아
니라 다른 배려 때문에 행한다는 것을 상대측에 인식시켜야 한다. 행
위자의 물러서는 행동은 상대방이 이쪽 편의 행위에 대한 해석을 하
는데 악영향을 끼치게 된다. 따라서 이쪽 편의 후퇴가 결의 부족 때문
이 아니라고 확신시킬 수 있어야 한다.

셋째, 상대방 국가 혹은 집단에 무조건적 양보가 아니라 조건부 양
보를 해야 한다. 즉, 핵심적인 분야에서는 비탄력적 상호주의를 요구하
며, 추가 양보가 있기 전에 행위개선의 증거가 제시되도록 해야 한다.

북한의 변화를 위한 우리의 전략선택은 화해적 포용과 대결적 압박
의 이중접근, 즉 '당근과 채찍'의 병행 사용이 불가피할 것으로 판단된
다. 우리가 북한 김정은의 호의에 바탕을 두고 대북전략을 수립하거나

추진할 수는 없다. 그렇다고 북한에서 실질적인 권한을 행사하는 그를 무시하고 전략을 구사할 수도 없다. 문제는 북한 김정은이 우리의 화해적 포용정책의 열매를 즐기면서 동시에 우리에 대한 냉전적 대결과 군사 제일주의 노선을 지속시킴으로써 현재의 체제적 난관을 극복하는 것은 물론 대남 주도권을 동시에 추구해 나가는 그들의 이중전략에 어떻게 대처하느냐 하는 우리의 대응전략이다. 이러한 대응전략으로서 신축적인 상호주의가 필요하다.

현 남북관계에서는 포용과 압박의 이중 접근이 불가피하나, 어느 쪽에 전략의 중심을 두느냐 하는 문제가 중요하다. 먼저 북한체제의 변화를 위해 전략의 중심을 화해적 포용에 두고, 동시에 북한의 군사 제일주의 노선에 대처해 나가기 위한 대결적 압박을 병행하는 이중접근전략을 고려할 수 있고, 이와 반대로 북한의 군사 제일주의 노선에 대한 대결적 압박을 전략의 중심으로 삼고, 화해적 포용을 부가적으로 고려하는 이중접근전략을 생각할 수도 있을 것이다. 이 두 가지의 대안 중 우리의 전략선택은 북한체제의 변화를 목표로 하는 화해적 포용전략에 중심을 두고, 북한의 군사 제일주의 노선에 대처해 나가는 대결적 압박전략을 보조로 하는 이중접근이 타당하다고 판단한다.[122]

그 이유는 우리에게 북한의 핵 및 미사일 개발 등 군사 제일주의 노선 등을 실질적으로 견제 및 해소할 수 있는 우리의 대응 전략수단이 극히 제한되어 있고, 북한체제의 변화야말로 그들의 군사 제일주의 정책의 포기는 물론 평화통일의 결정적 변수로 작용할 것이기 때문이다.[123]

이렇게 복잡한 남북한 관계에서 교류와 협력의 강화를 목표로 한 신축적인 상호주의를 구현하기 위해서는 다양한 유인책이 사용될 수

있다.[124]

　정치적으로는 외교적 승인에의 유인, 국제적 및 지역적 차원의 제도적인 접근, 쌍방 지도자간의 정상회담 개최, 또는 이익공여의 금지 해제 등의 조치를 포함할 수 있다.

　경제적으로는 경제원조, 차관, 투자보장과 장려, 우월한 기술 분야에의 접근 허용 등과 같은 가시적인 유인책이 제공될 수 있다. 이 밖에도 무역금지, 투자금지 또는 고율관세 등 대상국가와의 경제 관계 확대를 방해해왔던 징벌조항의 해제 또는 개선조치가 있다. 나아가 지구적 경제교류 및 제도에의 참여를 지원하는 방안 등도 포함될 수 있다.[125]

　사회문화적으로는 양국의 국민 간의 접촉을 증대한다. 비정부 조직에 대한 재정지원, 해외송금제한의 완화, 우편 및 전화의 연계, 학생, 관광객과 기타 비정부 기구의 교환 등은 문화적 유인책에 포함될 수 있다.

　김대중정부와 노무현정부가 실시했던 '정경분리 원칙'은 그 자체만으로는 독립적인 대북정책은 아니다. 정경분리 원칙에 대한 고려는 이 원칙이 어떤 맥락 속에서 어떻게 추진되어야 남북관계를 '경쟁의 게임'에서 '협력의 게임'으로 진전시키는 데 기여할 수 있을 것인가 하는 관점에서 재평가되어야 할 것이다. 사실 김대중정부의 대북정책은 민간 차원에서는 정경분리 원칙을 선언함과 동시에, 정부차원의 대북관계에서는 상호주의 원칙도 선언하고 있다.[126] 김대중 정부의 '햇볕론'이 선언적 효과를 넘어 실효를 거두기 위해서는 정경분리와 상호주의가 적절히 구사되어야 하기 때문이다. 민간부문의 경제교류가 정치적 상황과 분리된다 하더라도, 정치나 안보적인 현안에 관하여 남북한 정부

간의 관계에서 배신과 불신이 지속된다면, 사실상 민간차원의 경협이 남북관계의 개선에 생산적으로 기여하기는 쉽지 않다. 따라서 정부차원의 관계에서는 신축적 상호주의 원칙이 구사되는 것이 전체적 남북관계의 구도를 '경쟁의 게임'에서 '협력의 게임'으로 만드는 데 유리할 것이다. 신축적 상호주의 원칙은 정경분리 원칙과 일견 배치되는 것으로 보인다. 그러나 이 양대 원칙은 상황과 사안에 따라 적절히 조화되면서 남북관계를 협력의 게임으로 풀어나가는 '지주(支柱)'가 될 수 있다.

비탄력적 상호주의든 신축적 상호주의든 그 공통점은 상대방으로 하여금 대응하는 일정한 반대급부를 비교적 단·중기적으로 요구한다는 것이다.

신축적 상호주의 원칙하에서 적대국가를 포용하는 것은 3가지 점에서 포괄적인 상호주의와 구분될 수 있다. 첫째, 제공되는 유인책은 대상국가의 특정행위의 변화와 연계되어 있다. 즉 행위가 개선될 것이라는 막연한 기대를 바탕으로 해서 유인책이 제공되는 것은 아니다. 둘째, 가능한 행위에 분명한 변화가 있은 이후에 보상이 주어지는 것이 바람직하다. 상대측이 행위교정의 의사가 없는데 보상이 주어지거나 분명한 행위변화와 연계되어 있지 않는 경우에는 호혜적인 조치는 지연되거나 취소되어야 한다. 셋째, 쌍방의 협력에로의 접근은 조건부 상호성의 차원에서 양측이 협력적인 조치를 취해 갈 수 있는가에 따라 그 성사여부가 달려 있다. 상대측이 협력의 의무를 준수하지 않으면, 당근의 과정은 중단되고 제공되는 가치는 취소되면서 채찍의 과정으로 전환될 수 있다.[127]

신축적 상호주의는 북한의 핵문제처럼 많은 국가가 관련된 사안이나 해결되어야 할 문제와 대상이 복잡하게 얽혀 있는 문제들의 해결

과정에서 효율적으로 적용될 수 있다. 이 저서에서는 ① 금강산 관광
개발과정에서의 상호주의, ② 개성공단 개발과정에서의 상호주의, ③
남북 철도와 도로연결과정에서의 상호주의, ④ 경제협력과정에서의
상호주의 사례를 분석할 것이다.

　　지금까지 기술한 상호주의 유형은 〈도표 1-5〉와 같이 정리할 수 있
을 것이다.

┃도표 1-5┃ 상호주의의 유형

구 분	비탄력적 상호주의	포괄적 상호주의	신축적 상호주의
구성요소	개인, 국가	국가, 특수 관계	다자, 다국가
사안	단일, 단순	관계 전반	사안별
시간(同時性)	단기	중·장기	단·중기
가치(等價性)	등가	비등가	등가 및 비등가
수단	채찍 위주	당근 위주	채찍과 당근 겸용
대응	맞대응	포용	맞대응과 포용 겸용
대상	국가, 타인	민족, 가족, 친구	국가, 특수집단
조건(對稱性)	동등한 대상	강자 ⇨ 약자	모든 대상

제 2 장

상호주의와 대북정책

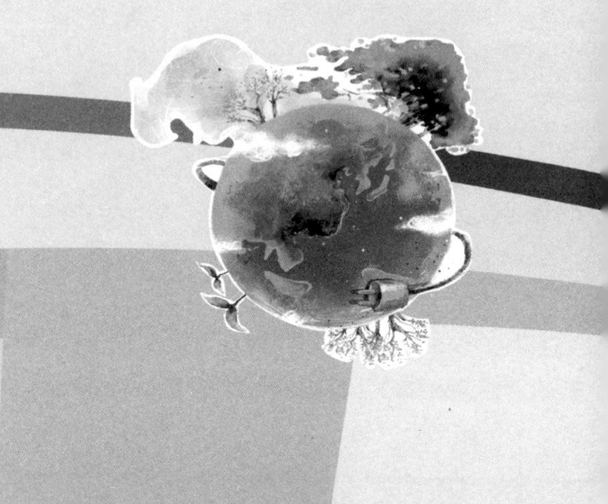

제 1 절   분단국의 상호주의 인식과 정책

1. 상호주의에 대한 북한의 인식

북한은 '상호주의'를 "국가와 국가 간에 통용되는 개념으로 나라간의 '등가교환(等價交換)' 원칙에 따라 무역거래나 인적교류에 같은 정도의 권한을 부여하는 것"[1]으로 정의하고 있다. 북한은 미국과의 핵협상과정에서 비탄력적 상호주의에 기초한 맞대응전략에 따라 조치를 하고 있음에도 불구하고[2] 남북한 간에는 상호주의 적용을 강력히 반대하고 있다.

북한은 베이징에서 개최된 남북한 차관급회담 직후 1998년 5월 23일자 로동신문에서 "북남관계에서 〈상호주의〉는 통용될 수 없다"[3]는 논평을 통해 상호주의에 대한 비난을 하기 시작하였다. 특히 민족으로서 동포애적 조치로 진행되는 사업에서 그 어떤 명분을 내세워도 상호주의가 타당성을 가지지 못한다면서 남북 경협사업을 겨냥하고 있다.[4] 또한 남측이 주장하는 상호주의는 "북남관계에 인위적인 장애를 조성하고 그것을 통하여 북남관계를 불신과 대결로 몰아가려는 매우 위험한 발상"[5]이라고 직접적인 지적도 잊지 않는다.

북한은 상호주의원칙에 입각한 대북화해협력정책은 북한의 내부를 교란시키려는 민족분열적인 정책으로 비난하고 있다. 북한의 1998년 7월 24일자 로동신문은 "이른바 〈대북화해정책〉을 발가본다"[6]라는 글에서 "남조선괴뢰들의 대북화해정책은 곧 뒤집어놓은 대북대결정책이다. 모처럼 마련된 베이징 북남 부부장급 접촉 때 남조선당국자들은 몇 푼어치의 물건짝을 꺼내 보이며 우리에게 그 대가를 흥정하는 보따리 장사군 노릇을 하였다. 무엇을 하나 주면 그 대가로 꼭 하나를 받아내겠다는 식의 장사군 론리인 〈상호주의〉를 남북관계의 〈기본원칙〉이라고 들고 나온 자들에게서 기대할 것이 무엇이 있겠는가. 괴뢰들의 이른바 〈대북화해정책〉이라는 것은 얼어붙은 북남관계를 녹여내기 위한 것이 아니라 화해와 협력의 사소한 요소마저 말리우고 짓밟아 북남관계를 아예 황폐화 사막화시키려는 대북대결정책일 뿐이다. 황폐화 사막화된 땅에서 꽃이 피어날 수 없다는 것은 누구에게나 자명하다"라고 주장하고 있다.

로동신문은 또한 "결국 남조선 괴뢰들이 광고하는 〈대북화해협력정책〉은 본질상 이전 독재자들이 들고 나왔던 분열주의적이고 대결적인 〈북방정책〉의 변종에 지나지 않는다. 그것은 〈화해〉와 〈협력〉이란 기만적인 간판 뒤에서 시간을 끌며 우리의 내부를 교란시키고 나아가서 외세와 야합하여 우리를 어째보려는 간악무도한 야심을 품은 괴뢰통치배들의 고안품이다"라고 반박하고 있다.

북한은 로동신문 1998년 8월 21일자에서는 『조국평화통일위원회

서기국 공개 질문장』을 통해 "〈상호주의〉와 함께 〈해볕론〉 따위를 들고 상대방을 우롱하려들면 진정한 〈협력, 교류〉가 실현될 수 있다고 보는가"라고 반문하면서 다음과 같이 비난하고 있다.

"북남 사이의 〈협력, 교류〉는 오늘 새롭게 일정에 오른 문제가 아니다. 현 시기 이를 가로막는 근본장애는 남조선 당국의 도발적인 〈상호주의〉와 〈해볕론〉에 있다. 더욱이 〈해볕론〉이란 〈협력, 교류〉를 통하여 대방을 〈개혁·개방〉에로 유도하겠다는 것으로서 북과 남이 서로 다른 사상과 제도의 존재를 부정하는 새로운 대결론리이다. 남조선 집권자는 이러한 〈해볕론〉이 우리에게 과연 통할 수 있다고 생각하는가 〈바람〉이든 〈해볕〉이든 그것은 본질에 있어서 영구 분렬로선이며 언제 가도 실현될 수 없는 망상이다.

이따위 대결의 론리를 가지고 그 무슨 〈협력〉과 〈교류〉를 하겠다는 것 자체가 우리에 대한 용납할 수 없는 도전이며 내외 여론에 대한 기만이 아닌가. 말로는 〈정경분리원칙〉과 〈협력〉에 대해 요란스럽게 떠들면서 오히려 민간급에서 하는 협력을 백방으로 방해하고 있는데 이것은 무엇인가" 즉 상호주의는 대결논리이기 때문에 받아들일 수 없다는 것이다.

북한은 남한의 상호주의를 북한의 개혁과 개방을 촉진하려는 일종의 덫(trap)으로 인식하고 있다. 즉 상호주의를 수용하면, 향후 체제문제와 관련된 양보를 해야 한다는 선례를 남기게 될 것으로 인식하고 있다. 남한정부가 북한 측에 비탄력적 상호주의 원칙을 강제할수록 북한은 자주성의 명분에 더욱 집착하게 되어 남북한 교류협력에 소극적으로 대응할 가능성이 크다. 특히 북한이 당국 배제전략을 구사할 경우, 상당한 기간 동안 남북관계 진전이 이루어지지 않을 가능성도 크

다.[7]

북한은 상호주의를 남북 간의 갈등을 부추기는 대결정책으로 비난하고 있다. 북한은 "최근 북남당국회담장에 나라와 나라들 사이에만 통용되는 그 무슨 〈상호주의〉라는 북남격폐정책을 들고 나와 회담을 파탄시키게 한 것도 〈북과의 대화를 서두르지 않겠다〉고 하면서 로골적으로 우리와의 대화와 접촉을 전면부정에 나섰다"[8]라고 상호주의를 비판하고 있다.

북한은 북미간의 핵협상에서 보듯 국가 간에는 비탄력적 상호주의를 적용하고 있다. 그리고 우리의 군사훈련 문제 등 안보관련 문제에서는 비탄력적 상호주의 입장에서 대응하고 있는 것으로 분석할 수 있다. 즉 북한이 상호주의의 개념을 명확히 이해하고 있는 것으로 판단된다. 관련되는 내용은 뒤에서 상세하게 기술할 것이다.

연합뉴스는 북한의 김정일 국방위원장이 2000년 9월 고 정몽헌 전 현대그룹 회장과 금강산 관광지구를 시찰하면서 '상호주의'에 대해 "서로 배워주고 도와주는 것"이라고 발언한 사실을 북한의 인터넷매체인 '우리민족끼리'가 보도했음을 2010년 2월 24일 뒤늦게 전해 주목된다.

우리민족끼리는 '금강산 관광길을 열어주시며'라는 제목의 기사에서 10년여 전 당시 일화를 소개하면서 "(김 위원장은) 그런 식으로 공존, 공영, 공리를 해서 두 제도가 존재하는 연방제를 해야 한다고 말했다"고 밝혔다.

김 위원장은 2000년 8월 방북한 언론사 사장단과 오찬에서 "외국 간에는 상호주의를 하지만 같은 민족 간에 무슨 상호주의가 필요하겠느냐"고 언급했으며, 북한 당국은 남한 정부의 남북관계 기본 원칙인 '상호주의'에 대해 줄곧 부정적 입장을 보여 왔다고 보도하고 있다.[9]

┃도표 2-1┃ 상호주의에 대한 북한의 인식

구 분	북한 인식	북한 행동	비 고
기본입장	· 상호주의 비난 · 호혜주의 선호 · 민족내부거래 강조	· 비탄력적 상호주의 맞대응전략 선호 · 포용정책 수용	· 민족내부거래, 호혜성 주장 · 포괄적 상호주의 수용
핵문제	· 북미 간 문제 · 자위적 차원 개발	· 맞대응전략 구사 · 남한 측 역할 포괄적 수용	비탄력적 상호주의 입장 견지
남북관계 개선	· 햇볕론은 영구분열 정책 · 상호주의 적용 시 남북관계 좌절	· 햇볕정책 선별적 수용 · 포괄적 · 신축적 상호주의 수용	상호주의를 개혁개방을 촉진하려는 덫으로 인식
남북교류 협력	· 우리민족끼리 선호 · 민족내부거래에 따른 교류협력정착요구	· 정부 차원의 교류협력 선별적 수용 · 민간 차원의 교류협력 적극 수용	서로 배워주고 도와주는 것으로 인식

김정일을 포함한 북한지도부의 상호주의에 대한 입장을 살펴볼 수 있는 자료이다. 북한 측의 상호주의에 대한 인식과 대응은 〈도표 2-1〉에서 보는 바와 같다.

2. 서독의 동방정책과 상호주의

1) 교류협력과정에서 상호주의 적용

남북한과 동서독은 역사적 · 사회적 · 국제적 맥락에서 상이성과 분단 상황에서의 유사성을 동시에 가지고 있다. 따라서 독일의 통일과 교류협력의 경험을 한반도에 적용할 경우에는 조심스러운 접근태도가 필요하다. 특히 교류협력과 관련해서 보면 양 지역의 상황 차이는 대단히 크기 때문에 독일의 경험을 그대로 받아들이기는 쉽지 않다. 그러나 우리의 대북정책이 남북한 화해협력을 목표로 하고 있으며, 사실상의 통일을 지향하면서[10] 남북한 교류협력이 크게 증가하고 있다는 점에서 시사점을 찾는 것은 의미가 있다. 특히 어떠한 여건하에서 교류협력이 활성화되는지, 이를 위해서는 어떠한 전략이 요구되는지, 교류협력이 동서독 관계에 어떠한 영향을 미쳤는지, 동서독의 특수 관계에서 상호주의는 어떻게 적용되었는지 등을 보여준다는 점에서 우리에게 시사하는 바가 크다.

분단 이후 서독은 긴장완화와 분단고통의 감소라는 정치적 목표를 달성하기 위해 다양한 수단을 통해 동서독 간 교류협력을 활성화시켰다.[11] 특히 브란트 정부는 양 독일 간의 정치·군사적 문제를 경제교류협력에 연계시키지 않는 정경분리원칙에 의하여 민간부문과 경제교류협력을 증진시키는 한편, 정부 차원의 경제협력은 분단고통의 감소, 긴장완화 차원의 양독 관련 사항과 연계시키는 상호주의 정책을 취하였다.

예컨대 서독은 서독과 베를린을 연결하는 교통망 확충을 위해 고속도로 및 운하 건설에 14억 마르크(DM)를 연방재정에서 부담하기로 하였다. 동독 측은 이에 대한 반대급부로서 서독인들의 동독 방문 시 산재연금 수령자에 대한 최소 환전의무 면제, 정치범 석방 등의 조치를 취하였다. 이외에도 1983년과 1984년에 서독정부는 동독에게 19억 마르크를 제공하였으나, 상호주의 원칙에 의거하여 인적·통신교류의 확대, 내독 간 국경에서의 수속절차 완화, 환경·문화협정 회담 재개 등을 동독 측에 요구하고 이를 성사시켰다.[12] 정부차원의 경제협력은 상호주의 원칙을 적용하였으나, 동독주민들의 생활수준을 증진시키기 위해 서독주민들의 개인적 차원에서 동독주민들에 대한 각종 지원을 허용하는 등 인도주의적 민간지원을 확대하는 정책도 추진하였다.

동서독은 분단 25년 만인 1970년부터 1990년 10월 3일 통일을 달성할 때까지 20년 동안 공식회담 6회와 비공식접촉 3회를 합쳐 모두 아홉 차례의 정상급회담을 가졌다. 남북한과는 달리 동서독의 경우는 정상회담이 실현되기 이전부터 이미 내독교역이나 체신교류, 인적·물적 통행을 비롯한 교통문제, 각종 문화·교육·스포츠 등의 교류가 활발하게 추진된 바탕 위에서 정상회담이 이루어졌다.

양독간의 정상회담은 과거의 인적·물적 교류를 바탕으로 미래의 양독관계를 제도적으로 보다 공고히 하고, 통일을 향한 착실한 논의를 구체화해 나갔다는 데 커다란 의의가 있다. 1970년 개최된 브란트 수상과 슈토프 수상의 두 차례에 걸친 정상회담이 그 내용면에서는 별다른 성과 없이 끝났지만, 그 이후 보다 실질적인 관계개선의 계기가 되었다. 우편합의(1970.4.29), 우편 및 전화교류에 관한 의정서(1971.9.30), 통과협정(1971.12.17), 통행협정(1975.5.2), 동서독 기본관계에 관한 조약(기본조약)체결(1972.12.21) 등이 차례로 실현되었다. 그 중에서도 1972년 체결된 기본조약은 동서독 통일의 모체가 되는 조약이 되었다. 이 조약은 민족문제를 포함한 근본문제에 대해 쌍방의 상이한 견해에도 불구하고 동서독 관계에 대한 기본원칙을 설정하고 있다.[13]

남북한의 교류협력과정에서 상호주의 적용은 동서독의 다음과 같은 대표적인 사례에서 중요한 시사점을 발견할 수 있다.

첫째, 서독은 동독에 차관을 제공시에는 항상 포괄적이고 신축적인 상호주의에 입각한 전략을 구사하였다. 1980년대 들어 국제 원자재와 원유 가격이 폭등하자 부존자원이 취약한 동독경제는 취약점이 노출되기 시작하였다. 대외채무는 늘어났으며, 이자 상환비율도 더 높아졌다. 동독의 대외 순채무는 100억 달러 이상이 되었다. 더구나 미국이 1970년대 후반기 들어 긴축적인 금융정책을 펴자 국제금융시장의 이자율이 1976년 연평균 5.6%였던 것이 1980년에는 17%로 상승했다. 동독은 사전에 이를 예측하지 못해 수출로 획득한 수익의 대부분을 대외부채의 이자를 상환하는 데 지출해야 했다. 1980년 동독의 대서방 무역흑자가 약 38억 마르크(DM)였으나, 이자지급액은 무려 26억 마르크에 달했다. 1981년에는 약 49억 마르크의 무역흑자에 이자 지급액은 무려 43억 마르크로 88%에 달했다.

서독정부는 브란트의 신동방정책 추진 이후 형성된 동독과의 화해관계를 악화시켜서는 안 된다는 입장을 견지하면서, 동독경제를 회생시키기 위해서는 차관을 제공해야 한다는 주장을 강하게 폈다.[14]

이에 따라 서독정부의 주선으로 서독 은행들이 주축이 된 대 동독 차관이 제공되었다. 서독정부의 동독에 대한 차관 규모는 총 19억 5,000만 마르크로 1983년 10억 마르크, 1984년 9억 5,000만 마르크를 제공했다. 이 차관으로 동독은 상환기일이 도래한 채무를 일시에 변제해 대외채무구조의 개선과 함께 대외신용도를 제고할 수 있었으며, 주민들의 생필품 확보에 필요한 대서방 교역을 증대할 수 있었다.

대 동독 차관의 반대급부로 서독은 먼저 동서독 간 국경에서의 여행규제 완화와 총격사살행위 금지를 요구했다. 그리고 협상과정에서는 동서독 간 국경선 통행절차도 대폭 개선되었다. 국경선 통제방식이 온건한 방향으로 바뀌었으며, 국경통과 시 강제로 징수되던 '강제교환(強制交換, Zwangsumtausch)' 금액도 인하되었다.[15] 그 밖에도 서독 국민에 대해 연간 최고 30일 간의 동독 체류허가 기간을 45일까지 연장하는 등 여행과 관련된 편의조치가 확대되었다. 더 나아가 서독은 동독에 대해 인적 통신교류의 확대와 당시 동서독 간 체결이 안 된 환경·문화·교육분야의 회담 재개를 조건으로 내세워 관철시켰다.[16]

둘째, 서독은 동독 지원과 동독의 민주화 및 동독주민의 인권 개선을 연계하여 포괄적·신축적 상호주의를 적용하였다. 즉 서독의 대 동독 정책은 동독의 민주화와 동독 주민의 인권 신장을 지향하는 상호성을 지니고 추진되었다. 동독주민의 자유와 인권시장은 대 동독 관계에서 서독정부가 절대로 포기할 수 없는 대원칙이었다. 그렇지만 서독의 대 동독 인권상황의 개선 요구는 비밀협정을 통해 동독정부가 체제위협을 느끼지 않고 국제적인 비난을 받지 않는 최소한의 선에 그쳤다.

서독정부는 베를린 장벽설치 이후 동독 주민들을 위해 인도적인 차원에서 정치범석방 등과 같은 특별사업을 비밀리에 추진하였다. 즉 동독에서 반체제활동을 하다가 투옥된 정치범을 석방하는 것이었다. 이를 위해 서독은 1963년부터 '내독관계성'을 통해 동독과 별도의 채널을 마련하고 추진했다. 비밀거래에 대한 동서독 간의 공식합의나 조약은 없었다. 서독정부는 정부예산으로 이 사업을 지원했지만, 모든 거래를 변호사와 종교단체를 내세워 추진했다. 석방대상이 되었던 사람들은 주로 체제저항운동을 하다가 투옥된 인사나 동독으로부터 불법적으로 탈출하려다 투옥된 사람 등 분단으로 인한 정치적 박해자였다.

서독은 1963년부터 1989년 동안 동독정부가 총 3만 3,755명의 동독 정치범을 석방하도록 협조하였다. 또한 약 25만 명의 이산가족의 재결합을 구현하였다. 서독정부는 정치범 석방을 위한 대가로 현금을 지불하는 대신 1977년까지는 1인당 4만 마르크, 1977년부터 1989년까지는 1인당 9만 5,847마르크에 해당하는 물품을 제공했다. 서독정부가 현금을 지원하지 않고 물품으로 대신한 것은 사회주의 국가가 인간을 매매한다는 국제여론에 대한 동독정부의 체면을 감안했기 때문이었다. 대가는 총량으로 계산하되, 간접적인 방법을 통해 동독에서 필요한 물건으로 지급하는 방법으로 초기에는 사과주스와 음료수 및 열대과일 등을 제공했으나, 후기에는 공산품으로 석유와 기계 등 고가품을 제공했다.[17]

서독의 입장에서 볼 때, 정치범 석방은 물질적인 대가를 지불하고서라도 분단으로 고통을 받고 있는 사람들을 인도적인 차원에서 구제한다는 정책의 산물이었다. 동독으로서는 표면적으로 고급인력을 양성하기 위해 국가가 투자한 비용을 서독에서 보상받는다는 자세를 견지했으나, 실질적으로는 체제유지에 부담되는 인물들을 추방함으로써 체제를 더욱 공고히 할 수 있다는 인식에서 받아들였다. 서독정부가 동독정부에 정치범 석방을 위해 제공한 물자 중에는 동독 주민들을 위해 직접 쓰이지 않고 외국에 재판매되어 동독의 외환 증식에 기여한 사례도 있었다. 그 액수는 총 35억 5,000만 마르크 중 21억 마르크에 달했다.[18] 그러나 서독은 동독에 대해 정치범 석방을 통해 획득한 돈을 동독주민을 위해 쓸 수 있도록 강요할 수는 없었다.

상호주의에 입각한 서독의 대 동독 정책은 동서독 모두에게 정치적·경제적으로 중요한 의미를 부여했다. 초기에는 서독의 정치적 목표를 달성하는 수단으로 작용했다. 특히 베를린과 서독 간의 자유왕래가 보장될 수 있도록 하는 압력수단과 동서독을 묶는 장치로서 기능했다.

동독에게는 재화의 부족상태 해소와 함께 외환위기를 벗어나게 하고, 서방측의 기술을 획득할 수 있는 수단으로 작용했다. 더 나아가서는 동독주민으로 하여금 서독 자유민주주의 체제에 대한 사회주의 체제의 열세를 인식하고, 개방과 변화의 정치적 희생을 감수하는 효과를 가져왔다.

상호주의에 입각한 양독 간의 협정체결은 양독 간 교류협력발전을 이끄는 제도적 장치로 작용했다. 1963년 12월 동독과 베를린 통행협정체결을 시발로 기본조약 체결 이전에 이미 '우편 및 전화에 관한협정(1970)'과 '통행협정(1972.5)'을 체결했다. 1972년 12월 체결된 '동서독 기본조약'은 양독 교류협력을 발전시키는 굳건한 토대로 작용했다.[19] 기본조약은 유럽 모든 국가들의 국경선 불가침과 영토보전, 무력의 위협이나 사용의 포기, 양독 간의 관계설정과 상호간의 자주 독립 및 상호존중을 비롯한 각 분야별 교류협력 등을 규정했다. 이러한 호혜성과 상호주의를 바탕으로 한 동서독 간 협정은 교류협력 활성화를 위한 기반으로 작용하였다. 그리고 양자로 하여금 경제협력 활성화에 대한 약속 준수를 강제하는 수단이었다.[20]

2) 동서독 간의 상호주의 적용의 시사점

신동방정책 아래에서 이루어진 동서독 교류협력이 우리에게 줄 수 있는 구체적인 시사점을 정리해보면 다음과 같다.

첫째, 서독은 동독과 교류협력을 추진하면서 동독이 교류협력에 소극적이라는 측면을 고려하여 비탄력적 상호주의 원칙에만 집착하지 않았다. 예를 들면 공연, 전시회, 운동경기 등을 개최하는 경우에는 동독에서의 개최빈도와 서독에서의 개최빈도를 동일하게 적용하는 것이 아니라, 어느 한 지역에서만의 개최조차도 수용할 수 있는 탄력성을 보여주었다. 또한 이러한 교류협력에 소요되는 비용부담의 경우에도 동독의 경제적인 어려움을 고려하여 서독이 좀 더 많은 부담을 안을 수 있다는 자세를 보여주었다. 그리고 교류협력의 지속적인 유지를 고려하여 가능한 한 일방통행식의 교류를 자제하였다. 교류의 내용과 폭은 다양한 내용을 가지되, 상호적인 이해관계가 호혜적 차원에서 관철될 수 있는 자세를 견지하였다. 즉 포괄적이고 신축적인 상호주의를 적용하여 교류협력을 활성화시켰다.

둘째, 서독은 교류협력분야를 선정할 경우에는 가능한 동서독이 공동으로 관심을 가지는 분야 중 동독이 상대적인 우월성을 가지고 있다고 판단하여 좀 더 쉽게 응해 오리라고 여겨지는 부문과 교류협력을 통해 동독이 경제적으로 이익을 취할 수 있는 분야 등을 우선적으로 고려하였다.[21]

셋째, 서독은 정부와 병행하여 민간차원에서 교류협력이 활성화될 수 있도록 인도적·행정적인 지원과 함께 재정적으로 지원하였다. 특히 서독은 민족적 동질감을 인식시키기 위해 청소년 교류를 재정적·정책적으로 지원하였다. 청소년 교류는 비록 동독 현실에 대한 실망감으로 오히려 역효과를 가져온 측면이 있었으나, 분단현실을 생생하게 체험할 수 있는 교육적 계기가 되었다. 다른 한편으로 동독체제의 선전을 위해 추진했던 동독의 경우에는 선발된 청소년들이 오히려 서독체제에 동경심을 갖게 되는 역효과를 가져왔다. 중요한 사실은 동서독 청소년들 간의 만남이 상호 현실 및 상대방에 대한 이해의 무대가 되었다는 사실이다.[22]

넷째, 서독정부의 지원은 교류협력을 위한 전문가들을 꾸준히 양성하는 데에도 이루어졌다. 서독 정부는 정부기관, 대학연구소, 각 정당 및 재단, 민간단체 등에 속한 다양하고 폭넓은 전문가그룹을 양성하였다. 그리고 이들을 통일과정은 물론 통일 후의 과도기에 나타난 문제점들을 효율적으로 대처하는 데 활용하였다.

다섯째, 동서독 교류협력에서 주목해야 할 중요한 사실은 서독이 동독과의 교류협력에서 현금지불을 가능한 억제하는 대신 교류협력을 활성화시키기 위해 '청산결재방식'[23]을 활용하였으며, 현금 대신 물품지원을 선호하였다는 사실이다. 이는 북한이 남북 교류협력을 통해 획득할 수 있는 외환을 핵개발 등 안보·군사 분야에 투입할 가능성이 상존하고 있다는 우리의 우려를 감소시킬 수 있다는 점에서 많은 시사점을 제시한다.[24]

여섯째, 서독은 접촉을 통한 변화라는 통일정책 아래에서 인적교류를 물적교류에 연계시켜 교류의 폭을 확대시키는 데 최대의 초점을 두었다. 그래서 인적교류의 확대를 위한 양보를 동독으로부터 받아내기 위하여 동독이 양보할 때마다 포괄적·신축적 상호주의 전략에 따라 적정한 대가를 지불했다. 양독 간의 교류협력 관계는 서독의 적극성과 동독의 소극성이 맞물려 처음에는 극도로 제한된 교류에 한정되었다. 양독 간의 특수한 관계를 정립한 기본조약 이후 호혜주의에 바탕을 둔 상호주의 정신에 따라 교류와 협력을 통해 신뢰를 회복하고 나아가 민족적 동질성 회복을 추구했다.

서독의 신동방정책은 1969년부터 1974년까지는 브란트 수상에 의해서 추진되었지만, 이어 1982년까지는 사민연의 슈미트(Hermut Schmiet) 수상에 의해 집행되었다. 그 후 1982년부터 통일이 된 1990년까지는 보수당인 기민연 출신의 콜(Hermut Kohl) 수상에 의한 기민·기사연과 자민연의 연정에 의해서 추진되었다. 실제로는 이 시기가 신동방정책이 가장 많은 성과를 보여주던 시기였다고 할 수 있다.

이러한 사례에서 우리는 다음과 같은 교훈을 도출할 수 있다.

첫째, 동서독 관계는 수많은 협정체결에 따른 제도적 장치를 마련하면서 진행되었다는 점을 들 수 있다. 특히 거래상의 지불을 양국의 중앙은행에 의한 청산방식인 청산거래제도로 추진한 것은 만성적으로 경화가 부족한 동독에게 서독의 상품공급이나 용역제공에 대하여 외환으로 비준할 필요가 없도록 하는 장점이 있었다.

둘째, 서독정부는 동독과의 교류와 협력을 확대하는 과정에서 일관되게 상호주의 원칙을 준수하였다는 점이다. 특히 동서독 간의 특수관계를 고려하여 비탄력적 상호주의는 자제하였지만, 사안별로 포괄적이고 신축적인 상호주의를 적용하였다.

셋째, 분단국가가 교류협력을 지속하기는 쉬운 일이 아니다라는 점이다. 그러나 남북한이 평화통일을 원한다면 남북한의 교류협력은 계속 확대되어야 한다. 통일 전까지는 동서독 간에는 매년 수백만 명의 왕래가 있었음을 감안하면 남북한 간에도 이산가족 상봉, 식량지원 등 인도적 사업과 물자교역, 관광 등 경제교류, 그리고 체육, 학술교류 등 사회·문화적 교류가 가급적 확대되어야 할 것이다. 그 과정에서 가능한 상호주의는 신축적으로 적용되어야 한다.

넷째, 북한의 개방 수준에 비례하여 대북한 교류와 협력에 대한 우리 정부의 개입수준이 적절히 조정되어야 한다는 것이다. 사회주의의 공고화를 추진해왔던 동독의 경우, 상응하는 동서독 교류와 협력에서 동독정부가 배제된 적은 없었다는 점은 우리에게 시사하는 바가 매우 크다.[25]

서독과 동독의 경험에서 알 수 있듯이 서로 이념 및 경제체제가 상이한 분단국에서 교류협력을 확대하거나 법률문제를 해결해 나가는 과정은 결코 쉽지 않다. 그러나 교류협력과 이를 통한 평화적 통일을 달성하기 위해서는 교류협력의 활성화는 필연적인 것이다. 서독정부는 포괄적이고 신축적인 상호주의를 적용하여 이 문제를 해결하였다. 또한 이를 법·제도적으로 뒷받침하여 동서독의 정권교체의 과정에서도 불필요한 분쟁과 이의 해결을 위한 시간 및 경제적 손실을 최소화할 수 있었다. 동서독 간 상호주의 적용사례는 〈도표 2-2〉에서 보는 바와 같다.

┃도표 2-2┃ 동서독 간 상호주의 적용

구 분	서독조치	동독대응	상호주의 적용
정부 부문	차관 지원	· 정치범 석방 · 3통 문제 해결 협조 · 국경 수속절차 완화	비탄력적 상호주의
	정부차원 경제협력	· 양 독일 간 협정체결 · 인권 개선	신축적 상호주의
	물자 위주 지원	삶의 질 향상, 전용 제한	신축적 상호주의
민간 부문	정경분리원칙 준수	경제 교류협력 강화 조치	포괄적 상호주의
	인도적 지원 강화	· 청소년 교류 활성화 · 민족 동질성 유지	포괄적 상호주의
	사회 문화적 교류 강화(동독 우월분야 선정, 서독 부담)	· 소극적 수용 · 점진적 협력 · 단계적 확대조치	포괄적·신축적 상호주의

제 2 절 대북정책과 상호주의

1. 김대중정부의 포용정책과 상호주의

1) 대북 포용정책의 성과와 한계

김대중정부는 이른바 '햇볕정책'으로 표현된 대북포용정책을 표방하였는데 이는 전형적인 '기능주의(機能主義, Functionalism)'[26]를 바탕으로 한 '포괄적 상호주의 정책'이었다고 평가할 수 있다. 또한 남북정상회담을 통해 남북관계가 급진적으로 변화하였는데 이는 '신기능주의(新機能主義, Neo-Functionalism)'[27]적인 요소가 가미된 교류협력이라 할 수 있을 것이다.[28]

'포용(包容)'은 다양한 의미를 가지고 있다.[29] 포용이란 안보, 외교, 군사, 경제, 문화 등 다수의 분야에서 포괄적인 접촉관계의 형성 및 증진을 통해 대상국가의 정치행위에 영향을 끼치고자 하는 시도를 의미한다.[30]

이러한 '포용전략(包容戰略, the engagement strategy)'은 긍정적인 자극과 봉쇄요소들의 사용 중 주로 어느 것에 강조점을 두고 있느냐에 따라 '협력적 포용', '포괄적 포용', '강제적 포용', '매파적 포용' 등의 여러 유형으로 구분할 수 있다.[31]

김대중정부의 '포용정책(the engagement policy)'은 적지 않은 성과를 거두었다. 무엇보다도 특별한 성과는 남북정상회담의 개최라고 할 수 있다. 유일지배체제인 북한에서 최고지도자가 차지하는 절대적 권위로 인해 정상회담은 남북관계를 변화시키는 데 매우 중요하다는 인식 하에서 전두환정부 이래 정상회담은 끊임없이 추진되었으나 성사되지 못하였다. 그러나 김대중정부가 대북 포용정책을 지속적으로 추진하면서 노력한 결과 마침내 정상회담 개최에 성공하였다.

정상회담 이후 남북한의 대화와 협력은 그 어느 때보다도 활성화되었다. 남북한은 특사회담, 장관급회담, 국방장관회담, 군사실무회담, 경제실무회담, 적십자회담 등을 통해 남북관계 개선에 있어서 가시적인 성과를 거두었다. 장관급 회담을 통하여 남북한은 긴장완화 및 평화보장 노력, 군당국자 간의 회담개최, 경의선 철도 연결 및 개성-문산 간 고속도로 건설, 이산가족 문제 해결, 대북식량지원, 임진강 수해방지 사업 추진, 백두산·한라산 관광단 교환, '남북경제협력추진위원회' 설치 등을 합의 추진하였다. 또한 남북 간 경협의 제도화, 학술, 문화, 체육 등 제반 분야에서의 교류·협력 활성화, 북한의 경제시찰단 파견, 어업부문에서의 협력 문제 등에 대하여 토의 혹은 합의하였다.

아울러 경제실무회담을 통하여 투자보장, 이중과세 방지, 청산결제(淸算決裁), 상사분쟁 조정 절차 등 남북경제협력을 제도적으로 뒷받침할 4대 협정 문안에 합의하였다. 특히 군사실무회담에서는 '경의선 철도 및 고속도로 통과 DMZ 구역 관리방안'에 합의하는 성과를 거두었다.

장관급 회담은 비록 개최와 연기를 반복하는 어려움은 있었지만, 대북 포용정책하에서 가장 활성화된 대화 통로로서 자리매김되었다. 장관급 회담을 통해 남북 간의 사안들을 큰 틀에서 조정하였고, 구체적인 사업에 대해서도 협의할 수 있었다. 또한 장관급 회담의 지속적 개최는 남북대화의 연속성 확보에도 기여했다.

대북 포용정책은 당국 간 교류협력뿐만 아니라 민간협력 분야에서도 상당한 성과를 거두었다. 햇볕정책의 상징이라고까지 불리는 금강산 사업이 그 대표적인 예이다. 이 사업은 북한에 대한 현금지급 문제 등으로 비판의 대상이 되기도 했으나, 1999년과 2002년 서해 교전이 발생했을 때에도 금강산 관광이 지속적으로 이루어짐으로써 포괄적 상호주의전략에 입각한 긴장완화의 효과를 십분 발휘하였다.

문화·예술, 체육, 언론·방송 분야에서의 민간교류는 남북관계의 과거 어느 시점보다도 활성화되는 동시에 당국 간 회담이 동결된 상황에서도 지속되었다.[32)

당국 간 대화 및 민간교류의 활성화는 제한적이나마 한반도 평화체제의 기초를 마련하였다고 평가할 수 있다. 화해협력 정책의 추진으로 인해 서해교전과 같은 국지적 분쟁이 발생해도 긴장고조로 전환되지 않는 등 평화정착에 기여하였다. 또한 남북관계의 활성화로 인해 남한 사회 내에 구축되어 있던 대북 적대감이 현저하게 약화되었다.[33)

그러나 김대중정부의 포용정책은 아래와 같은 몇 가지 문제점을 노출하였으며, 적지 않은 비판을 받은 것도 사실이다.

첫째, 햇볕정책(sunshine policy)은 남북교류협력 증진을 통한 평화공존이라는 목표를 달성하기 위해 과거보다 분명한 원칙과 기조, 추진방향을 설정하였다. 이는 일관성을 확보하고, 남북관계의 지속적 발전의 토대를 구축했다는 긍정적 측면도 있었다. 그러나 원칙과 기조, 추진방향 등을 출범 초에 공식화함으로써 오히려 이것이 실제 대북정책 추진에 선택의 폭을 좁히는 등 부담으로 작용하였다는 부정적 결과를 가져왔다.

둘째, 북한체제에 대한 기본 인식과 관련하여 김대중정부는 편향된 시각을 보인 한계가 있었다. 북한체제는 분명히 폐쇄적 성격의 '유일체제(唯一體制)'이며, 공존·공영의 대상임과 동시에 군사적으로 대치하고 있는 적성 국가이다. 그러나 김대중정부는 김정일 유일체제의 문제점을 비판하지 않은 채 김정일을 유능한 지도자로 평가하였다. 이러한 대북 인식에 따른 정책은 결과적으로 한국 사회 내부에서 남남갈등의 촉발과 함께 미국과의 갈등을 야기하게 되었다.

셋째, 김대중정부는 남한의 적극적인 대북 접근을 통해 남북관계 개선의 실마리를 찾을 수 있다는 확신을 가지고 자유주의적인 접근에 더 큰 비중을 두는 정책을 선택했다. 결과적으로 핵과 미사일 문제 등 북한에게 이용당한 측면도 부인할 수 없었다.[34]

넷째, 정책의 투명성 및 국민적 합의도출에 문제가 있었다. 정상회담 직후부터 정부는 공동선언 이외에 공개하지 않은 남북 간 합의가 여럿 있는 것 같은 태도를 취함으로써 국민들은 이면합의 가능성 및 투명성 상실에 대한 우려를 금할 수 없게 되었다. 더욱이 1억 달러에 달하는 대북 식량지원 경비를 국회 동의를 필요로 하지 않는 남북협력기금으로 충당함으로써 국민적 합의에 따른 대북정책 추진이라는 명분을 퇴색시켰다.[35]

김대중정부의 대북 포용정책은 겉으로 봐서는 역대 한국정부의 대북·통일정책과 크게 다르지 않았다. 그러나 이러한 정책을 실현하는 수단과 방법에 있어서는 몇 가지 차이가 있었다.

첫째, 과거와 달리 통일에 대해 구체적 언급을 자제한 채, 남북관계 개선에 대한 강력한 의지만을 표명하였다.

둘째, 노태우정부와 김영삼정부하에서도 현 정부와 유사한 포용정책을 추진해 왔다. 북한이 이에 상응하는 조치를 취하지 않고 대남 도발 행위를 하거나 또는 합의사항을 이행하지 않을 경우에는 이 정책을 즉각 중단시켰다. 그러나 김대중정부는 잠수정 침투사건, 핵 개발 의혹의 증폭, 대포동 미사일 발사 실험, 서해 교전, 상선의 영해침범

등 도발행위와 합의사항 불이행에도 불구하고 시종일관 대북포용정책을 견지하였다.

셋째, 정경분리 원칙을 내세워 민간부문의 남북 경제교류협력을 적극적으로 추진하였다. 과거에는 민간부문의 경제교류와 협력도 정치·군사적 현안문제가 있을 경우에는 이를 우선적으로 고려하였다.[36]

2) 김대중정부의 상호주의 적용

김대중정부는 대북정책 3대 기조와 '정경분리(政經分離)' 원칙이라는 큰 틀 속에서 대북정책을 추진하였다. 3대 기조는 "무력도발 불용, 흡수통일 배제, 화해와 교류협력"이다. 정경분리 원칙 아래 지금까지 남북한 당국자 간 대화가 안 될 경우에는 사회·문화·종교·기업 등의 교류도 중단하던 정경연계 원칙을 바꾸어 민간의 대북교류는 당국 간의 관계와 분리해서 자유화하였다. 그러나 민간 기업의 대북접촉과 투자를 경영논리 아래 자율적으로 할 수 있도록 정부 규제로부터 풀어주면서 정부는 예산이 들어가는 대북지원에 대해서만 '상호주의' 원칙을 지키겠다고 밝혔다.

김대중정부는 상호주의를 선택하는 과정에서 헬싱키 선언을 모델로 삼은 동서독의 교류협력정책을 참고하였다. 그것은 앞에서 설명한대로 서독이 경제적 지원을 하면 동독이 정치범을 석방하는 식의 포괄적·신축적 상호주의였다. 동독은 서독으로부터 돈을 받으면 그에 상응하는 조치로 체제 간 상호주의의 체면치레를 했다.

김대중정부는 일단 '상호주의'를 대북정책의 핵심원칙으로 정하였다. 그리고 그해 4월 비료지원협상에서 비료지원과 이산가족 상봉을 주고받는 '비탄력적 상호주의'를 시험하였으나, 북한의 강력한 반대로 실패로 끝났다. 그 이후 상호주의 전략의 '비등가성, 비동시성, 비대칭성'을 강조하며 포괄적인 상호주의로 전환하였다.[37] 남북한 간에 다양한 협력 사안을 개발하여 '미래의 잔영'을 길게 하고, 여러 이슈를 함께 엮는 이슈차원의 포괄적 상호주의의 작동조건을 만들고, 북한의 대외개방을 유도하여 다자간, 공간차원의 포괄적 상호주의를 지향하는 것 등이 바로 대북포용정책, 혹은 햇볕정책의 핵심인 것이다. 즉 김대중정부는 대북정책의 핵심원칙으로 '포괄적 상호주의'를 선택하였고, 이것이 후일 소위 '퍼주기' 논란, 야당에 의한 '전략적 상호주의' 등과 맞물리면서 정책논쟁에 휘말리게 되었다.

김대중정부는 전략적 차원의 비탄력적 상호주의와 배경적 차원의 포괄적 상호주의를 혼동하기도 하였다. 따라서 구체적인 협상과정에서 '선공후득(先供後得)'을 너무 내세워 미래의 잔영을 너무 길게 가져가려고 노력함으로써 북한의 협상입지를 높여주었고, 야당공세의 빌미를 제공하였다.[38] 당시 야당의 퍼주기 공세와 '전략적 상호주의'의 주장은 비탄력적 상호주의를 하자는 것이었다.

북한은 상호주의를 맹비난하였다. 그러면서도 남한으로부터 필요한 것만 얻으려 하였다는 점에서 동독과는 다르다. 정부는 그런 북한을 포용하며 당분간 무조건적 지원을 계속할 뜻을 밝혔으나, 서해 교전과 관광객 억류사건 이후 '사안별 상호주의' 방침을 천명하지 않을 수 없었다.

'사안별 상호주의'에서 김대중정부가 무게를 둔 것은 상호주의라는 개념보다는 사안별이라는 용어의 의미였다. 즉 사안별 분리 대처에 더 무게가 실렸다고 보아야 할 것이다. 예를 들면 서해 교전사태가 터졌

어도 금강산 관광을 계속하고 비료지원 회담도 예정대로 하는 것이 분리대처였다. 관광객 억류사건까지 벌어져도 비료회담은 개최됐다. 이는 여론 주도층이 생각하는 비탄력적 상호주의와는 또 다른 신축적 상호주의 개념이었다.

김대중정부는 인도주의 분야의 대북지원은 예산을 쓰더라도 상호주의 원칙에 얽매이지 않겠다는 방침을 밝혔다. 식량, 비료와 의약품 지원 등이 대표적인 인도주의적 지원품목으로 꼽혔다. 차관급 회담에서 비료지원을 조건으로 이산가족 찾기를 성사시키기 위해 고수했던 비탄력적 상호주의를 포기한 것이다.

인도주의 분야에서 상호주의를 우선 배제하였던 김대중정부는 곧이어 비인도적 분야에서도 먼저 주고 나중에 받는다는 '선공후득' 방침을 정했다. 정부는 하나를 주고 하나를 받는 것이 아니라, 비등가적 상호주의에 의한 대북지원 방침을 밝혔다. 그리고 똑같은 종류의 호혜 정책과 물자를 주고받아야 하는 것도 아니므로 비대칭적 상호주의라고 했다.

북한은 한국정부가 대북 햇볕정책을 시행하자, 한편으로는 금강산 관광사업을 받아들이면서도 다른 한편에서는 대남 간첩선 침투도발을 멈추지 않았다. 이 같은 이중성에는 그 배경이 있었다. 남한에 대해 공개적인 접촉과 대화를 다루는 통일전선부와 비밀 침투도발을 담당하는 노동당 및 군부 작전부서로 나누어져 있기 때문이다. 김대중정부는 북한의 이 같은 이중성을 규탄하였다. 그러나 북한의 이중구조란 그들 입장에서 본다면 역할분담이었다. 따라서 아무리 남한의 대북 기업투자가 이루어지고 관광객이 방북해도 그것은 통일전선부의 업무일 뿐이고 대남 도발을 담당하는 공작부서에는 아무런 영향도 미치지 않

는다는 것이다.[39]

　북한의 이 같은 이중성에 대해 김대중정부는 이전 정부와 완전히 차별되는 새로운 해석을 내놓았다. 이중성을 비난의 대상으로만 삼지 않고 긍정적 측면과 부정적 측면이라고 구분한 것이 그것이다. 김대중 대통령은 1999년 미국 로스앤젤레스 타임스지와 가진 인터뷰에서 북한이 부정적인 신호뿐만 아니라 긍정적인 신호도 보내고 있다면서 부정적인 측면과 함께 긍정적인 측면도 진지하게 고려되어야 한다고 언급했다. 그는 금창리 지하 핵의혹시설, 대포동 미사일 발사와 간첩선 침투 등을 부정적인 것으로 지적했다.

　그러나 그는 당시 북한의 긍정적인 면으로 4자회담 적극 참여, 미국과 금창리의혹시설 사찰 의견접근, 미사일문제 대화진행, 판문점에서 장성회담 개최, 금강산 관광, 공단 건설 등 남한과의 협력강화, 헌법 개정으로 사회주의 시장경제 초기단계 도입, 시장경제를 배우기 위한 인력의 해외파견, 남북 당국자 대화제의 등을 열거했다. 김 대통령은 부정적인 면에 대해서는 철저히 대비하고 긍정적인 면은 활용하여 경고와 희망의 메시지를 보내 북한이 협조적으로 나오도록 할 필요가 있다고 생각한다고 말했다. 즉 이중적이고 복합적인 남북한 간의 상황에서 '신축적인 상호주의' 전략을 주장한 것이다.

　포괄적 상호주의에 기반을 둔 김대중정부의 포용정책은 북한에 많은 양보를 하는 정책이었지만 이 정책이 반드시 이기적인 북한만을 이롭게 하는 정책은 아니었다. 남한의 우호적인 행동들은 2000년 6월 남북정상회담을 성사시켰고, 남북장관급회담을 정례화시켰다. 이러한 남북관계의 진전은 한반도의 긴장을 완화함으로써 남한이 군사비에 과도한 지출을 하지 않고 경제위기를 해결할 수 있게 하였다. 또한 갑

작스런 북한의 몰락에 의한 한반도 통일의 결과가 남한의 정치적·경제적 혼란을 가져올 것임을 생각할 때, 남한의 대북원조와 북한의 점진적 개방을 유도하는 정책은 장기적으로 볼 때 남한에게도 유리한 것이었다.[40]

당시 야당과 일부 국민들은 김대중 정부의 포괄적 상호주의를 북한에 '일방적인 퍼주기'라고 주장하며 비탄력적 상호주의로 복귀할 것을

┃도표 2-3┃ 김대중정부의 상호주의 적용

구 분	김대중정부 조치	북한 대응	상호주의 적용
기본 원칙	· 포용정책(햇볕정책) · 정경분리원칙 · 선공후득	· 상호주의 불신 · 포괄적 수용 · 선별대응	포괄적 상호주의
정부 부문	초기 비료식량 지원과 이산가족상봉 연계 시도	상호주의 비난, 수용거부	비탄력적 상호주의 좌절
	정상회담 추진	6·15합의 부분이행	신축적 상호주의
	장관급회담, 각종 실무회담 추진, 관심사항 합의	선택적 수용, 협력	신축적 상호주의
	남북 교류협력 추진	선택적 수용, 점진적 활성화 조치	신축적 상호주의
	남북 경제협력 추진	적극 수용, 3통 문제 해결 소극적	신축적 상호주의
민간 부문	인도적 지원 강화	적극 수용, 물자전용	포괄적 상호주의
	민간 교류협력 확대	제한적 수용, 선별협력	포괄적 상호주의
	사회문화교류 활성화	소극적 수용, 체제 기반붕괴 우려	포괄적 상호주의
	민간 협력사업 추진	제한적 수용	신축적 상호주의

요구하였다. 그러나 비탄력적 상호주의는 자칫 남북한 간 긴장을 고조
시킬 우려가 높다. 국가가 포괄적 상호주의전략을 택하여, 자국의 우
호적 행동에 대해 상대방이 만족스러운 반응을 하지 않더라도 지속적
으로 우호적 행동을 하면 결국은 상대국가에게 신뢰를 줌으로써 상대
국가로부터 우호적인 행동을 이끌어낼 수 있다. 그러나 이러한 일방적
인 우호적 행동은 어떤 상황에서나 가능한 것이 아니다. 국력의 차이
가 커서 일방적인 양보가 자국과 상대국과의 국력구조를 변화시키지
않는 경우에만 국가는 포괄적 상호주의를 택할 수 있다.[41] 특히 남북
한의 특수관계 속에서 모든 사안과 상황에 비탄력적 상호주의의 적용
은 정부의 전략적 융통성을 크게 제한할 수 있다. 김대중정부에서 상
호주의 적용사례는 〈도표 2-3〉에서 보는 바와 같다.

2. 노무현정부의 평화번영정책과 상호주의

1) 평화번영정책의 성과와 한계

노무현정부는 한반도 평화를 증진하고 공동번영을 추구한다는 구상
아래 평화번영정책을 수립하였다. 단기적으로는 북한 핵문제 해결, 중
기적으로는 한반도 평화체제 구축, 장기적으로는 동북아 경제 중심 국
가 건설이라는 전략목표를 가지고 추진하였다. 특히 중기 추진전략인
한반도 평화체제구축이라 함은 지난 60년 동안 한반도 질서를 규정해
온 불안전한 정전 상태가 평화 상태로 전환되고, 안보와 남북 및 대외
관계 등에서 이를 보장하는 제도적 발전이 이루어진 상태를 의미한다.
만약에 이것이 실현될 경우, 한반도 평화와 남북의 공동번영이 가능하
게 되고, 나아가 동북아 경제 중심국가의 토대가 마련될 것으로 전망
하였다.

이를 위해서 노무현정부는 ① 남북 당사자 해결원칙과 국제사회의 협력 확보, ② 남북 간 포괄적 협력과 실용주의 외교 병행 추진, ③ 북미·북일 관계 정상화 지원 등 새로운 국제환경 조성, ④ 평화체제에 대한 실질적 보장과 제도적 보장 병행, ⑤ 확고한 평화보장을 위한 국방태세 확립, ⑥ 한미관계의 미래지향적 발전 추구라는 여섯 개의 추진방향을 세웠다.

이를 평화번영과 남북교류협력의 증진 차원에서 보다 세부적으로 살펴보면, 그 의미를 다음과 같이 분석할 수 있을 것이다.

첫째, 한반도의 정전체제(停戰體制) 종식 및 평화체제 구축에 대한 방향을 제시하였다는 점이다. 노무현정부는 정전체제를 평화체제로 전환시켜 나감으로써 한반도 평화체제 구축을 본격적으로 추진하겠다고 천명한 것이다. 그것은 당면한 북한 핵문제 해결에 우선 주력하고, 불안정한 정전상태를 종식시켜 한반도에서의 안보위협과 전쟁발생 가능성을 제거하기 위해 공고한 평화체제를 구축할 것임을 밝힌 것이다. 뿐만 아니라 남북 간의 군사적인 신뢰구축을 통해 평화증진을 추구해 나갈 것을 제안한 것이다.

둘째, 기존의 대북 화해협력 정책을 보완적·발전적으로 추진해나가겠다고 천명한 점이다. 이는 그동안 화해협력을 통해 남북관계 개선과 냉전구조 해체의 토대를 마련한 대북 화해협력정책을 보완하여 계승 발전시켜 나갈 것임을 의미한다. 즉 대북 화해협력정책의 추진기조는 계승하되, 평화증진에 주력하고 국민적 합의의 범위와 수준을 극대화하는 등 정책 추진방식과 절차상의 문제점을 개선해나가겠다는 것이다.

셋째, 남북 철도·도로 연결사업과 개성공단 사업 등 기존의 남북한 간의 협력사업의 실질적인 결실을 도모하고, 북한 에너지와 인프라 개선 사업, 경제특구사업 등 남북경협의 심화와 확대를 통한 공동번영을 추구함으로써 남북 경제공동체의 형성이라는 비전을 제시했다는 점이다.

넷째, '평화와 번영의 동북아시아 시대'를 주도적으로 추진하겠다는 의지를 천명했다는 점이다. 21세기 한반도는 강대국들 간의 각축장이 아니라 동북아 공동번영을 위한 지역평화의 축으로 전환하여 동북아 평화공동체의 견인차로 거듭나게 됨으로써 한반도가 대륙과 해양을 연결하는 '가교역할(架橋役割)'을 자처하고 나선 것이다. 아울러 한반도 평화정착과 남북경제공동체 형성을 위한 노력을 토대로 동북아의 평화와 번영을 위해 중심적 역할을 수행할 의지를 천명한 것이다.

노무현정부의 평화번영정책은 대화를 통한 화해협력이라는 큰 틀에서는 기존의 정책기조를 계승하면서 한 걸음 더 나가서 이를 '동북아 평화와 번영'으로 확대 발전시킨다는 특징을 지니고 있다. 또한 '포괄안보(包括安保)'를 지향함으로써 북한지역 안정화를 위한 대북지원의 논거를 제시하는 한편, 이를 통일비용의 분담과 장기적 투자의 관점으로 연결시키고 있다. 기본적으로 노무현정부는 한반도 평화와 동북아 평화번영을 연계시키는 논리에 기초하여 한반도 평화체제를 구축하고자 하였다.

이처럼 노무현정부의 평화번영정책은 경제적 교류와 협력을 중시한다는 점에서 기능주의적인 요소가 중심이 된다. 하지만, 노무현 대통령 재임기간 중 정치회담을 계속하려고 노력했다는 점에서 신기능주적 요소가, 북한과의 끊이지 않는 사회적 커뮤니케이션을 위해 노력했다는 점에서는 다원주의적 요소가 포함되어 있다. 그리고 북한의 행위자 속성과 제도 그리고 구조 등을 이해하려는 바탕에서 노력했다는 점에서 구성주의적인 요소가 부분적으로 녹아 있기 때문에 통합이론이 혼재된 것으로 평가할 수 있을 것이다.[42]

이 과정에서 노무현정부는 북한과는 더욱 긴밀한 관계를, 미국과는 보다 균형된 관계를 지향했다고 할 수 있다. 그러나 '북핵위기'에 따른 한국의 경제위기, 그리고 이라크전의 조기 종결 등의 현실을 접하며 노무현 대통령의 북핵 정책은 미국의 힘을 인정하는 현실주의적 입장으로 변화하기 시작하였다.

노무현정부의 평화번영정책에 대한 비판은 국민적 합의 부족, 국제적 지지약화, 북한의 변화 거부 등 세 가지로 요약해 볼 수 있다. 대북 포용정책을 추진하기 위해서는 국민의 세금이 적지 않게 투입되는 만큼 좀 더 많은 국민들이 동의할 수 있는 방식, 즉 상호주의를 적용하여 추진되었어야 그 당위성을 인정받을 수 있었을 것이다.

2) 노무현정부의 상호주의 적용

노무현정부는 평화번영정책을 추진하는 과정에서 공식적으로 상호주의라는 용어사용을 자제하고,[43] 대신 '호혜주의(互惠主義)'라는 개념을 사용하였다.[44] 그것은 '상호주의' 용어에 대한 북한의 반발과 김대중정부의 포괄적 상호주의에 대한 많은 국민들의 반감이 작용한 것으로 추정된다. 노무현정부는 정책의 수행과정에서도 상호주의에 의한 제재보다는 대화를 통한 문제해결을 선호하는 전략을 구사하였다.

노무현대통령은 취임 전 TV토론에서 "미국하고 갈등이 있더라도 북한에 대한 공격은 내가 반대할 것이라고 딱 마음먹었다"고 밝혔다. 그의 발언은 비탄력적 상호주의에 입각하여 대북 강경책을 선호하는 미국의 정책에 대한 거부감을 너무 직접적으로 표현한 것으로써 한·미관계에 불필요한 불협화음이 증폭되는 부작용을 초래하였다.

그는 자신이 대화를 신봉하는 이유로 다음 2가지를 거론하며 무슨 일이 있어도 계속 대화를 추진해 나갈 것이라고 말했다.

첫째, "채찍은 한번 쓰면 돌이키기 어렵다"는 것이다. 즉, "당근은 비용이 많이 들고, 국민의 동의를 얻기도 쉽지 않지만 그래도 자칫 위험한 상황을 부르는 것보다 싸게 먹힌다"는 생각이었다. 즉 그는 남북한 관계에서 채찍으로 상징되는 비탄력적 상호주의보다는 당근으로 상징되는 호혜주의에 입각한 포괄적인 상호주의가 바람직한 것으로 선호하였다.

둘째, "북한이 결코 자살을 선택하지는 않을 것"이라고 믿었다. 노무현 대통령은 북한이 '불량국가'에서 벗어나 세계를 향해 개방하기를 원하고 있으며, 이것이 일단 보장되면 북한은 핵에 대한 야심을 포기할 것이라고 생각하였다. 그는 "북한과 전쟁을 할 수는 없다는 게 우리의 판단이다. 전쟁의 재앙적 결과는 상상할 수도 없다. 그런 상황을 맞이하지 않도록 남북관계를 다루어나가야 한다"고 언급하였다.

특히 노무현 대통령은 미국이 북한에 대한 경제 봉쇄 등 제재 가능성을 검토하자, 이에 반발하며 대화를 통한 평화적 해결 원칙을 더욱 강조하였다. 그는 유엔안보리의 대북 제재조치 결의 가능성에 대해서 "제재가 점차 강화될 때 대단히 심각한 긴장을 가져오게 되며, 그것은 전쟁의 위험을 높이기 때문에 유엔은 제재가 아닌 평화적 해결 방법을 논의하는 것이 옳다"고 강조하였다. 즉 북한 핵문제의 처리과정에서 비탄력적 상호주의 적용을 거부한 것이다.

그는 북한의 핵문제에도 불구하고 북한에 대한 경제지원은 계속되어야 한다고 주장했다. 그는 북한에 "더 이상 퍼주더라도 투자를 해야 한다. 미국이 이래저래 말하면 어렵겠지만 한국민이 확고한 의지를 가져야 한다"고 말했다. 또 뉴스위크와 회견에서도 "정상적인 대우와 경제지원 등 그들이 원하는 것을 우리가 제공해주면 그들은 핵 야망을 포기할 것이다"라고 언급하였다. 즉 그는 포괄적 상호주의에 입각한 대북정책을 추진하기를 희망하였다.

그러나 대화만을 강조하는 그의 태도에 대해, 한국은 물론 미국의 대북 협상력을 약화시키는 결과를 가져올 것이라는 비판이 제기되었다. 즉, 대화가 중단되고 제재 강도가 높아질수록 무력충돌의 위험성이 커지기 때문에 대화를 지속하는 것이 바람직하나, '대화 외에는 방법이 없다'고 미리 못을 박음으로써 협상 지렛대로 사용할 수 있는 유용한 카드를 자진해서 버릴 필요는 없다는 것이다.

노무현정부는 통일정책으로 '대북 5대 원칙'의 기조를 유지하였다. '대북 5대 원칙'이란 ① 계산적 상호주의를 배격하고 상대방을 인정하는 토대 위에서 신뢰를 쌓아가는 '신뢰우선주의', ② 폭넓은 국민의 지지와 초당적 합의에 바탕을 둔 '국민합의주의', ③ 군사와 안보를 함께 하는 '포괄적 안보', ④ 북한에 대한 SOC 건설과 대규모 경제협력을 장기적 시야와 투자로써 추진하는 '장기적 투자로서의 경제협력', ⑤ 한반도 평화와 공동번영을 직접당사자인 남북한이 주도해 가는 '당사자 주도의 국제협력'을 말한다. 제1항에서 강조한 계산적 상호주의를 배격한다는 의미는 바로 비탄력적 상호주의를 버리고, 남북한 간의 호혜주의에 입각한 포괄적인 상호주의를 적용한다는 뜻을 내포하고 있었다.

노무현정부는 남북한 교류협력정책의 추진원칙으로 다음 네 가지 사항을 제시하였다.

첫째, '대화를 통한 문제 해결'이다. 모든 갈등과 현안 사항은 반드시 대화를 통해 평화적으로 해결하며, 한민족의 공멸을 초래할 수 있는 어떠한 행위의 전쟁도 반대한다는 것이다.

둘째, '상호 신뢰 우선과 호혜주의'이다. 북한 및 주변국가와의 관계 증진과 건전한 상호협력을 위해 서로 이익이 되는 호혜주의를 추구하고, 일방주의를 배격하며 동등한 협력관계를 추구해 나간다는 것이다.

셋째, '남북 당사자 원칙에 입각한 국제협력'이다. 한반도 평화체제의 구축 및 남북 경제공동체 형성 등은 한반도 문제의 당사자인 남북한이 합의하여 추진한다는 것이다.

넷째, '국민과 함께하는 정책'이다. 정책 추진의 대내·외적인 투명성을 높이고 국민의 참여를 확대하며 초당적인 협력을 얻겠다는 것이다.

노무현정부가 추진했던 교류협력정책의 특징을 한 마디로 요약하면 '포용정책'으로 표현되는 남북 화해협력정책을 계승하면서 내용과 형식면에서 보완하고 발전시켜 나갔다는 것이다.

첫째, 국민적 합의를 확대해 가겠다는 것을 강조하였다. 이전 김대중정부의 포괄적 상호주의에 입각한 대북정책이 '대북 퍼주기 논란'과 대북송금문제 등으로 비난과 공격을 받고 있는 데 따른 것으로 분석된다. 노무현정부는 국민적 합의의 확대 방안으로 정책 추진의 대내·외적인 투명성 제고, 초당적 협력의 추진, 국민 참여 확대 등을 제시하였다.

둘째, 남북한 간의 단순한 교류협력을 넘어서 남북한의 공동번영을 추진한다는 것이다. 이를 통해 평화통일의 실질적인 기반을 조성하고 동북아 경제 중심국가 건설의 토대를 마련한다는 것이다. 구체적으로 남북 철도 및 도로 연결과 개성공단 사업 등 기존 남북 협력 사업을 이어가고, 아울러 북한 에너지와 인프라 개선사업, 경제특구사업 등 남북경협의 확대를 통해 궁극적으로는 '남북경제공동체'를 형성한다는 목표를 제시하였다.

셋째, 정전체제를 종식시키고 한반도 평화체제의 구축을 본격화하겠다는 입장이다. 한반도 평화체제의 구축은 불안정한 정전상태를 평화 상태로 전환하는 것이다. 이를 위해 남북한 간 및 국제적인 제도적 보장체제를 만들겠다는 것이다. 특히 남북한 간에 군사적 긴장의 완화와 군사적 신뢰구축조치를 단계적으로 추진해 나가겠다고 밝히고 있다. 노무현정부는 '한반도 평화체제 구축'을 12대 국정과제로 선정하고 있을 뿐만 아니라, 12대 국정과제 중에서도 첫 번째 과제로 설정해 놓고 있는 점이 주목된다.

노무현 대통령이 상호주의에 대해 직접 언급한 것은 2007년 7월 19일 개최된 민주평화통일 자문회의 출범식 연설에서였다. 그는 한반도의 정전체제를 평화체제로 전환해야 하며, 남북공조를 통한 북방경제 시대를 열어나가야 할 것이라고 역설하면서, "북한이 하는 대로 똑같이 대응해야 한다는 '상호주의'는 위기상황의 반복과 대결구도만 초래할 것이라며, 한나라당이나 대선 후보들도 대북 포용정책의 계승을 국민 앞에 엄숙히 공약하길 기대한다"고 말한 것으로 MBC가 보도하였다.[45] 즉 노무현 대통령이 상호주의를 비탄력적 상호주의로 인식하고 있다는 것을 보여주는 사례이다. 따라서 그는 포괄적 상호주의 대신에 '호혜주의'라는 용어를 선호하였다.

노무현정부의 이러한 호혜주의에 입각한 대북정책은 제2차 남북한 정상회담 간에 맺어진 '10·4 남북공동선언'에 잘 나타나 있다.[46] 특히 5항에서는 상호 호혜주의 원칙에 의해 남북한 간의 협력 사업을

추진하기로 합의하였다.[47]

　김대중정부에서 시작하여 노무현정부로 승계된 대북포용정책은 서독의 신동방정책과 마찬가지로 북한을 평화적이고 안정적으로 관리하는 데 목표를 둔 접근방식이었다. 따라서 핵문제 등 당면한 군사적 현안을 해결하려고 하는 구체적인 해결방안이나 특별한 해법은 아니었다. 핵이나 미사일과 같은 군사적 현안이 발생하더라도 북한을 안정적으로 관리하기 위해 비군사적 분야의 교류협력을 지속한다고 하는 병행적 접근 방식을 유지하였다. 그러나 핵과 미사일 등 한국의 안보에 결정적인 영향을 줄 수 있는 군사적 현안이 발생하였는데도 포괄적 상호주의에 입각하여 교류협력을 계속해 나간다는 것은 당시 많은 국민들의 정서상 받아들이기 어려운 것이었다. 즉 많은 국민들은 핵문제 등 안보에 관련된 사항은 노무현정부가 비탄력적 상호주의나 사안별로 신축적인 상호주의에 입각하여 우리의 입장을 강하게 대변해주기를 희망하였다.

　노무현정부에서 상호주의라는 용어사용을 자제하였지만, 남북한 교류협력 과정에서는 북한 측의 적극적인 호응으로 상호 호혜성에 기반을 둔 포괄적·신축적 상호주의가 각 분야에 무리 없이 활용되었다. 노무현정부의 상호주의 적용사례는 〈도표 2-4〉에서 보는 바와 같다.

|도표 2-4| 노무현정부의 상호주의 적용

구 분	노무현정부 조치	북한 대응	상호주의 적용
기본 원칙	·대북포용정책 계승 ·신뢰 우선, 남북 당사 자 해결 원칙 ·호혜주의, 당근 선호	·선별적 수용 ·능동적·적극적 대응	호혜주의에 입각한 포괄적 상호주의
정부 부문	핵문제 강경 대응, 경제적 지원 병행	북미해결 강조, 선별적 협조	비탄력적 상호주의 신축적 상호주의
	포괄적 안보개념에 의한 평화체제구축 노력	북미관계 개선 강조, 선별적 대응	신축적 상호주의
	군사적 신뢰구축	선별적 대응	신축적 상호주의
	각종 회담 활성화	적극대응, 협력강화	신축적 상호주의
	북한 SOC건설	민족 내부사업, 적극 수용	포괄적 상호주의
민간 부문	인도적 지원	적극수용, 협력확대	포괄적 상호주의
	사회문화교류협력	점진적 확대, 협력기반 확충 지원	포괄적 상호주의
	협력사업	·민족내부사업 ·우대조건 강화 ·적극 유치노력	포괄적 상호주의

남북교류협력 사례분석(Ⅰ): 군사·안보 분야

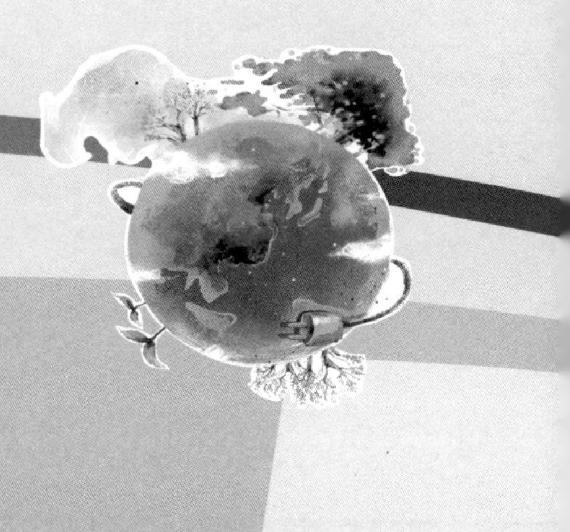

제 1 절   군사분계선 지역에서의 선전 문제

1. 문제제기 및 전개과정

각 국가는 자국의 우수성과 체제의 우월성을 과시하기 위해 통상 상대국가에 대한 '선전활동(宣傳活動)'을 한다. 특히 적대국가(敵對國家) 간에는 이를 심리전의 주요 수단으로 활용한다.

북한은 한국전쟁 이후 남한보다 앞선 시점에서 남한 쪽을 향하여 심리전을 실시하였다. 그 목적은 김일성체제의 우월성을 선전하기 위해 각종 선전구호와 김일성 우상화 상징물을 설치하여 대남 심리전을 실시하는 것이었다. 그러나 1988년 올림픽을 계기로 남한 측은 대형 전광판을 비롯한 대용량의 확성기 등을 설치하여 대남 심리전 차원에서 북한을 압도하기 시작하였다.

남북한의 체제경쟁에서 남한 측이 앞서게 되고 북한은 고난의 행군 등으로 대남 심리전에 투자할 여력을 잃게 되었다. 남한 측의 대형전광판과 대용량 확성기를 통한 심리전에 접경지역의 북한군과 주민의 사기가 저하되고 군기 해이 현상이 나타나자, 북한 측은 군사분계선지역에서의 선전활동 중지에 관심을 보이기 시작하였다.

이러한 의도를 가진 북한 측의 제의에 따라 대한민국 국방부와 조선민주주의인민공화국 '인민무력부'는 2004년 6월 3일과 4일 설악산에서 제2차 남북장성급군사회담을 개최하고,[1] 서해해상에서 우발적 충돌 방지와 군사분계선 지역에서의 선전활동 중지 및 선전수단 제거에 관해 합의하였다.

합의내용 중 군사분계선 지역에서의 선전활동 중지 및 선전수단 제거에 관한 합의를 요약하면 다음과 같다.

우선 제1조에서 쌍방은 한반도에서의 군사적 긴장완화와 공고한 평화를 이룩하기 위하여 공동으로 노력하기로 명시하였다.

제3조에서는 쌍방은 한반도의 군사적 긴장을 완화하고 쌍방 군대들 사이의 불신과 오해를 없애기 위해 군사분계선 지역에서의 선전활동을 중지하고 선전수단들을 제거하기로 하였다.

쌍방은 역사적인 6.15 남북공동선언 발표 4주년이 되는 2004년 6월 15일부터 군사분계선 지역에서 방송과 게시물, 전단 등을 통한 모든 선전활동을 중지하고, 2004년 8월 15일까지 군사분계선 지역에서 모든 선전수단을 3단계로 나누어 제거하기로 합의하였다. 제1단계는 6월 16일부터 6월 30일까지 서해지구 남북관리구역과 판문점지역이 포함된 군사분계선 표식물 제0001호부터 제0100호 구간에서 시범적으로 실시하며, 2단계는 7월 1일부터 7월 20일까지 군사분계선 표식물 제0100호부터 제0640호 구간에서, 3단계는 7월 21일부터 8월 15일까지 군사분계선 표식물 제0640호부터 제1292호 구간에서 선전수

단들을 완전히 제거하기로 합의하였다.[2]

쌍방은 단계별 선전수단 제거가 완료되면 그 결과를 상대측에 통보하며 각각 상대측의 선전수단 제거 결과를 자기 측 지역에서 감시하여 확인하되, 필요에 따라 상호검증도 할 수 있도록 합의하였다. 그리고 단계별 선전수단 제거가 완료되면 각각 그 결과를 언론에 공개하기로 하고, 쌍방은 앞으로 어떤 경우에도 선전수단들을 다시 설치하지 않으며 선전활동도 재개하지 않기로 합의하였다.[3]

이어 2004년 6월 10일부터 12일까지 진행된 남북장성급 군사회담 실무대표회담[4]에서 「서해해상에서 우발적 충돌방지와 군사분계선지역에서의 선전활동 중지 및 선전수단 제거에 관한 합의서」의 이행을 위하여 다음과 같이 합의하였다.[5]

쌍방은 군사분계선지역에서의 선전활동 중지 및 선전수단 제거 조치문제를 '동시행동원칙(同時行動原則)'에 따라 해결한다. 쌍방은 2004년 6월 15일 0시부터 군사분계선 지역에서 일체 선전활동을 중지한다. 방송과 게시물, 전광판, 전단 등을 통한 모든 선전활동과 풍선, 기구를 이용한 각종 물품의 살포를 중지한다. 상대측 군인들이 보이는 곳에서 그들을 대상으로 하여 진행하는 모든 선전활동을 중지한다.[6] 이를 보다 정확히 구현하기 위해서 2조 2항에서는 다음과 같이 합의하였다.

"쌍방은 2004년 6월 16일 0시부터 8월 15일 17시까지 군사분계선지역의 모든 선전수단을 3단계로 나누어 제거한다. 쌍방은 상대측 지역에서 보이거나 들리지 않도록 하는 원칙에서 선전수단을 철저히 제거한다. 제거 대상의 범위는 쌍방 간 군사분계선지역에서 상대측을 향한 자기 측 체제선전 및 상대측이 비방·중상·선동으로 인식하는 모든 확성기, 돌글씨, 입간판, 전광판, 전단, 선전그림, 선전구호 및 글 등을 포함한다. 점등탑, 석상, 석탑 등 종교시설물에 대해서는 가림막 설치 등의 방법으로 상대측에 영향을 주지 않도록 조치한다. 선전중지 와 선전수단 제거대상에는 한강하구, 서해 연안지역과 섬들에 설치된 선전수단들도 포함되며, 이 지역의 선전수단 제거는 1단계 기간에 한 다"고 명시하였다.

남북한은 제거기간과 검증 등을 보다 명확히 하기 위해 "쌍방은 단계별 제거 완료 7일 이전에 상대측이 제거해야 할 대상의 위치(군사분계선 표식물 기준), 형태, 내용을 포함한 목록을 교환하여 쌍방이 이 목록에 따라 선전수단 제거 결과를 검증한다. 불가피한 이유로 제거 일정이 늦어지는 경우 쌍방은 그 이유와 변경된 일정을 상대측에 즉시 통보하고 합의에 따라 그 일정을 조정할 수 있다. 선전수단제거 검증은 육안으로 확인하는 것을 원칙으로 하되, 의문점이 발견될 경우에는 통지문을 통해 의견을 교환하며 쌍방 간 의견차이가 있을 경우 실무대표회담을 통해 협의, 조정한다. 쌍방은 매 단계별로 선전수단 제거 완료 1일전 실무대표회담을 열고 그 결과를 최종 확인한 후 다음 단계 제거작업을 시작한다. 필요시 쌍방 합의하에 3~5명의 검증단을 구성하여 약속된 시간에 군사분계선상에서 서로 만나 상대측의 안내를 받아 현장을 확인한다. 쌍방은 매 단계가 끝나는 마지막 날에 그 결과를 언론에 발표한다"[7]고 합의하였다.

남북 쌍방은 이러한 합의원칙에 따라 상호주의를 엄격하게 적용하며 작업을 추진하였다.

2. 쟁점과 상호 대응

군사분계선지역에서의 선전활동 중지 및 선전수단 제거문제는 대부분 비탄력적 상호주의 정신에 의해 합의되고 이행되었다. 우선 합의하는 과정에서 쌍방이 비탄력적 상호주의를 적용하여 양측은 제거해야 할 대상과 기간뿐 아니라 지역을 합의문에 명시하고 이를 검증하는 수단과 방법까지를 세부적으로 합의하였다.

쌍방은 상호주의의 입장에 의거하여 군사분계선지역에서의 선전활동 중지 및 선전수단 제거 조치문제를 '동시행동원칙'에 따라 해결하기로 하였다.

쌍방은 군사분계선상의 선전활동 중지 및 선전수단 제거를 위해 2004년 6월 15일 오전 0시부터 군사분계선에서 방송과 게시물, 전광판, 전단 등을 통한 선전활동과 풍선, 기구를 이용한 각종 물품 살포를 중지하기로 하였다.

남북 양측은 또 군사분계선 지역에서 상대측을 향한 체제선전 및 비방, 중상, 선동을 위한 확성기와 돌 글씨, 입간판, 전광판, 전단, 선전그림, 선전구호 등 모든 선전수단도 보이거나 들리지 않도록 하자는 원칙에 따라 광복절인 8월15일까지 이들을 제거키로 합의하였다.

양측은 작업의 세부절차도 비탄력적 상호주의 정신에 따라 정하고, 선전물의 단계별 제거완료 7일 이전에 대상목록을 교환하고 이를 근거로 제거결과를 확인한 뒤 언론에 발표하는 절차를 밟기로 하였다. 남북은 6월 15일부터 MDL 일대서 상호비방을 중지하는 한편 3단계로 나누어 선전수단을 철거하기로 합의했다.[8] 즉 단계별로 상대방의 이행절차를 확인한 후 다음 단계로 나누어 진행하는 단계적인 절차에 합의하였다. 그리고 합의서의 이행결과를 검증키로 함으로써, 모든 절차를 비탄력적 상호주의에 따라 이행토록 하였다.

쌍방은 합의가 이행되는 과정에서 비탄력적 상호주의에 따라 상대측의 배반에는 배반으로, 협력에는 협력으로 대응하였다.

배반에 대한 첫 번째 응징사례로 우선 작업하는 과정에서 북측의 1단계 제거작업 구간에서 북한 김일성 및 김정일과 관련된 수뇌부 우상화 시설이 일부 철거되지 않은 사실이 남한 측에 적발돼, 남북한은 2004년 7월 5일 개성에서 장성급 군사회담 실무대표회담 수석대표 접촉을 갖기로 합의했다. 남한 측도 시설제거를 중지하고, 북측에 항의함에 따라 수석대표 접촉에서는 1단계 미철거 시설을 합의서대로 철거하기로 하고, 2004년 7월 6일부터 2단계 철거작업에 들어간다는 데 합의했다. 양측은 2004년 7월 19일 실무대표회담을 열고 2단계 철거작업 결과를 교환하고 마지막 3단계 작업일정을 협의키로 하였다.

두 번째 응징사례로 2004년 7월 14일 우리 측이 서해 북방한계선(NLL)을 넘은 북한 경비정에 경고사격을 가한 것을 빌미로 북측이 회담에 불참하고, 1단계 구간의 김일성 주석 찬양 돌글씨 등 일부 체제 선전물을 완전히 제거하지 않으면서 선전수단 제거활동을 멈추자, 우리 측은 북측에 즉각 합의사항을 조속히 이행할 것을 촉구하였다.[9] 북측이 약 1년 동안 합의사항을 준수하지 않자 우리 측도 합의사항 준수를 지연시켰다.

군사분계선지역에서의 선전활동 중지 및 선전수단 제거작업은 남한 측이 열세인 북한 측의 입장을 고려하여 국내의 반대여론에도 불구하고 추진한 대표적인 군사 분야 협력 사업이었다. 이 협력 사업은 여러 가지 어려움에도 불구하고 2005년 8월에 군사분계선(MDL)에서 선전물 철거작업이 마무리되었다.

남과 북은 2005년 8월 12일 판문점 북측지역 '통일각'에서 남북장성급군사회담 제4차 실무대표회담을 개최하였다. 쌍방은 제2차 남북장성급군사회담(2004.6.4) 및 제3차 실무대표회담(2005.7.20) 합의에 따라 군사분계선지역에서 상대측을 향한 모든 선전수단이 성공적으로 제거되었음을 확인하고, 앞으로도 군사분계선지역에서 선전활동을 계속 중지하고 선전수단을 설치하지 않기로 한 합의사항을 성실히 이행할 것을 재확인하였다. 이는 DMZ 일대에서 남북한 군 상호간의 비탄력적 상호주의 전략에 따라 협력에 성공한 사례에 해당된다.

남북 간 정치·군사적 대결상태 해소와 관련된 합의사항 이행은 북한의 위반과 후속 협의 불발 등으로 인해 10%에도 못 미치고 있는 것으로 통일부 분석결과 나타났다.[10] 통일부는 1992년 남북기본합의서와 부속합의서, 2007년 10·4 정상선언, 2000년과 2007년 제1·2차 국방장관회담 합의서, 2004년 장성급군사회담의 합의문인 '6·4 합의서' 등에 담긴 38개의 정치·군사 관련 합의 중 3개만이 이행됐다고 발표했다.[11]

이행된 합의와 관련, 통일부는 남북기본합의서의 상대방 체제 인정과 존중 관련한 조문의 경우 정부가 북한 내 방문 제한시설로 규정했던 5개 시설 중 3대 헌장 기념탑과 전승기념탑에 대해 단순 참관을 허용하고, 북측이 2005년 국립현충원을 참배함으로써 부분적으로 이행됐다고 평가했다.

또 기본합의서 부속합의의 '군사 직통전화 설치 및 운영'도 2005년 8월 이행됐고, '6·4 합의서'의 '군사분계선 지역 선전활동 중지 및 선전수단 제거'도 2004년부터 2005년에 걸쳐 이행됐다고 통일부는 발표했다.[12] 통일부의 발표내용을 보면 군사분계선 지역의 선전활동 중지 및 선전수단제거가 얼마나 큰 중요성을 갖는지 확인할 수 있다. 남북 양측은 비탄력적 상호주의 정신에 따라 이를 합의하고 이행한 것이다.

이러한 협력은 비탄력적 상호주의의 맞대응 전략에 따라 추진되었다. 우선 시간적으로 약 1년이라는 단기간에 '동시적'으로 추진하였다. '등가성'을 고려할 때 양측은 가능한 비슷한 가치를 정하여 품목 하나하나를 검증하며 제거작업을 진행하였다. 여기에는 김일성의 동상과 찬양문구도 포함되었다. 제제수단은 '채찍 위주'로 하였다.

┃도표 3-1┃ 선전활동중지 및 선전수단제거 시 비탄력적 상호주의 적용

일 정	주요 합의 및 대응 조치	상호주의 적용
2004. 6. 3 장성급 군사회담	군사분계선 선전활동중지, 선전수단제거 합의(일정, 대상, 지역 등)	비탄력적 상호주의
2004. 6. 12 남북장성급 실무회담	기간, 대상, 지역, 공사방법, 검증수단과 방법 구체적 명시	비탄력적 상호주의
2004. 6. 15	합의대로 양측 방송활동 중단	비탄력적 상호주의
2004. 7. 5	북한측 김일성우상물 제거 지연에 남한측 항의 후, 공사 중지조치	맞대응전략
2004. 7. 14	남한측 NLL월경한 북경비정 사격에 북측 항의 공사 중단, 남측도 공사 중단	신축적 맞대응전략
2005. 7. 20	선전물 제거추진 재합의	비탄력적 상호주의
2005. 8. 12	양측 공사완료, 검증	비탄력적 상호주의

앞에서 기술한 대로 북한이 배반을 하면 즉각 '맞대응'을 하였으며, 북한이 협력을 하면 호혜주의 정신에 따라 협력을 하였다. 북한이 2005년 7월 20일 재합의에 따라 중단된 구간에서 선전물 제거작업을 추진하자 우리도 협력해 완료하였다. 이러한 협력은 최근까지도 성공적으로 이어졌으며, 민간분야를 포함하여 상호간에 배반을 하지 않으려고 노력하였다.[13]

김호년 통일부 대변인은 "정부는 지난 2004년 6월4일 MDL지역에서의 선전 활동을 중지키로 한 남북 간 합의를 성실히 이행, 준수한다는 입장을 갖고 민간단체의 전단 살포 문제를 다뤄 나가고 있다. MDL 지역에서 전단 살포를 하는 민간단체에 활동을 자제해 달라고 협조 요청했다"[14]고 말했다.

이러한 비탄력적 상호주의에 의한 협력사례는 〈도표 3-1〉과 같다.

제 2 절   서해북방한계선(NLL) 문제

1. 문제제기 및 전개과정

서해북방한계선 문제는 남북한 갈등의 불씨다. 최근의 '천안함 폭침 사태'와 '연평도 포격 사태'를 포함하여 수차례 걸쳐 위기가 증폭되었고, 지금도 위기의 불씨는 꺼지지 않고 있다.

국제연합(UN)군 총사령관과 북한군 총사령관 및 중공 '인민지원군 사령원' 사이에서 1953년 7월 27일 체결된 한국전쟁에 관한 정전협정 (停戰協定)은 육상의 군사분계선(軍事分界線, MDL: Military Demarcation Line)만을 명확히 했을 뿐 해상에서의 군사분계선은 상호간의 의견차이로 명백하게 규정하지 못했다. 동해상의 군사분계선은 육상의 MDL

연장선을 적용하는 데 별 문제가 없었으나, 서해의 경우에는 육상의 MDL과 해상에서의 군사적 상황이 일치하지 않았기 때문에 해상에서의 군사분계선에 관해 합의하지 못했던 것이다.[15]

유엔군은 압도적으로 우세한 해군력을 배경으로 당시에는 동해와 서해에서 해역을 장악하고 있었으나, 정전협정 과정에서 서해 5도[16]는 유엔군 관할로 남겨두고 육상은 군사분계선 이남으로 철수시키기로 합의하였다.[17] 그러나 해상의 경계선은 육지로부터의 거리를 유엔군 측이 당시 적용되던 해양법에 의거하여 3해리로 하자는 데 반하여 북한 측은 12해리를 주장하며 반대했기 때문에 해상분계선은 미확정으로 남겨둔 채 정전협정이 체결되었던 것이다.[18]

서해북방한계선에 대하여 북한이 문제를 처음 제기하기 시작한 것은 1973년 12월 1일 제346차 '군사정전위원회 회의'였다. 북한은 당시 정전협정 '제2조 13항 나'에는 서해 5개 도서군 만이 UN군 측 관할 하에 있다고 하였음으로, 그 주변해역은 북한의 수역이라며, 이곳을 통과하려면 사전에 허가를 받아야 한다고 주장하였다. 북한은 이 시기부터 이러한 주장을 반복하면서 북방한계선을 침범하여 문제를 일으켜왔다.

북한 경비정은 마침내 1999년 6월 15일과 2002년 6월 29일에는 북방한계선을 침범하고, 이를 방어하는 남측 함정에게 선제공격을 감행함으로써 제1, 2차 연평해전을 일으켰다.

해상분계선과 관련되어 정전협정에 최종 합의되었던 조항은 제2조 13항 나)의 규정으로서 "본 협정이 효력을 발생한 후 10일 이내에 상대방의 후방과 연해도서 및 해면으로부터 그들의 모든 군사역량과 보급물자 및 장비를 철거한다. … 단 황해도와 경기도의 도경계 북쪽과 서쪽에 있는 모든 도서 중에서 백령도, 대청도, 소청도, 연평도, 우도의 서해 도서군을 국제연합군 총사령관의 군사통제하에 남겨두는 것을 제외한 기타 모든 도서는 조선인민군 최고사령관과 중국인민지원 군사령관의 통제하에 둔다. 한국 서해안에 있어서 상기 경계선 이남에 있는 모든 도서는 국제연합군 총사령관의 군사통제하에 남겨둔다"[19] 라고 명시되어 있다.

정전협정을 실행하기 위해서 유엔군 측은 당시 미 합의된 해상경계선에 관해서는 북방한계선을 설정하여 시행할 수밖에 없었다. 정전협정에는 군사봉쇄를 금지하였기 때문에 정전협정 협상과정에서 설치되었던 한반도적 성격의 클라크 라인을 1953년 8월 27일에 폐기하였고, 그 대신 8월 30일자로 초계활동을 한정하기 위하여 서해 북방한계선과 동해 군사분계선 연장선, 그리고 이남의 '완충지역(緩衝地域, Buffer Zone)'을 설정하였던 것이다.[20]

이렇게 설정된 서해 북방한계선은 "한강 하구로부터 시작해서 서북쪽 방향을 향해 진행하여 백령도 서쪽 42.5마일 지점까지 뻗어 있다. 서해 북방한계선은 이른바 서해5도와 옹진반도 및 그에 연한 북한의 도서들 사이에 그어진 중간선"[21]이라고 할 수 있다.

동해 지역의 해상경계선은 육지의 군사분계선이 끝나는 지점을 해상으로 연결한 선으로 정하였다. 처음에는 '북방한계선(北方限界線, Northern Boundary Line)'이라고 불렀으나, 1996년 7월 1일부터는 이 명칭을 폐지하고, 서해지역과 같이 북방한계선(NLL)로 통일하였다.[22]

북한은 1973년 이전까지는 별다른 문제를 제기함이 없이 북방한계선은 남과 북의 해상경계선으로 지켜 왔다. 그러다가 해상력이 강화된 북한은 1973년 10월에서 11월까지 43회에 걸쳐 북방한계선을 침범하는 이른바 '서해사태'[23]을 일으켰다.

1973년 12월에는 이 사건을 논의하기 위해 제346차 및 제347차 군사정전위원회가 개최되었다. 북한 측은 침범사태를 사과하는 대신, 황해도와 경기도계선 연장선 이북수역은 자기들의 연해라고 주장하면서 오히려 유엔사 측에게 서북도서에 출입하는 선박에 대해 사전허가를 받을 것을 요구하였다. 이에 대해 유엔사측은 정전협정 문구와 정신을 위반하는 것으로 "전적으로 용납할 수 없는 궤변"[24]이라고 반박하였다.

이러한 서해사태는 1975년 2월 서청도 서남방에서 다시 북방한계선을 넘어온 북한 측 함정과 어선을 남한 측 경비함이 북방한계선 이북으로 퇴각할 것을 종용하는 과정에서 북한어로 지도선 1척이 침몰됨으로써 북한 측의 연속적인 북방한계선 침범사태는 일단락되었다.

북한 측은 1977년 7월 1일에는 '200해리 경제수역'을 설정하였고, 8월 1일에는 '해상경계선'을 "동해에서는 기산선으로부터 50마일을, 서해에서는 경제수역을 경계선으로 한다"고 발표하였다. 이에 대해서 남한 정부는 대변인 성명을 통해 인정할 수 없다는 입장을 분명히 하였다. 이 문제는 1992년 남북한 사이에 체결된 '남북기본합의서 및 부속합의서'에 의해 일단 봉합되었지만 문제를 남겨 놓게 되었다.

남북기본합의서 제11조에서는 "남과 북의 불가침 경계선과 구역은 1953년 7월 23일자 군사정전에 관한 협정에 규정된 군사분계선과 지금까지 쌍방이 관할해온 구역으로 한다"라고 명시하였다. 불가침에 관한 부속합의서 제10조에서는 "남과 북의 해상불가침 경계선이 확정될 때까지 쌍방이 지금까지 관할하여 온 구역으로 한다"고 규정하였다. 즉 북한의 상투적인 선전선동을 진지하게 받아들여 북방한계선을 협상가능한 선으로 받아들인 것이 실수였다고 볼 수 있다.[25]

2. 쟁점과 상호 대응

1) 북한의 입장

북한은 유엔군 측이 1953년 NLL을 설정한 후 이를 묵시적으로 인정하였다.[26] 그런데 북한은 1973년 12월 1일 제346차 군사정전위원회 회의에서 북한의 서해 5도 도서 자체는 정전협정에 명기된 바대로 유엔군 통제하에 있음을 인정하나, 주변해역은 북한의 관할수역이며, 이 해역의 통항은 주변해역을 통제하는 북한 측의 승인을 받아야 한다고 주장하고 나섰다. 북한 측 대표는 특히 서해 쪽의 경계를 "황해도와 경기도의 도계선 연장선"으로 해야 한다고 최초로 발언하고, 이 도계선의 북서쪽의 모든 수역을 자신의 영해라고 주장하였다. 북한은 1977년 7월에는 중간선에 기초한 '200해리 배타적 경제수역'을 발표하였고, 8월에는 배타적 경제수역의 경계선을 '해상군사경계선'이라고 발표하였다.

북한은 미국이 NLL을 북한과 합의 없이 일방적으로 정했기 때문에 법적 근거가 없다고 주장하였다. 이 문제를 공식 제기한 1973년 12월 1일 군사정전위원에서부터 연평해전이 발생할 때까지 북한은 "황해도와 경기도의 도계선 서쪽 연장선을 하나의 경계선으로 상정하고 그 북쪽을 북한의 연해다"라고 주장했다. 북한은 연평해전 이후인 1999년 9월 2일에는 '조선서해해상분계선'을 일방적으로 선포하고, 2000년 3월 23일에는 서해의 통항은 2개의 수로만을 이용하라는 요지의 소위 '서해 5개 섬에 관한 통항질서'라는 것을 일방적으로 선포하였다.[27]

북한은 2000년 3월 이후에는 북방한계선의 무효를 계속 주장하였다. 북한은 이 문제는 정전협정 관련문제로서 해결 당사자인 미국과

토의해야 한다고 주장하였다. 북한은 백령도와 연평도에 출입하는 2
개 수로를 지정하고, 모든 선박은 이 통항로를 이용하여 출입할 수 있
다고 선언하였다.

2) 남한의 입장

남한은 서해 북방한계선의 적법성을 주장하고 있다. 남한은 NLL이
남북한 간에 실질적이고 합법적인 해상분계선이라고 보는 것이다. 그
이유는 ① NLL이 정전협정(停戰協定)의 안정적 관리를 위한 필수적인
조치의 하나로서 설정되었고, ② 현재까지 우리가 실효적으로 관할해
왔으며, ③ 실질적으로 해상분계선의 효력과 기능을 수행해 왔다는
사실을 들고 있다.[28]

남한은 NLL은 남한 측이 관할하는 서해 5도와 북한 연안 간의 대략
적인 중간선이기 때문에 '해양법'[29]상의 영해 경계원칙에 비추어 보아
도 국제법적 타당성을 갖고 있다고 보고 있다. 따라서 정전협정 및 남
북 기본합의서에 따라 새로운 해상경계선이 합의되기 전까지는 NLL
이 남북 쌍방 간에 반드시 준수되어야 한다는 것이다. 즉 남한은 남한
과 북한 간에 별도의 합의가 없는 한 NLL은 남북한 간의 해상경계선
으로 존재하고 있으므로, 그렇게 간주되어야 한다는 것이다.

따라서 남한 측은 북한 선박이 NLL을 넘어 오는 순간 정전협정을
실무적으로 위반한 것으로 본다. 유엔군 측도 남한과 대체적으로 같은
입장을 취하고 있다. 그리고 유엔군 측과 미국무부는 남북한 간의 새
로운 '해상 불가침 경계선' 설정은 남북한이 협의하여 해결할 문제라
는 한국의 입장을 지지하고 있다.[30]

3) 맞대응전략

북한은 휴전 이후 1970년대 초까지 연평도서 어선 납북(1957.5.16), 연평도 근해 북한 무장선 침범(1960.8.24) 등 10여 차례의 무력도발을 하였다. 북한은 그러면서도 정전협정 약 20년 동안 NLL을 묵시적으로 지켜왔고, 이에 대한 이의를 제기하지 않았다.

그러나 북한은 체코제 스틱스미사일을 탑재한 소련의 미사일 고속정 '오사'와 '코바'를 도입해 해군력이 남한보다 우월하게 되자 1973년부터 NLL을 침범하며 분쟁을 조장하였다.[31]

북한해군은 1973년 12월 7일부터 18일까지 12일 동안 11차례나 NLL을 침범했다. 당시 남한 해군은 5인치포로 무장한 미군의 퇴역함정이 주축을 이루었으므로 북측의 위협에 고전을 면치 못했다. 그러나 북한 측의 도발에는 과감히 응징을 하였다. 1975년 2월 26일에 기관총으로 무장한 북한어선 10척이 NLL을 침범하자, 남한 측의 구축함 서울함(DD-92)이 긴급 출동해 북한 무장어선 한 척을 함수로 받아 격침시켰다.

북한해군은 1996년 한 해 동안에도 13번이나 NLL을 침범했다. 1996년 5월 23일에는 북한경비정 5척이 편대를 이루어 NLL를 넘어 남하했다. 이에 맞서 한국의 경비정 6척이 출동해 위력대응을 한 결과 87분간의 대치 끝에 돌아가는 사태가 발생하기도 하였다. 1997년 6월 5일에는 사상 최초로 남북한 해군 함포 간 포격전이 발생하였다. 그러나 북한경비정은 우리 함정들의 강력한 대응조치에 선수를 북으로 돌려 40분 만에 북으로 넘어갔다.

제1차 연평해전은 북한 해군 함정이 1999년 6월 7일부터 15일까지 연속 9일 동안 NLL을 침범하면서 무력시위를 벌인 데서 시작되었다.

한국 해군의 미온적 대응에 대한 국내 비판이 거센 상황에서 북한함
정이 계속해서 NLL을 침범함으로서 상황이 악화되었다.

북한은 도발 9일째인 6월 15일 오전에는 작심한 듯 4척의 경비정을
꽃게잡이 어선 20척과 함께 서해 NLL을 넘어 2km까지 남하하여, 우
리 고속정에 충돌을 시도해왔다. 9시 4분에는 북한 어뢰정 3척이 합
세해 아군 초계함을 향해 고속 돌진해오자, 우리 고속정들이 이에 대
응해 밀어내기로 격퇴를 시도하였다. 남한 함정에 대해 북한이 선제공
격을 가함으로서 쌍방 함정 간 해전이 일어났다. 남측 고속정이 북측
어뢰정에 돌진해 충돌을 시도하자, 북측 함정에서 남측 경비정을 향해
수류탄을 투척한 것을 시작으로 인근에 있던 북한 경비정이 합세하여
소총과 25mm기관포 사격을 실시했다. 북한해군은 추가로 3척의 경
비정을 증원하여 10척의 함정으로 우리 함정을 향해 무차별 사격을
가해왔다. 남한 측 함정은 적으로부터 선제기습공격을 당했지만, 당황
하지 않고 즉각 북한 함정을 향해 돌진하면서 40mm와 76mm기관포
로 응사하여 교전 14분 만에 북한 함정을 모두 격퇴했다.[32]

이 교전에서 한국 해군들은 숫자도 적었을 뿐 아니라 선제공격을
당했는데도 10척의 북한 함정 중 어뢰정 1척을 침몰시키고 대형경비
정 1척 대파, 중형 경비정 2척 기동불능 상태로 반파시키는 전과를 올
렸다.

한국군은 6월 15일 서해상에서 교전이 발생하자 전투준비태세인
'데프콘3'에 준하는 '전투태세'와 대북 정보감시태세인 '워치콘2'를 발
령하였다. 한국군은 혹시라도 있을지 모를 북한의 보복공격을 대비하
는 준전시 경계태세로 들어갔으며, 차후 예상되는 도발에 대해 한미공
조체제를 강화하고 "확전(擴戰)은 막되 도발은 강력하게 대처하겠

다"[33]는 방침을 세웠다.

북한은 연평해전 이후 1999년 7월 21일에 개최된 판문점 장성급 회담에서 '정전협정과 국제법에 기초한' 새로운 군사경계선을 제시하고 이 문제를 미-북 간에 해결하기 위한 남·북·미 간 실무회담을 제의하였다. 이에 대해 한국과 미국이 거부의사를 보이자 북한 측은 맞대응전략의 일환으로 9월 2일 독자적인 '해상분계선'을 발표하였다. 또한 2000년 3월에는 '서해 5도에 관한 통항질서'를 발표하였다.[34]

제2차 연평해전은 월드컵이 막바지에 접어든 2002년 6월 29일 오전 서해 연평도 서쪽 NLL 근해에서 북한군의 선제 기습공격으로 시작되었다. 우리 어선들은 평소처럼 꽃게잡이를 하고 있었다. 오전 9시 54분 쯤 북한의 연안 경비정인 SO-1급 2척이 연평도 서방 14마일과 7마일 해상에서 NLL을 각각 3마일과 1.8마일 넘어 남진하였다.

한국해군은 북한 경비정의 이동 상황을 주시하면서 비상태세에 돌입했다. 북한함정에 대해 즉각 '퇴각' 경고방송을 수차례 실시한 뒤, 곧바로 대응기동에 나섰다. 10시 쯤 다른 북한 경비정 1척이 NLL을 3마일 가량 넘어오자 우리 고속정 1개 편대 2척이 위협기동을 시작했다. 그러나 북한 경비정은 계속 남쪽으로 향진했다. 이에 우리 고속정 4척이 약 400m 가까이 근접하여 경고방송을 실시했다.

북한 경비정은 그 때 갑자기 27명이 탑승한 우리 고속정을 향해 선제기습공격을 가하기 시작했다. 장착무기 중 가장 위력적인 85mm 함포가 우리 고속정 조타실을 명중했다. 우리 고속정도 즉각 대응사격을 실시했다. 그리고 피아간 치열한 교전으로 한국군 6명이 전사하고 고속정 1척이 침몰하는 사건이 일어났다. 그리고 고속정 승조원들의 관측에 의하면 북한 경비정도 30여 명의 많은 인명피해를 입고 외부에

장착된 각종 화기가 무력화된 것으로 판단되며, 침몰 직전에 다른 경비정에 의해 예인되어 북상하였다. 북한군의 서해상 기습도발은 6·15 남북공동선언이 2주년이 며칠 지난 2002년 6월 29일 일어나, 한국 정부의 지속적인 화해협력 노력에도 불구하고 남북 간에는 일촉즉발의 군사적 대치상태가 계속되고 있다는 것을 여실히 보여준 사건이었다.

NLL 문제는 비탄력적 상호주의에 의해 진행된 사례로 볼 수 있다. 우선 NLL 문제는 비교적 단순하고 명확한 사항이었다. 기간적으로는 휴전 이후 비교적 장기간에 걸친 문제지만, 상황발생과 처리과정은 수일 내에 비교적 단기간에 양측에 '동시적'으로 발생하는 문제였다. 양측은 NLL 문제를 거의 '같은 가치로 중시'하고 있다. 그리고 상대가 이를 위반 시는 '채찍 위주로 맞대응'하였다. 그러나 상대가 이를 준수할 의지가 있을 때는 서로 협력하였다. 상대방이 화해의 손길을 내밀고 사과를 했을 때는 '용서'를 하고 필요한 분야에서 협력을 계속하였다.

남북한은 NLL 근해의 군사적 충돌을 남북한 양측이 비탄력적 상호주의 정신에 의해 적절한 수준에서 통제할 수 있다는 사실을 확인하였다. 양측은 교전이 벌어지는 동안 인근해역에 공군기를 대기시키고 군사적 대비태세를 격상시키는 등 긴장이 고조되었지만 교전 자체는 해군 함정간의 제한된 해역 내의 상황으로 종결되었다.

이것은 남북한 양측이 '미래의 잔영'을 염두에 두고 국지적 무력충돌의 확전을 방지할 수 있는 통제가능성을 보여준 것으로서, 국지적 분쟁이 전(全)군적 차원의 대규모 무력충돌로 확전될 가능성은 낮아졌음을 보여준 사례이다.

한국군은 비탄력적 상호주의의 '맞대응전략'으로 북한군의 도발에는 즉각적이고 철저하게 대응하였다. 즉 북한군의 배반에는 신속하고 제한된 보복으로 대응하였다. 보복이 실시된 이후에는 신속하게 먼저 용서하였으며, 협력의 여건이 조성되면 즉시 협력을 하였다. 이러한 맞대응 사례는 〈도표 3-2〉에서 보는 바와 같다.

┃도표 3-2┃ NLL 관련 맞대응 사례

일 정	주요 합의 및 대응조치	비 고
1953. 7. 27 휴전협정	군사분계선 명시, NLL 미합의	
1973. 10~11	북측, NLL 43회 침범, 남측 강력 항의	비탄력적 상호주의
1973. 12. 1, 346차 군사정전위 회의	북측 서해5도 인정, 주변해역은 북한 관할 구역 주장, 한측 강력 대응	맞대응전략
1975. 2	북한경비정 NLL 침범, 남측 경비선, 어로지도선 1척 침몰, 북 퇴각	맞대응전략
1996. 5. 23	북한경비정 NLL 침범, 남측 경비정 6척 출동 위력 대응	맞대응전략
1997. 6. 5	북경비정 NLL 침범, 남측 경비정 함포사격, 북측함정 대응사격 후 철수	맞대응전략
1999. 6. 7~15	북측경비정과 어뢰정 NLL 지속침범, 남측 강력대응, 남북교전 북함정 격퇴	맞대응전략
1999. 9. 2	북측 조선해상분계선 선포, 남측 불인정 선언	맞대응전략
2000. 3. 23	북측 서해 5개 섬 통항질서 선포, 남측 불인정 선언,	맞대응전략
2000. 6. 29	북측 NLL 침범, 남측 저지, 교전, 남북양측 피해 발생, 북측 철수	비탄력적 상호주의에 의한 맞대응전략

4) 협력한 사례

남한은 북한이 NLL을 인정하고 이를 준수할 때는 북한 선박의 편리를 보장하며 협력하였다. 북한이 사실상 북방한계선을 인지 및 인정하고 준수해 온 몇 가지 중요한 사례를 소개하면 다음과 같다.

먼저, 1963년 5월에 개최된 군사정전위 168차 회의에서 북한 간첩선의 격퇴위치에 대한 상호 간의 논란 시 유엔사 측은 NLL이 그려진 지도를 제시하며 북한간첩선의 침투사실에 대해 항의하면서 "간첩선이 NLL을 침범했기 때문에 사격하였다"라고 주장했다. 이에 대해 북한은 "북한 함정이 NLL을 넘어간 적이 없다"고 언급하였는데, 이는 NLL의 존재를 인정한 것으로서 북한이 NLL의 존재 사실을 인지하고 이를 준수하고 있음을 인정한 것이다.

둘째, 북한 적십자사가 1984년 9월과 10월에 남한 측에게 수혜물자를 인도하고 복귀하는 과정에서 정전협정 및 국제법상 자국의 관할권이 미치는 해역에서만 활동이 가능한 경비함정 등 군함으로 구성된 양측의 호송선단이 북방한계선 선상에서 상봉하여 인계인수함으로써 북한도 NLL을 실효적으로 인정하였다.

셋째, 남측대표단은 남북기본합의서 작성을 위한 제5차 고위급회담 당시 "해상에서의 불가침구역은 군사정전 협정 발효 이후 쌍방이 각기 관할해온 구역으로 한다"는 초안을 제시했다. 북한 측은 별도의 규정 없이 일반적으로 "불가침경계선은 군사정전협정에 규정된 군사분계선과 지금까지 쌍방이 관할하여 온 지역으로 한다"는 초안을 제시했다. 양측 간 협의는 결국 양측의 내용을 통합하여 북한 측 초안과 유사하게 "군사분계선과 지금까지 쌍방이 관할하여 온 지역으로 한다"고 합의하였다. 북한 측 대변인은 회의 후 "남측에서는 이 경계선뿐만 아니

라 해상에 있는 도서라든가 이런 것도 염두에 두고서 경계선을 긋자
고 해왔다. 우리는 이것을 수용했다"고 밝힘으로써 사실상 북방한계선
을 인정하였다.

넷째, 남한 측이 2001년 1월 18일과 2002년 6월 20일에 북한 선박
을 송환 및 인계하는 과정에서도 상호 협력 사례를 찾아볼 수 있다.
남한 측은 2001년 1월 18일 NLL 남방에서 표류중인 북한 조난 선박
1척을 구조하여 백령도 동북방 NLL선상에서 북한경비정에게 송환하
였다. 그리고 남한 측은 2002년 6월 20일 연평도 서방에서 기상불량
에 의한 항로 착오로 NLL을 넘어온 북한 선박 한 척을 나포했을 경우
에도 연평도 서방 NLL선상에서 북측 경비정과 조우하여 인계하였다.

다섯째, 협력사례로 남한 측은 2003년 11월 1일 NLL을 넘어온 유
류바지선 한 척을 수리 후 NLL선상에서 북한에 인계하였다.

여섯째, 남북한 정상은 평양에서 열린 제2차 남북정상회담(2007.
10.3~4) 공동선언에서 "남과 북은 서해에서의 우발적 충돌방지를 위해
공동 어로수역을 지정하고 이 수역을 평화수역으로 만들기 위한 방안
과 각종 협력 사업에 대한 군사적 보장조치 문제 등 군사적 신뢰조치
를 협의하기 위해 남측 국방부장관과 북측 인민무력부장 간 회담을
금년 11월 중에 평양에서 개최하기로 하였다"[35]고 합의하였다.

마지막으로 연평해전이 발생한 이후 남북관계는 비록 일정 기간 동
안 파행을 겪었지만 남북 양측은 남북관계에 미치는 영향을 최소화함
으로써 대북경협과 금강산 관광 등 경제·사회적 교류협력 사업은 이
러한 일련의 사태와 관련 없이 지속될 수 있었다. 1999년 연평해전이
있은 지 1년 후인 2000년 6월 15일 남북정상회담이 있었으며, 2002
년 6월 서해교전이 있은 지 약 한 달 후인 7월 25일 북한이 유감을 표

명하고 대화를 제의하자 한국 내에서도 이를 긍정적으로 평가하는 분위기가 조성되었다. 즉 북한 측의 도발에는 맞대응전략으로 대응하되 북한의 유감표명 후에는 용서하고 〈도표 3-3〉처럼 다시 협력하는 비탄력적 상호주의를 적용하였다.

이러한 상호 협력사례는 북한이 NLL을 인지하고 있으며, 해상불가침경계선으로 인정하고 있음을 알 수 있다. 또한 NLL를 존중하며 상호 협력할 수도 있음을 보여주는 사례이다.

┃도표 3-3┃ NLL에서 남북한 협력 사례

일 정	주요 합의 및 대응 조치	비 고
1963. 3. 제168차 군사정전위 회의	유엔측이 북측 간첩선 격퇴위치 관련 NLL 도식지도 제시, 북측 북한함정이 NLL 월경한 적 없다고 주장	북측 NLL 존재 인정
~1973	남북 측 NLL 준수 노력	비탄력적 상호주의
1984. 9~10	북측이 남측에 수해물자 지원시 NLL에서 인계인수, 남북이 NLL 준수	비탄력적 상호주의에 따른 협력
2001. 1. 18	남측 북한 조난선박 구조, NLL선상에서 북측에 인계	비탄력적 상호주의에 따른 협력
2002. 6. 20	남측 연평도에서 NLL 월경한 북한선박 나포, 북측에 NLL선상에서 인도	비탄력적 상호주의에 따른 협력
2002. 6. 29	서해교전 중에도 금강산 관광 지속	신축적 상호주의에 따른 협력
2002. 7. 25	북측 서해도발에 유감표명 후 대화제의, 남측 수용	비탄력적 상호주의에 의한 용서, 협력

　NLL은 정전협정의 미비사항인 해상경계선을 정전협정의 정신에 맞게 보다 구체화시킨 정전협정 제2조 13항 나 항에 대한 '필수적인 사후 보완적 조치'[36]라고 할 수 있다. NLL은 지난 반세기를 훨씬 넘게 남북한이 관례적으로 준수해왔고, 확고한 법제도로서 응고 내지 강화되어 왔다. 비록 NLL이 처음에는 유엔군사령부에 의해 일방적으로 정해졌다하더라도 50여년 이상 법제도로서 정착되었을 뿐 아니라 1992년의 남북기본합의서와 남북불가침분야 부속합의서를 통해 법제도로 수용되었고, 그 유효성을 시인했으므로 새로운 합의가 이루어질 때까지 남북한이 상호 협력하며 지켜져야 한다.

　남북한이 NLL 문제를 평화적으로 처리하는 시점까지는 비탄력적 상호주의 원칙을 충실히 지켜 북한으로 하여금 나쁜 행동은 손해를 보고 좋은 행동은 보상을 받는다는 원리를 깨우치도록 해야 할 것이다. 즉 남북한이 NLL의 존재를 인정하면서 바다의 자원을 공동으로 개발하고, 공동이익을 향유하는 협력을 실현시킬 수 있을 것이다.

　남북한 간 협상지역이 제한되어 있는 NLL에서의 신뢰구축은 남북 양측이 여러 가지 정치·군사·경제적 실익을 얻을 수 있는 명확한 실리와 명분도 있는 만큼 성공 가능성도 다른 분야보다는 비교적 높다고 할 수 있다. 특히 NLL 인근 해상에서의 정치·군사적 신뢰구축 조치들은 신뢰구축 조치의 적용지역이 제한되어 있어 양측의 부담이 적고, NLL 인근 해역에서의 군사적 긴장완화를 가져와 남북이 이 해역을 적극적으로 활용할 수 있는 기회를 열어주기 때문에 호혜성에 입각한 협상의 성공 가능성이 높다 할 수 있다.

　국가안보의 핵심인 군사 분야에 있어서는 비탄력적 상호주의에 입각하여 상호 신뢰구축조치를 단계적으로 가시화해야 한다. 미래의 잔영을 길게 가져갈 수 있도록 협력 체제를 강화해나가야 한다. 먼저 남북한 간 '핫라인(Hot-Line)'이 정상적으로 가동되도록 하고 대규모 군사훈련을 상호 감시하거나 참관하는 방법을 강구해야 한다. 이를 위해서는 NLL 문제의 평화적 해결에 북한 군부가 전면에 나서도록 하고 남북한 간 제기되고 있는 각종 군사적 문제에 대해서도 남북한 군사실무자가 정기적으로 접촉하여 협력하면서 하나하나 점진적·단계적으로 풀어나가야 한다.

제3절 남북 철도·도로 연결 문제

1. 연결사업의 전개과정

남북한의 철도와 도로 연결 사업은 '남북 사이의 화해와 불가침 및 교류협력에 관한 합의서(1991.12.13)' 제19조 "남과 북은 끊어진 철도와 도로를 연결하고 해로, 항로를 개설한다"는 기본정신과 2000년 6·15 공동선언의 취지를 반영한 사업의 성격을 지녔다. 이 사업은 개성공단, 금강산 관광사업과 함께 추진되어온 대표적인 3대 남북경협사업 중 하나로 끊어진 민족의 혈맥을 잇는 사업일 뿐 아니라, 개성공단 및 금강산 관광사업의 성공을 보장하고, 남북경제공동체 형성의 근간을 세우는 의미를 가지고 추진되었다.[37]

2000년 6월의 남북정상회담에서 김대중 대통령은 민족경제의 균형적 발전과 민족경제공동체 형성의 필요성을 강조하면서 그 구체적인 사업의 하나로 남북한 간에 철도와 도로를 연결할 것을 제안하였다. 이에 대해 북한의 김정일 국방위원장도 그 필요성을 인정하였다. 이어 서울에서 개최된 제1차 남북장관급회담(2000.7.29~31)에서 남측은 민족경제의 대동맥을 잇는 사업이라는 의미를 부여하며 경의선 철도연결을 공식 제안하였고, 북측도 이를 전격 수용하였다.[38] 이에 따라 1주일 뒤인 8월 8일 남측은 조정통제 역할을 담당할 범정부 차원의 '남북철도연결 사업추진단'을 구성하였다.[39]

평양에서 열린 제2차 남북장관급회담(2000.8.29~9.1)에서는 경의선 철도연결과 병행하여 문산-개성 간 신규 도로를 건설하는 문제도 다루었다.[40] 2000년 9월 11일부터 14일까지 북한노동당 비서 김용순이 특사로 방문했을 때, 남북한 양측은 조속히 경의선 철도 · 도로 연결기공식을 개최하기로 합의했으며, 이에 따라 남측은 9월 18일 임진각에서 기공식을 가졌다.

제1, 2차 회담에서 쌍방은 합의서의 명칭, 지뢰제거 시기, 공사 책임자 간 접촉 및 통신연결, 공사인원과 경계병력 간 식별문제 등에 대해서는 대체적인 의견일치를 보았고, 남북관리구역의 폭, 지뢰제거 범위 등에 대해서도 의견 차이를 상당히 좁혔다.

남북한 당국은 2002년 8월 12~14일에 개회된 제7차 남북장관급회담과 8월 27~30일에 개최된 '남북경제협력추진위원회' 제2차 회의를 통해 경의선과 동해선의 철도 및 도로 연결공사를 2002년 9월 18일 쌍방이 동시에 착공하기로 합의하였다. 경의선 철도는 연내에, 경의선 도로는 2003년 9월을 완공목표로 하되, 동해선 임시도로는 11월 말까지 개통하기로 합의하였다. 남북은 또 2002년 9월 14일부터 15일까지 군사실무회담을 개최하여 공동 관리구역 설정, 지뢰제거 방법 등을 규정한 경의선 · 동해선 연결공사에 따른 「DMZ군사보장합의서」[41]를 타결했다.

이어 2002년 9월 16일과 17일 판문점에서 2차례 회담을 더 열어 상호 국방장관의 서명교환을 마무리 지음으로써 합의서를 발효시켰다. 이로써 비무장지대 공사개시와 함께 철도 및 도로 연결사업의 성공적인 추진의 발판을 마련하게 된 것이다.

남북한을 연결하는 철도와 도로 공사는 군사적으로 민감한 비무장지대 및 군사분계선상에서 이루어지기 때문에 이 사업의 성공여부는 양측의 군사당국이 이를 얼마나 잘 지원하느냐에 달려 있었다. 제1차 남북 국방장관회담 공동보도문 제3항 및 4항에서 '쌍방은 당면과제인 남과 북을 연결하는 철도와 도로공사를 위하여 각 측의 비무장지대 안에 차량, 기재들이 들어오는 것을 허가하고 안전을 보장'하기로 하였다. 그리고 '철도와 도로 주변의 군사분계선과 비무장지대를 개방하여 남북 관할 지역을 설정하는 문제는 정전협정에 기초하여 처리'해 나가기로 합의하였다.[42]

남북 철도의 경우, 남측 구간의 경의선은 2002년 12월 공사가 완료되었으며, 동해선은 2005년 12월 본선궤도 부설 등 열차 운행을 위한 기본설계 시설공사가 모두 완료되었다. 북측 구간은 노무현정권의 임기가 끝나는 시점에서 경의선, 동해선 모두 궤도 부설과 역사건축 및 신호·통신·전력 계통 마무리 공사를 완료하였다.

경의선과 동해선의 철도와 도로 연결 사업은 민족의 동맥을 잇는다는 상징적인 의미와 함께 남북 간 인적·물적 인프라를 구축한다는 실질적인 의미를 가지고 있으며, 정치·군사·경제적으로 매우 중요한 의미를 가지고 있다. 이 사업은 남북한 경제통합을 앞당기는 효과가 있을 것이라는 점에서 큰 의미를 지닌다 할 것이다.

우선 군사적으로 민감한 DMZ 및 군사분계선상에서 남북철도 및 도로가 연결된다는 점에서 남북한 군의 신뢰회복 및 군사적 긴장완화에 어느 정도 기여하였다고 할 수 있다. 왜냐하면, 비무장지대의 지뢰를 제거하고 도로와 선로를 부설하기 위해서는 DMZ와 군사분계선에 대규모 병력이 동원되는 작업이기 때문에 쌍방 간 군사 분야의 신뢰와 협력 없이는 이 사업이 진행될 수 없는 일이기 때문이다.

그러한 의미에서 2003년 6월 11일 남북 군인들 간의 DMZ지역에서의 상호 점검을 위한 만남은 큰 의미를 지니고 있다. 당시 철도 연결 현장에 도착한 남측 대표들은 마중 나온 북한군 관계자들과 반세기 만에 처음으로 비무장지대에서 악수를 나누었다. 북측은 철도 연결 공정의 약 절반을 마쳤다면서 지뢰 제거현황도 상세히 설명했다. 오후에는 북한군 관계자 10명이 비무장지대 남측 지역을 방문했다. 북한 군인들도 남측 지역의 공사 현황을 꼼꼼히 점검했다.[43] 서로의 공사 상황을 직접 확인한 남북은 그 후 경의선과 동해선을 연결함으로써 분단 50년 만에 한반도의 혈맥을 잇게 된다.

제20차 남북장관급 회담이 2007년 2월 27일부터 3월 2일까지 평양에서 진행되었다. 이 회담에서 남북 쌍방은 군사적 보장조치가 취해지는 데 따라 상반기 안으로 열차 시험운행을 실시하기로 하였다. 이와 관련하여 3월 14일부터 15일까지 개성에서 남북경제협력추진위원회 위원접촉을 가지기로 합의하였다.[44]

남과 북은 2007년 남북정상이 평양에서 합의한 10·4 남북공동선언에서 개성공업지구 1단계 건설을 빠른 시일 안에 완공하고 2단계 개발에 착수하기로 합의하였다. 또 문산-봉동 간 철도화물 수송을 시작하고, 통행·통신·통관 문제를 비롯한 제반 제도적 보장조치들을 조속히 완비해 나가기로 하였다. 남과 북은 개성-신의주 철도와 개성-평양 고속도로를 공동으로 이용하기 위해 개보수 문제를 협의하여, 추진해 나가기로 하였다.[45] 즉 그동안의 철도·도로건설을 한 바탕 위에서 추가적인 연장사업에 합의하고, 철도와 도로의 운행을 조속히 시행하도록 한 것이다.

2. 쟁점과 상호 대응

남북한 간의 철도·도로 연결사업은 전형적으로 신축적 상호주의에 바탕을 두고 추진된 경제협력사업이었다. 이 사업은 정치와 경제뿐 아니라 안보와 군사문제를 아우르는 포괄적인 사업이었다. 남북은 이 사업이 남북한 간의 긴장을 완화하고 교류와 협력을 보다 활성화하는 데서 중요한 의의가 있음을 인정한 사업이었다.[46] 또한 남북한은 물론이고, 미국과 정전협정 대상자인 UN군이 연계된 다자간의 '복합적인 문제'였다. 남북한 간에도 '정부와 군 그리고 경제집단'이 포함된 사업이었다. 이 사업이 추진되는 과정에서는 사업추진에 소극적인 반응을 보인 미국의 부시정부를 설득해야 했고, 사업추진 간 터진 북핵문제와는 가능한 직접적인 연계를 피하며 '신축적'으로 사업을 추진해야 했다. 사업기간 측면에서 약 5년간에 걸쳐 진행된 비교적 중기적인 사업이었으며, 상호 동시성을 준수하며 '비탄력적 상호주의' 방식의 작업을 추진하기 위해 노력하였다. 그러나 등가적인 측면에서는 남측이 많은 사항을 양보하거나 지원하는 비등가의 '포괄적인 상호주의'의 형식을 유지했다.[47]

김대중 대통령은 2000년 3월 독일방문 중에 한반도 냉전구조 해체와 항구적인 평화 및 남북 간의 화해협력을 위한 '베를린 선언'을 발표했다. 이때 여기에서 정부차원의 협력사업으로 본격적인 남북경협을 위한 도로, 항만, 철도, 전력, 통신 등의 사회간접자본의 확충을 제시하였다. 이어 그해 6월 평양에서 개최된 남북정상회담에서 각 분야 교류활성화 등을 주요 골자로 하는 6·15 남북공동선언을 채택하고, 7월의 제1차 장관급회담에서 경의선 철도의 끊어진 구간 연결 및 빠른 시일 내에 관련 문제를 협의하기로 하였다.[48]

제1차 남북국방장관회담(2000.9.25~26, 제주도)에서 경의선 철도와 도로공사를 위하여 양측의 비무장지대 안에 인원과 차량, 기재들이 들어오는 것을 허가하고 안전을 보장하기로 하였으며, 쌍방 실무급이 10월 초에 만나서 세부사항을 추진하기로 하였다.[49] 제2차 장관급회담에서는 경의선 철도연결 및 문산-개성 간 도로 개설을 위한 실무접촉을 9월 중 개최하여 착공식 문제 등을 협의하기로 하였다. 남북 철도·도로 제1차 실무협의회에서는 철도와 도로의 규모, 위치와 공사의 방법에 대해 합의하였다.[50] 남측에서는 2000년 9월 18일 경의선 남측 단절구간인 문산-장단 간 12km 구간의 철도연결을 위한 공사를 착공하였다. 즉 남북장관급 회담과 국방장관회담이 연계된 형태로 진행되어, 비무장지대에 관련된 사항을 군이 보장하는 형식을 유지하였다.

경의선 철도 및 도로 연결사업은 군사적으로 민감한 비무장지대(DMZ) 및 군사분계선상에서 이루어지는 사업이기 때문에 남북 군사당국간의 긴밀한 협조를 필요로 했다. 따라서 경의선 연결에 따른 실무적 문제를 논의하기 위한 남북 군사실무회담이 다섯 차례 열려 남북 쌍방은 '남북관리구역 설정과 남과 북을 연결하는 철도와 도로 작업의 군사적 보장을 위한 합의서'에 최종 합의하였다. 제1차 남북군사실무회담(2000.11.28)에서 남북한은 건설해야 할 철도와 도로의 규모와 위치, 공사기간을 확인하고 우리 측은 철도 및 도로 연결공사에 적용될 「공동규칙(안)」을 북측에 전달하였다. 북측은 제2차 회담(2000.12.5)에서 우리 측 공동규칙(안)을 반영한 '북남관리구역 설정과 철도-도로작업 보장을 위한 합의서(안)'을 제시하였다. 연이어 개최된 제3차 (2000.12.21)와 제4차 회담(2001.1.31)에서 남과 북은 남북관리구역의 폭과 지뢰제거 범위 등 6개 항목을 제외한 대부분의 사항에 의견 접근을 이루었으며, 제5차 회담(2001.2.8)에서 이견이 전부 타결되었다.[51]

이 회담과정에서 남북한 군은 필요한 사항에 대해 호혜주의 입장에서 서로 양보하며, 철저히 신축적인 상호주의 입장을 견지하였다. 주로 물자가 풍부하고 장비가 우수한 남한 측이 북한 측에 필요한 물자와 장비를 지원하는 비등가성의 포괄적인 성격을 지녔다.[52] 또 양측은 공사 간 문제가 발생 시 서로 만나 수시로 협의하도록 하여 상호간에 상호주의에 필요한 신뢰를 유지할 수 있도록 하였다.[53] 남북한은 상호간 갈등을 최소화하기 위하여 공동측량을 하도록 하는 등 상호주의에 필요한 협력의 조건들을 완화하였다.[54]

제1, 2차 회담에서 쌍방은 합의서의 명칭, 지뢰제거 시기, 공사 책임자 간 접촉 및 통신연결, 공사인원과 경계병력 간 식별문제 등에 대해서는 대체적인 의견일치를 보았고, 남북관리구역의 폭, 지뢰제거 범위 등에 대해서도 의견 차이를 상당히 좁혔다. 이러한 사안에는 일대일로 맞대응하는 비탄력적 상호주의를 유지하였다.

그러나 제3차 회담에서 남측이 「남북관할구역 설정과 철도·도로 연결 관련 합의서(안)」을 제시하자 북측은 국방부가 「2000년 국방백서」에 자신을 주적으로 명기한 데 대해 신경질적인 반응을 보이면서 실질적인 토의를 회피하였다. 즉 군사적인 문제에 정치적인 문제가 혼합되어 갈등구조를 증폭시킨 것이다.

이 때문에 제4차 회담(2001년 1월 31일)과 제5차 회담(2001년 2월 8일)에서 거듭된 논란 끝에 「남북관할구역 설정과 철도도로 연결 관련 합의서」 문안을 타결할 수 있었다.[55] 그러나 이와 관련한 추가회담이 개최되지 못해 합의서 발효는 계속 지연되었다. 그 주된 이유는 새로이 등장한 부시 미 공화당 행정부의 대북강경정책으로 북미관계가 악화되었고, 이로 인해 남북관계가 경색되었기 때문이다. 즉 남북한의 관계에 미국의 요소가 작용함으로써 미국 부시정부의 비탄력적 상호주의 적용요구와 한국 김대중정부의 포괄적인 상호주의전략이 충돌하는 현상이 발생하였다. 이러한 갈등은 양측의 입장을 어느 정도 수용하는 신축적인 상호주의전략으로 제한적이나마 해결될 수 있었다.

비무장지대 내 일부구간을 개방하여 철도와 도로를 건설하는 문제는 정전협정의 적용을 받기 때문에 유엔사와의 사전 협의가 필요하였다. 이에 국방부는 유엔사와 협의를 통해 유엔군사령관으로부터 대북협상권을 위임받았다. 유엔사와 북측은 2000년 10월 18일부터 11월 16일 사이에 네 차례의 비서장급 회의를 개최하여 비무장지대 일부구역을 개방하여 그 구역을 남과 북의 관리구역으로 하는 데 합의하였다. 2000년 11월 17일 개최된 유엔사와 북한군 간 제12차 판문점 장성급회담에서 '비무장지대 일부구역 개방에 대한 국제연합군과 북한군간 합의서'를 채택하였다. 이로써 경의선 철도·도로 연결을 위한 비무장지대 내 일부구역 개방과 관련된 관리구역 설정 및 군사적, 기술적 문제를 남북한이 직접 협의하여 처리하기 위한 합법적 기반이 마련되었다.[56]

남북한은 전문과 총 6장으로 구성된 「남북관리구역의 설정과 남과 북을 연결하는 철도와 도로 작업의 군사적 보장을 위한 합의서」에 완전 합의하였다. 그러나 북측은 "행정상의 이유로 동 합의서의 서명 교환을 할 수 없게 되었다"고 일방적으로 밝히고 "변화된 일정에 대해서는 차후 통지할 것이다"라고 통보해왔다.[57] 다시 북한 측이 미국의 비탄력적 상호주의 요구를 들어 남한 측과의 관계개선에 소극적인 입장을 보인 것이다. 그러나 북측의 기술적인 어려움을 지원하기 위한 협상도 신축적인 상호주의의 기반인 호혜적인 차원에서 진행되어 한국의 기술 인력을 북측에 지원하여 공사를 앞당기는 협력도 진행되었다.[58]

2004년 6월 5일 남북이 남북경제협력추진위원회 제9차 회의에서는 2005년에 철도연결을 위해 관련 공사를 차질 없이 진행할 것을 합의했는데, 실제로 2004년 7월 북한의 핵실험 이후 남북 당국 간 회담이 중단된 상황에서도 자재와 장비의 제공 및 기술지원 등 관련 공정이 꾸준히 진행되었으며, 그 결과 도로는 동년 10월 말에 경의선·동해선 모두 연결 구간 공사가 완료되어 12월 1일부터 정상적인 차량왕래가 가능해졌다. 즉 남한 측이 북한 핵과 철도·도로연결문제를 연계시키지 않고, 북한 핵은 비탄력적 상호주의의 맞대응전략으로 대응하고, 철도·도로 연결 사업은 포괄적으로 대응하는 신축적 상호주의 전략을 수행한 결과였다.

제9차 회의 후 상호 비탄력적 상호주의 적용으로 남북대화가 중단되어, 1년여가 지나도록 개최하지 못했던 남북경제협력추진위원회 제10차 회의가 2005년 7월 9~12일 서울에서 개최되었다. 이 회의에서 남북 양측은 경의선과 동해선 철도연결공사를 조속한 시간 내 끝내고 군사적 보장조치를 조속히 마련하자는 것과 연내에 철도 개통식을 진행키로 합의했다. 이후 여러 진통을 겪어온 철도연결은 2007년 5월

11일 제5차 남북장성급군사회담에서 열차 시험운행을 위한 군사적 보
장조치가 합의됨에 따라 역사적인 남북철도 연결 시범운행이 2007년
5월 17일 거행되었다.[59]

남북한 철도·도로연결 사업은 두 차례의 남북 국방장관회담, 여섯

┃도표 3-4┃ 철도·도로 건설 시 신축적 상호주의 적용

일 정	남북 합의 및 조치	남북 대응	비 고
2000. 6	김대중 대통령 남북 철도와 도로 연결 제의	김정일 위원장 적극 동의	호혜적 협력
2000. 7	남북장관급회담, 철도와 도로 관련 남측 제안 수용	· 경의선 철도, 문산-개성도 연결 합의 · 합의서 명칭, 공사문제 등 협의	포괄적 협력
2000. 9. 16	군사실무회담 개최, DMZ군사보장합의서 타결	· 공동관리구역 설정, 지뢰제거 방법 합의 · 행동 절차 합의	비탄력적 상호주의
2000. 9. 26	남북 국방장관 회담	양측 군, 공사 군사적 보장 합의	비탄력적 상호주의
2002. 9. 18	쌍방 동시 착공	정부, 군, 민간, UN군이 참여한 다자간 추진사업	신축적 협력
2003. 6. 11	남북 군 상호 교차 점검	철도·도로 연결공정 확인	비탄력적 상호주의
2004. 7	북한 핵실험	· 정치적으로 맞대응 · 연결사업 지속 추진	신축적 상호주의
2005. 7	남북경협회의	· 철도·도로 연결사업 조속 연결 합의	호혜적 협력
2007. 5. 11	남북장성급회담, 철도와 도로 군사적 보장조치 합의	· 시험운행 실시(5. 17) · 시간, 장소, 운행 방법 등 세부사항 합의	비탄력적 상호주의

차례의 장성급회담과 34번의 군사실무회담을 실시하는 우여곡절 끝에 완성되어 운행되고 있다. 남한 측이 북한의 핵과 미사일 문제에 대해서는 때로는 비탄력적 상호주의에 의한 맞대응전략으로 대응하였고, 경제협력 분야에서는 미국 등 주변국을 설득하며 상호 호혜성에 바탕을 두고 포괄적 상호주의를 적용하는 등 〈도표 3-4〉에서 보듯이 신축적 상호주의 전략을 유연하게 구사한 결과였다.[60]

남북교류협력 사례분석(Ⅱ): 인도주의적 지원과 사회문화 분야

남북교류협력 사례분석(Ⅱ): 인도주의적 지원과 사회문화 분야

제 1 절 식량·비료 지원 문제

1. 대북지원의 전개과정

남북한 간 인도적 지원 분야는 6.25전쟁과 분단으로 인해 발생한 이산가족, 국군포로, 납북자 문제, 그리고 인도적 차원의 대북지원과 북한 인권문제, 북한 이탈주민 등 다양한 현안들을 포괄하고 있다. 인도적 지원 분야의 협력은 남북한 간 인도적 문제해결을 통해 남북 주민의 분단에 따른 고통을 완화하고 삶의 질을 향상시켜 궁극적으로 남북 주민 모두의 행복이 구현되는 공동체를 지향하고 있다.

한국정부는 인도적 대북 지원사업은 인도주의와 동포애적 차원에서 조건 없이 추진한다는 기본입장에 따라 정부, 민간단체와 국제기구를 통해 인도적 지원 사업을 추진해왔다.

김대중정부와 노무현정부는 북한에 '인도적 지원(人道的支援, humanitarian assistance)'이 필요한 상황이 발생하면 우리의 부담능력, 국민여론, 남북관계의 개선효과 등을 고려하여 성의껏 지원해 왔다. 초기에는 식량 등 긴급구호성 지원으로부터 시작하여 점진적으로 북한의 자립능력 제고 차원에서 농업생산성 향상, 병원 현대화 등의 개발지원으로 확대되었다. 아울러 대북지원이 남북화해협력 증진 및 한반도 평화정착, 나아가 남북경제공동체 형성에 기여할 수 있도록 추진하고자 노력하였다. 그러나 식량 등 구호품의 군사용으로의 전환, 일반국민보다는 특권 층 위주의 분배 등으로 인해 분배과정이 투명하게 집행될 수 있도록 하라는 국민적 요구도 증대하였다.

한국정부는 북한이 1995년 8월 발생한 수해 이후 거듭된 자연재해로 식량사정이 극도로 악화된 시점에 쌀 15만 톤을 지원한 것을 시작으로, 1999년에는 비료 지원, 2000년에는 쌀 차관 개시 등 정부차원의 대북 직접지원을 정례화하였다.

제2차 정상회담의 '10.4 남북공동선언'(남북관계 발전과 평화번영을 위한 선언) 제7항에서 인도주의적 협력사업을 적극 추진하기로 합의하였다. 또한 남과 북은 자연재해를 비롯하여 재난이 발생하는 경우 동포애와 인도주의, 상부상조의 원칙에 따라 적극 협력해 나가기로 하였다.[1]

김대중정부와 노무현정부 시기에는 대북 지원은 연평균 쌀 40만 톤을 차관형식으로 제공하였으며, 비료는 30만 톤 정도를 무상지원형식으로 지원하였다. 또한 WFP, WHO 등 국제기구를 통한 지원을 요청하고, 이 국제기구들과 함께 북한지원을 수행하였다.

한국정부는 2004년에는 용천재해 지원, 2005년에는 조류인플루엔자 방역 및 수해복구 지원과 2006년의 수해복구 지원 등 북한에서 어려움이 발생 시는 긴급구호성 지원을 병행하여 적극적으로 지원하였다. 정부는 민간단체 및 국제기구와 협력하면서 과거의 구호성 지원에서 한발 더 나아가 농업 생산능력 복구 및 보건의료시설 개선 등 개발 지원을 점진적으로 확대하였다. 그리고 2006년부터 5개년계획하에서 정부, 민간, 국제기구(WHO, UNICEF)가 참여하는 영유아 지원 사업을 본격적으로 추진하고 있다.

정부뿐 아니라 민간차원의 대북지원도 활성화되었다. 초기단계인 1995년 대북지원은 대한적십자사가 국내 민간단체 등에서 기탁받은 물품을 국제적십자사 연맹을 통해 전달하는 방식으로 추진하였다. 1997년 3월의 민간차원 대북지원 활성화조치, '남북적십자 사이의 구호물자 전달 절차에 관한 합의서' 채택('97년 5월) 등으로 대한적십자사를 단일창구로 한 남북 직접 전달방식으로 전환하였다. 1999년 2월 대북지원 창구 다원화조치로 민간단체도 독자창구로서의 활동이 가능하게 되었고, 1999년 10월 '인도적 대북지원사업처리에 관한 규정'의 제정과 2005년의 대북지원사업자 지정 요건 완화 등으로 2001년 6개였던 대북지원사업자 수는 100개 이상으로 증가하였다.

2. 쟁점과 상호 대응

남북한 인도적 지원 사업은 큰 차원에서 상호간에 주고받는 '호혜적인 정신'에 의거하여 포괄적 상호주의에 의해 실시되었다. 한국정부는 1998년에는 약 429억 원 상당의 식량·비료 등을 UN기구와 남북적십자사를 경유하여 지원하였다. 그러나 베이징에서 열린 차관급회담에서 우리 측이 비탄력적 상호주의를 주장하고 북측은 이에 강력하게 반발하면서 북측과의 관계개선이나 협력은 이룰 수 없었다. 1999년에는 정부차원에서 339억 원 상당의 비료를 직접지원하고 한적을 통해 223억 원 상당의 밀가루와 약품 등을 지원하였다. 이러한 지원은 남북 간의 관계를 개선하고, 북측이 2000년 남북정상회담에 임하는 계기가 되었다.

2000년에는 정부차원에서는 978억 원에 상당하는 비료 30만 톤을 지원하고, 한적과 독자창구를 통해 387억 원에 상당하는 옥수수, 감귤, 약품, 분유 등을 지원하였다. 북측은 이에 대응하여 서울 신라호텔에서 열린 제1차 장관급회담에서 공동선언의 합의사항을 존중하고 공동이익이 추구되는 방향으로 협력하기로 합의하였다.[2]

2001년에는 한국정부는 975억 원에 해당하는 내의 150만 벌과 비료 20만 톤 옥수수 10만 톤을 지원하였고 한적 등은 782억 원에 해당하는 식량과 의류, 분유 등을 지원하였다. 북한 측은 이에 대응해 남북 간 대화와 '협력사업(協力事業)'을 발전시키기로 합의하였다.

2002년에는 정부차원에서 1,140억 원에 해당하는 옥수수 10만 톤과 비료 30만 톤 등을 지원하고, 한적 등은 576억 원에 해당하는 농기계, 의료장비, 씨감자 등을 지원하였다.

노무현정부가 들어선 2003년에는 정부차원에서 1,097억 원에 해당하는 비료 30만 톤과 옥수수 10만 톤을 지원하고, 한적 등에서는 766억 원 상당의 동내의 밀가루, 항생제 등을 지원하였다. 북한 측은 이에 상응하여 제10차 장관급회담에서는 예정되어 있는 협력사업을 적극 추진하기로 하였다.[3]

한국정부와 민간단체 등은 2004년에는 2003년보다 약 1,000억 원이 증가한 2,871억 원을 북한의 인도적인 지원에 사용했다. 이에 상응하여 남북한은 임진강 수해방지사업에 대해 협의해 나가기로 하였다.[4]

2005년에는 정부차원에서 비료 35만 톤과 의료약품, 취약계층 지원 품목과 수해응급지원을 포함하여 1,360억 원을 지원하고 한적 등에서는 밀가루, 의료설비와 농업용 비닐 등 779억 원 상당을 지원하였다. 북한 측은 이에 상응하여 인도주의적 사업을 적극 추진해 나가기로 합의하였다.[5]

북한의 핵과 미사일 문제 등으로 위기가 고조되었던 2006년에는 정부차원에서 비료 35만 톤과 수해복구지원, 영유아 지원 물품을 포함하여 2,296억 원 상당의 지원을 하였다. 한적 등은 709억 원 상당의 지원을 하여 인도적 지원 분야의 사용액이 최초로 3,000억 원을 돌파하여 3,005억 원에 이르렀다. 북한 측은 이에 상응하여 자연재해방지와 보건의료, 문화유적 등의 협력 사업을 추진하기로 합의하였다.[6]

남북한 간 제2차 정상회담이 개최되어 '10 · 4 남북공동선언'이 이루어진 2007년에는 정부차원에서 비료 30만 톤을 지원하고 각종 의료 · 약품과 식량지원 등을 포함하여 2,159억 원을 지원하였으며, 한적 등 민간기관 등을 통해 920억 원에 상당하는 의류, 의료설비, 농자재 등을 지원하였다. 북한 측은 이에 상응하여 인도적인 협력사업을 재개하기로 하고 이산가족 문제의 실질적 해결을 위해 노력하기로 하였다. 남한의 북한에 대한 인도적 지원현황은 식량은 매년 약 30만 톤에서 50만 톤을 지원하여 2000년에서 2007년까지 쌀 240만 톤과 옥수수 20만 톤을 지원하였다. 전체적인 지원규모는 잠정적인 금액으로는 약 8,872억 원에 해당하는 것이었다. 연도별 식량지원 사업은 주석의 도표(미주 7)에서 보는 바와 같다.[7] 비료는 1999년 15.5만 톤을 시작으로 매년 약 20~30만 톤을 지원하여 1999년부터 2007년까지 총 255만 5천 톤을 지원하였으며, 금액으로는 7천 995억 원이었다.

2008년에는 당국차원의 식량과 비료지원은 이루어지지 않았으나, 민간과 국제기구를 경유한 대북지원은 지속되었다. 그동안 개선 필요

성이 꾸준히 제기되었던 남북협력기금 집행과정 및 대북지원 민간단
체사업의 투명성과 효율성 제고를 위한 제도개선이 이루어졌다.[8]

　지금까지 살펴본 대로 북한에 대한 남한정부와 민간단체 등의 인도
적 지원은 퍼주기 차원의 지원은 아니었으며, 포괄적인 상호주의에 입
각한 지원이었다. 남한정부는 북한과의 '특수관계'를 감안하여 북한의
체면을 살려주면서 남북관계 전반을 고려하면서 중장기 차원에서 인
도적 지원을 추진하였다. 남한정부는 강자의 입장에서 북한의 어려운
사정을 고려하여 '비등가'로 '당근 위주의 포용전략'을 추진하였으며,
북한은 '호혜성'의 원칙에 따라 이산가족 문제를 포함하여 남한 측이
희망하는 인도적인 지원사업을 선택적으로 받아들여 시행하였다.

　북한에 대한 인도적 지원이라고 하면, 남측의 정부차원에서는 이런
저런 조건을 달기가 쉽지 않다. 남북이 대치하고 있지만, 당장 헐벗는
북쪽 동포들의 힘든 하루하루를 감안할 때 엄격한 요구를 하는 것은
특히 어려웠다.[9]

　김대중정부 이후의 대북지원은 북한 주민의 식량난 해소 등 기본적
인 생존권을 보장하고, 대북지원을 통해 북한주민들의 삶 자체가 위협
받는 상황을 개선하는 데 결정적으로 기여하였다.[10] 우리의 인도주의
적 동포애를 전달함으로써 남북화해 협력을 증진하고, 중장기적으로
는 민족공동체 회복에 기여하였다. 대북지원은 단순한 지원 차원을 넘
어 포괄적인 상호주의 차원의 호혜성을 갖고 추진되었으며, 제한적이
나마 북한의 변화를 유도해 내는 효과적인 정책수단으로 활용되었다.
우리 상표가 부착된 지원물품을 통해 북한주민들이 우리의 지원 사실
을 인식하게 되었고, 극히 제한적이지만 모니터링 방북을 통한 남북한
접촉 확대로 대남인식이 긍정적인 방향으로 변화를 유도할 수 있었다.

북한 지도자들에게 남한의 발전된 모습을 인식시키는 부수적인 효과
도 있었다.

아울러 한반도 안보 상황을 안정적으로 관리하고, 북한이 대화와
교류협력에 호응하도록 하는 견인차적인 역할도 하였다. 남북 간 신뢰
형성, 화해협력의 증진으로 인한 한반도의 안보위협의 감소는 우리의
대외신인도 제고에 기여했을 뿐만 아니라, 우리 기업들의 대북 투자여
건을 개선하고 남북이 하나의 경제공동체를 지향해 나가는 밑거름을
형성하는 계기가 되었다.

북한의 관리들도 우리의 인도적 지원으로 북한의 사정이 좋아졌다
고 감사의 뜻을 수시로 전달하였다. 특히 김정일 위원장은 2005년 6
월 17일 정동영 통일부장관 면담 시 비료지원에 대해 남쪽 정부와 국
민들에 대해 깊은 사의를 표명한 바 있다.

북한에 대한 인도적 지원을 어느 수준에서 어떻게 할 것인가는 북
한정책을 추진하는 과정에서 뜨거운 감자가 될 수밖에 없다. 북한은
가능한 많은 지원을 요구하고 국민들은 무조건 퍼주기는 안되며, 최소
한의 통제장치를 통해 합목적적으로 사용되기를 희망하고 있다. 대북
인도주의 지원은 인류애와 동포애에 기반을 두기 때문에 정치적 사안
과 별개로 가야 하나, 분배의 투명성 확보, 군사적인 목적으로의 전용
방지를 전제로 해야 하기 때문에 호혜성에 입각한 지원은 하되 최소
한의 상호주의는 준수해야 한다는 것이다.

인도적 지원은 남한의 국력과 국민의 공감대가 허용하는 범위에서
포괄적인 상호주의에 입각하여 최대한 적극적으로 추진하는 것이 바
람직하다. 특히 대북 차관 형식으로 추진해온 쌀 지원은 다시 무상지
원으로 추진하는 것을 검토해야 할 것이다. 식량차관의 10년 거치 20

년 상환, 이자율 1%라는 조건은 실질적으로 무상에 가까운 것이고, 북한은 차관을 갚을 능력은 물론 갚을 의사도 가지고 있지 않는 것으로 판단되기 때문이다.[11] 특히 정부 스스로 인도적 차원의 지원이라고 하면서 차관으로 제공하는 것은 모순이다. 따라서 북한에 제공된 쌀의 분배 투명성을 요구하는 것도 형식논리로만 따지자면 남한이 돈을 받고 판매한 것이므로 투명한 분배를 요구할 입장에 있지 않다. 식량, 보건의료 등 북한주민의 삶과 직결된 문제에 대해서는 인도적 차원에서 최대한 따뜻한 마음으로 지원하는 것이 바람직하다. 이는 장차 통일에 대비해 남북의 신뢰와 동질성을 회복하는 데도 기여할 것이다.[12]

미국도 대북 인도적 지원에 대해서 "북한이 미국을 포함한 국제사회의 지원을 원한다면 이를 고려하겠지만, 인도적 대북 지원이 군부와 같은 다른 곳에 전용되지 않고 지원을 가장 필요로 하는 북한 주민에게 가야 한다"[13]고 밝힌 바 있다. 즉 지원은 하되 무조건은 불가하며, 최소한의 포괄적인 상호주의는 준수해야 한다는 것이다.

서독의 동방정책에서 가장 오랫동안 변함없이 지탱되었던 기본정책 중의 하나는 비도덕적인 동독 정권에도 불구하고, 어떻게든 동독주민의 삶을 개선시켜 보고자 하는 노력은 계속하였다는 점이다. 서독이 동독을 자유선거를 통해 흡수통일하는 것이 이제는 불가능해졌다고 판단하기 시작했던 1962년에 아데나우어(Konad Adennauer) 서독수상은 "우리에게는 민족적 통일보다는 동독인들에 대한 인도주의적 고려가 우선해야 한다"라고 천명했다. 이것은 그 후 모든 서독 정부의 독일정책의 중요한 출발점으로 정착되었다. 그러나 지금까지 북한 주민의 삶의 질 개선 문제는 남북관계에서는 동서독의 경우보다 한층 심각한 문제로 등장하고 있지만, 남북관계에 대한 논의에서는 이러한 논점이 거의 등장하지 않고 있다.

이웃 국가 간 인도적인 지원에 대한 사례는 1847년에 아일랜드에서 발생한 '대기근(The Great Hunger) 사태'에서 찾을 수 있을 것이다. 아일랜드 사람들의 주식인 감자에 마름병이 돌아 아일랜드에 큰 흉년이 들었다. 그런 흉년이 수년이나 계속되면서 당시 인구 800만 명 중 150만 명에 이르는 사람이 굶어 죽는 상황이 발생하였다. 그러나 이웃 영국은 이를 끝내 외면하고 지원하지 않았다. 대기근에 대한 영국의 외면으로 연명할 수조차 없었던 아일랜드 사람들은 대거 미국으로 이민 길에 올랐다. 그때의 앙금은 신대륙에서까지 이어져 아일랜드계와 영국계의 마찰은 지금까지도 계속되고 있다.

최근 한국민의 대북정서가 몹시 악화돼 있다. 북한 핵과 미사일 개발과 발사, 그리고 천안함 사태와 연평도 포격사태에 따른 북한 측의 돌출행동은 심한 배신감마저 안겨주고 있다. 이제 국민의 대북 정서를 관리하지 않으면 안 되는 상황에 이르렀다. 자칫하면 남북관계 전반을 그르칠 위기에 놓여있는 것이다. 북한의 '방종'을 관리할 지렛대가 필요하다. 앞으로 남북관계의 원만한 발전을 위해서 우리는 효과적인 지렛대를 마련해야 한다. 그 지렛대가 최소한의 상호주의이다. 대규모 인도적인 대북지원을 위해선 포괄적 상호주의 차원의 투명성 확보를 넘어 신축적인 상호주의 원칙을 적용하여 남북이산가족 상봉, 북한의 인권, 국군포로와 납북자 문제 등과 연계해야 할 수도 있을 것이다.[14] 특히 남북 이산가족 상봉은 그동안 꾸준히 증가되어 왔으나, 인도적 지원 차원에서 추진되는 사업인 만큼 포괄적인 범위에서 연계될 수 있을 것이다.

물론 식량이나 의료품 같은 인도적 지원은 전략적 대북정책과 달라야 한다. 남북관계에서는 인도적 지원과 전략적 협력 간의 구별이 어렵다는 한계가 있다. 그럼에도 불구하고 인도적 지원을 당시의 국제적 상황이나 대북정서에 따라 결정하는 것은 위험하다.

기존의 긴급구호 중심 지원에서 나아가 북한의 자립능력 제고 차원에서 농업생산성 향상, 병원 현대화 등 개발지원으로 영역을 확대해 나가야 한다. 특히 영양부족 등 심각한 상황에 처한 약 2백만 명의 북한 영유아에 대한 지원사업은 지속적으로 추진되어야 한다. 아울러 대북지원이 남북화해협력 증진과 한반도 평화정착에 긍정적 효과를 가져 오고, 중장기적으로 남북경제공동체 형성에 기여할 수 있도록 노력해야 한다.

농업생산성 향상에 중점을 두면서 보건, 의료 분야 등으로 지원을 확대하고, 민간차원지원은 정부차원과 상호 보완 구도하에 분야별 전문성을 고려해야 한다. 장기적 안목을 가지고 북한의 자립을 돕는 목적 지향적인 개발프로젝트를 개발해야 한다.

제 2 절 이산가족 문제

1. 문제제기 및 전개과정

인간은 누구나 가족과 함께 살 권리가 있다는 점에서 이산가족 문제를 인도주의적 문제라고 한다. 이산가족 문제는 한국전쟁과 남북분단 상황에서 생겨난 불행한 과거사이면서도 아직도 해결되지 않은 현안문제이다. 즉 이산가족의 문제는 분단된 남북한이 풀어야 할 핵심 현안이다. 왜냐하면 120만 명으로 추정되는 이산가족의 아픔이 아직도 계속되고 있기 때문이다. 해방 이후 38선을 경계로 한 남북 분단과 한국전쟁을 계기로 남한으로 이주해 온 실향민들과 전쟁과정에서 발생한 수많은 국군 포로와 전시 민간인 납북자, 전쟁 이후의 북한의 납치공작에 의한 납북자 등 다양한 형태의 이산가족이 한반도에 아픈 상처로 존재하고 있다.

남과 북이 비준한 '전시 민간인 보호에 관한 제네바 제4협약' 제26조는 '이산가족 재회목적 조회에 대한 충돌 당사국의 편의 제공 및 상호연결 회복 장려'를 규정하고 있다. 하지만 남북한의 이산가족들은 아직도 정치적 논리에 희생되어 고향땅을 밟지 못하고 있다.

'남북이산가족 생사확인 및 교류촉진에 관한 법률' 제2조의 규정에 의하면 "이산가족이란 이산의 사유와 경위를 불문하고, 현재 군사분계선 이남지역과 이북지역으로 흩어져 있는 8촌 이내의 친척, 인척 및 배우자였던 자"로 정의하고 있다. [15]

처음으로 남북 이산가족 생사확인이 이루어진 때는 1956년이었다. 남한은 '실향민 실태조사'를 벌여 7,034명의 명단을 확보해 북한에 통보하였다. 북한은 300여 명이 생존해 있다는 결과를 통보해왔지만 상봉은 이루어지지 못했다.

1985년에는 이산가족 고향방문과 예술공연단의 교환방문이 성사되었지만, 실질적인 이산가족 상봉은 아니었다.

본격적인 이산가족 상봉은 2000년 6·15 남북공동선언으로 가시화되었다. 남북한은 이산가족 문제의 중요성을 인지하고, 2000년 6월 15일에 발표된 제1차 정상회담의 6·15 남북공동선언 제3항에서 남과 북은 흩어진 가족과 친척의 방문단을 교환하며 비전향 장기수 문제를 해결하는 등 인도적 문제를 조속히 풀어 나가기로 하였다. [16]

사실 2000년대 들어 남북한 간 대화가 활발해지면서 이산가족 문제도 해결의 실마리를 찾는 듯했다. 이산가족 문제가 의제로 오른 당국 간 회담이 26차례, 적십자회담이 18차례 개최됐다. 그 결과 2000년부터 2008년 초까지 당국 차원의 이산가족 상봉 행사가 16차례 열리면서 매년 평균 400가족, 2,000명 정도가 상봉했다. 여기에 2007년 '10·4 남북정상선언'에 이산가족 상봉 확대와 상시적 진행이 명시되면서 이산가족 상봉 문제가 정상궤도에 오를 것이라는 기대가 나오기도 했다.[17]

대한적십자사에 따르면 1988년부터 2008년까지 '이산가족 정보통합센터'에 등록된 이산가족 상봉 신청자 수는 12만 8,000여 명이다. 이 가운데 약 30%에 달하는 약 4만 5,000명이 이미 사망하였다. 생존자들도 80세 이상이 40%가 넘는 등 고령자가 압도적으로 많다.

문제는 상봉횟수가 너무 적다는 데 있다. 전문가들은 2007년 '10·4 남북공동선언'에 따라 매년 4차례 씩 상봉행사를 해도 90세 이상의 신청자가 모두 상봉하는 데 10여 년의 시간이 걸릴 것으로 전망하고 있다.

신청자도 전체 이산가족 중 일부분에 불과하다. 1952년 말 당시 내무부 치안국에서 조사한 '피난민 수용상황' 자료에 따르면 월남 피난민은 약 68만 명이었다. 월북 피난민까지 포함하면 피난민 당사자 수는 약 120만 명에 이를 것으로 추산된다. 하지만 상당수 이산가족, 특히 월북자가 있는 가족은 불이익 등을 감안해 신청조차 하지 않는 것으로 추정된다.

남한 측은 이산가족 상봉확내와 상시 상봉제제 실현을 위해 이산가족 면회소의 건설이 필요하다고 판단하여 이 문제를 지속적으로 제기하였다. 우리의 제의에 따라 남북은 제4차 남북적십자회담(2000.9)에서 금강산 지역에 우선 면회소를 설치하고, 이후 경의선이 연결되면서부지역에 면회소 추가 설치 문제를 논의하기로 합의하였다. 제5차 남북적십자회담에서는 우리 측이 이산가족면회소를 전담하여 건설 및 관리하기로 합의하였다. 그 결과 2007년 12월에 면회소 준공식을 거행하였다.

이산가족들은 남북한 교류협력과정과 통합과정에서 혈연과 지연을 매개로 민간 부문에서의 화합과 통합을 이루어낼 수 있는 긍정적인 역할을 할 수 있는 존재이다. 이러한 실용적인 가치 측면에서도 실향민 1세대들이 2, 3세대와의 혈연관계를 연결시키지도 못하고 급격하게 소멸할 경우에는 남북한 이산가족 간에는 영구히 가족관계가 단절될 가능성이 높다. 이는 미래의 남북한 통합을 위해서도 바람직하지 못하다. 따라서 급격하게 고령화되어 가는 실향민 1세대들이 모두 세상을 뜨기 전에 시급히 최소한의 혈연가족만이라도 확인할 수 있도록 해야 할 필요가 있다.

2. 쟁점과 상호 대응

남북한에 있어서 이산가족 문제는 항상 '정치적 문제'에 귀속돼왔다. 지난 60년 동안 남북한은 이산가족 문제에 대해 상대방을 정치적이라고 비난해왔다. 남북관계가 불안정해질수록 이산가족 문제도 교착 상태를 면치 못하였다. 이산가족 상봉문제는 '외풍'을 많이 탔다. 2000년 첫 상봉 이후 노무현정부가 끝나는 시점까지 2002년 2차 북한 핵 사태, 2004년 탈북자 480여 명 대량 입국 사태, 2006년 10월의 북한 핵실험 등으로 다섯 번의 소강상태가 반복되었다.

이산가족 상봉문제는 남측의 식량과 비료 등 인도적 지원문제와 밀접한 관계를 갖고 추진되었다. 먼저 2000년 9월 평양고려호텔에서 열린 제2차 남북장관급회담에서는 '이산가족과 친척방문단교환사업 등을 적극 추진'하기로 합의하였다.[18] 이어 열린 제3, 4차 남북장관급회담에서도 북한은 이산가족문제에 대해 적극적으로 해결하려는 노력을 보였다.[19] 즉 북한 측은 우리의 인도적 지원에 포괄적인 상호주의를 적용하여 호혜적 대응을 실시한 것이다.

2001년에는 한국정부는 975억 원, 한적 등은 782억 원에 해당하는 식량과 의류, 분유 등을 지원하였다. 북한 측은 이에 대응해 이산가족의 만남의 장을 마련하였다.[20]

2002년에는 정부차원에서 1,140억 원, 한적 등은 576억 원에 해당하는 식량과 비료, 농기계, 의료장비 등을 지원하였다. 이에 북한 측은 제5차 이산가족 상봉을 개최하고 면회소의 설치 운영문제 등을 협의하는 데 동의하였다.[21]

2003년에는 정부차원에서 1,097억 원, 한적 등에서는 766억 원 상당의 식량과 동내의, 밀가루, 항생제 등을 지원하였다. 북한 측은 이에 상응하여 이산가족 상봉소 설치 등 이산가족문제도 적극 해결하기로 합의하였다.[22]

2004년에는 정부와 한적 등에서 2,871억 원을 북한의 인도적인 지원에 사용했다. 이에 상응하여 남북한은 제9차 이산가족 상봉을 추진하기로 합의하였다.[23]

2005년에는 정부차원에서 1,360억 원을 지원하고, 한적 등에서는 779억 원 상당의 식량, 비료와 각종 물품을 지원하였다. 북한 측은 이에 상응하여 금강산 면회소를 착공하게 하고,[24] 이산가족의 화상상봉에 합의하였으며,[25] 인도주의적 사업을 적극 추진해 나가기로 합의하였다.[26]

|도표 4-1| 이산가족 상봉 현황

(2008.12.31 기준, 단위: 건/(명)

구 분		'98	'99	'00	'01	'02	'03	'04	'05	'06	'07	'08
민간 차원	생사 확인	377	481	447	208	198	388	209	276	69	74	50
	서신 교환	469	637	984	579	935	961	776	843	449	413	228
	제3국 상봉	108	195	148	165 (471)	203 (592)	260 (662)	187 (465)	94 (256)	50 (86)	54 (162)	33 (92)
	방북 상봉	1 (2)	5 (18)	5 (22)	5 (22)	5 (24)	3 (5)	1 (5)	1 (5)	4 (19)	1 (5)	3 (5)
당국 차원	생사 확인			792 (7,543)	744 (2,670)	261 (1,635)	963 (7,091)	681 (5,071)	962 (6,957)	1,069 (8,314)	1,196 (9,121)	
	서신 교환			39 (39)	623 (623)	9 (9)	8 (8)					
	방남 상봉			201 (1720)	100 (899)							
	방북 상봉			202 (674)	100 (343)	398 (1,724)	598 (2,691)	400 (1,926)	397 (1,811)	594 (2,683)	388 (1,741)	
	화상 상봉								199 (1,323)	80 (553)	278 (1,872)	

* 통일부, 『2009 통일백서』, p.242에서 인용, 재작성.

　　2007년에는 3,000천억 원 상당의 식량, 비료와 각종 의료·약품, 의류, 의료설비, 농자재 등을 지원하였다. 북한 측은 이에 상응하여 이산가족의 화상상봉과 상봉행사를 확대하는 등 이산가족 문제의 실질적 해결을 위해 노력하기로 하였다.[27] 그리고 남북정상회담을 통해 이산가족문제를 포함하여 인도적인 지원 사업을 '상부상조의 원칙과 호혜성의 원칙' 즉 '포괄적 상호주의'에 따라 지속적으로 추진하기로 합의하였다.[28]

　　2007년 11월에 금강산에서 개최되었던 제9차 남북적십자회담에서 남북은 연간 대면상봉인원 400명, 분기별 화상상봉 40가족, 분기별 영상편지교환 30가족 등 상봉규모의 확대와 정례화에 합의했다. 그러나 남북관계 정색으로 인해 2008년 초에 성사된 영상편지 시범교환을 제외하고는 당국차원의 이산가족 교류는 이루어지지 않았다. 남북은 2008년 2월 5일 판문점 연락관 접촉을 통해 "남북이산가족 영상편지 교환에 관한 합의서"를 체결하고, 각각 20가족씩 미리 제작한 영상편지를 교환하였다.[29] 이산가족 상봉 현황은 〈도표 4-1〉에서 확인하는 바와 같다.

분단 후 처음으로 2009년에 '남북이산가족 생사확인 및 교류촉진에 관한 법률'이 시행되면서 이산가족들은 고향에 있는 가족을 다시 만날 수 있는 법적 토대가 마련되었다. 이 법은 이산가족 면회소 설치와 운영, 민간교류 경비지원 및 이산가족 교류단체 지원 등의 내용을 담고 있다.[30]

이러한 이산가족 문제를 해결하기 위한 최우선 과제로는 '인도적 문제'와 '정치적 문제'의 분리 대처를 들 수 있을 것이다. 즉 이산가족 교류 사업을 정치적인 상황과 분리하는 원칙을 견지할 필요가 있다는 것이다. 통일부도 그동안의 이산가족 교류와 관련해 '정치상황과 관계 없는 추진,' '고령 이산가족을 위한 상봉 방식 다양화,' '전면적 생사확인 등 근본적 문제 해결' 등의 원칙을 밝혀왔다. 하지만 구체적인 실천으로까지는 이어지지 못하고 있다.

2000년대 이후 북한이 이산가족 상봉에 소극적이나마 우리 정부에 협력하게 된 것은 인도주의적 차원에서 자발적으로 취한 조치라기보다는 남한 정부의 경제적인 지원을 얻어내기 위한 실리적 양보 차원에서 이루어졌다고 해도 과언이 아닐 것이다. 서독도 통일 전까지는

|도표 4-2| 인도적 지원과 이산가족 상봉 분야에서의 상호주의 적용

연도	남측지원	북측대응	비 고
기본 원칙	동포애, 교류협력 강화	상부상조원칙 강조	포괄적 상호주의
1998	남측, UN과 한적 통해 식량과 비료지원	· 북측, 상호주의 비난 · 이산가족 상봉호응	탐색적 맞대응
1999	정부: 비료 지원(339억 원) 한적: 밀가루 지원(223억 원)	· 남북관계개선 호응 · 상호교류 시작	호혜적 협력 (맞대응)
2000	정부: 비료 30만 톤 지원 한적: 옥수수 감귤 등 지원	· 남북 정상회담, 남북 장관 급회담호응 · 이산가족, 친척 방문단과 서신교환 허용	호혜적 협력
2001	정부: 비료 20만 톤, 옥수수 10만 톤 지원 한적: 식량, 의류, 분유 지원	· 제4차 이산가족방문 · 남북 간 교류협력확대	호혜적 협력
2002	정부: 식량, 비료지원 한적: 농기계, 의료장비, 씨감자 지원	· 제5차 이산가족방문 · 면회소 설치 논의	호혜적 협력
2003	정부: 옥수수, 비료 지원 한적: 동내의, 밀가루, 항생제 지원	· 이산가족방문 지속 · 이산가족 상봉소 설치 합의	호혜적 협력
2004	정부: 비료, 물품지원, 용천지역 재 해 지원 한적: 의료설비, 농업용품 지원	· 이산가족 상봉확대 · 임진강 수해방지 대책 합의 · 남북 교류협력사업 확대 합의	호혜적 협력
2005	정부: 비료, 수해복구, 조류인플루엔 자 지원 한적: 밀가루, 설탕 등 지원	· 금강산면회소 착공 · 이산가족 화상상봉 · 전시실종자 확인협조	호혜적 협력
2006	정부: 영유아 지원 사업 추진, 3,000 억 원 이상의 지원	· 자연재해방지협력 · 문화유역관리 협력	호혜적 협력
2007	정부와 한적 3,100억 원 상당의 식량, 비료, 물품 지원	· 제2차 남북정상회담 · 이산가족 상봉확대 · 교류협력 활성화 합의	호혜적 협력
2008	무상지원 438억 원, 식량차관 무	· 교류협력사업 급감	비탄력적 상호주의 적용시도

* 출처: 상기 내용과 『2009 통일백서』 내용을 참조하여 정리.

이러한 경제적인 보상을 통해 감금되어 있던 동독의 정치범을 송환시켰고, 이산가족들의 왕래를 실현시킨 바 있었다.

따라서 명분보다는 실질적인 문제해결을 위한 실용적인 대화와 협력을 토대로 이산가족의 대규모 상봉과 서신교환 및 자유왕래 보장 등에 대한 큰 틀의 정치적인 합의를 이룰 수 있도록 노력해야 할 것이다. 필요한 경우에는 남북정상회담의 공식의제로 이산가족의 자유로운 상봉과 왕래를 제도적으로 보장할 수 있는 방안을 채택할 수도 있을 것이다. 이를 위해서는 남한 측의 포괄적인 상호주의 정신에 입각한 호혜적인 지원이 뒤따라야 할 것이다. 인도적 지원과 이산가족 상봉 분야에서 남북한 간 상호주의 적용 내용은 〈도표 4-2〉에서 보는 바와 같다.

제 3 절   방송 · 체육 · 예술공연 문제

1. 문제제기 및 전개과정

통일을 향한 여정에서 남북한 간의 교류협력의 폭과 규모를 더욱 심화시켜 나가기 위해서는 남북한 간 사회문화적 이질성을 극복하고 민족공동체 형성이라는 장기적 목표에 기여할 수 있는 사회문화 분야의 교류협력이 중요하다.[31] 정치적인 통합이 일반적으로 권력 배분이나 정치체제의 조립을 대상으로 하는 것이라면, 사회문화적 통합은 사회구성원들이 어떻게 조화롭게 잘 살아가느냐 하는 공동체의식을 배양해가는 과정이라고 볼 수 있다.

사회문화적 통합은 '분단 상태로부터의 통합'이라는 결과적인 측면보다는 '분단 상태의 극복과 해소'라는 과정적인 측면을 중요시한다.[32]

이러한 사회문화적 교류협력은 정치·경제 등 다른 분야들에 비해서 당사자 간의 논의가 가능하여 저변으로부터의 상대적인 파급효과가 크다. 독일의 경우에는 정치통합은 성공적으로 추진되었으나, 통일 후 20년이 지난 현시점까지 사회문화적인 통합이 안 되어 '동서갈등(東西 葛藤)'이 계속되는 사례를 반추해볼 때 우리는 남북한 간 사회문화적 인 통합의 중요성을 인식할 수 있다.

사회문화 분야의 교류와 협력은 남북한 간의 상호 이해를 증진하고, 평화를 정착하는 데 중요한 수단일 뿐만 아니라 통일 이후 사회문화 공동체 형성을 대비하는 과정에서도 중요한 역할을 한다. 즉 사회문화 의 교류와 협력은 평화통일을 이룩하고 통일 이후 부작용을 최소화하 면서 통일한국을 건설하는 데 반드시 필요하다는 것을 의미한다. 물론 지난 기간 동안의 사회문화교류의 과정을 돌아볼 때, 사회문화 교류도 기본적으로 남북관계에 영향을 받을 수밖에 없었지만, 사회문화 교류 가 역으로 남북관계의 긴장을 풀어줄 수 있는 계기가 될 수도 있다는 것을 유념할 필요가 있다. 즉 평화를 정착시키고, 화해협력의 시대를 다지기 위해서는 다양한 사회문화 교류와 협력이 활성화되는 것이 중 요하다 할 것이다.[33]

남북한이 제 방면의 교류협력을 실시하기로 여러 번에 걸쳐 합의하 였음에도 불구하고 남북한 교류협력은 냉전체제에서는 사실상 본질적 인 의미를 가지지 못했다.[34] 남북 사회문화교류협력은 냉전체제에서 형성된 주변 변화에 민감하게 영향을 받았다. 그리고 정치적인 요인들 은 사회문화 교류협력에 직접적인 영향을 미쳤다. 남북관계가 긴장관 계에 놓이거나 주요 사안이 발생할 경우 사회문화 분야의 교류협력은 이를 빌미로 연기되거나 취소되어 왔다. 또한 사회문화교류협력이 상호체제의 선전의 장으로 이용되는 경우가 많았다. 이러한 점은 그동안 남북관계가 체제경쟁관계에 놓여 있었다는 점에 기인한다. 특히 남북한은 '남북 사이의 화해와 불가침 및 교류·협력에 관한 합의서'에서 사회문화 분야의 교류와 협력을 실시하기로 합의하였다.[35] 그러나 북한은 통일전략 차원에서 사회문화 분야의 교류협력을 이용했으며, 남한의 '반공주의'도 사회문화 교류협력을 경직화시키는 한 원인으로 작용했다.[36]

통일과 관련한 한국의 사회문화정책의 중심은 사회주의체제가 전반적으로 붕괴되고 냉전체제가 종식될 때까지는 반공정책이었다. 이는 북한과 무력을 동반하는 적대적 긴장관계에 직면한 남한정부로서는 어쩔 수 없는 선택이기도 했지만, 동시에 남북 교류협력의 개방적 가능성도 제한하는 결과를 낳았다. 이러한 제약은 패쇄적인 사회주의적 사회문화정책을 유지한 북한의 경우 더욱 극명하게 나타났다. 북한의 경우 사회문화 영역 자체가 체제의 유지와 순응적인 사회주의 인간형의 형성을 추구했기 때문에 사회문화 분야는 사회통제와 사회주의문화의 타율적 전달의 장으로 이용된 측면이 강하였다. 북한에서는 자율적인 사회문화요소들의 기능이 본질적인 차원에서 제한되고, 왜곡되었다. 따라서 남북한 간의 사회문화 교류협력 제의들은 상대방의 현실을 고려하지 않은 비현실적인 제안들이 많았고, 결과적으로 성사될 가능성도 낮을 수밖에 없었다. 또한 교류협력의 형태도 일시적이고 단발성으로 그치는 경우가 대부분이었다. 북한 측은 사회문화 교류협력 그 자체보다 정치적인 선전을 우선시하는 측면이 강했다.[37]

1998년 2월 출범한 김대중정부는 「평화·화해·협력」의 실현을 통한 남북관계개선을 대북정책의 목표로 설정하고, 일관성 있는 대북포용정책의 지속적인 추진을 천명하였다. 그동안 체결된 남북한 간 합의를 개선하는 여러 가지 조치들이 추진되었다.[38] 이와 같은 김대중정부의 전향적인 대북정책의 근본 취지 및 목표에 따라 남북 사회문화 교류협력은 새로운 전기를 맞이하게 되었다. 그러나 김대중정부의 1998년 대북포용정책은 금강산 관광이 현실화되기까지는 특별한 성과를 거두지 못한 것이 사실이다.[39] 이 과정에서 남북 사회문화 교류협력의 한계는 스스로가 남북관계에 영향을 미치는 독립변수로 작용하지 못했다는 점이다.

김대중정부 초기에서 6·15 정상회담 이전까지 남북 사회문화교류의 근본적인 한계는 다음 세 가지로 집약할 수 있을 것이다.

첫째, 반세기 이상 지속된 첨예한 정치 이념 및 군사적 대결관계 상태에서의 남북 사회문화교류협력사업은 남북한 간 정치·군사적 쟁점으로 인해 영향을 받았다. 예를 들면 제1차 서해교전(1999년)에 대한 보복조치로 북한이 남한인사의 평양방문과 접촉을 제한 또는 중지한다는 방침을 밝힌 바 있었음은 이를 대변할 수 있는 대표적인 사례이다.

둘째, 북한은 사회문화교류협력에 대해 소극적 태도를 유지해왔다. 북한은 이른바 제국주의 사상과 문화적 침투로 인한 체제 붕괴를 우려하여 개혁개방을 결코 허용할 수 없다는 공식입장을 고수해 왔다. 그들은 현실적으로도 1980년대 말 이래 확산, 심화되고 있는 자본주의의 황색바람 유입방지에 고심하고 있다. 또한 북한은 연방제 통일이 되면 남북한 간 사회문화적 이질화는 자연적으로 극복될 수 있다는 논리로 소극적인 태도를 보여 왔다. 즉 남북한 사회문화 교류협력에 있어서 북한은 여전히 정치·사상 우선의 논리를 견지해온 것이다.

셋째, 남북한은 사회문화의 이질적 요소에 대한 상호 인식 및 이해

부족으로 인해 사회문화교류협력에 있어서 시행착오를 반복했다. 문화예술과 언론, 종교의 기능에 대한 상호간의 인식 차이와 문화예술의 내용형식에 있어서의 상이함에 대한 이해부족으로 인해 남북한은 상호 이해와 수용보다는 오해와 배척을 하는 경향이 심했다.[40]

사회문화 분야에 있어서의 남북한 교류협력은 김대중정부가 들어서는 1990년대 후반까지는 아래와 같은 특징을 이루며 제한적으로 추진되었다.[41]

첫째, 정부당국의 주도하에 이루어지는 경우가 많았으며, 민간교류협력의 추진과정에서도 정부 측과 긴밀한 협의를 거치는 경우가 많았다. 남북한 양측의 공식적 입장과 체제에 부정적 영향을 미칠 수 있는 교류협력 사안들은 성사되기 어려웠다. 정치적으로 민감한 교류협력은 거의 이루어지지 못했다. 따라서 비정치적 학술분야와 인도적 성격이 강한 종교분야의 교류협력이 상대적으로 많았다.

둘째, 남북한 간의 방문교류보다는 제3국에서의 접촉이 많았다. 성사된 대부분의 남북한 교류협력이 제3국의 중개에 의하거나 교포들의 중개에 의해서 추진되었다. 즉 남북한이 직접 당사자가 되어 만나거나 방문하는 경우는 적었다.

셋째, 남북한 간의 교류협력이 안정적으로 추진되지 못했다. 특히 사회문화 교류협력은 자율성을 가지지 못했고, 냉전체제에 종속됨으로써 주변여건의 변화에 민감하게 반응했다.[42] 교류협력이 취소 또는 연기되는 경우가 자주 발생하는 등 안정적으로 추진될 수 있는 기반이 만들어지지 못했다.

마지막으로, 대부분의 교류가 협력사업으로 연결되지 못하는 주민접촉에 그쳤다. 이는 1997년 말까지 협력사업자 및 협력사업 승인이

전무했다는 데에서 잘 나타나고 있다. 이것은 그동안 교류협력이 질적인 측면에서도 진전된 내용을 보이지 못했다는 것을 의미한다. 따라서 전체적인 주민접촉 건수는 완만한 증가세를 보였으나, 남북한의 교류협력에 있어서는 중요한 계기가 마련되지는 못했다.

이러한 1990년 중반까지의 남북한 사회문화 교류협력은 대북포용정책이 실시된 1998년을 전후로 변화하기 시작하였다. 북한의 동해안 잠수함 침투사건에 대한 사과로 1997년 전반적으로 확대추세를 보이게 된 남북한 사회문화교류협력은 1998년 대북포용정책에 따라 새로운 전기를 맞이했다.

김대중정부와 노무현정부의 전향적인 대북정책이 유지됨으로써 금강산 관광사업과 개성공단 사업으로 상징화되는 남북한 교류협력도 새로운 의미를 지니며 양적·질적으로 발전했다.[43] 특히 중요한 점은 대북포용정책이 지속적으로 추진되면서 남북한 간의 교류협력이 비로소 실질적인 의미를 지니기 시작했다는 점이다. 남북한 간의 사회문화 교류협력이 아직 완전히 해소되지 않은 한반도 냉전체제의 영향으로부터 자유로운 것은 아니었지만 민간차원의 사회문화 교류협력이 전반적으로 확산되는 추세를 보였다. 이와 같은 점에서 대북포용정책 실시 이후 노무현정부까지 사회문화 교류협력은 과거와는 다른 특징을 지니고 추진되었다.[44]

첫째, 전반적으로 남북한 사회문화 분야의 교류협력이 활성화되었다.

둘째, 김대중정부와 노무현정부시 사회문화교류협력은 과거와 달리 정치·군사적 차원의 남북한 갈등관계에도 불구하고 지속되었다. 금강산 관광사업은 서해에서의 무력충돌에도 불구하고 진행되

었다. 금강산 관광객 억류사건도 과거에 비해 상대적으로 빠르게 처리되었다.[45)]

셋째, 제3국에서의 접촉이 지속되는 가운데 방북을 통한 교류협력 추세로의 전환가능성이 확대되었다.

넷째, 금강산 관광사업의 성사와 이산가족상봉의 증가로 제한된 주민들에게만 허용되었던 남북 주민접촉 및 북한방문이 일반주민들에게 확대되었으며, 과거와는 달리 수시방북이 가능한 형태로 전환되었다.

마지막으로, 협력사업자 및 협력사업 승인의 확대로 각종 교류협력사업이 급증하는 추세를 보였다. 이는 대북포용정책의 구사와 이에 따른 지원에 기인한 바가 크지만 북한의 태도변화도 중요한 요인이었다. 북한의 경우 사회문화 분야의 협력사업을 통해 경제적 이익획득과 대외홍보라는 다목적 실익추구가 가능했기 때문이다.

이와 같은 점에도 불구하고 사회문화 교류협력의 자율적 토대형성에는 아직 요원하다는 한계를 지니고 있다. 남북 사회문화교류협력은 과거에 비해 양적·질적으로 한층 진전된 의미를 가지게 되었다는 점은 분명 주목받아야 할 것이다. 하지만, 통일을 향한 과정에서 남북한 사회문화 교류협력에 대한 과감한 인식의 전환은 물론 활성화를 위한 다양한 조치와 방안들이 지속적으로 강구되어야 한다.

북한은 그동안 사회문화 교류협력에 있어서 최초 합의사항 이외의 비본질적 추가 조건을 제시하는 경우가 많았다. 북한은 남북 합의사항을 벗어나 매 건당 고액의 대가를 요구하기도 하였다. 교류협력의 성사의 전제조건 내지 추가적 대가로서 대북지원을 요구하거나, 또는 주한 미군의 철수, 국가보안법 철폐 등 비본질적인 추가 조건을 제시하였다. 이러한 행태는 한건주의에 집착하여 거액을 지불하는 일부 남한의 사업자들에 의해 조장되었음도 부인할 수 없는 사실이다. 이와 같은 현상은 남북 사회문화 교류협력의 순수성과 지속성을 저해하는 주요 근원이 되었다.[46]

북한은 통일전선기반 확대를 위한 정치적 목적으로 남북 사회문화 교류 협력을 이용하기도 하였다. 사회문화 교류협력을 외화획득을 위한 경제사업의 일환으로 인식함으로써 남북 사회문화 교류협력 제의에 대해 정치적·경제적으로 이용 가능한 사안에 대해서만 선별적으로 호응하는 태도를 보였다. 남북 당국은 사회문화 교류협력에 있어서 상호간에 정치적 의도나 목적을 지나치게 의식하고 경계하여 결과적으로 남북 사회문화 교류협력에 있어 소극적인 태도를 탈피하지 못한 것이다.

한편, 북한은 사회문화 교류협력이 활성화됨에 따라 사회문화 교류협력을 외화획득을 위한 경제사업의 일환으로 인식하는 태도를 현저하게 드러냈다.[47] 이러한 행태는 주로 문화예술 및 종교분야에서의 남북 교류협력에서 빈번하게 나타났다.[48]

김대중정부 출범 이후 남북 사회문화 교류협력이 활성화되기는 하였으나, 이는 단순히 상호교류 제의 및 접촉, 또는 일회적 행사로 끝난 것이 대부분이었으며, 항구적이고 지속적인 교류협력이 활성화되어 실행된 것은 거의 없었다.[49] 또한 그동안 성사된 직접 교류협력의 대부분이 공연예술 중심의 이벤트 사업화 경향을 나타내고 있다. 이러한 현상은 근본적으로 남북 사회문화 교류협력 제의에 대해 북한이 경제적 실리를 타산하며 선별적으로 호응한 데서 원인을 찾을 수 있다.

한반도의 평화통일의 선결조건의 하나인 남북 교류협력은 상호간 꾸준한 접촉과 대화가 유지되어야만 가능하다. 동서독 간 '상호접근을 통한 변화'를 일관성 있게 추구하고, 단계적 접근방법인 '작은 걸음의 정책'을 수행한 독일통일의 예는 대표적 모범사례로서 우리에게 시사하는 바가 크다. 서독정부는 동독정부에 대해 정치적 대응보다는 비정치적 차원에서의 교류협력 강화를 통해 정치적 관계개선을 모색했으며, 동독정부도 실리추구차원에서 동서독 교류협력에 호응함으로써 거의 반세기에 가까운 분단사를 마감한 것이다.

이러한 독일 통일의 사례가 시사하는바, 남북 사회문화 교류협력의 의의와 중요성은 다른 무엇보다도 지속적인 교류를 통해 남북한 간 공유할 수 있는 사회문화 기반을 구축하고, 협력을 통한 상호의존 관계를 수립한다는 데 있다. 바꾸어 말하면 남북 사회문화 교류협력의 근본 취지는 남북한 간 사회문화 교류협력의 활성화를 통해 남북한의 사회문화 공동체의 형성 기반을 구축하고, 남북한 주민들이 서로간의 차이를 우열관계가 아닌 대등한 관계로 인식하도록 함으로써 상호존중과 이해를 도모한다는 데 있다고 할 것이다.

또한 남북 사회문화 교류협력은 남북한 간의 이질화 극복 및 동질화를 위한 필수 선행조건이라는 데에 커다란 의의와 중요성이 있다. 남북 사회문화 교류협력은 남북한으로 하여금 서로의 삶의 양식에 대한 올바른 이해를 도모케 할 것이다. 나아가 사회문화적 이질화를 이해하여 조기에 통합해 나감으로써 통일 후 예상되는 남북한 간 문화와 심리적 갈등을 최소화할 수 있을 것이다.

남북 사회문화 교류협력은 북한사회 변화 및 체제 개혁개방 유도를 위한 비정치적 수단으로서 활용가치가 높다는 데에도 의의와 중요성이 있다. 우리의 다양한 대북접근을 일관된 정치논리로서 대응하는 북한에 대해 비정치적 접근수단으로서 사회문화 교류협력은 북한을 직접 자극하거나 정치적 대응을 야기함이 없이 북한사회변화 및 체제의 개방개혁을 효과적으로 유도할 수 있을 것으로 판단된다.

남북 사회문화 교류협력의 활성화는 궁극적으로 남북관계 개선에 크게 기여할 것이다. 남북한 간 사회문화적 접근의 확대강화는 남북관계에 있어 정치·이념적 논리의 상대적 약화를 초래할 것이기 때문이다. 이러한 시각에서 남북 사회문화 교류협력은 김대중정부 대북포용정책의 중요한 실현수단으로 작동되었다.[50]

사회문화 교류는 보다 많은 접촉과 협력 추진이라는 정책의 기조 아래 민간단체를 중심으로 각계각층에서 다양하게 추진되어 왔다. 사회·문화 분야 교류협력에 대한 성과는 남북공동행사와 각 분야의 단체 간 교류, 언론·방송 교류, 문화·학술·체육교류, 그리고 종교 교류 등으로 대별할 수 있을 것이다.[51]

남북한 사회문화교류는 냉전문화 및 의식을 극복하고 통일문화를 형성해 나가는 과정에서 중요한 역할을 할 수 있다.[52] 이 과정에서 중요한 것은 교류의 확대와 상호영향의 확대가 아니다. 교류나 접촉의 확대가 남북한 문화에 어떻게 영향을 미칠 것인가 하는 점이다. 왜냐하면 사회문화교류의 확대가 상호이해 증진으로 이어지고 이것이 평화공존과 통일에 긍정적인 영향을 미칠 것이라고 생각하지만, 이것은 지나치게 단순하고 순진한 사고이기 때문이다. 역사적 관점에서 보면 문화들이 만나서 공존하는 경우보다 충돌하는 경우가 많았고, 이것은 결과적으로 사회적 갈등으로 이어진 경우가 있었다는 점을 들 수 있다.[53]

사회문화교류의 문제점은 남북기본합의서에서부터 10·4 남북공동선언[54]에 이르기까지 많은 합의가 도출되었으나, 제도화된 장치가 부족하여 실시과정에서는 많은 시행착오를 반복하고 있다는 점이다. 이러한 상황에서 문화교류가 계속 추진된다면 단기적이고 이벤트적인 교류, 중복교류의 수준을 넘어설 수 없다. 따라서 장기적인 차원에서 통합단계의 문화동질성 회복을 위한 안정적이고 장기적인 교류협력을 위해서는 남북 간의 사회문화교류협정의 체결이 필수적이다. 이때에는 문화예술교류의 원래 취지와 목적을 살릴 수 있어야 한다. 교류의 기간이나 횟수를 규정하기보다는 문화예술이 주민들에게 영향을 미칠 수 있도록 해야 한다. 제한된 범위 안에서 소수의 전문가나 특수한 계층만이 접할 수 있다면 문화교류의 실질적인 효과를 거두기 어렵다. 포괄적인 상호주의의 '비등가원칙'에 따라 남한 측이 보다 많은 비용을 부담하더라도 궁극적인 목적은 북한 사회와 사람들의 의식변화를 통해 민족동질성을 회복할 수 있도록 노력해야 한다.

그동안 약 60년 이상을 남북한이 독자적으로 남북한 사회문화체제를 구축한 측면을 고려한다면, 어떤 경우에나 사회문화 교류와 협력과정에서 부작용은 불가피하게 파생될 수 있다. 그 과정에서 중요한 것은 부작용을 없도록 하는 것이 아니라, 얼마나 부작용을 통제할 수 있는가 여부라고 할 수 있다. 이러한 맥락에서 추진하는 사회문화교류협력의 성격, 남북관계, 남과 북의 사회문화적 여건 등을 종합적으로 고려하면서, 점진적·단계적으로 교류와 협력을 추진한다면 부작용은 줄어들거나, 최소한 발생한 부작용들을 발전적인 방향으로 치유할 수 있을 것이다. 이를 위해 사회문화교류협력의 차원에서도 호혜성에 바탕을 둔 상호주의전략의 적절한 운영이 요구된다.

2. 쟁점과 상호 대응

김대중정부와 노무현정부 시에는 사회문화 교류가 포용정책의 큰
틀 속에서 시행되었다. 남과 북은 사회문화 교류에서 서로 왕래하며,
상호 교환하도록 하는 넓은 의미의 상호주의 원칙을 내세웠다.[55] 한국
정부와 민간단체들은 상호 '호혜성'에 바탕을 두고, 강자의 입장에서
교류의 비용을 주로 부담하였으며, 시기, 장소와 참여대상은 주로 북
한측의 의견을 수렴하였다. '당근 위주의 중장기 전략'을 추진하여 사
회문화 교류 전반의 협력을 도모하였다.

김대중정부 출범 이후 사회문화계의 남북 교류 열기가 남북관계 개
선에 대한 기대감으로 고조되었다. 북한 측도 우리 측의 사회문화 교
류 제의에 대해 경제적 실리를 얻을 수 있는 분야를 중심으로 선별적
으로 호응하기 시작함에 따라 사회문화 협력 사업이 활발히 추진되기
시작했다. 김대중정부는 햇볕정책으로 상징되는 대북정책을 바탕으로,
정경분리 원칙 아래, 남북관계는 이념적, 정치·군사적으로는 적대적
인 대립의 상태를 지속하면서도 경제적 그리고 사회문화적으로는 부분
적인 교류와 협력을 모색하는 '적대적 협력(敵對的協力, Antagonistische
Kooperation)'의 초입단계에 들어서게 되었다. 잠수정의 침투와 서해에
서의 무력충돌과 같은 적대적인 대립이 사라지지 않는 가운데서도 금
강산 관광사업과 같은 남북한 경협이 추진되었을 뿐만 아니라, 예술단
이나 체육·종교단체의 방북이 실현되는 등 사회문화 분야에서도 교
류와 협력이 이루어졌다.[56]

특히 사회문화 분야 협력 사업은 남북합동음악회, 공동전시회 등
문화·예술분야의 남북교류를 중심으로 활발하게 이루어졌다. 1998년

5월에는 리틀엔젤스 공연단이 평양에서 공연하고, 10월에는 한겨레통
일문화재단이 '윤이상음악회'를 평양에서 열었다. 포괄적인 상호주의
정신에 입각하여 1999년 초부터는 북한 측의 '만경대소년학생궁전예
술단'의 서울공연과 '윤이상음악회'의 서울공연이 이어졌다. 클래식과
국악, 대중가요 등 다양한 장르의 음악을 주제로 한 평양과 서울 공연
이 번갈아가며 추진되었다.[57] 이를 활성화하기 위해 남북은 인적교류
의 중요성을 인식하고 민간급의 접촉 및 왕래와 교류협력사업을 확대
하기로 남북장관급 회담에서 합의하였다.[58]

체육 분야의 협력 사업으로는 현대아산이 1999년에 평양에 실내 종합
체육관을 건설하였다. 제1차 통일농구대회가 평양에서 개최(1999.9.28~
9.29)되었고, 상호주의 협력차원에서 북한농구단은 서울을 방문하여
잠실종합체육관에서 제2차 통일농구대회(1999.12.22~12.25)를 열었다.

언론분야의 협력 사업은 우리 측의 주도하에 비용을 부담하며 '비등
가원칙(非等價原則)'에 따라 추진되었다. 우선 1997년 중앙일보사 통
일문화연구소가 북한지역 문화유적 답사조사 사업에 대해 협력사업자
승인을 받았다. 통일문화연구소는 이 사업에 대해 1998년 세 차례 북
한을 방문하여 북한지역 문화유적 등에 대해 취재하였다. 한겨레신문,
경향신문, 동아일보, 월간 말 등이 1998년부터 1999년까지 북한지역
을 방문하고, 취재한 내용은 특집기사 게재, TV프로그램 제작 및 방
영, 출판 및 전시활동 등에 활용되었다.

특히 노무현정부에서는 민간차원의 교류협력 활성화를 지원하기 위
해 제도화를 추진하였다. 2003년도에는 제11차 남북장관급회담에서
남북한 간에 '사회문화협력분과회의'를 구성하는 데 합의하였다.[59] 이
어「자치단체 남북교류협력 사업 추진지원계획」, 「정당차원 대북교류

지원지침」,「남북 사회문화협력사업 승인·관리지침」을 마련하였다. 2004년 4월에는「남북 사회문화협력사업 처리에 관한 규정」을 개정하여 매 귀환 시마다 방문증명서를 반납하던 규정을 없애고, 수시방문증명서 발급신청 시 향후 1년 6개월간 '방북예정서' 제출을 폐지하는 등 방문증명서 관련 신청인의 불편사항을 해소하였다.[60]

노무현정부 출범 이후 남북공동행사는 부분적으로는 정례화·제도화 단계에 진입하였다. 먼저 사회·문화·체육·보건·환경 등 제반 분야의 협력과 교류를 활성화하기로 한 6·15 남북공동선언을 계기[61]로 성립된 공동행사가 참여정부에서도 계속됨으로써 일회성·이벤트성 교류행사를 지향하며 일정부분은 정례화되었다. 그리고 통합기구 형성을 통해 보다 제도적인 틀 속에서 공동행사를 추진해나가는 특징을 보였다. 노무현정부에서는 2004년 5월에 '6·15 남북공동선언실천을 위한 민족공동행사추진본부'를 결성하고, 이를 계승하여 2005년 1월 31일에는 '6·15 공동선언실천 남측위원회'가 결성되었다.

남북공동행사는 3·1절 남북공동행사, 5·1절 남북공동행사, 6·15 남북공동행사, 8·15 남북공동행사 중심으로 포괄적 상호주의의 호혜성 원칙에 따라 쌍방향 교류방식으로 진행되었다.[62] 남과 북이 교차해서 주최하는 방식으로 행사를 진행함으로써 북한 인사들의 남한 방문교류가 확대되었다. 이러한 공동행사는 북한 인사들이 서울이 아닌 지방에서의 행사에 참여하는 성과도 도출되었다. 2004년에는 사스(SARS)로 개최하지 못했던 5·1절과 6·15 남북공동행사는 평양과 인천에서 개최되었다. 2006년에는 광주지역에서 6·15행사가 개최되었다.

포괄적 상호주의의 호혜성의 원칙에 따라 남북한이 공동행사를 지속적으로 정례화해 나가는 과정에서 민간과 당국이 함께 참여하는 행사 모델도 정립되었다. 2005년 행사에서 정동영 당시 통일부장관을 비롯한 대표단 40명이 서해 직항로를 이용하여 참가함으로써 당국과 민간이 함께 참여하는 남북교류의 새로운 모델이 정립되었다. 또한 북한 대표단이 분단 이후 최초로 국립현충원 현충탑에 참배함으로써 6·15 5주년을 계기로 정상화된 남북관계 흐름이 한 단계 심화, 확대되는 데 기여하였다. 이렇게 민간차원에서 정착된 공동행사는 정부와 민간의 공동 활동으로 정립되어 가는 계기로 작용하였다.[63]

남북공동행사에는 노동자, 농민, 여성, 청년, 작가 등 다양한 부문의 남북교류도 포함되었다. 8·15 남북공동행사에서 8·15 남북통일축구경기를 개최한 사례에서 보듯이 노동자, 농민, 교육, 종교, 여성, 청년, 학생 등의 다양한 부문별 상봉행사가 개최됨으로써 부문별 교류활성화에도 기여하였다. 공동행사가 정례화되어 가는 과정에서 '부문·단체별 상봉 모임'이 이루어져 교류관계도 정례화되어 가는 추세였다. 부문별 교류도 점차 독자적인 영역을 구축해가는 성과를 거두었다. 부문 간 교류는 대체로 만남의 성사 단계에서 내용을 확충하는 단계로 이행되었다. 각종 실무회의, 대표자회의, 대회 등 관계의 정례화가 구축되어 가고 있었다.[64]

노무현정부 시기에는 동아시아 지역의 역사문제가 현안으로 대두되면서 역사 및 과거사 문제를 중심으로 한 남북한 간 교류협력이 활성화되었다. 중국의 '동북공정'에 대응한 고구려 문화유적 발굴·보존 관련 학술회의 및 전시회를 중심으로 교류협력이 이루어졌다. '민족화해협력 범국민 협의회'는 2003년에 이어 2004년에도 서울에서 '남북 공동기획 고구려전'(2004.4.9~6.20)을 통해 북한에서 제작한 고구려 유물 모사품을 전시하였다. 2005년 2월 러시아의 블라디보스톡에서 남·북·러 학자들이 3국 공동학술회의를 개최하여 그동안의 고구려 발해역사에 대한 연구성과를 발표한 데 이어 7월에는 고구려 유적에 대한 평양 공동답사를 추진하기도 했다. 고대사의 경우 남북이 비교적 쉽게 접근할 수 있는 분야이기 때문에 협력이 심화되었다.[65]

이러한 역사문제에 관한 교류협력은 남북한 간 방송 교류에도 영향을 미치는 요소로 작용하였다. 2004년 6월에 KBS는 다큐멘터리 '고구려는 살아 있다'를 북한과 공동으로 제작하였다. MBC도 2004년 6월에 특별취재팀이 평양을 방문하여, 고구려유적을 취재하였고, 6월 24일에는 '살아 있는 고구려'란 제목으로 TV 프로그램을 방영하였다. SBS는 2004년 2월 평양에서 개최된 '일제 약탈문화제 반환을 위한 남북공동학술토론회' 취재차 방북하여, 고구려 유적인 강서대묘를 취재하여 방영하였다. 이러한 문화유산의 발굴과 보존의 노력은 남북장관급회담의 합의정신[66]에 따라 비용은 남측이 부담하고 남북한 전문가가 함께 참여하는 전형적인 포괄적 상호주의에 입각한 협력 진행방식을 채택하였다.

일제 과거사 청산문제도 포괄적 상호주의에 바탕을 둔 남북한 협력이 강화되었던 분야였다. 2004년 2월 평양에서 개최된 '일제 약탈문화재 반환 공동 토론회'에서는 남북이 공동으로 민족사와 관련한 문제의식을 공유하고 더불어 남북이 합의하여 '남북연 사학자 협의회'를 구성하는 성과를 거두었다. 2004년 5월에는 '일본의 과거사 청산을 요구하는 국제연대협의회'의 서울 참가를 위해 북한위원회 대표단 9명이 서울을 방문하였다. 남북한은 을사보호조약 100주년을 맞아 일본의 군국주의를 규탄하는 사진전시회를 2005년 11월 서울과 평양에서 공동으로 주최하였다. 그리고 강점기 일본에 대한 우리민족 '수탈사(收奪

史)'를 중심으로 협력하였다. 2005년에는 광복 60주년을 맞이하여 '북관대첩비 반환사업', '안중근 의사 유해 발굴 봉환사업' 등 남북 간에 민족사적 의미가 큰 사업들이 추진되었다.[67]

남북장관급회담의 합의정신에 따라 문학적인 차원에서의 교류와 협력도 포괄적으로 이루어졌다. 제17차 장관급회담의 합의에 따라[68] 주로 우리 측의 예산으로 추진되는 '겨레말 큰 사전 편찬사업'은 남북의 언어학자들이 참여하는 문화 통합 사업으로 남북한 당국도 적극적으로 지원하고 있어, 정부와 민간이 통합된 직접 협력사업의 중요한 사례가 되었다. 사단법인 '민족문학작가회의'는 2005년 7월에 6·15 공동선언실천을 위한 '민족작가대회'를 평양, 백두산과 묘향산 등지에서 개최하였다. 분단 이후 남북 문학인들의 첫 만남으로 '민족작가회의'가 성사되었고, '6·15 민족문학인협회' 결성 및 '6·15 통일문학상' 제정, 남북공동 문학지 발간 등을 합의하는 성과를 거두었다.[69]

출판 분야에서의 교류도 확대되었다. 2005년 남북한 출판교류는 남북한 공동편찬, 저작권 교류 및 북한 저작물의 국내출판, 남북문인들의 만남 등 다양한 분야에서 활발하게 추진되었다. 평화문제연구소는 북한 과학백과 사전출판사와 공동으로 편찬한 『조선향토대백과』 20권을 2005년 4월 완간하였다. '남북경제문화협력재단'은 2005년 2월 금강산에서 열린 '남북공동편찬위원회' 결성식을 시작으로 본격적으로 추진되기 시작하였다.

문화·예술·공연교류도 포괄적인 상호주의 정신에 따라 우리 측 주도로 활성화되었다. 평양방문 공연과 관련하여 남북교류가 활발하게 추진되었다. KBS 평양노래자랑(2003.8.15), 설운도와 조영남 등이 출연한 기념공연(2003.10.6~7) 등 대중가요 부문의 방문공연이 성사되었다. 2005년 6·15 통일대축전문화행사로 가극 '금강'의 평양공연과 조용필의 평양공연(SBS, 8.23) 및 뉴서울오페라단의 창작오페라 '아, 고구려-광개토대왕'의 평양공연(9.7)이 개최되었다. 또한 2005년 10월 평양에서 개최된 「제24회 평양 윤이상음악제」에 우리 측 관계자들이 참석하였다.[70] 그리고 남한영화제에 북한의 영화가 많이 상영되었다.[71] 이러한 교류는 포괄적인 상호주의의 정신에 따라, 주로 남한 측이 비용을 대고 북한의 제한된 계층과 지역에서 실시하는 행사로 국한되어 실시되었다.

남북한 간의 방송교류도 포괄적으로 활성화되었다.[72] 먼저 방송인 간의 정례 교류가 성사되었다. '남북방송인토론회'가 분단 이후 최초로 2003년에 평양에서 개최되었다. 방송위원회가 주관한 제2회 남북방송인 토론회가 2005년 9월에 금강산에서 개최되어 남북방송계의 회합이 정례화되었다. 또한 영상물 상호구매 형태로 방송교류가 추진되고 있다.[73] 방송위원회는 북한에 방송중계차를 제공하는 등 방송 기자재 지원 및 방송기술교류 사업도 추진하였다. 2005년에는 북한의 무용수가 남한의 모델과 함께 최초로 TV광고모델로 출연하는 등 방송을 매개로 기존의 남북교류가 추진되었던 분야와 달리 새로운 형태의 교류협력 사업이 성사되었다. 이외에도 MBC는 2005년 2월에는 개성공업지구의 현황, 개성시내 설맞이 모습, 개성지구 역사유적 등을 취재하여 뉴스데스크 및 PD수첩에서 방영한 바 있다.

체육교류도 다양화해졌다. 남북 체육교류가 태권도에서 시작하여 축구, 농구, 권투, 육상 등 다양한 분야로 확산되었다.[74] 또한 북한 축구선수단이 남한에서 개최된 동아시아 축구대회, 8·15 통일축구대회, '인천 아시아 육상경기대회'에 참가하였다. 제7차 남북장관급회담에서 남북 간 체육교류를 활성화하기로 합의[75]한 이후, 북한지역에서 개최되는 체육행사를 통한 교류도 다양화되는 추세에 있다. 2005년 8월 말에는 평양에서 '한국여자프로골프대회'가 개최되었다. 또한 분단된 이래 최초로 평양에서 개최된 남북공동 마라톤대회는 남북선수가 함께 달리는 의미 있는 대회로 진행되었다. 국제대회 남북한 동시 입장 등을 통해 체육교류도 활성화되었다. 2003년 2월 아오모리 동계아시안 게임, 2004년 8월 아테네 올림픽과 2005년 동아시아 대회 기간 중에는 남북한은 한반도기를 앞세워 공동으로 입장하였다. 통상 남한 측이 비용의 대부분을 부담하고 북한 측이 참여하는 '비등가성'의 포괄적 상호주의에 의한 교류였다.

종교분야 교류는 남한 측이 주도하고 비용을 부담하면서 북한주민들에 대한 선교차원의 관심과 대북지원 등 인도적 차원의 관심을 바탕으로 기독교, 불교, 민족종교 등 각 종단과 교단을 중심으로 교류가 추진되었다. 종교 교류는 양측 종교단체 간 접촉뿐만 아니라 종교시설에 대한 복원사업을 남측이 주로 지원하는 '비등가' 형태로 협력이 활성화되었다. 시설복원은 불교에서 금강산 신계사, 개성 영통사, 개신교에서는 평양의 제일교회와 봉수교회 개관사업이 대표적이라고 할 수 있다. 종교교류는 대부분 대북지원의 형태와 결합되어 활성화되는 특징을 보였다.[76] 사회문화교류협력 과정에서 포괄적인 상호주의가 적용된 내용은 〈도표 4-3〉과 같다.

이런 사회문화 분야의 교류와 협력은 남북 낭국 차원의 교류싱걱이 지배적이었다.[77] 여전히 민간차원의 교류에서 정부가 일정부분의 역할을 수행하는 현상은 지속되었다. 주로 남북장관급회담에서 새로운 교류 의제에 합의함으로써 민간차원의 교류 기반 확대에 기여하였다.

구분	남측입장 및 조치	북측입장 및 대응	비고
기본 원칙	· 무조건적, 포괄적, 지속적 교류협력 · 민족공동체 동질성 회복 · 경제적 지원효과 극대화	· 조건적, 제한적, 일회성 교류협력 · 개혁개방제한, 체제유지 · 최소한의 양보, 협력	포괄적 상호주의 적용
태도	· 적극적, 능동적 · 민간교류 확대 · 비용 부담	· 소극적, 수동적 · 관 주도 통제 · 대가 희망	비동시 비대칭 비등가
사회	· 상호교환방문 확대 · 이산가족 교류 확대 · 사회 각 분야 협력 확대	· 지역, 인원, 대상 통제 · 이산가족 교류 제한 · 제한분야 협력 통제	포괄적 상호주의 적용
문화 예술	· 지속적 제도적 교류 · 남측주도, 비용부담	· 일회성, 이벤트성 교류 · 북측수용, 수익사업	호혜성 협력
종교	· 종파별 지원, 선교활동 · 시설복원 중점 지원	· 관 통제, 선교활동 제한 · 경제적 지원 희망	호혜성 지원
체육	· 체육시설, 장비 기증 · 선수단 교류확대	· 현금지원 희망 · 북측 우수분야로 제한	비대칭 협력
언론, 방송	· TV방송 공동제작, 보도 · 정례교류 희망	· 특정분야 제한 · 일회성교류 제한	호혜성 협력
연구, 학회	· 부문별, 분야별 포괄적 확대 희망	· 가능한 북측주도 분야로 제한 희망	호혜성 협력

특히 장관급회담을 통해 남북 간 교류를 활성화할 수 있는 의제를 지속적으로 개발하여 왔다는 점은 중요한 특징의 하나로 평가할 수 있을 것이다.

남북한은 사회문화 교류협력과정에서 가능한 상호불신과 대결논리에 입각한 '등가교환(等價交換)'의 상호주의를 지양하고, '비동시', '비등가'의 포괄적인 상호주의를 바탕으로 상대방을 대결 및 경계의 대상으

로서가 아닌 공존공영의 대상으로 보고 다각적인 사회문화 교류협력
의 활성화를 추진해야 한다.

사회문화 분야의 교류와 협력은 다른 교류협력 사업과는 달리 사회
적 분위기 등에 더욱 큰 영향을 받을 수 있다는 점도 고려해야 한다.
이것은 북한의 사회체제와 문화체제를 어떻게 보고, 받아들이는가 하
는 태도에 따라 같은 교류사업도 전혀 다른 결과를 가져올 수 있다는
것을 이해해야 한다.

따라서 한국정부와 단체는 가능한 강한 자, 혹은 가진 자의 입장에
서 포괄적인 '호혜성'을 견지하려는 태도를 갖는 것이 바람직하다. 이
과정에서 특히 중요한 것은 서로 다른 것들을 인정하는 자세이며, 이
러한 포용하는 태도는 사회문화 교류협력의 효과를 배가시킬 수도
있다는 점에 유의할 필요가 있다. 또한 장기적으로 사회문화의 통합
과정에서 독일이 겪고 있는 필요 없는 갈등을 약화시킬 수 있을 것
이다.

우리가 요망하는 사회문화 교류를 통한 이질화의 해소는 긴장과 갈
등관계의 완화라는 전제하에서 남북 간이 교류협력의 장을 넓혀가는
과정에서 가능할 것이다. 이와 같은 이질화의 해소에 중요한 것은 분
단보다 더 장구한 민족공동체 구성원으로서 공동의 특성을 회복하고
이를 확대 발전시켜 보다 바람직한 '민족공동체'를 형성하는 일이다.
지금까지 사회문화 분야의 교류협력은 남북관계가 정치적인 요소에
의해서 지배되는 구조 속에서 주로 종속변수의 역할을 수행해왔다. 따
라서 향후 추진되어야 할 사회문화 교류협력은 포괄적인 상호주의를
적용하여 민간의 자율성 확대라는 큰 축을 바탕으로 추진되어야 할
것이다. 정치적인 환경변화에 관계없이 지속적으로 진행될 수 있는 프

로그램의 개발이 필요하다. 이 문제는 단기적인 차원이 아닌 남북한 이질화 해소와 장기적인 사회통합의 관점에서 다루어져야 한다. 즉 사회문화 분야에서도 상호주의가 적용될 수 있는 바탕인 '미래의 잔영'을 넓혀나가야 한다.

제 5 장

남북교류협력 사례분석(Ⅲ): 경제 분야

제 1 절   금강산 관광사업 문제

1. 사업의 전개과정

남북한 간의 경제협력은 크게 교역과 협력 사업으로 구분된다. 그중 협력 사업은 합영사업과 합작사업 및 단독 투자사업으로 나눌 수 있다. 남북한 간 교역은 거래성 교역과 비거래성 교역으로 분류할 수 있다. 거래성교역은 다시 상업적 매매거래와 원자재 및 부자재를 북한에 보내어 완성된 물품을 반입하는 위탁가공 교역으로 나눌 수 있다. 이러한 경제협력은 복잡한 단계를 거쳐 이루어지는 것이기 때문에 많은 행위자들이 결부되어 있다. 또한 협력사업은 남북교역보다 훨씬 복잡한 절차 및 협상단계를 거쳐서 성사되는 것이기 때문에 보다 행위자간 복잡한 상호작용을 하게 된다.[1]

남북협력사업의 대표적인 사례로 뽑히는 '금강산 관광사업'은 한국인들이 그동안 적국으로 간주되어온 북한을 여행하는, 남북 분단 60

년사에 새로운 획을 그은 당시로서는 엄청난 사건이었다.

금강산 관광개발은 우리 정부가 1992년 4월 단체관광객의 남북관광 허용방침을 발표하면서 법적 토대가 마련되었다. 금강산 관광사업은 현대그룹 정주영 회장이 1989년 1월에 평양을 방문했을 때 합의한 「금강산 관광개발 및 시베리아 공동 진출에 관한 의정서」에 따라 남한의 현대그룹과 북한의 조선아세아태평양평화위원회가 금강산 관광사업에 관한 「금강산 관광을 위한 기본계약서」를 1998년 6월 22일에 체결하면서 구체화되기 시작했다.[2] 1998년 10월 13일에는 장전항 공사를 위한 자재와 장비를 실은 배가 출항하였다. 이어 11월 14일에는 금강산 관광선인 '금강호'의 시험 운항을 마치고, 마침내 1998년 11월 18일 882명의 승객을 태운 금강호가 동해항을 출항함으로써 금강산 관광이 본격화되기에 이르렀다.[3]

그러나 사업자의 자금난이 가중되고, 육로관광과 특구지정 등의 관광 활성화조치의 이행이 지연되면서 이 사업이 중단될 위기에 직면하기도 하였다.[4] 금강산 지역을 종합적 관광위락단지로 조성하기 위해 2000년 정주영 회장과 김정일과의 면담 결과 개선책이 제시되었다.[5] 현대아산과 북한의 아-태위원회도 2001년 6월 8일에 회담을 열어 사업에 활력을 불어넣기 위한 차원에서 육로관광의 필요성을 검토하였다. 양측은 육로 연결 공사착공 등 육로관광과 관련한 구체적인 사항이 당국 차원에서 조속히 협의될 수 있도록 건의하기로 합의하였다.

이 합의에 따라 2001년 9월 15~18일에 서울에서 열린 제5차 장관급 회담에서 이 문제가 당국 차원에서 거론되었다. 그 결과 10월 3~5일 금강산 관광 활성화를 위한 제1차 남북 당국 간 회담이 금강산에서 개최되기에 이르렀다.[6] 이 회담에서 남측은 육로관광 실현 및 관광특구의 지정 등을 통해 관광사업을 활성화할 것을 제의하였고, 금강산 관광사업이 지금까지 진행해온 대로 민간사업으로 추진되어야 한다는 입장을 견지하였다. 이에 대해 북한은 비탄력적 상호주의 원칙에 따라 기존의 해로관광을 정상화할 것과 민간에서 추진되어온 관광사업을 쌍방당국이 책임지고 추진할 것 등을 주장함으로써 진전을 보지 못했다. 제7차 장관급회담에서 양측은 신축적 상호주의 전략에 따라 추가적인 금강산 관광 활성화대책에 합의하고, 북한 최고인민회의 상임위원회는 2002년 10월 23일 금강산 관광특구 지정을 내용으로 하는 정령을 발표함으로써 금강산 관광사업은 다시 활력을 찾게 되었다.

북한 측의 태도변화에 따라 2003년 1월 27일에는 남북 군사실무회담에서 '임시도로 통행에 대한 군사보장합의서'를 타결하기에 이르렀고, 사전답사(2003.2.5~6)와 시범관광(2003.2.14~16)에 이어 일반인 대상 육로관광이 세 차례 실시되었다. 한국정부가 2003년 8월 6일에 현대그룹의 현대상선, 현대건설, 금강개발산업을 대북협력사업자로 승인하고, 2003년 9월 7일에 금강산관광사업을 '남북협력사업(南北協力事業)'으로 최종 승인하여 금강산관광이 활성화되었다.[7] 이후 남북한 당국은 2003년 8월 28일 제6차 남북경제협력추진위원회 2차 전체회의에서 "남과 북은 금강산 관광사업의 활성화를 위한 필요한 조치를 취하며 해로관광과 육로관광, 관광지구 개발 등 사업자 간 합의가 원만히 실현될 수 있도록 적극 협력한다"는 공동합의문을 채택하였다.[8] 2003년 9월 1일 이후에는 당일 관광, 1박 2일 관광, 2박 3일 관광 등을 다양하게 개발하여 본격적인 육로관광을 개시하였다. 육로관광 실시 이후 관광객은 급격히 늘어나기 시작하였다. 그 결과 2004년 관광객 수는 전년 대비 무려 240%나 증가하였다.[9]

2006년에는 북한의 핵과 미사일 사태로 남북관계 불안과 남북경협에 대한 국내의 부정적 인식의 확산 등으로 관광객이 크게 감소하였으나, 2006년까지의 관광객 누계는 138만 명을 돌파했다. 2007년에 접어들면서 2·13합의, 제20차 장관급회담과 남북철도의 시범연결 등으로 이어지는 남북관계의 개선으로 인해 금강산 관광은 다시 활기를 되찾았으며, 6월 1일부터는 내금강 관광도 실시되었다. 그 결과 노무현정부 말인 2007년 12월에는 관광객 수가 160만 명을 돌파하였다.

그동안 두 차례의 서해교전에도 불구하고 꾸준히 계속되던 금강산 관광은 2008년 7월 남측 관광객 박왕자 씨가 새벽 산책에 나섰다가 북측 초병에 의해 피살되자, 이명박정부는 중단을 결정했다.[10] 관광 중단 조치가 계속되는 가운데 현정은 현대그룹 회장은 2009년 8월 방북 길에 올라 김정일 국방위원장과 면담하고 북측과 금강산 관광 재개에 합의하였다. 그러나 관광 재개를 둘러싼 남북 당국 간의 합의가 이뤄지지 않아 금강산 길은 계속 막혀 있다.

현대아산과 함께 한국관광공사는 1998년 금강산 관광사업에 뛰어들어 온천장, 문화회관과 온정각 등 시설물 투자비로 4년간 900억 원을 투자하였다. 남북협력기금 900억 원을 대출받아 금강산 관광 개발사업에 나섰던 한국관광공사는 원금은 물론 이자도 갚지 못해 골머리를 앓고 있다. 더 큰 문제는 관광공사의 수익사업체가 축소되거나 폐지돼 앞으로 원금 상환은 어려울 것으로 전망되고 있다는 것이다.[11] 남북한은 금강산 관광 재개 문제를 놓고 팽팽한 평행선을 달리고 있다.

2. 쟁점과 대응

금강산 관광사업은 남북한 상호간에 신축적인 상호주의를 적용하여 사업을 추진한 대표적인 사업이다. 첫째, 사업의 성격이 정치, 경제, 군사 사항을 포괄하는 '폭넓은 사안'이었다. 따라서 서로 간에 영향을 미칠 수밖에 없었으며, 그런 현상은 사업이 시작된 지 10년 이상이 지난 지금도 계속되고 있다. 둘째, 사업에 참여하는 대상이 주체는 현대 아산과 북한 측의 '아태위원회'였으나, 남북한 국민들에게 영향을 주는 특성으로 남북한 '정부의 관여가 필수적'이었다. 셋째, 사업의 기간은 약 50년을 대상으로 하는 '장기간의 특성'을 지녔다. 넷째, 상호 대상이 가진 자인 관광객과 없는 자인 접대자의 입장에서 민족과 주객관계라는 미묘한 관계를 유지할 수밖에 없는 상태이다. 다섯째, 남한 측은 돈을 지불하고 북한 측은 관광자원을 지불한다는 면에서 등가성의 논리를 적용하기에는 애매한 사항이다.

금강산 관광은 초기단계에는 1999년 2월 28일에는 금강산 온정리 휴게소 및 금강산 문화회관 준공식을 갖는 등 순조롭게 진행되었다. 그러다 관광 시작 7개월 만인 1999년 6월 20일 주부관광객 민영미가 북한 환경감시원에게 귀순 공작을 했다고 억류되면서[12] 잠정적으로 중단되었다. '민영미 사건'은 신축적인 상호주의를 적용하여 해결할 수밖에 없는 사안이었다.

이 사건이 발생하자, 정부 당국은 그 다음날인 21일자로 금강산 관광선의 출항을 중지시키다. 민간사업 분야에 즉각 정부가 개입한 것이다. 금강산 관광이 확실히 보장될 때까지 금강산 관광을 중단시켰다. 금강산 관광이 중단된 이후 사업자인 현대 측과 북측은 관광객의 신변안전보장을 보다 강화하기 위해 협의를 계속하였다. 현대와 북측은 약 40일간의 협상 끝에 7월 30일자로 관광세칙인 「금강산 관광 시 준수사항에 대한 합의서」와 「신변안전보장을 위한 합의서」를 채택하였다. 정부는 관광세칙과 신변안전보장을 위한 합의서 채택으로 우리 관광객의 신변안전이 보다 확실히 보장되었다고 판단하고 8월 5일부터 관광재개를 허용하였다.

합의서는 신변안전보장 약속을 이행하는 세부규정의 성격을 가지는 것으로 관광 시 발생할 수 있는 대부분의 문제행동은 관광세칙에 따라 위반금으로 처리되고, 문제발언에 대해서는 원칙적으로 억류가 아니라 관광중지 및 추방, 관광선에 귀환하는 것으로 해결되도록 하였다.[13] 또한 강력한 형사사건 등 엄중한 사건의 경우도 우리 측이 참여하는 「금강산관광사업조정위원회」에서 협의·처리되도록 하였다.[14]

'민영미 사건'은 개인의 단순 발언 사건으로 보이지만, 북한이 금기시하고 있는 북한의 체제 위협적 발언이라는 차원에서 북한에게 자극을 줄 수 있는 발언이었다. 그리고 한국정부에게는 국민보호라는 차원에서 대응할 수밖에 없는 사건이었다. 이 사건을 남북한 정부와 남북 금강산 사업주체들이 참여하여 신축적 상호주의 입장에서 해결하였다.

현대는 금강산 관광선의 출항을 준비하는 과정에서 국내외 관광객을 보다 많이 유치하기 위해서는 관광선에 의한 관광만으로는 부족하다고 보고 아태위원회와 금강산 지역의 종합개발(관광, 시설투자 및 건설사업)에 관한 협의를 시작하여 「금강산 관광사업에 대한 합의서」를 새로 체결(1998.10.29)하였다. 이에 따라 1998년 11월 18일 금강호가 국민의 성원과 관심 속에 동해항에서 첫 출항함으로써 금강산 사업이 시작되었다. 현대는 관광선 출항 이후 6년 3개월 동안 총 9억 4,200만 달러의 관광개발 사업비를 북측에 지불하기로 하였다.[15]

금강산 관광사업은 과도한 관광대가 지불, 상품 및 가격경쟁력 약화로 인한 관광객의 감소로 인해 현대가 관광대가 지불이 지연되는 등 심각한 위기 국면에 놓이게 되었다.[16] 이에 현대와 북한 측은 신축적인 상호주의 정신에 따라 2001년 2월부터 매월 1,200만 달러씩 지불하던 관광대가를 600만 달러로 삭감하는 등 자구노력을 기울였지만 금강산 관광사업은 정부나 외부의 도움이 없이 현대 단독으로 지속하기에는 어려운 상태에 직면하였다. 그동안 금강호 등 4척의 관광선이 운행되었으나, 2001년 7월부터 관광선은 '설봉호' 1척만 운행하게 되었다.

금강산 관광사업의 중단위기를 인식한 아태위원회는 2001년 6월 8일 금강산 관광사업 활성화를 위해 그동안 가능한 유지하려던 비탄력적 상호주의를 포기하고, 육로관광의 실시, 관광특구지정, 관광대가 조정 등에 합의하였다.[17]

한국관광공사는 이러한 합의에 기초하여 금강산 관광사업의 향후 수익성이 확보되었다고 판단하였다.[18] 한국관광공사는 2000년 8월 금강산을 비롯한 남북 연계 상품개발 및 홍보와 금강산 지역 내 수용태세 개선을 통한 관광객 유치활성화 방안을 모색하고자 현대아산과 업무합의서를 체결하고 다양한 분야에서 협력해왔다. 10월에는 일본관광객과 해외교포에 대해 금강산 관광이 허용됨으로써 외국인 관광객을 유치할 수 있는 여건이 마련되었고, 금강산지역 내 숙박시설을 갖춘 해상호텔인 '호텔 해금강'이 개관되었다. 즉 민간 분야에서도 양자간의 관계가 다자간의 관계로 변화된 것이다.

과도한 관광비용으로 해로관광의 수입이 제한되어, 금강산 관광이 영향을 받게 되자 남북관계의 경색을 우려한 김대중정부는 급기야 신축적인 입장에서 관광대금 보조금 지원을 강구하게 되었다.[19] 정부차원에서 적극적인 개입이 시작된 것이다.

제7차 장관급회담이 2002년 8월 12~14일 어간에 서울에서 개최되었는데, 다시 금강산 관광사업 문제가 신축적인 상호주의 입장에서 주요 의제로 다루어졌다.[20] 이에 따라 9월 10~12일에 금강산 관광 활성화를 위한 제2차 당국회담이 금강산에서 개최되었다. 이 회담에서 남북 양측은 2002년 11월 중에 육로관광을 시작한다는 데 원칙적인 합의를 이루고 해로관광 활성화를 위해 협력한다는 데도 잠정적으로 합의하였으나, 사업자 간에 해결할 사항과 당국 간 협력범위에 대한 의견 차이로 최종합의에는 도달하지 못하였다.[21] 이어 9월 17일에 열린 '남북 철도 및 도로 연결 실무협의회'에서 양측이 동해선 임시도로의 차량운행을 12월 초에 개시하기로 합의하였다. 제8차 남북장관급회담에서 이를 뒷받침함[22]에 따라 금강산 육로관광은 사실상 이때부터 시작할 수 있는 계기를 마련하였다.[23]

남북장관급 회담에 이어 북한 최고인민회의 상임위원회는 2002년 10월 23일 금강산 관광특구 지정을 내용으로 하는 정령을 발표하였다. 금강산 지역을 '관광지구'로 지정하고 11월 13일에는 '금강산 관광지구법'을 제정하여 금강산 지역을 사실상 관광특구로 명문화하는 조치를 취했다.[24] 북한은 이 법을 통해 개발투자자들에게 비과세를 적용하고 현대아산에게 일정한 자율권을 부여하는 등 금강산 관광을 더욱 활성화하기 위한 실질적인 조치를 취함으로써 금강산 관광사업이 장기적으로 경쟁력 있는 사업으로 발전할 수 있는 제도적 장치를 마련하였다. 이는 북한정부가 금강산 관광사업에 대한 비탄력적 상호주의의 입장에서 신축적인 상호주의로 전환되는 계기를 마련하는 조치였다.

김대중정부와 노무현정부 시기 북한의 생떼쓰기와 압박으로 금강산 관광과 개성공단 사업추진이 남북관계에 일시적인 장애요소로 조성됐지만 바로 원상회복이 되었다. 남북 간 신뢰와 화해협력의 큰 물줄기가 유지되고 있었기에 가능한 것이었다.

특히 서해교전 시 금강산 관광이 지속되었던 사례는 당시의 한국정부가 정경분리 원칙에 입각하여 신축적 상호주의전략을 적절히 구사한 대표적인 사례가 될 것이다. 제2차 서해교전은 앞에서 기술한 대로 월드컵이 막바지에 접어든 2002년 6월 29일 오전 서해 연평도 서쪽 북방한계선(NLL) 근해에서 북한군의 선제 기습공격으로 시작되었다.[25] 피아간 치열한 교전으로 한국군 6명이 전사하고 고속정 1척이 침몰하는 사건이 일어났다. 그리고 고속정 승조원들의 관측에 의하면 북한경비정도 30여명의 많은 인명피해를 입고 외부에 장착된 각종 화기가 무력화된 것으로 판단되며, 침몰 직전에 다른 경비정에 의해 예인되어 북상하였다. 북한군의 서해상 기습도발은 6 · 15 남북공동선언이 2주년이 며칠 지난 2002년 6월 29일 일어나, 한국 정부의 지속적인 화해협력 노력에도 불구하고 남북 간에는 일촉즉발의 군사적 대치상태가 계속되고 있다는 것을 여실히 보여준 사건이었다.

그럼에도 불구하고 NLL 근해의 군사적 충돌을 남북한 양측이 비탄력적 상호주의 정신에 의해 적절한 수준에서 통제할 수 있다는 사실을 확인하였다. 남북한 양측은 교전이 벌어지는 동안 인근해역에 공군기를 대기시키고 군사적 대비태세를 격상시키는 등 긴장이 고조되었지만 교전 자체는 해군 함정간의 제한된 해역 내의 상황으로 종결되었다. 그리고 동쪽에서 진행된 금강산 관광은 지속시켰다. 따라서 전쟁까지도 갈 수 있었던 일촉즉발의 상황 속에서 남북한 양측이 '미래의 잔영'을 염두에 두고 국지적 무력충돌의 확전을 방지할 수 있는 통제가능성을 보여준 것이었다. 특히 정치와 안보, 경제적인 상황들을 신축적 상호주의전략에 따라 대응하여 당시 월드컵을 성공적으로 마무리할 수 있었다. 신축적 상호주의전략을 잘 구사한다면 국지적 분쟁이 전군 차원의 대규모 무력충돌로 확전될 가능성은 낮아졌음을 보여준 사례이다.

노무현정부 말기에도 금강산 관광을 활성화하기 위해서 '금강산 관리위원회'를 설치하도록 하는 상호 호혜적 차원의 마지막 노력이 있었다.[26]

분단 이후 최초의 대규모 남북투자 협력사업인 금강산 관광사업이 지금은 상당한 위기에 처해 있다. 위기 요인은 표면상으로는 관광객의 신변안전 문제로 보이지만, 실제로는 관광 대가 문제와 북핵 문제가 연계되어 있는 듯하다. 즉 남북 간 경제 분야 교류협력이 원활하게 추진되려면 해결해야 할 과제가 적지 않다고 하겠다. 그 과정에서 무엇보다 중요한 것은 분단극복을 위한 남북 간 이해와 협력이라고 하겠다. 즉 남북 간의 관광교류를 포함한 경제 분야 교류협력이 진행되기 위해서는 지나치게 비탄력적 상호주의에 입각한 맞대응의 정치적 논리를 적용하는 것을 배제하고 정치, 안보와 경제를 사안별로 신축적인 상호주의전략으로 유연하게 대응할 때 가능한 일이라고 할 수 있다.[27] 앞에서 살펴본 협력이론에 따르면 채찍과 당근의 두 측면은 결국 상호주의라는 동전의 양면일 따름이다. 일방이 채찍 없이 당근만을 구사할 경우 상대의 탐욕을 부추길 수 있어 협상에 오히려 방해가 될 수 있다. 반면 당근 없이 채찍만을 구사할 경우 갈등의 악순환과 위기의 확산을 가져올 수 있다. 상대의 탐욕을 허용하지 않고 동시에 상대를 좌절시키지 않는 것이 바로 신축적인 상호주의의 핵심이다.[28]

|도표 5-1| 금강산 관광과 신축적 상호주의 적용

일 정	남북합의 및 남북상황	남북 대응	비 고
1989.1	금강산 관광개발 및 시베리아 공동진출 의정서 체결	현대에 개발권 보장	포괄적·호혜적 협력
98.6.22	금강산 관광 기본계약서 체결	북, 장전항 군사시설 이동 현대사업권 장기보장	신축적 협력
98.11.18	금강산 관광 개시	관광대가 지불, 안전보장	신축적 상호주의
99.6.20	민영미 주부 북한 억류	남측, 관광중단조치 북측, 신변보장합의	비탄력적 상호주의
2000 이후	현대 측 자금난 가중	금강산 활성화 조치논의 북, 관광비 감액조치	신축적 상호주의
01.6.8	관광활성화 대책논의	장관급, 실무자급 회담 육로관광대책논의	포괄적 상호주의
02.6.29	서해교전 발생	금강산 관광 지속	신축적 상호주의
02.10.23	현대, 추가적인 활성화요구	북, 최고인민회의 상임위원회 금강산 관광특구지정, 비과세조치	포괄적 상호주의
03.1.27	육로관광 지원 대책 강화	임시도로 통행에 관한 합의서, 군 지원 본격화	호혜적·신축적 협력
03.9.7	금강산 사업을 남북 협력 사업으로 승인	남북경제협력 추진위 공동합의문 채택	호혜적 협력
04.~07.	금강산 사업, 안정적 추진	북측 관광수입 증가	호혜적 협력
성 격	남북한 정부, 민간, 정치, 군사, 경제를 포괄하는 종합사업으로, 남측은 관광대가 지불, 북측은 관광자원을 제공한 최초의 신축적 상호주의가 효율적으로 작동한 협력사업		

금강산 관광사업 추진 시 신축적 상호주의 적용 사례는 〈도표 5-1〉
에서 보는 바와 같다.

제2절 개성공단사업 문제

1. 사업의 전개과정

남한의 대북 경제교류협력은 노태우정부의 1988년 ‘7·7선언’과 ‘남
북 사이의 화해와 불가침 및 교류·협력에 관한 합의서(1991.12.13)’로
부터 출발하여 지금까지 점진적으로 확대되었다.[29] 남북 경제교류협
력의 추진은 북한의 삶의 질을 향상시켜, 사회주의 경제체제의 비효율
성을 극복하는 데 도움을 주기 위한 것이며, 북한과의 경제 협력은 북
한이 시장 경제체제의 장점을 배우고, 경제 협력에 수반되는 남북한의
인적교류를 통하여 분단 이후 심화되고 있는 남북한 간 이질성을 극
복하여 남북한 주민 간 동질성을 회복하는 데 그 목적이 있다. 이러한
차원에서 개성공단 건설이 추진되었다.

‘개성공업특구(開城工業特區)’ 내에서 진행되는 개성공단사업은 한국
과 북한이 공동으로 세계적 규모의 산업단지 조성과 남북 및 외국 기
업의 유치를 통해 동북아시아 지역의 중추적 거점으로 만들기 위해
추진하는 자유경제지대 내의 사업을 말한다. 남북한은 개성 지역을 중
국의 선전(深川)이나 푸둥(浦東) 경제특구와 같은 국제자유경제지대로
지정해, 제조·금융·상업 및 관광산업을 포함해 세계적으로 경쟁력
있는 종합적인 국제자유도시로 개발하기 위해 사업을 추진하고 있다.

개성공단사업은 2000년 8월 한국의 현대아산(주)과 북한의 김정일
국방위원장이 공업지구 건설에 합의하면서 추진되기 시작하였다. 이

어 2002년 8월 제2차 남북경제협력추진위원회에서 개성공단 착공 추진에 합의한 뒤, 같은 해 11월 '개성공업지구법' 발표를 거쳐, 12월에 공식 착공하였다.

세부 사업 목적은 세계적 규모의 산업단지 조성과 남북 양측 및 외국 기업 유치를 통한 동북아시아 지역의 중추적 자유경제지대 건설, 무역·공업·관광·금융 및 주거 기능을 갖춘 복합적 국제자유도시 건설, 북측의 대규모 고용 창출과 입주기업의 국제경쟁력 확보, 남북 및 외국 간의 경제협력 증진과 공동 번영 등이었다.

개성공단 건설사업은 북한이 70년간 토지이용권을 남한 측에 임차하고, 남측이 각종 사업권을 확보해 자유경제지대 투자환경을 조성한 뒤, 국내외 기업에 분양하는 방식으로 진행된다. 현대아산과 한국토지공사가 개성시와 판문점 일대에 800만 평의 공단구역과 1,200만 평의 배후도시를 포함하여 총 2,000만 평(65.7km²)을 개발하는 대규모 사업이다.

개성공단지역은 북방한계선에서 북서쪽으로 4km 정도 떨어져 있어 남한 지역으로부터는 판문점을 통해 쉽게 접근할 수 있는 지점이다. 무엇보다도 경의선 철도 및 도로연결을 통해 서울 및 인천을 비롯한 수도권으로부터 다양한 자원을 쉽게 공급받을 수 있는 이점이 있다. 이 점에서 개성공단은 남북을 연결하는 물류중심지로 발전할 가능성이 있고, 남한의 기술력과 자본, 북한의 노동력이 결합된 제품이 생산되어 국제 경쟁력 강화에 도움이 될 것으로 예상되었다. 그리고 남북한 모두에게 경제적 이익을 가져다주는 상생을 위한 남북경협의 성공 모델이 될 수 있을 것으로 판단되었다.

정주영 현대그룹 명예회장이 1999년 10월 1일 평양을 방문했을 때,

김정일 국방위원장은 당시 현대가 가지고 있던 서해안 공단 조성사업 계획에 관심을 보였으며, 이 계획에 원칙적으로 동의하였다. 이에 따라 현대와 한국토지공사는 2000년 8월에 개성지역에 대한 현지조사를 실시하였다. 특히 8월 9일 정몽헌 현대아산 회장과 김정일 국방위원장은 개성지역산업단지를 조성하기로 합의했다. 이에 따라 8월 22일 베이징에서 현대와 북한의 '조선아시아태평양평화위원회(아-태평화위원회)' 간에 「개성경제지구 및 관광사업합의서」에 서명하였다. 현대와 한국토지공사는 2000년 11월에 공단개발을 공동 시행키로 합의하고, 1단계 조치로 개성시 및 판문점 평화리 일대 100만 평에 대해 현지 측량 및 지질조사를 실시하였다.[30]

남북한 당국은 평양에서 열린 제2차 남북장관급회담에서 남북을 연결하는 철도와 도로문제를 협의하기로 하였다.[31] 제5차 남북장관급회담에서는 개성공단건설을 적극 추진할 것을 약속하였다.[32] 그러나 부시 행정부에 의한 미국의 대북 강경책으로 북미관계가 급격히 악화되자, 개성공단 건설문제도 영향을 받게 되었다. 즉 미국이 북한에 핵과 테러에 대한 비탄력적 상호주의를 적용하게 되어, 남북간의 경제적인 협력사업이 어려움을 겪게 되었다. 남북 간에 개성공단 건설사업 계획에 대한 논의가 다시금 활기를 띠게 된 것은 2002년 8월에 개최된 제7차 남북장관급 회담에서 합의하면서부터였다.[33] 이에 따라 같은 달 서울에서 열린 남북경제협력추진위원회 제2차 회의에서 2002년 연내 공단건설 착공을 합의했다.

2002년 10월 19~23일 평양에서 개최된 제8차 남북장관급회담에서는 개성공단 건설 착공관련사항은 '개성공단건설실무협의회'에서 토의할 것을 합의하였다.[34] 이어 11월 6~9일 평양에서 열린 제3차 남북경제협력추진위원회에서는 북측은 11월 중순 「개성공업지구법」을 공포하는 반면, 남측은 빠른 시일 안에 기반시설 건설을 상업적 방식으로 추진하되, 12월 하순에 개성공단을 착공하고, 이를 원활히 추진할 것을 약속하였다.[35)

북한 측은 최고인민회의 상임위원회 정령으로 「조선민주주의 인민공화국 개성공단 지구법」을 11월 20일 채택하였다.[36) 이후 남북한 양측은 지금까지 세금, 노동, 세관, 부동산, 보험, 건축과 환경 등 하위규정을 수정 보완해왔다.[37) 남북한은 개성공단 건설 사업을 적극적으로 추진하기 위해 착공식을 2003년 6월 30일에 거행하였으며, 제1단계 지구 100만 평에 대한 측량과 토질검사를 실시하였다.

남북한은 토지 임차료 협상을 2004년 4월 13일 타결했으며, 계약체결 이후 사업을 본격적으로 추진하였다. 시범단지 2만 8천 평 부지조성사업이 2004년 6월 30일에 완료되었다. 이어 9월 8일에는 이 시범단지에 입주할 기업들을 대상으로 1차 협력사업을 승인하였다. 즉 6월 14일에 계약을 체결한 15개 입주기업 중 반출물자 심사 등을 거쳐 의류, 봉제, 신발, 기계, 전자와 플라스틱 등을 생산하는 13개 기업이 승인되었다. 승인을 받지 못한 기업은 '전략물자 반·출입통제' 문제와 관련이 있었다. 개성공단 추진에 영향을 미치는 '전략물자 반·출입통제'는 국제평화와 안전유지를 위해 수출관리가 필요하다고 인정되는 물자와 기술을 통제하는 것을 말한다.[38) 10월 20일에는 시범단지에 입주하게 될 기업의 생산시설 착공식이 개최되었다.

남한 측에서는 범정부적 지원체계 구축을 위해 통일부, 건교부, 산자부 등 관련 기관의 인원으로 구성되는 「개성공단사업지원단」을 2004년 10월 5일에 설립하였다. 이어 10월 20일에는 개성 현지에 공

단의 종합적 관리운영업무를 수행할 「개성공업지구관리위원회」를 발족하였다.[39]

2004년 12월부터 시범단지 내에 기업들이 입주하기 시작하면서 2006년 9월의 매직 마이크론을 끝으로 예정기업 15개사의 입주가 마무리되었다.[40] 2006년 10월에는 시범단지에 입주한 23개 기업이 생산에 들어가며 본격적으로 가동되기 시작했다.

2007년 6월에 실시된 본 단지 2차 분양 때는 141개 필지 분양에 344개 기업이 신청해 평균 2.4 대 1의 경쟁률을 기록할 정도로 인기를 끌었다. 같은 해 10월 남북 정상이 3통(통관·통행·통신) 문제 해결에 합의하고, 12월에 경의선 열차 운행이 시작되면서 사업에 탄력을 받는 듯했다.

2007년 말에는 공단 내 북측근로자가 1만 6천 명을 돌파하였으며, 총생산액이 2억 달러를 달성하였고, 2008년 말에는 5억 달러를 초과하는 성과를 내었다.[41]

남북한 간 대규모 경제협력 사업으로 추진된 개성공단은 남북한 경제협력의 심화는 물론이고, 신뢰회복과 함께 남북관계 개선에 크게 이바지할 것으로 평가되었다. 당시 기대되는 효과로는 허문영 등은 다음 사항들을 예시하였다.[42]

첫째, 개성공단 건설은 남한의 기술과 북한의 값싼 토지 및 노동력이 결합됨으로써 남북 경제협력을 크게 활성화시켜 남과 북이 상호이익을 나눠 가지는 상생의 모델을 창출한다는 면에서 큰 의의가 있다. 특히 남한의 참여업체들은 저렴하고 질 좋은 북한 노동력을 확보함으로써 국제 경쟁력을 갖출 수 있는 이점이 있다.[43] 북한 측도 산업인프라 확충, 기술습득, 관광수입 등을 통해 경제회복을 도모할 수 있으며,

인건비, 철도 운임 등 상당한 규모의 경제적 수익을 올릴 것으로 예상된다. 즉 남북 상호간에 호혜성에 따른 상생전략이 가능한 것이다.[44]

둘째, 개성공단 가동이 본격적 궤도에 들어서면 남북한 모두 커다란 고용 창출효과를 얻게 되고 북한 측 노동자에게는 기술습득의 기회가 될 것이다.[45]

셋째, 개성공단이 북한 내에 위치하고 북한노동자들을 고용하는 만큼 공단의 원활한 운영은 북한의 개혁개방을 촉진하는 촉매역할을 할 수 있을 것이다. 특히 북한 노동자들에게 경쟁원리에 입각한 시장경제를 습득케 하는 기회를 제공함으로써 그들의 자본주의에 대한 이해를 촉진시키는 학습효과를 기대할 수 있다.

넷째, 개성공단 개발의 성공은 남북경제협력의 시너지 효과를 창출할 것이다. 특히 개성특구가 공동 경제활동의 시범적 모델로 추진됨으로써 남북경협의 문제점 해소와 나아가 남북경제통합에 크게 기여할 것으로 기대된다. 이는 곧 통일비용을 절약하는 효과를 수반하게 될 것이다.

다섯째, 공단사업이 발전되는 과정에서 인적교류의 활성화와 상호 경제적 이익의 확대로 화해협력의 분위기가 심화됨으로써 군사적 긴장완화를 수반하게 될 것이고, 이는 결국 한반도 평화정착에 기여할 것으로 기대된다.

개성공단은 남북경협의 새로운 단계의 시금석이 되는 것은 분명하다고 하겠으나, 이에 대한 과도한 기대와 환상은 금물이다. 개성공단 사업의 성공을 위해서는 자유로운 기업 활동이 보장되어야 함은 물론 공단의 원활한 가동을 위한 전략 및 공업용수 공급, 교통 및 통신망 구축 등 각종 인프라의 확보가 급선무이다. 또한 정권에 관계없이 남북한이 상호신뢰를 갖고 관리할 수 있는 여건이 형성되어야 할 것이다. 즉 신축적인 상호주의 전략을 구상하되, 우리가 양보할 수 없는 현안은 반드시 관철하면서 양보할 수 있는 사안에 대해서는 호혜적 입장에서 조건 없이 양보해야 할 것이다.

2. 쟁점과 대응

남한과 북한 간의 경제교류협력은 정치·안보·군사적 상황으로부터 영향을 받을 수밖에 없다. 그러나 남북한 간 지속적 교류와 경제체제의 긴밀한 연계를 통한 체제통합을 위하여 남한은 가능한 한 정경분리원칙에 입각하여 협력문제를 처리하고자 노력해왔다. 이에 따라 남한과 북한의 경제협력을 국가가 주도하기보다는 민간기업, NGO 등 다양한 행위자가 역할을 수행하는 체제가 요구되었다.[46]

특히 개성공단 사업은 정치·안보·군사적으로 매우 민감한 사안이었다. 우선 북한군 주요 부대를 이전하고, 북한군이 공격 시 사용하는 주요 접근로상에 위치하였다. 특히 DMZ으로 상징되는 철책을 뚫어 도로와 철도를 놓는 사업과 연계되어야 하는 사업이었다. 또한 남북한 간의 문제뿐 아니라 DMZ을 관리하는 UN군과 한미연합방위체제를 주도하는 미국군이 참여해야 하는 '복합적이고 다국가적인 사업'이었다. 따라서 비탄력적 상호주의나 포괄적 상호주의보다는 신축적인 상호주의 전략의 적용이 필요하였다.

남북한은 2002년 10월 19일부터 22일까지 평양 고려호텔에서 개최된 제8차 남북장관급회담에서 남과 북은 개성공단 건설착공을 12월중에 하는 문제와 건설과 관련한 실무적 문제들을 '개성공단건설실무협의회'에서 토의하기로 하며, 개성공단이 건설되면 그 안에 남측의 해당부문 사무소를 설치하기로 합의하였다.[47] 이에 따라 남북한 양측은 상호 호혜주의 정신에 따라 미국 부시정권의 압력, 철도·도로연결 등과 같은 어려움을 극복하고 개성공단 건설을 신축적으로 추진하였다.

개성공단건설이 첫 번째 시험대에 오른 것은 DMZ 사이를 관통하는 문산-개성 간 철도와 도로 연결이었다. 철도는 단선으로 남측이 문산에서 군사분계선까지 12km를 공사했고, 북측이 군사분계선에서 개성까지 15.3km를 공사했다. 남북 궤도 연결은 2003년 6월 14일 이루어졌다.

이 과정에서 군사적인 사항은 상호 호혜성을 바탕으로 2000년 9월 25일과 9월 26일 어간에 제주 롯데호텔에서 협의된 제1차 남북 국방장관회담의 합의사항을 바탕으로 하였다. 남북 국방장관은 남북 정상들이 합의한 6·15 남북공동선언의 이행을 위해 최선의 노력을 다하고, 민간인들의 왕래와 교류, 협력을 보장하는 데 따르는 군사적 문제들을 해결하기 위하여 상호 적극 협력하기로 하였다. 또한 쌍방은 당면 과제인 남과 북을 연결하는 철도와 도로공사를 위하여 각 측의 비무장지대 안에 인원과 차량, 기재들이 들어오는 것을 허가하고 안전을 보장하기로 하였다. 이를 위해 쌍방 실무급이 2000년 10월 초에 만나서 구체적 세부사항들을 추진하기로 하였다. 그리고 남과 북을 연결하는 철도와 도로 주변의 군사분계선과 비무장지대를 개방하여 남북관할지역을 설정하는 문제는 정전협정에 기초하여 처리해 나가기로 하였다. 또한 쌍방은 군사적 긴장을 완화하며, 한반도에서 항구적이고 공고한 평화를 이룩하여 전쟁의 위험을 제거하는 것이 긴요한 문제라는데 이해를 같이하고 공동으로 노력해 나가기로 하였다.[48]

남북한은 핵문제가 미국과 북한간의 핵심 사안으로 진행 중이던

2003년에도 남북장관급회담을 통해 "남과 북은 한반도 핵문제에 대한 쌍방의 입장을 충분히 협의하고 이 문제를 대화를 통해 평화적으로 해결하기 위하여 계속 협력해 나가기로 한다"[49]는 입장을 견지하였다. 또한 남북한은 핵문제와 병행하여 경제협력문제는 "남과 북은 쌍방 사이에 이미 합의하여 이행 중에 있거나 예정되어 있는 협력사업들을 적극 추진하기로 한다. 쌍방은 경의선과 동해선의 철도·도로 연결행사와 개성공단건설 착공식 문제, 금강산 관광사업 문제, 동포애와 인도주의적인 문제 등 협력 사업들이 성공적으로 추진되도록 필요한 조치를 취하기로 한다"[50]고 합의하였다. 즉 북한의 핵문제에도 불구하고 개성공단사업을 포함한 남북한 간 경제협력사업은 신축적 상호주의를 적용하여 추진하겠다는 의지를 보인 것이다.

남북한은 6자회담이 진행 중이던 2004년 2월 남북장관급회담을 통해 핵문제의 평화적 해결을 위하여 제2차 6자회담이 결실 있는 회담이 되도록 협력하기로 하였다. 조속한 시일 내에 개성공단의 1단계 100만 평 개발을 본격적으로 추진하기로 하며, 상반기 중에 1만 평 규모의 시범단지를 개발하도록 적극 협력하기로 합의하였다.[51] 즉 핵문제 해결과 개성공단 사업을 연계하지 않고 신축적인 상호주의전략에 따라 개성공단 사업을 효율적으로 추진한다는 입장을 확인한 것이다.

남북한은 북한 핵문제가 한창 진행 중이던 2006년 4월 제18차 남북장관급회담을 개최하여 다음과 같은 사항에 합의하였다. 즉 남과 북은 한반도 비핵화를 위한 노력을 계속하며 '9.19 공동성명'이 조속히 이행되어 핵문제가 민족공동의 이익과 안전에 부합되게 평화적으로 해결되도록 적극 협력하기로 하였다. 그리고 남과 북은 경제 분야에서 민족공동 번영에 실질적으로 이바지하는 협력을 실현해 나가기로 하였다.[52] 쌍방은 남북경제협력사업이 민족 내부의 협력 사업이며 공동의 번영을 위한 사업이라는 확고한 인식 아래 서로에게 이익이 되도록 지역과 업종, 규모에서 투자와 협력을 적극 확대해 나가는 실천적 조치들을 취하기로 하였다.[53]

미국과 북한간의 핵문제가 진행되는 과정에서도 남북한 국방장관은 제2차 국방장관회담을 개최하여 남북한 쌍방은 개성·금강산지역의 협력 사업이 활성화되도록 2007년 12월 11일부터 개시되는 문산-봉동 간 철도화물 수송을 군사적으로 보장하기로 합의하였으며, 남북관리구역의 통행·통신·통관을 위한 군사보장합의서를 2007년 12월 초 판문점 통일각에서 남북군사실무회담을 개최하여 협의·채택하기로 하였다.[54]

남북한은 수차의 군사실무회담을 통해 관련내용을 신축적 상호주의에 입각하여 포괄적으로 합의하였으며, 정전협정과 관련된 문제는 북한과 UN군이 협의하였다.[55] 미국군과 미국정부와 관련된 사항은 한국군과 정부가 협의하여 조정해나갔다. 각종 대두되는 현안은 남북장관급회담과 실무회담을 통해 협력하였다.

개성공단 사업이 두 번째 시험대에 오른 것은 북한이 핵실험과 미사일을 발사하고 남북한과 미국, UN 등이 그 대응책을 놓고 갈등을 보인 시기였다. 미국과 UN 등은 비탄력적 상호주의에 따른 맞대응전략으로 대응하고자 하였고, 한국정부는 가능한 신축적 상호주의전략에 따라 사안별로 유연하게 대응하고자 하였다.

북한은 2006년 10월 9일 핵실험을 한 이후 처음으로 남북 관계의 파국을 경고했다. 대남 기구인 '조국평화통일위원회(祖國平和統一委員會, 이하 조평통)'가 10월 25일 남측의 대북 제재 참여 움직임과 관련해

"비싼 대가를 치를 것"이라고 위협했다. 2000년 남북 정상회담 때 서명한 6·15 공동선언의 파기 가능성까지 거론하면서 비난 공세를 펼쳤다. 조평통 담화는 노무현정부에 대해 북한과의 민족 공조냐, 미국과의 동맹이냐를 놓고 양자택일하라는 메시지를 던진 것이다. 북한이 문제 삼은 부분은 세 가지였다. 첫째, 쌀 및 비료 지원과 수해 구호물자 제공 같은 인도주의적 사업의 중단 가능성이다. 둘째, 금강산 관광과 개성공단 등 남북 경협 사업에 제동을 걸려고 한다는 것이다. 셋째, 미국이 주도하는 대량살상무기 확산방지구상(PSI)에 남측이 참여하려는 움직임이다.[56] 즉 북한 측은 남한 측에 비탄력적 상호주의에 의한 일괄적인 맞대응을 하지 말고, 최소한 인도적인 지원이나, 개성공단 등 남북경협사업에 대해서는 '신축적인 입장'에서 '호혜적 대응'을 해달라고 요구한 것이다.

2006년도 개성공단 사업은 북한의 미사일 시험발사와 핵실험으로 사업 중단 논란이 일기도 하였지만, 남북 당국이 신축적 상호주의 정신에 입각하여 사안별로 호혜적인 대응을 하였다. 특히 남북 양측의 사업지속 의지와 입주기업들의 정상적 업무수행, 대내외 사업지속 요구 등에 힘입어 중단 없이 추진되어 향후 사업이 안정적으로 발전될 수 있는 기반을 마련하였다.[57]

2006년 북한 핵문제로 홍역을 앓고 난 남북한은 2007년 2월 27일부터 3월 2일까지 평양에서 개초된 제20차 남북한 장관급회담에서 한반도의 비핵화와 평화보장을 위해 제5차 6자회담 3단계 회의에서 이룩된 합의들이 원만히 이행되도록 공동으로 노력하기로 합의하였다. 그리고 쌍방은 개성공단 건설을 활성화하기로 하고 이에 필요한 조치들을 취해나가기로 합의하였다.[58] 즉 북한의 제1차 핵실험이라는 엄청난 충격을 이겨내고 다시 신축적인 상호주의 정신으로 복귀한 것이다. 제2차 남북정상회담의 후속조치의 일환으로 개성공단 지역에 북한 근로자 숙소를 건축하는 문제를 합의하였다.[59] 신축적 상호주의 차원에서 남한 측이 북측에 제공하고 북측은 남측의 재산권을 인정한 호혜적인 조치였다.

개성공단 사업은 특히 남북 상생의 평화협력 사업으로 확고히 자리매김해야 한다. 개성공단이 보다 활성화되면 이 지역은 북한 내륙과 중국, 러시아, 더 나아가 유럽까지를 잇는 교두보의 기능을 하게 된다. 개성공단 개발은 북한의 변화된 모습을 유도하는 데도 효과적이다. 이는 그동안의 개성공단 개발과정을 통해 북한의 학습도와 남한요구에 대한 수용도가 크게 높아진 데서 근거한다.[60]

남북한이 앞으로 개성공단을 포함한 경제협력사업을 성공적으로 추진하기 위해서는 우리 정부도 비탄력적 상호주의에 따른 맞대응만을 주장해서는 안 될 것이다. 상호 호혜성의 기반하에 안보, 정치, 군사문제 등을 사안별로 대응하는 신축적인 상호주의전략을 구사할 때 이 사업을 성공적인 상생의 남북경협모델로 발전시켜 나갈 수 있을 것이다.

개성공단 추진과정에서 신축적 상호주의에 따른 남북협력은 〈도표 5-2〉에서 보는 바와 같다.

┃도표 5-2┃ 개성공단 추진과정에서 신축적 상호주의 적용

일 정	남북 합의 및 조치	남북 대응	비 고
2000. 8	현대아산, 북 개성 공업지구 건설 합의	· 북, 토지 장기임대 · 남, 기술과 자금지원	포괄적 · 호혜적 협력
02.8	· 제7차 장관급회담 · 제2차 남북경제협력 추진위 회의	· 연내공단 건설 합의 · 남측, 각종사업권확보 · 북측, 임금 등 사업 대가 확보	신축적 상호주의
02.11.20	개성공업지구법 채택, 착공	· 남, 자금과 기술 제공 · 북, 토지, 노동력 제공 · 세금, 세관, 환경협력	신축적 · 호혜적 협력
03.6.14	문산-개성 철도연결	· 양측 군사지원보장 · UN사측 관여, 협력	비탄력적 상호주의 적용
04.4.13	토지임차료 협상타결	북측, 남측 재산권 보장	비탄력적 상호주의 적용
04.6.30	부지조성 완료	· 1차 협력대상자 선정 · 북, 노동자 제공	포괄적 상호주의
04.10.20	개성공업지구 관리위원회 발촉	양측, 안정적, 호혜적으로 사업관리	호혜적 협력
06.10.9	북한 핵실험	개성공단 중단 없이 가동	신축적 상호주의
07.6	본 단지 183개 업체 계약체결	개성공단 모범적으로 운영, 노동자 2만 명 돌파	호혜적 협력
07.10.4	정상간 개성공단 활성화 합의	남북 공동이익 보장	호혜적 협력
07.12.	문산-봉동 산 철노화물 수송보장	남북군사실무회담 합의 군사적 보장조치	비탄력적 상호주의

제 6 장

남북교류협력과 상호주의 유형

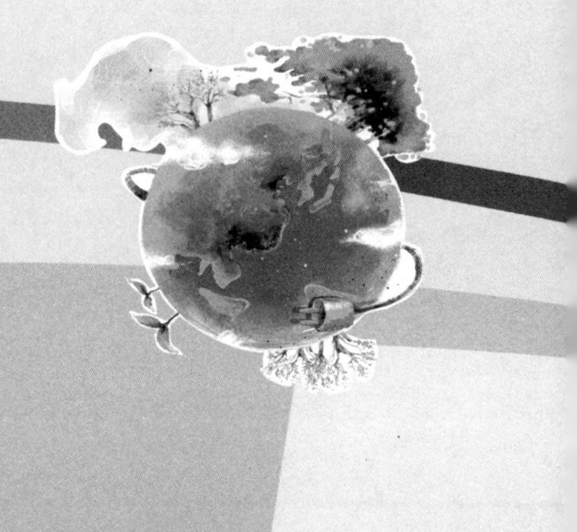

제 1 절   군사 · 안보 분야

1. 등가 · 대칭의 교류협력

등가 · 대칭의 비탄력적 상호주의는 구체적인 협상상황에서 이기적인 국가들이 협상을 깨지 않으면서도 상대방의 배반을 막기 위해 채찍을 주로 사용하여 자국의 이익을 극대화하려는 좁은 의미에서의 강요성의 협력전략이다. 비탄력적 상호주의는 '맞대응전략'으로 상징되며, 상대방의 조치에 대응하여 행동을 한다는 것이다. 이것은 액셀로드의 맞대응전략과 코헨이 구분한 '구체적 상호주의'와 같은 개념이며, 상대방의 협력에는 협력으로 상대방의 배반에는 배반으로 대응하는 개념이다. 이는 통상 개인과 국가 간에 적용될 수 있으며, 시간적으로 단기적이고, 가치에서는 등가가 요구되며, 사용수단은 채찍 위주의 맞대응전략으로 구현될 수 있다.

남북한 관계에서 등가 · 대칭의 비탄력적 상호주의를 적용해야 한다는 주장의 핵심은 북한의 협력 행위에는 협력을, 배반 행위에는 배반이 초래된다는 규칙을 적용해야 한다는 것이다. 그리고 이를 실천하기 위해서 보상 능력과 보복 능력에 추가하여 이를 실행할 수 있는 의지를 갖춤으로써, 북한체제의 개혁과 개방을 유도하고, 우리가 원하는 방향으로 평화적인 남북관계를 유지하는 질적인 변화가 있어야 된다는 것이다.

등가·대칭의 비탄력적 상호주의를 모든 정책에 적용하기는 남북관계의 특수성, '벼랑 끝 전술'을 택하려는 북한의 속성과 주변 4국의 영향력 등 국제적 요인을 고려할 때 구조적으로 어렵다.[1] 특히 북한은 상호주의는 국가 간에 적용되어야 할 사안이라고 주장하고 있다. 북한은 특수관계인 북남관계에서 상호주의 적용은 묵과할 수 없다고 주장하며, 상호주의를 남북 간의 갈등을 부추기는 대결정책으로 비난하고 있다. 북한은 등가·대칭의 비탄력적 상호주의원칙에 입각한 남한정부의 정책은 북한의 내부를 교란시키려는 민족분열적인 정책으로 비난하고 있다. 북한은 긴장해소를 위한 군사문제와 관련하여, 군부의 문제는 내각이 관여할 수 없다는 입장을 견지하고 있다. 그러나 현실적인 측면에서 보면 북한은 등가·대칭의 비탄력적 상호주의에는 부정적인 반응을 보여왔으나, 비등가·비대칭의 포괄적 상호주의와 비동시·비대칭의 신축적 상호주의를 수용하며, 남북 교류협력사업에 적극적으로 참여하였다.

남측은 남북경협과 한반도의 긴장완화를 추구하는 군사·안보 분야는 균형을 이루어야 하며, 장관급회담 등에서는 공동선언과 직간접적으로 관련되는 군사·안보 분야 등 모든 문제를 다루어야 한다면서 긴장완화를 위한 군사당국자회담의 개최를 강조하였다.[2]

김대중정부의 '대북포용정책'과 노무현정부의 '평화번영정책'의 성과에 대해서 국민들의 찬반의견이 크게 나누어진 상태이다. 이는 대북정책 추진과정에서 국민적 공감대를 형성하고, 정책의 투명성을 높이기 위한 노력이 부족한 데서 기인한다. 대북포용정책의 성과에 부정적인 평가를 내리는 전문가들과 일부 국민들은 한반도의 긴장완화와 대북포용정책의 가능성에는 동의하면서도 남한의 지원에 대한 북한의 등가·대칭의 상응적 조치가 부족하여 북한의 진정한 변화에 대한 의구심을 표시하고 있다. 핵문제를 포함한 군사·안보 분야 등 대북관계에서 남한 정부가 확실한 주도권을 행사하기를 원하고 있다. 즉 국민들은 등가·대칭의 비탄력적 상호주의가 적용되어야 할 분야에서는 사안별로 맞대응전략을 요구하고 있는 것이다.

우리의 생존에 절대적인 영향을 미치는 핵심적인 국가이익과 관련된 북한의 핵과 미사일 문제 등 군사·안보 현안은 등가·대칭의 비탄력적 상호주의전략에 의거하여 문제를 점진적으로 해결해야 한다. 우리는 튼튼하게 안보를 다짐으로써 북한이 이를 활용하겠다는 그릇된 생각을 하지 않도록 확실하게 억제하고, 엄격성을 바탕으로 북한의 태도가 바뀌어 협상에 응하도록 인내심을 가지고 추진해야 한다. 미국의 대북 접근방법과 남한의 그것에 시각차가 있지만 국민의 뜻을 결집하고 한 차원 높은 외교력으로 이를 극복해 나간다면 남북한이 머리를 맞대고 긴장완화와 군비통제를 논의하는 기회와 이를 실천하는 때가 도래할 것이다.

등가·대칭의 비탄력적 상호주의는 남북 당국 간 군사·안보 분야 교류협력에서의 북한의 태도 변화에 대한 일정한 선을 긋자는 것이다. 물론 이 같은 선을 절대적으로 강요하자는 것은 아니다. 남북한이 공감하는 부분에 대해서는 대화와 협력을 통해서 접근원칙을 조정해 나가고, 남북한 양측이 양보할 수 없는 부분에 대해서는 인내심을 견지하면서 협상 노력을 배가해야 할 것이다.[3]

남북한이 이미 해결했던 군사분계선지역에서의 선전문제나 지금도 해결을 모색하고 있는 서해북방한계선 문제 등은 군사·안보 분야에서 등가·대칭의 비탄력적 상호주의가 잘 적용된 사례이다. 그러나 남북철도·도로 연결 문제는 같은 군사·안보 분야의 사안이면서도 비동시·비대칭의 신축적 상호주의가 적용된 사례로 볼 수 있다.

2. 맞대응전략과 비탄력적 상호주의 형

상호주의 이론은 앞에서 기술한 대로 액셀로드가 '수인의 딜레마 게임(Prisoner's Dilemma Game)'에서 착안한 '맞대응전략(Tit for Tat)'을 근간으로 하고 있으며, 맞대응전략이 국제질서 속에서 협력을 유도해내는 데 효과를 발휘할 수 있다는 것이다. 맞대응전략은 최초의 게임에서 협력하고 그 다음부터는 상대방이 마지막으로 한 행동을 똑같이 반복하는 것인데, 말 그대로 '눈에는 눈 이에는 이'의 전략으로서 보상과 보복, 용서를 혼용함으로써 장기적으로 상대방의 협력을 유도한다는 것이다.[4] 이른바 컴퓨터 토너먼트 게임을 통하여 24만 회의 각기 다른 전술을 경합시키는 가운데, 액셀로드는 TFT를 200회 실행시켜 가장 높은 점수를 얻었다.[5]

군사와 안보 분야에 있어서는 선전수단제거 및 NLL사태의 저리 과정에서 보듯 비교적 동시·등가·대칭의 비탄력적 상호주의에 입각하여 남북한 관계가 정립되었다. 이것은 비교적 '단일·단순한 사안'으로서 '동시적'으로 추진이 가능하며, 가치 면에서도 '등가 및 대칭 위주’로 적용될 수 있는 사안이었다. 또한 상대가 위반 시는 ‘채찍 위주로 맞대응’이 가능하였다.

먼저 군사분계선 지역에서의 선전활동 중지 및 선전수단 제거작업은 남북한이 협력하여 상호간에 비탄력적 상호주의를 적용하며, 성공적으로 실시한 사업이었다. 북한 측의 제의에 따라 대한민국 국방부와 조선민주주의인민공화국 국방위원회 및 인민무력부 양측은 서해 해상에서 우발적 충돌 방지와 군사분계선 지역에서의 선전활동 중지 및 선전수단 제거에 관해 합의하고, 추진하였다.

이러한 군사분계선 지역에서의 선전활동 중지 및 선전수단 제거작업은 남한 측이 이 분야에서 열세임을 느낀 북한 측의 입장을 고려하여 국내의 반대여론에도 불구하고 추진한 대표적인 군사 분야의 협력사업이었다. 이 협력 사업은 여러 가지 어려움에도 불구하고 2005년 8월에 군사분계선(MDL)에서 선전물 철거작업이 마무리되었다. 남과 북은 합의에 따라 군사분계선 지역에서 상대측을 향한 모든 선전수단이 성공적으로 제거되었음을 확인하였다. 그리고 앞으로도 군사분계선 지역에서 선전활동을 계속 중지하고 선전수단을 설치하지 않기로 한 합의사항을 성실히 이행할 것을 재확인하였다. 이는 DMZ 일대에서 남북한 군 상호간의 비탄력적 상호주의전략에 따라 협력에 성공한 핵심 사례에 해당된다.

즉 양측의 공사는 비탄력적 상호주의의 맞대응전략에 따라 추진되었다. 우선 시간적으로 약 1년이라는 단기간에 ‘동시적’으로 추진하였다. ‘등가성’을 고려할 때 양측은 가능한 비슷한 가치를 정하여 품목 하나하나를 상호 검증하며, 제거작업을 진행하였다. 제제수단은 ‘채찍 위주’로 하였으며, 일방이 배반을 하면 상대방은 즉각 ‘맞대응’을 하였다. 또한 일방이 다시 협력을 하면 상대방도 호혜주의 정신에 따라 협력을 하였다. 즉 북한이 합의된 선전물 제거 작업을 중단하자 우리도 중단하였다. 그러나 북한이 2005년 7월 20일 재합의에 따라 중단된 구간에서 선전물 제거작업을 추진하자 우리도 협력해 완료하였다. 이러한 협력은 최근까지도 성공적으로 이어졌으며, 민간분야를 포함하여 상호간에 배반을 하지 않으려고 노력하였다.

선전활동 중지 및 선전물제거작업이 성공적으로 완료된 사업인 데 반하여 NLL 문제는 아직도 진행 중인 사안이다. 앞에서 제시한 대로 NLL 문제도 비탄력적 상호주의에 의해 진행된 사례로 볼 수 있다. 우선 NLL 문제는 비교적 '단순하고 명확한' 사항이었다. 기간적으로는 휴전 이후 장기간에 걸친 문제지만, 상황발생과 처리과정은 수일 혹은 수 시간 내에 양측에 '동시적'으로 발생하는 문제였다. 양측은 NLL 문제를 거의 같은 '가치'로 중시하고 있다. 그리고 상대가 이를 위반 시는 '채찍 위주로 맞대응'하였다. 그러나 상대가 이를 준수할 의지가 있을 때는 서로 협력하였다. 상대방이 화해의 손길을 내밀고 사과를 했을 때는 용서를 하고 필요한 분야에서 협력을 계속하였다.

남북한은 NLL 근해의 군사적 충돌을 남북한 양측이 비탄력적 상호주의 정신에 의해 적절한 수준에서 통제할 수 있다는 사실을 확인하였다. 양측은 교전이 벌어지는 동안 인근해역에 공군기를 대기시키고 군사적 대비태세를 격상시키는 등 긴장이 고조되었지만 교전 자체는 해군 함정간의 제한된 해역 내의 상황으로 종결되었다. 이는 남북한 양측이 '미래의 잔영'을 염두에 두고 국지적 무력충돌의 확전을 방지할 수 있는 '통제 가능성'을 보여준 대표적인 사례이다.

한국군은 비탄력적 상호주의의 맞대응전략으로 북한군의 도발에는 즉각적이고 철저하게 대응하였다. 즉 북한군의 배반에는 신속하고 제한된 보복으로 대응하였다. 보복이 실시된 이후에는 신속하게 먼저 용서하였으며, 협력의 여건이 조성되면 즉시 협력을 하였다. 남한은 북한이 NLL을 인정하고 이를 준수할 때는 북한 선박의 편리를 보장하며 협력하였다.

군사 및 안보 분야에 있어서는 북측의 배반이 계속될 경우에는 가능한 비탄력적 상호주의에 입각하여 조치하되, 다른 한편으로는 상호 '신뢰구축조치(信賴構築措置)'를 단계적으로 가시화해야 한다. 그 과정에서 잊지 말아야 할 것은 '미래의 잔영'을 길게 가져갈 수 있도록 협력기반을 강화해나가야 한다는 점이다. 따라서 필요한 분야에서는 신축적인 상호주의의 적용이 요구된다. 이를 위해서는 NLL을 포함하여 남북한 간 제기되고 있는 각종 군사적 문제에 대해서도 남북한 군사 실무자가 정기적으로 접촉하여 협력하면서 하나하나 점진적·단계적으로 풀어나가야 한다. 즉 남북한 군 간에도 상호 협력할 수 있는 여건이 호혜주의적인 입장에서 조성되어 '미래의 잔영'을 넓혀 나가야 한다.

군사·안보분야 중 비탄력적 상호주의 정신에 바탕을 둔 신축적 상호주의에 의해 처리된 대표적 사례는 경의선과 동해선의 철도와 도로 건설 사업에서 찾을 수 있다. 경의선과 동해선의 철도와 도로 연결 사업은 민족의 동맥을 잇는다는 상징적인 의미와 남북 간 인적·물적 인프라를 구축한다는 실질적인 의미를 가지고 추진되었다. 남북한 간의 철도·도로 연결 사업은 비탄력적 상호주의에 기반을 둔 신축적 상호주의에 바탕을 두고 추진된 협력 사업이었다.

이 사업은 정치와 경제뿐 아니라 안보와 군사문제를 아우르는 포괄적인 사업이었다. 남북은 이 사업이 남북한 간의 긴장을 완화하고 교류와 협력을 보다 활성화하는 데 중요한 의의가 있음을 인정하였다. 또한 남북한은 물론이고, 미국과 정전협정 대상자인 UN군이 연계된 다자간의 복합적인 문제였다. 남북한 간에도 정부와 군 그리고 경제집단이 포함된 다자간의 사업이었다. 이 사업이 추진되는 과정에서는 사업추진에 소극적인 반응을 보인 미국의 부시정부를 설득해야 했고, 사업추진 간 터진 북핵문제와는 가능한 직접적인 연계를 피하며 '신축적으로 사업을 추진'해야 했다. 사업기간 측면에서 약 5년간에 걸쳐 진행된 비교적 중기적인 사업이었으며, 상호 '동시성을 준수'하며 '비탄력적 상호주의 방식의 작업을 추진'하기 위해 노력하였다. 그러나 등가적인 측면에서는 남측이 많은 사항을 양보하거나 지원하는 '비등가'의 '포괄적인 상호주의의 형식'을 유지했다.

사업추진과정에서 남북한은 필요한 사항에 대해 호혜주의 입장에서 서로 양보하며, 철저히 신축적인 상호주의 입장을 견지하였다. 주로 물자가 풍부하고 장비가 우수한 남한 측이 북한 측에 필요한 물자와 장비를 지원하는 비등가성의 포괄적인 성격을 지녔다. 또 양측은 공사 간 문제가 발생 시 서로 만나 수시로 협의하도록 하여 양자간에 상호주의에 필요한 신뢰를 유지할 수 있도록 하였다. 남북한은 상호간 갈등을 최소화하기 위하여 공동측량을 하도록 하는 등 상호주의에 필요한 협력의 조건들을 완화하였다.

남북한 철도·도로연결 사업은 우여곡절 끝에 완성되어 운행되고 있다. 남한 측이 북한의 핵과 미사일 문제에 대해서는 때로는 비탄력적 상호주의에 의한 맞대응전략으로 대응하였고, 경제협력 분야에서는 미국 등 주변국을 설득하며 상호 호혜성에 바탕을 두고 포괄적 상

호주의를 적용하는 등 신축적 상호주의전략을 유연하게 구사한 결과
였다.

지금까지 분석한 맞대응전략과 비탄력적＋신축적 상호주의 형을
종합하면 〈도표 6-1〉에서 보는 바와 같다.

▎도표 6-1▎ 맞대응전략과 비탄력적＋신축적 상호주의 형

구 분	군사분계선지역에서의 선전 문제	서해북방한계선 (NLL) 문제	남북 철도·도로연결 사업
구성요소	남북 양측 군대	남북 양측 군대	남북 양측 군대, 경제 단체, UN사 등 다자＋다국가 대상
사 안	단일, 단순	단일, 단순	경제, 사회, 군사문제 등 복합 사안
시간(동시성)	1년	사태 처리과정 단기	약 5년 기간의 비교적 중기
가치(등가성)	등가 처리	등가 처리	작업방식은 등가, 물자지원은 비등가
수 단	상호 채찍 사용	상호 채찍 사용	채찍과 당근 겸용
대 응	맞대응전략	맞대응전략	맞대응과 포용 겸용
대 상	남북 양측 지상군	남북 양측 해군	국가, 군대, 경제단체 등 다자
조건(대칭성)	동등한 대상	동등한 대상	모든 대상
비 교	비탄력적 상호주의 형	비탄력적 상호주의 형	신축적 상호주의 형

제 2 절   인도주의적 지원 및 사회문화 분야

1. 비등가 · 비대칭의 교류협력

김대중정부와 노무현정부는 대북포용정책을 표방하였다. 이는 전형적인 '기능주의(機能主義)'를 바탕으로 한 비등가 · 비대칭의 '포괄적 상호주의 정책'이었다고 평가할 수 있다. 즉 '비등가성, 비동시성, 비대칭성'을 강조하며 남북한 간에 다양한 협력 사안을 개발하여 '미래의 잔영'을 길게 하려고 노력하였다. 여러 이슈를 함께 엮는 이슈차원의 포괄적 상호주의의 작동여건을 만들고, 북한의 대외개방을 유도하여 다자간, 공간차원의 포괄적 상호주의를 지향하는 것 등이 바로 대북포용정책의 핵심인 것이다. 노무현정부는 공식적으로 상호주의라는 용어 사용을 자제하고 대신 '호혜주의'라는 개념을 사용하였다. 그것은 '상호주의' 용어에 대한 북한의 반발과 김대중정부의 비등가 · 비대칭의 포괄적 상호주의에 대한 많은 국민들의 반감이 작용한 것으로 추정된다. 그러나 노무현정부에서는 북한의 적극적인 호응으로 상호 호혜성에 기반을 둔 포괄적 · 신축적 상호주의가 각 분야에 무리 없이 활용되었다.

남한정부와 민간단체 등의 북한에 대한 비등가 · 비대칭의 지원은 일방적인 '퍼주기 차원의 지원'은 아니었다. 즉 남한정부는 북한과의 특수관계를 고려하여 북한의 체면을 살려주면서 남북관계 전반을 고려하여 중장기 차원에서 인도적 지원을 추진하였다. 남한정부는 가진 자의 입장에서 북한의 어려운 형편을 감안하여 '비등가'로 '당근 위주의 포용전략'을 추진하였다. 북한은 호혜성의 원칙에 따라 이산가족

문제를 포함하여 남한 측이 희망하는 인도적인 지원사업을 선택적으로 받아들여 비대칭적으로 시행하였다.

남한 측이 쌀과 비료 지원 등 비등가·비대칭의 인도적 지원을 어느 수준에서 어떻게 할 것인가는 북한정책을 추진하는 과정에서 항상 뜨거운 감자가 될 수밖에 없었다. 북한은 비등가의 가능한 많은 지원을 요구하였고, 한국국민들은 비대칭의 무조건 퍼주기는 안되며, 최소한의 통제장치를 통해 합목적적으로 사용되기를 희망하였다. 즉 분배의 투명성 확보, 군사적인 목적으로의 전용방지를 전제로 해야 하며, 호혜성에 입각한 지원은 하되, 최소한의 대칭성이 포함된 상호주의는 준수해야 한다는 것이었다. 이것은 바로 남남갈등의 주요 요인이 되기도 하였다.

장차 통일에 대비해 남북의 신뢰와 동질성의 회복을 바란다면, 인도적 지원은 남한의 국력과 국민의 공감대가 허용하는 범위에서 비등가·비대칭의 포괄적인 상호주의에 입각하여 최대한 적극적으로 추진하는 것이 바람직할 것이다. 식량, 보건의료 등 북한주민의 삶과 직결된 문제에 대해서는 남한이 가진 자의 입장에 서서 최대한 따뜻한 마음으로 지원해야 북한을 관리하면서 통일의 문턱을 넘을 수 있는 튼튼한 지렛대를 확보할 수 있을 것이다.

사회문화 분야의 교류협력은 남북한 간 사회문화적 이질성을 극복하고 민족공동체 형성이라는 장기적 목표에 기여할 수 있다는 차원에서 중요하다. 사회문화적 통합은 '분단 상태의 극복과 해소'라는 과정적인 측면을 중요시한다.[6] 그리고 사회문화적 교류협력은 정치·경제 등 다른 분야들에 비해서 당사자 간의 논의가 가능하여 저변으로부터의 파급효과가 크다고 볼 수 있다.

남북 사회문화 교류협력의 의의와 중요성은 다른 무엇보다도 지속적인 교류협력을 통해 남북한 간 공통적 사회문화 기반을 구축하고 협력을 통한 상호의존 관계를 수립한다는 데 있다. 즉 남북한 간의 이질화 극복 및 동질화를 위한 필수 선행조건이라는 데에 커다란 의미가 있다.

한반도의 평화통일의 선결조건으로 남북교류협력은 상호간 꾸준히 접촉과 대화가 유지되어야만 가능하다. '상호접근을 통한 변화'를 일관성 있게 추구하고, 단계적 접근방법인 '작은 걸음의 정책'을 수행한 독일통일의 예는 대표적 모범사례로서 우리에게 시사하는 바가 크다.[7]

남북한 간 사회문화 교류협력의 활성화는 궁극적으로 남북관계 개선에 크게 기여할 것이다. 남북한 간 사회문화적 접근의 확대강화는 남북관계에 있어 정치·이념적 논리의 상대적 약화를 초래할 수 있기 때문이다.

사회문화 교류를 통한 이질화의 해소는 긴장과 갈등관계의 완화라는 전제하에서 남북 간의 교류협력의 장을 넓혀가는 과정에서 가능할 것이다. 그러나 북한은 사회문화 분야의 교류의 확대를 두려워하고 있다. 바로 체제 존립에 위협을 줄 수 있기 때문이다. 따라서 남한 측은 북한의 입장을 고려한 비등가·비대칭의 포괄적 상호주의를 적용할 수밖에 없을 것이다.

향후 추진되어야 할 사회문화 교류협력은 포괄적인 상호주의를 적용하여 민간의 자율성 확대라는 큰 축을 바탕으로 추진되어야 할 것이다. 외적 환경변화에 관계없이 지속적으로 진행될 수 있는 프로그램의 개발이 필요하며, 이는 단기적인 차원이 아닌 남북한 이질화 해소와 장기적인 사회통합의 관점에서 다루어져야 한다. 즉 상호주의가 적용될 수 있는 바탕인 '미래의 잔영'을 넓혀나가야 한다.

비등가·비대칭의 포괄적 상호주의 과정에서 특히 중요한 것은 남북한이 서로 다른 것들을 인정하고 배려하는 자세이다. 특히 가진 자의 이러한 포용하는 태도는 사회문화 교류협력의 효과를 배가시킬 수도 있다는 점을 유의할 필요가 있다. 또한 장기적으로 통일 후 사회문화의 통합과정에서 독일이 겪고 있는 불필요한 갈등을 조기에 약화시켜 평화통일과 사회통합에 기여할 수 있을 것이다. 이러한 비등가·비대칭의 포괄적 상호주의에 대한 효과는 남측의 식량과 비료지원, 이산가족의 상봉문제, 방송·체육·예술공연 문제 등을 통한 북한의 변화 등에서 비교적 성공적으로 폭넓게 나타났다.

2. 포괄적 상호주의 형

비등가·비대칭의 포괄적 상호주의는 주로 국가지도자들이 자국의 협상입지를 높이고, 나아가 협력의 가능성을 높이기 위한 당근 위주 전략으로 상대방의 협력을 유도하는 장기적 포용전략 개념이라고 할 수 있다.

포괄적 상호주의전략은 남북관계처럼 두 집단 혹은 국가가 긴장고조와 적개심 악화의 증폭과정에 처해 있을 때 더욱 적합하다고 할 수 있다. 포괄적 상호주의전략의 핵심은 일방적으로 상대방에게 협력적이거나 우호적인 조치를 취하되 이쪽의 의도를 전달하면서 그에 상응하는 요구사항을 상대방에게 분명하게 전달하는 것이다. 이러한 포괄적 상호주의는 국가 간의 관계뿐 아니라 남북한 간의 특수관계에서도 적용이 가능하다. 비탄력적 상호주의가 단일·단순 사안에 적용이 가능한 반면, 포괄적 상호주의는 관계 전반에 적용할 수 있다. 시간적으

로는 '중장기적'이고, 가치 면에서는 '등가적'인 대응을 반드시 요구하
지는 않는다. 통상 당근 위주의 포용정책을 추진하며, 강자가 약자에
게 적용할 수 있는 전략이다.

남북한 인도적 지원사업과 사회문화 교류협력의 분야에서는 상호주
의가 적용되는 과정에서 남북한 간 호혜적 차원의 비등가·비대칭의
포괄적인 상호주의가 주로 적용되었다. 우선 남북 간의 관계는 상호
간에 '특수관계'로 인정하였다. 그리고 이 사안은 남북 간의 관계 전반
에 얽힌 '복잡하고 다차원의 다층적인 문제'였다. 성과는 '중·장기적'
으로 나타날 수밖에 없었으며, 동시 혹은 비동시적으로 추진될 수 있
는 사안이었다. 교환가치는 '비등가'의 개념이 적용되었다. 남한은 가
진 자와 강한 자의 입장에서 통상 많이 주고 적게 받는 '비대칭'의 '당
근 위주의 포용정책'을 추진하였다.[8]

남북한 간의 인도적 지원 사업은 큰 차원에서 볼 때는 상호간에 주
고받는 호혜적인 정신에 의거한 포괄적 상호주의 정신에 의해 실시되
었다. 남한은 식량과 비료 등 물자를 지원하고, 북한은 이산가족 문제
등을 해결하는 '비등가·비대칭'적인 협력이었다.[9]

김대중정부와 노무현정부에서 사회문화 교류는 보다 많은 접촉과
협력 추진이라는 정책의 기조 아래 민간단체를 중심으로 각계각층에
서 다양하게 추진되었다. 사회·문화 분야 교류협력에 대한 성과는
남북공동행사와 부문 단체 간 교류, 언론·방송 교류, 문화·학술·체
육교류, 그리고 종교 교류 등으로 대별할 수 있을 것이다.

그 과정에서 남북한은 상호불신과 대결논리에 입각한 '등가교환'의
상호주의를 지양하였다. 특히 남한은 포괄적인 상호주의를 바탕으로
상대방을 대결 및 경계의 대상으로서가 아닌 '공존공영의 대상'으로

보고 비등가 차원의 다각적인 사회문화 교류협력의 활성화를 추진하였다. 한국정부와 관련 단체들은 강한 자, 혹은 가진 자의 입장에서 비등가·비대칭의 포괄적인 '호혜성'을 견지하려는 태도를 갖고자 노력하였다.

남북한의 관계는 동서독과 같이 국가 간의 관계이면서 '특수관계'의 성격이 존중되어야 한다. 인도적 지원사업과 사회문화 교류협력은 남북한 간 관계 전반에 매우 복잡하게 얽힌 '복합적인 분야의 교류협력'이다. 또한 기간 측면에서 볼 때 단기적인 사안이 아니고 통일의 시점까지를 바라보면서 '중장기적으로 추진되어야 할 사업'이다. 남측은 주로 물자를 제공하고 북측은 그들이 이에 상응하다고 생각하는 '비등가'의 협력 사업들을 제공해야 성공할 수 있다. 대상기간 동안 북한 측은 상호주의에 원론적인 거부반응을 보였으나, 강자인 남측이 약자인 북측에게 '당근 위주의 포용정책'을 추진하는 데 암묵적인 동의를 하였기에 추진이 가능하였다. 이러한 조건들은 모두가 포괄적인 상호주의를 바탕으로 한 작은 걸음의 접근과 협력에 필요한 것이다.

사회문화적으로는 사회통합력을 훼손시키지 않는 범위 내에서 남북한 국민들 간의 상호 왕래를 확대하고, 서로에 대한 이해의 폭을 늘리고 공통의 가치를 확대해나가는 남북 사회문화 분야의 협력관계의 발전이 필요하다. 이를 구현하기 위한 사회문화 부문의 목표로는 남북한 사회문화 부문의 교류협력의 증대를 통하여 남북사회의 통합능력을 확대하고, 분단과 대립으로 인한 일반 국민들의 상처를 치유해야 한다. 이를 위하여 남북한 사회에 제도적 장치를 구축하는 것이 중요하다. 구체적인 과제로는 이산가족상봉, 사회문화 분야의 교류협력, 공동연구, 남북한이 공유할 수 있는 문화 창출 작업 등을 들 수 있다.

사회분야의 수용능력은 서로에 대한 이해의 정도, 상대방에 대한 적대 감, 지역 내부의 갈등 해소 능력 등에 의해서 결정될 것이다. 이를 위 해서는 남측이 가진 자의 입장에서 적절한 비용을 부담하는 비등가 · 비대칭의 포괄적인 상호주의가 요구된다.

지금까지 기술한 포괄적 상호주의 유형을 종합하면 〈도표 6-2〉에 서 보는 바와 같다.

▎도표 6-2▎ 포괄적 상호주의 형

구 분	식량 · 비료지원 문제	이산가족 문제	방송 · 체육 · 예술공연 문제
구성요소	남북한 특수관계 적용	남북한 특수관계 적용	남북한 특수관계 적용
사 안	경제 · 사회 복합적 사안	정치 · 사회 전반에 관련된 복합적 사안	포괄적 사안
시간(동시성)	중 · 장기적 반복 행사	장기적 반복 행사	중 · 장기적 교류협력
가치(등가성)	남측 제공, 북측 수혜	남측 비용부담 비등가 협력	남측 비용부담, 비등가적 협력
수 단	당근 위주	당근 위주	당근 위주
대 응	포 용	포 용	포 용
대 상	민 족	민족, 가족	민족, 친구
조건(대칭성)	남측이 강자의 입장에서 북측에 제공	남측이 주도적으로 해결 노력	남측이 강자의 입장에서 비용 부담
비 고	포괄적 상호주의 형	포괄적 상호주의 형	포괄적 상호주의 형

제3절 경제 분야

1. 비동시 · 비대칭의 교류협력

남한과 북한의 경제교류협력[10]은 노태우정부에서 시작되어 노무현 정부에 이르기까지 20여 년 간 추진되어 왔다.[11]

김대중정부의 '햇볕정책'으로 통칭되고 있는 대북포용정책은 북한에 대한 인식에 근거한 것이라고 하겠다. 김대중정부는 '붕괴론적인 시각' 보다는 '변화론적 시각'이 보다 현실적이라고 판단하였다고 볼 수 있다.[12] 김대중정부는 이러한 낙관적인 인식하에서 북한체제의 급격한 붕괴보다는 북한체제 스스로가 시장경제와 민주화를 수용함으로써 겪게 될 점진적인 변화가 통일후유증을 최소화시키면서 우리의 평화적 통일목표의 달성에 유리하리라고 보았다.[13]

김대중정부는 대북포용정책이란 큰 틀 속에서 정경분리 원칙에 의한 남북경제교류협력의 확대를 추진하였다. 김대중정부의 남북경제교류협력원칙은 정경분리원칙에 입각한 남북경협의 활성화였다.[14] 남북한 간의 경제교류협력은 민간기업의 자율적 판단에 따라 경제논리에 의하여 추진되어야 한다는 것이었다. 이러한 정경분리원칙은 남한이 북한과의 경제교류협력을 활성화함에 있어서 기능주의적인 입장에서 보다 포괄적이고 신축적인 상호주의를 강조한다는 것을 의미한다고 볼 수 있다.[15]

김대중정부는 남북경제교류협력을 활성화하기 위해 1998년 4월 기업인들의 북한방문을 확대하였다. 그리고 투자규모를 상향조정하는 동시에 남북한 간 경협절차를 간소화하는 등 획기적인 경제협력 활성화 조치를 시행하여 남한기업인들이 보다 자유로이 대북경협활동을 하도록 하였다. 김대중정부의 대북 경제교류협력정책은 과거와 달리 군사·안보 면에서의 남북관계 긴장상황과 남북경협의 추진을 분리해서 비동시·비대칭의 원칙을 지키며 비교적 신축적으로 대응함으로써 남북경협을 보다 안정화하는 데 기여했다고 평가할 수 있다.[16]

평양에서 개최된 남북정상회담은 분단 이후 남북의 최고 당국자가 만나 상호간 이해와 신뢰의 폭을 넓혔을 뿐만 아니라 남북한 간에 제기되는 문제를 당국 간 대화와 협력을 통해 해결하는 전기를 마련하였다. 이에 따라 그동안 민간 차원에서 개별적으로 진행되어온 경제 분야의 교류협력도 당국 간 협의를 통한 제도적 안전장치 마련, 정부 차원의 대북지원 활성화 및 민간의 참여분야 확대 등을 통해 한 차원 높은 수준으로의 전환이 가능하게 되었다.[17]

김대중정부의 대북포용정책은 2000년 6월 15일에 역사적인 남북정상회담을 개최함으로써 결실을 보게 되었다. 남북정상회담에서 남한과 북한은 경제협력을 통하여 경제를 균형적으로 발전시키고, 사회문화, 체육, 보건, 환경 등 제반분야의 협력과 교류를 활성화하여 서로의 신뢰를 다져나가기로 하였다.[18] 또한 남한과 북한은 남북경협 실무접촉을 통해 투자보장, 이중과세방지, 상사분쟁 조정절차, 청산결재 등 4개 분야에 대해서 일괄타결하고 장관급 회담에서 정식으로 서명하였다.[19] 이에 따라 남한과 북한 간에는 경제교류협력을 보다 본격적으로 추진할 수 있는 진일보한 제도적 기반이 마련된 것으로 평가할 수 있다.[20]

노무현정부는 임기 내내 남북관계 문제에 심혈을 기울였다. "남북관계만 잘되면 다른 건 깽판 쳐도 좋다"고 공언할 정도로 그의 의지는 확고했다. 김대중 전 대통령의 햇볕정책을 계승한 노 전 대통령은 '평화'와 '번영'이라는 기조로 한반도 평화체제 구축을 위하여 다각도로 노력하였다. 재임기간 중 9·19 공동성명, 남북 정상회담을 통한 10·4 남북정상선언 등의 성과를 일궈냈다. 재임 중이었던 지난 2006년 북한이 끝내 핵실험을 감행하는 등 위기도 적지 않았지만, 이런저런 부침 속에서도 비동시·비대칭의 신축적 상호주의 정신에 따라 경제협력을 강호하면서 '대화'와 '화해'라는 목표를 향해 조금씩 진전해왔다.

노무현정부는 상호 '호혜성'을 바탕으로 한 대북포용정책의 큰 틀은 유지한 가운데 남북한 교류협력을 추진하였다. 따라서 6·15 남북공동선언의 정신을 이어가고자 노력하였다. 김대중정부에서 추진했던 포괄적인 상호주의하의 교류협력사업을 대부분 승계하여 추진하였다.

그 과정에서 어려웠던 시기는 남측 인사의 김일성 주석 10주기 조문 방북이 이뤄지지 않고, 동남아 국가에서 탈북자가 집단으로 입국하면서 남북 당국 간 대화가 전면 중단된 2004년 7월부터 2005년 5월까지였다. 이와 때를 같이 해서 북핵 대화도 중단됐다. 북한의 '2·10 핵무기 보유선언'이 나왔고 북미 간에는 긴장과 대결이 이어졌다.

노무현정부의 대화 재개 노력은 2005년 5월 16~19일 남북차관급회담이라는 결실로 나타났다. 이어 장관급회담을 포함하여 각종 실무회담이 진행되었다. 여기에는 대북 식량 및 비료지원 등 인도적인 지원이 밑거름이 됐다. 게다가 대화 중단 기간에도 개성공단의 공장이 처음으로 돌아가고 금강산 관광이 이어지는가 하면 남북한 간 철도를 이으려는 양측의 노력이 계속됐다는 점은 그동안의 노력이 평화에 긍정적인 영향을 미쳤음을 시사해 준다. 북한의 6자회담 복귀와 '9·19 공동성명'까지 그 흐름이 이어졌고, 북미 간의 갈등에도 남북 간에는 협력의 분위기가 확산되었기 때문이다.

경제 분야의 협력 진전은 개성공단이 상징적으로 보여준다. 2003년 6월 첫 삽을 뜬 이후 북핵 위기 속에서도 2004년 12월에는 시범공단의 공장이 가동되기 시작했고 배전선로를 통해 전력을 공급한 데 이어, 2005년 12월에는 통신까지 연결됐다. 남북협력사업도 급속하게 확대되었다.

2005년 12월 29일 여야 간 초당적인 합의로 제정된 「남북경제발전법」[21]은 대북정책 결정 및 추진과정에 투명성을 제고하고 국민적 합의기반을 확대하는 계기가 되었다.[22] 이어서 남북관계발전에 관한 「법률시행령」(2006.6.30)과 「시행규칙」(2006.11.17)을 제정함으로써 헌법의 평화통일조항(제4조)과 남북 평화공존을 현실화할 수 있는 법체계를 갖추게 되었다.

남한과 북한 간의 관계를 '통일을 지향하는 과정에서 잠정적으로 형성되는 특수 관계'로 규정함으로써 북한의 정치적 실체를 인정하되, 현실적으로 내국관계나 국가 간 관계로 보기 어려운 점을 감안하였다. 아울러 남북한 거래는 '국가 간 거래가 아닌 민족내부거래'임을 명시하여 「남북기본합의서」 등을 통해 합의된 정신을 국내법으로도 재확인하였다. 남북관계발전을 위한 정부의 책무로 한반도 평화증진, 남북 경제공동체 구현, 민족 동질성 회복, 인도적 문제 해결, 대북지원을 제시하고 이를 실현하기 위해 5년 단위의 「남북관계발전 기본계획」 및 연도별 시행계획을 수립·추진하도록 의무화하였다.

김대중정부와 노무현정부는 북한과의 경제 분야 교류협력과정에서 대부분 정경분리원칙을 준수하였다. 큰 그림에서는 포용정책의 틀 속에서 포괄적·신축적 상호주의를 적용하여 북한을 지원하는 정책 위주로 진행되었다. 그것이 국민들로부터 퍼주기 논란을 일으키는 하나의 동기가 되었다.

　대북포용정책은 남북한 간 화해협력의 기반조성 및 한반도의 평화와 안정증진에 적지 않게 기여한 것으로 평가할 수 있다. 그러나 대북포용정책의 추진과정에서의 상호주의 원칙의 적용에 대한 문제제기와 대북지원을 '퍼주기식'으로 보는 시각이 여전히 존재하고 있다. 남한이 경제 분야에서 북한에 대해 비탄력적 상호주의를 적용한다면 남북경협은 물론 남북관계의 개선과 발전이 이루어질 수 없을 것이다. 그렇다고 마냥 국민 뜻에 어긋나는 포괄적 상호주의에 머물러 있을 수는 없다. 따라서 기업가적인 엄격성과 형님으로써의 포괄성이 동반된 사안별로 호혜성이 보장되는 신축적 상호주의 적용이 요구된다.

　아직도 식량난으로 많은 주민들이 죽어가고 있고, 연간 수출액이 우리 대기업의 순이익 규모에도 미치지 않는 북한에 대해 '상대가 양보해야만 우리도 양보할 수 있다'는 비탄력적 상호주의의 맞대응전략에만 사로잡혀 있다면 남북관계의 진전은 기대할 수 없을 것이다. 북한에 대한 지원과 신축적 상호주의의 적용이 남북경협의 초기 단계에서 필요한 사안임을 국민이 이해할 수 있도록 홍보하고 설득하는 일은 매우 중요한 일이다. 남북경협은 인적·물적 교류를 바탕으로 북한의 변화여건을 조성하고 남북관계 개선을 선도할 수 있는 핵심적인 사안이다. 북한을 상대로 한 대북정책의 일관성 유지와 함께 국민의 공감대와 지지 확산, 초당적인 협력이 남북경협 활성화의 성공적인 추진에 필수적이다.[23]

　남북한 정상은 6·15남북공동선언에서 남과 북은 경제협력을 통해 민족경제를 균형적으로 발전시키기로 합의하였다.[24] 이 합의의 정신에 의해 노무현정부가 끝나는 시점까지 장관급회담과 각종 경제협력

회담이 진행되었다. 각 회담은 주로 경제분야 협력을 위한 회담의 성격을 지녔다. 군사·안보분야에서는 앞에서 기술한대로 한반도 평화체제 정착을 위해 노력하면서 개성공단건설과 철도·도로건설을 성공적으로 추진하는 등 신축적인 상호주의 전략을 구사하였다.

제1차 장관급회담에서는 남북한은 경의선 철도를 복원하는 데 합의하였다.[25] 제2차 장관급회담에서는 경제협력을 확대발전시키기 위한 투자보장, 이중과세방지 등 제도적 장치를 마련하기로 하고 쌍방 전문가들의 실무접촉을 9월 중에 개최하기로 합의하였다.[26] 제3차 장관급회담에서는 남북경협 관련 제도적 장치 마련의 조속한 타결을 협력하기로 합의하였다. 남북경제협력추진위원회를 설치하여[27] 경제 분야에서의 교류협력을 확대시키는 데 필요한 제반문제를 협의추진하기로 하였으며, 제4차 장관급회담에서 이를 확정하였다.[28] 이로서 남북경제협력에 대한 담당 기관이 작동하게 된 것이다. 제5차 장관급회담은 김대중정부와 노무현정부에서 추진된 남북한 간 경제협력에 대한 주요 사항을 결정한 의미 있는 회담이었다. 이 회담에서는 개성공단 문제, 철도도로 연결문제, 금강산 관광 활성화문제, 해상수송로 사용문제, 경제협력에 필요한 법적·제도적 장치 보완문제 등 주요 핵심 사업들을 추진하기로 합의하였다.[29] 이후의 각종 회담들은 이 회담에서 합의한 사항을 보완 발전시키는 방향으로 진행되었으므로 세부적으로 분석하지 않을 것이다.

이러한 회담을 분석하면 남한 측은 가능한 정경분리원칙을 준수하며, 시혜자의 입장에서 보다 비동시·비등가·비대칭의 '포괄적·신축적 상호주의' 정신에 충실한 반면, 북한 측은 수혜자의 입장에서 한쪽에서는 핵을 개발하며, 다른 한쪽에서는 민족주의와 민족내부거래를 앞세워 이를 이용한 측면이 있다. 따라서 앞으로 남북경제협력이 상호 '호혜성'을 바탕으로 더욱 발전하려면 한반도 비핵화, 인권문제 등 필요한 분야에서는 엄격성을 요구하면서, 다른 분야는 선별적으로 돕는 신축적 상호주의 적용이 요구된다.

제2차 남북정상회담에서는 남과 북은 민족경제의 균형적인 발전과 공동의 번영을 위해 경제협력사업을 적극 추진하고, 민족내부협력사업의 특수성에 맞게 각종 우대조건과 특혜를 우선적으로 부여하기로 합의하였다.[30] 상호주의에 중요한 호혜성의 바탕 위에서 경제협력 사업에 미래의 잔영을 길게 가져가기로 합의한 것이다.

특히 노무현정부 시절 남북대화가 정례화 되는 동시에 실무화, 전문화되는 추세는 주목할 만하였다.[31] 북한 핵 상황, 이라크전 등 여러 위기 속에서도 회담은 일정 간격으로 개최되었으며, 경제협력도 구체적 이행문제가 많아짐에 따라 회담내용도 전문화되었다. 경제추진위원회 산하의 전력, 철도·도로, 임진강수방, 개성공단, 경협제도 등의 '실무협의회'에 원산지 확인과 청산결재 등 2개 실무협의회가 추가된 것은 이러한 상황을 반영하는 것이다.[32]

노무현정부 시 경제협력이 양적인 증가에도 불구하고 그 내용에 있어서 바람직하지 않게 진행되었다. 북한이 단기적인 실리추구에 치중해왔기 때문이다. 북한은 남북경협을 통한 상호이익의 확대보다는 당면한 경제난 해결에 직접 도움이 되는 경제적 지원 획득과 외화 획득이 보장되는 사업에 관심을 두었다.[33] 그리고 포괄적 상호주의에 입각한 포용정책의 당근만을 먹기를 원했다.

남북한 경제교류협력을 발전시켜 나가기 위해서는 남북관계의 특수성에 기인하는 경제외적 제약요인을 최소화해야 한다. 이를 위해서는 남한과 북한 그리고 남북한이 함께 남북경협의 제도화에 힘써야 한다. 남북경협의 제도화는 남북관계의 특수성을 활용하는 민족내부거래[34] 및 민족자본 우대조치를 제외하고는 남북한 경제교류협력을 여타 국가들과의 경제 관계와 같은 일반적인 관계로 전환시켜 나가는 작업이다.

북한주민의 의식 속에 건강하고 부유한 남한의 실체를 인식시켜 주는 것이 필요하다. 북한 주민이 원하는 통일이 되어야 진정한 통일이 이루어질 수 있기 때문이다. 동독주민들이 결정적인 순간에 서독과의 통일을 원했듯이, 북한주민으로 하여금 그와 같은 마음을 갖게 하기 위해서는 북한주민이 지금보다 훨씬 더 잘살 수 있어야 하며, 남북경협이 이에 기여할 수 있어야 할 것이다. 이런 점에서 대북경협은 북한의 변화를 지원하는 데 최우선적 목표를 두어야 한다. 그 과정에서 북한주민의 삶의 질이 개선될 수 있도록 해야 할 것이다.[35] 따라서 잘사는 자가 못사는 자를 돕는 데 비탄력적 상호주의를 적용하여 너도 나를 그만큼 도우라면 선뜻 도움을 받을 사람은 없다. 있는 자가 먼저 베풀고 조금 잘 살면 다른 수단으로 갚으라는 최소한의 요구를 해야 하는 것이다. 즉 비동시·비등가·비대칭의 포괄성이 내포된 신축적 상호주의전략이 요구된다.

남북 간의 경제협력은 남한의 경제와 기업에도 이익을 가져다주는 상생의 협력이 되어야 할 것이다. 남북경협을 정부와 민간 차원으로 구분할 경우 다음과 같은 역할 정립이 필요하다. 먼저 정부차원의 대북지원과 경협은 가능한 포괄적인 상호주의를 적용하여 북한 경제에 실질적인 도움을 줌으로써 되도록 빠른 시간 내 북한주민이 식량의료 등 생활의 고통에서 해방되게 하며, 잘살 수 있게 하는 것이 바람직하다. 그 다음으로 기업차원의 대북정책은 가능한 비탄력적 상호주의를 적용하여 기업이 이윤을 창출하게 하며, 남한경제에도 도움이 되도록 유도해야 한다.

사실상의 통일은 포괄적인 상호주의에 바탕을 둔 포용정책의 업그레이드를 통해 이룰 수 있을 것이다. 기존의 대북정책을 평가, 보완하는 것이 바람직하나, 기존 정책과의 차별성을 의식해 모든 것을 새로 수립하는 것은 비현실적이다. 한반도에 비핵화의 진전을 위해서라도 남북경협의 강화라는 물적 바탕이 필요하다. 비핵화를 진전시키는 조건이 북한으로서는 남북관계의 개선이며, 이는 바로 남북경제관계의 진전이다. 남한과의 경제적인 관계가 잘 진전되지 않고 안보상황이 더욱 불확실해진다면 북한은 핵을 포기하려 하지 않을 것이다. 한반도에 궁극적인 평화가 정착되는 프로세스에 접근해 남북경협을 추진하는 구체적인 로드맵이 필요하다.[36]

남북한 간 경제협력이 국민적 공감대를 형성하기 위해서는 지원을 하면서도 북한에 끌려간다는 인식을 갖지 않도록 하는 것이 중요하다. 이를 위해서는 대북사업의 투명성과 상호성이 강조될 필요가 있다. 즉, 신축적인 상호주의전략이 필요하다. 그리고 필요하다면 대북정책의 공개와 국민적 합의 창출, 대북지원, 협상 등의 정책추진 과정과 내용을 적극적으로 공개함으로써 국민 다수의 동의와 지지를 얻기 위한 노력을 강화할 필요가 있다.

정부차원의 경협을 통한 지원은 비등가·비대칭의 신축적인 상호주의에 따라 탄력적인 조건부 지원을 하는 것이 바람직하다.[37] 또한 한반도의 평화와 핵 문제 해결을 위한 국제환경의 조성 등을 조건으로 내걸어 북이 남북관계 개선, 대미관계 개선에 호응하도록 비탄력적 상호주의에 따른 지원을 피력하되, 북한이 거부할 수 없을 정도로 매력적인 사업내용과 규모로 하는 전략이 필요하다. 즉 일괄적인 비탄력적 상호주의는 피하되, 사안별로는 우리가 원하는 사항은 관철시킬 수 있는 신축적인 상호주의전략을 유지해야 한다.

한국정부는 대북사업에 임하는 기업이 이익을 창출할 수 있는 바탕을 마련할 수 있도록 지원하는 데 주력해야 할 것이다. 이는 정부가 무턱대고 기업에 대해 대북사업의 추진을 강요해서는 안 된다. 기업은 반드시 기업 자체의 판단과 논리를 세워 대북경협에 임해야 하며, 정부지원을 받을 목적으로 대북사업을 해서도 안 된다. 정부는 대북협상을 벌여 예컨대 3통 문제 해결, 공단 인프라 지원, 핵문제 해결을 위한 국제환경 조성 등의 요구를 관철시켜야 하며, 불가능할 경우에는 일정기간 남북관계의 냉각을 각오하고라도 신축적인 협상을 벌이는 것이 바람직할 것이다.

경제성만을 중시하여 대북한 압박 일변도의 비탄력적 상호주의 정책이 이루어진다면, 이는 성공할 가능성이 희박하다. 북한을 상대로 인정하고 북한 스스로의 변화를 촉진하는 호혜성을 바탕으로 한 것이어야 성공적인 대북정책이 될 수 있다.[38]

정부차원의 경제협력은 당당하게 추진해야 한다. 이제는 그 사업이 남한 경제와 남북관계의 발전에 어떤 의미가 있는지를 판단하는 것이 바람직하다. 앞으로는 남한이 먼저 남북경협의 장기 비전과 구체적인 실행계획이 담긴 청사진을 수립하고, 이에 의거해서 북한에 대해 주도적으로 사업을 제시하고 합의를 유도하는 방식으로 남북경협을 이끌어 가는 것이 바람직하다.[39] 이때는 항상 신축적인 상호주의 입장에서 사안별로 강약을 가지고 유연하게 대응하여야 한다. 경제교류협력과정에서 신축적 상호주의 적용내용은 〈도표 6-3〉에서 보는 바와 같다.

|도표 6-3| 경제 교류협력 시 신축적 상호주의 적용

구 분	남한 조치	북한 대응	비 고
남북인식	· 남북 관계개선의 시 발점 · 북한주민 삶의 질 개선 · 통일여건 조성	· 경제난국 극복 우선 · 개혁과 개방 등 체제 위협요소 배제	투명성과 상호성 유지
경제협력 기조	· 정경분리원칙 준수	· 정경연계 대응	비핵화, 인권문제 등 연계 검토
경제지원 방향	· 남북한 상생의 장기 적 제도적 지원 · 민간 경협 자율성과 수익성 보장	· 경제 난국 극복 위한 협력사업 우선추진 · 국가통제경제 유지	신축적 상호주의 적용
제도적 장치	· 각종 회담 통한 핵심 현안 합의 · 3통 문제 해결 중시 · 법 제도적 장치 중시	· 남북경협제도화동참 · 남측요구 수용, 합의 노력 · 통 큰 정치 강조	호혜 · 협력적 신축적 상호주의 요구
상호주의 적용	· 포괄적 상호주의	· 민족 내부 협력 사업 으로 인식	신축적 상호주의 적용
개선사항	· 정부 차원 장기 로드 맵 제시 · 민간차원 수익성보장 · 남북 호혜성과 국민 공감 정책적 고려	· 국제적 신뢰 준수 · 로드맵 작성에 협력 적 동참 · 법 · 제도적 장치 개선	경제성과 호혜성 동시 고려, 사안별 신축적 대응

2. 신축적 상호주의 형

'조건부성'과 '등가성'을 개념적 골자로 하는 상호주의는 상호적 교환의 시간적 성격과 상호적 교환의 규범적 성격에 따라 '등가성'과 '동시성'이라는 두 개념을 중심으로 '비탄력적 상호주의'와 '포괄적 상호주의'로 구분해서 사용해왔음을 확인하였다. 그러나 상호주의는 특정 시점, 특정 사안, 특정 행위자간 교환행위의 연계성과 교환가치의 '다자성(多者性)', 사안 차원의 '연계성(連繫性)'을 고려하여 구분해야 한다고 주장한다. 즉 상호주의는 액셀로드의 비탄력적 상호주의, 코헨의 포괄적 상호주의에 교환의 구성요소, 대상, 수단과 조건, 시간 등에 따라 '신축적 상호주의'가 추가되어야 한다.

신축적 상호주의는 다자간의 국제협력의 틀 속에서 각국의 입장을 최대한 고려하면서 필요시 전체의 균형을 유지하고 당근과 채찍을 적절히 병행 사용하여 사안별 협력을 강화하는 융통성 있는 전략이다. 신축적 상호주의란 나의 양보에 대해 상대측의 정책과 행위에서 그에 상응하는 변화를 보일 것을 요구하는 전략이다. 즉 신축적인 상호주의 전략은 '다자(多者)'와 '다국가(多國家)' 간에 사안별로 적용될 수 있으며, 사안에 따라 단·중기, 등가와 비등가 개념을 적용할 수 있다. 수단은 사안에 따라 채찍과 당근을 사용할 수 있으며, 맞대응과 포용전략을 겸용할 수 있다. 특히 신축적 상호주의전략은 북한의 핵문제처럼 많은 국가가 관련된 사안이나 해결되어야 할 문제와 대상이 복잡하게 얽혀 있는 문제들의 해결과정에서 적용될 수 있다.

남북관계에서 경제적으로는 남북한 국민들의 경제발전 역량을 훼손시키지 않는 범위 안에서 남북한 주민들의 삶의 질을 최대한 개선시키는 남북한 간의 경제협력관계의 발전이 중요하다고 할 수 있다. 이와 관련하여 남북한이 경제협력을 통해서 장기적으로 지향해야 할 구체적인 목표로 남북경제의 공동·균형발전, 경제력 격차의 축소, 생산의 효율성 증대 등을 지속적으로 보장하는 남북 간의 경제협력 체제 수립, 환경보전을 위한 경제 분야의 구축 등을 들 수 있다. 이를 위해 신축적인 상호주의의 적용이 요구된다.

남북 간에 교류협력의 핵심 사업으로 추진되고 있는 금강산 관광, 개성공단 사업, 경제 분야의 교류협력을 분석하여 상호주의가 적용되는 과정과 실태를 분석하였다. 이 사업들은 '다자와 다국가'가 연결된 사업으로서 사안별 처리가 요구되었다. 시간적으로는 비교적 '단·중기적'으로 상호성이 중시되었다. 가치 측면에서는 사안별로 때로는 '등가 또는 비등가'로 처리할 수밖에 없었다. 대응방법과 수단에서는 사안에 따라 '맞대응과 포용'을 겸하면서 '채찍과 당근'을 함께 사용하였다.

금강산 관광사업은 남북한 상호간에 신축적인 상호주의를 적용하여 사업을 추진한 대표적인 사업이었다.[40] 먼저, 사업의 성격이 정치, 경제, 군사 사항을 포괄하는 폭넓은 사안이었다. 따라서 서로 간에 영향을 미칠 수밖에 없었으며, 그런 현상은 사업이 시작된 지 10년 이상이 지난 지금도 계속되고 있다. 둘째, 사업에 참여하는 대상이 주체는 현대아산과 북한 측의 '아태위원회'였으나, 남북한 국민들에게 영향을 주는 특성으로 남북한 정부의 관여가 필수적이었다. 셋째, 사업의 기간은 약 50년을 대상으로 하는 장기간의 특성을 지녔다. 넷째, 상호 대상이 가진 자인 관광객과 없는 자인 접대자의 입장에서 민족과 주객관계라는 미묘한 관계를 유지할 수밖에 없는 상태이다. 마지막으로, 남한 측은 돈을 지불하고 북한 측은 관광자원을 지불한다는 면에서 등가성의 논리를 적용하기에는 애매한 사항이다.

개성공단 사업은 정치·군사·안보적으로 매우 민감한 사안이었다. 우선 북한군 주요 부대를 이전해야 하고, 북한군이 공격 시 사용하는 주요 접근로상에 위치하였으며, DMZ으로 상징되는 철책을 뚫어 도로와 철도를 놓는 사업과 연계되어야 하는 복합적인 성격의 사업이었다.

또한 남북한 간의 문제뿐 아니라 DMZ을 관리하는 UN군과 한미연합 방위체제를 주도하는 미국군이 참여해야 하는 다국가적인 사업이었다. 따라서 비탄력적 상호주의나 포괄적 상호주의보다는 신축적인 상호주의전략의 적용이 필요하였다.

남북한은 수차의 군사실무회담을 통해 관련 내용을 신축적 상호주의에 입각하여 포괄적으로 합의하였으며, 정전협정과 관련된 문제는 북한과 UN군이 협의하였다. 미국군과 미국정부와 관련된 사항은 한국군과 정부가 협의하여 조정해나갔다. 각종 대두되는 현안은 남북장관급회담과 실무회담을 통해 협력하였다. 개성공단 사업은 북한의 미사일 시험 발사와 핵실험으로 사업 중단 논란이 일기도 하였지만, 남북 당국이 신축적 상호주의 정신에 입각하여 사안별로 호혜적인 대응을 하였다.

김대중정부와 노무현정부는 북한과의 경제 분야 교류협력과정에서 대부분 정경분리원칙을 준수하였다. 남북교류협력원칙은 정경분리원칙에 입각한 남북경협의 활성화로서, 남북한 간의 경제교류협력은 민간기업의 자율적 판단에 따라 경제논리에 의하여 추진되어야 한다는 것이었다.[41] 남북한 간의 경제 분야 교류협력이 진행되기 위해서는 지나치게 비탄력적 상호주의에 입각한 맞대응의 정치적 논리를 적용하는 것을 배제해야 한다. 그러나 무조건 포괄적 상호주의를 적용하는 것도 자제해야 한다. 즉 경제를 정치, 안보적인 사안과 가능한 분리하여 사안별로 신축적인 상호주의전략으로 유연하게 대응할 때 경제 분야의 교류협력은 활성화될 수 있음을 알 수 있다.

사례분석을 통해 확인할 수 있듯이 남한 측은 가능한 정경분리원칙을 준수하며, 시혜자의 입장에서 보다 포괄적 상호주의 정신에 충실한 반면, 북한 측은 수혜자의 입장에서 한쪽에서는 핵을 개발하며, 다른 한쪽에서는 민족주의와 민족내부거래를 앞세워 이를 이용한 측면이 있다. 따라서 앞으로 남북경제협력이 상호 호혜성을 바탕으로 더욱 발전하려면 한반도 비핵화, 인권문제 등 필요한 분야에서는 엄격성을 요구하고, 참여 사업자의 이윤을 보장하면서, 필요한 분야는 선별적으로 돕는 신축적 상호주의 적용이 요구된다. 앞으로 정부차원의 경협을 통한 지원은 탄력적인 조건부 지원을 하는 것이 바람직하다. 즉 일괄적인 비탄력적 상호주의는 피하되, 사안별로는 우리가 원하는 사항은 관철시킬 수 있는 신축적인 상호주의전략을 유지해야 한다.[42]

위의 세 가지 대표적인 사례에서 분석할 수 있듯이 경제분야 협력사업은 구성요소별로는 '다자 혹은 다국가'가 참여하는 사업이다. 사안은 복잡하게 얽혀 일괄적인 조치보다는 '사안별로 신축적인 조치'가 요구된다. 시간적인 측면에서 보면 비교적 단·중기적인 성격을 지니고 있으며, '가까운 시간대에 대응조치'가 가능하다. 가치적인 측면에서는 '등가적 교환과 비등가적 교환이 병존'할 수 있다. 대응 수단은 '채찍과 당근을 겸용'할 수 있으며, 대응방법은 '엄격한 맞대응과 포괄적인 포용'이 가능하다. 즉 신축적인 상호주의를 적용할 수 있는 토양을 갖추고 있다.

따라서 남북한이 앞으로 정치·경제협력사업을 추진 시는 비탄력적 상호주의에 따른 맞대응전략만을 추구해서는 성공할 수 없을 것이다. 즉 상호 호혜성의 기반하에 군사·안보·정치·경제문제 등을 사안별로 대응하는 신축적인 상호주의전략을 구사할 때 교류협력 사업을 성공적인 상생의 남북협력모델로 발전시켜 나갈 수 있을 것이다. 지금까지 기술한 신축적 상호주의 유형은 〈도표 6-4〉와 같이 정리할 수 있을 것이다.

구 분	경제 문제 전반	금강산 관광사업 문제	개성공단사업 문제
구성요소	다자, 다국가 참여	남북한 정부, 민간회사, UN사 등 다자, 다국가 참여	남북한 정부, 민간회사, UN사 등 다자, 다국가 참여
사안	사안별 대응 필요	사안별 대응 필요	사안별 대응 필요
시간 (동시성)	사안별 단·중기 대응	사안별 단·중기 대응	사안별 중·장기 대응
가치 (등가성)	사안별 등가 혹은 비등가	남측은 돈과 기술 제공, 북측은 토지와 인력 제공	남측은 돈과 기술 제공, 북측은 토지와 인력 제공
수단	당근과 채찍 겸용	당근 위주, 사안별 채찍 사용	당근과 채찍 겸용
대응	사안별 맞대응과 포용 겸용	포용 위주, 사안별 맞대응 겸용	포용 위주, 사안별 맞대응 겸용
대상	사안별 국가 혹은 특수집단으로 처리	사안별로 국가 혹은 특수집단으로 처리	사안별로 국가 혹은 특수집단으로 처리
조건 (대칭성)	모든 대상	모든 대상	강자인 남측이 호혜적 지원
비고	신축적 상호주의	신축적 상호주의	신축적 상호주의

제4절 남북교류협력에 상호주의 적용의 종합 모형

1. 교류협력과 상호주의

남북한 간의 지속가능한 남북협력모델을 모색하는 작업은 국가 간의 관계를 다룬다는 점에서 국제관계 차원에서 접근해야 한다. 특히 국가 간의 관계에서는 상호주의의 규범이 강하게 적용된다. 즉 상대국가로부터 양보를 받은 국가는 상대국에게 합당한 양보를 한다. 이 규범을 따르지 않는 국가는 국제사회에서 소외된다. 국제사회에서 상호주의란 국가들 사이에서 서로 비슷한 것을 주고받는 것을 가리킨다. 상호주의는 상대방의 비협력적 전략에 당하는 것을 막아주고 오히려 처벌까지 할 수 있게 해주는 전략이다. 그리고 상대방의 협력적 태도에 대해서는 협력으로 보상해 주기 때문에 국제협력을 가능하게 해준다는 것이다. 이를 통해서 상대방의 협력을 유도할 수 있고, 그 결과 서로가 협력에 따른 수익을 누릴 수 있다는 것을 알 수 있다.

대등한 국력을 가진 국가 간의 상호주의는 비탄력적 상호주의로 지속적인 우호적인 관계를 유지하기가 어려운 반면, 남북한처럼 국력의 차이가 큰 상태에서는 포괄적 상호주의나 신축적 상호주의에 의한 우호적 관계가 지속될 수 있다. 남북관계는 주변국가와의 관계설정, 남북 간의 협상과 국내 이해집단 간의 타협 및 이해 조정의 성격을 복합적으로 지니고 있기 때문에 한 가지 문제에 치중하여 단순화된 접근방식으로는 남북관계의 특수성을 제대로 반영할 수 없을 것이다.

남북한의 교류협력과정에서는 상호 분단되었으나 통일을 지향한다는 특수성과 국제환경에 민감하게 반응할 수밖에 없는 국가 간의 관계라는 점이 충분하게 반영되어야 한다. 남북한은 이러한 복합적인 관계를 대상으로 하는 것인 만큼, 정치·외교적 차원과 경제적 차원뿐만 아니라 사회문화적 차원의 의미도 적절하게 포함되어 교류협력이 추진되어야 할 것이다.[43]

남북한 간의 교류협력은 남북한의 신뢰회복 및 협력체제 구축 그리고 장기적으로는 경제공동체 형성을 통한 실질적인 통일실현이라는 측면에서 선도적인 역할을 수행하는 만큼 가능한 빠르고 폭넓게 확대되는 것이 바람직하다고 말할 수 있다. 우리 국민의 다수도 한반도의 안정과 관계개선을 위한 교류협력을 지지하고 있다.[44] 그러나 교류협력사업의 효과성과 지속성을 증대시키기 위해서는 양측의 흡수 능력이 충분히 고려되어야 할 것이다. 따라서 지속적으로 발전이 가능한 남북협력관계를 구축한다는 장기적인 관점에서 남북협력 방안이 이론적 차원에서 검토될 필요가 있다.[45]

액셀로드와 코헨의 '협력이론(協力理論, cooperation theory)'의 기본적인 결론은 고무적이다. 이 이론은 아무도 협력하지 않으려는 이 세상에서도 기꺼이 협력을 주고받으려는 아주 작은 무리에 의해 협력이 시작될 수 있다고 알려준다. 또한 협력이 번성하기 위한 핵심조건은, ① 협력이 호혜주의를 바탕으로 할 것, ② 호혜주의가 안정적으로 유지되기 위해 미래의 그림자가 충분히 클 것 등 두 가지를 강조한다. 그러나 협력은 일단 한 집단 안에서 호혜주의를 바탕으로 자리잡으면, 그 어떤 비협력적인 전략의 침범도 막고 스스로를 지켜낼 수 있다고 말해준다.[46]

액셀로드는 협력이론과 관련하여 다음과 같이 기술하고 있다. 협력을 하는 데는 말이 필요 없다. 행동이 말을 대신하기 때문이다. 마찬가지로 개인들 사이에 어떤 신뢰도 필요하지 않다. 배반을 비생산적인 것으로 만드는 것은 호혜주의만으로 충분하기 때문이다. 이타주의도 필요하지 않다. 성공적인 전략은 이기주의자로부터도 협력을 이끌어내기 때문이다. 그리고 마지막으로 중앙권위체도 필요하지 않다. 호혜주의를 바탕으로 한 협력은 스스로를 단속할 수 있기 때문이다.[47]

상호주의가 효과를 거두어 북한이 남한과의 관계 개선과 평화공존을 위한 협력정책을 취할 수 있도록 하기 위해서는 국제협력이 필요하다.

특히 미국과 중국과의 협력은 필수적이다. 미국 및 중국의 대북협상 아젠다(agenda)에 북한의 한국과의 실질적 관계개선이 포함되고 추구되어야 할 것이다. 그리고 다자간의 협력에서 중요한 것은 북한이 합의를 위반하거나 한국을 따돌리려는 행위를 할 때, 한국과 미국 또는 중국과의 공동의 제재가 가해질 것이라는 것을 확실히 하는 일이다.

북한의 지금까지의 습관으로 볼 때 향후 다자회담에서 쉽사리 미국과 한국의 요구에 응할 것으로 보기 어렵다. 6자회담 등 다자회담에서도 남북 간 실무협의체 구성이나 기본적인 신뢰구축 조치가 타결될 때까지 수월치 않은 과정을 거쳐야 할 것이다. 중요한 것은 상호주의에 입각한 협조의 게임으로 풀어간다는 정책의 일관성을 유지하며 회담에 임하는 것이다.

국제협력에서 한 국가에 대한 평판은 그 국가에게 어떤 전략을 쓸 것이가에 대해 다른 국가들이 가지고 있는 믿음 속에 들어 있다. 일반적으로 평판은 영국의 '포클랜드전쟁'과 북한의 '벼랑 끝 전술'처럼 한 국가가 다른 국가와 상호작용하는 것을 관찰할 때 형성된다.[48]

다른 집단에 대한 평판을 알고 있으면 우리가 전략을 선택하기 전에 벌써 그 집단이 쓸 전략에 대해서 어느 정도 파악하고 있는 셈이다. 상대방이 나에게 어떤 전략을 쓰려고 하는지 자신 있게 예상하는 것이 어느 정도 중요할 것인가 하는 의문이 생긴다. 여기에서 각종 게임이론이 등장한다. 수인의 게임을 기초로 발전시킨 맞대응전략도 이러한 의문을 푸는 과정에서 제기되었다. 맞대응전략을 기반으로 한 상호주의전략은 그렇게 탄생하였다.

남북관계에서 상호주의를 적용하는 목적은 남북한이 경쟁의 악순환을 지양하고, 효과적으로 협조를 끌어내어 남북관계의 발전을 촉진하자는 것이다. 그러기 위한 전략은 상호 간에 협력할 수 있는 미래의 그림자를 길게 하며, 유연하게 구사되어야 한다.[49] 김대중정부 당시의 정의에 따르면 상호주의 원칙은 '상거래에서 적용되는 등가성의 상호주의가 아니라' 대북지원 등 한국의 남북관계 개선 노력에 대해 북한도 일정 수준의 상응한 조치를 취해야 한다는 것으로 규정한다.[50] 국제정치학자 액셀로드는 협조를 끌어내기 위한 상호주의전략으로 1 : 1의 맞대응전략보다 위반행위(tat)에 대해 90% 정도의 보복(tit)을 가하는 전략이 더 나을 것이라고 주장한다.[51]

이러한 상호주의전략이 성공하기 위해서 중요한 것은 상호간의 정보소통으로 합리적 판단이 가능하게 해야 한다는 것이다. 서로 상대에 관한 정보가 왜곡되어 일방이 자기의 협력적 행동이 타방에 의해 배신당할 것이라는 기대를 가지게 되면 협력의 게임을 도출할 수 없다.[52] 따라서 남북한 간에 대화와 정보의 채널이 항상 열려 있는 것이 중요하다.

배반행위의 90% 정도만 보복하거나 두 번 배반했을 때 보복하는 포괄적 상호주의전략은 분명 상대방에 의해 악용당할 가능성이 높다. 이런 경우를 위해 좀 더 강경한 상호주의를 주장하는 학자도 있다. 상호주의전략은 다르게 표현하면 당근과 채찍의 전략으로도 표현될 수 있다. 협력에는 당근을, 비협조 행위에는 채찍을 가하는 것이다. 그러나 중요한 것은 채찍과 당근이 이분법적인 수단이 아니라는 것이다. 채찍, 즉 만반의 준비와 강력한 대응책이 준비된 바탕 위에 당근이 제시되어야 한다. 그렇지 않을 경우 당근을 노리는 습관적인 위반행위를 불러올 수도 있다.[53]

상호주의가 성공하기 위해서는 상호관계가 앞으로도 지속되리라는 믿음이 전제되어야 한다. 미래의 그림자가 미약하다면, 신사적인 전략은 세력권의 도움을 받는다 하더라도 스스로를 지켜내지 못한다.[54] 따라서 한국정부가 상호주의 원칙을 실천하는데도 한 가지의 정해진 시나리오대로만 하는 것보다 북한의 대응에 따라 상황에 맞게 탄력성 있게 다양한 시나리오를 구사하는 것이 좋을 것이란 점은 지금까지 분석한 각종 사례에서 입증되었다. 즉 비탄력적 상호주의와 포괄적인 상호주의 및 신축적인 상호주의가 잘 조화되어야 한다.

한국의 대북정책은 남북한 양자만의 게임이 아니라 주변 4대국, 특히 미국과 중국이라는 또 다른 행위자를 고려한 것이라야 한다. 어차피 한국의 대북정책은 대미외교를 제외하고는 생각할 수 없으며 북한의 입장에서도 중국을 배제하고 대남정책을 고려할 수 없기 때문이다. 한국의 북한에 대한 상호주의 원칙은 미국과의 공조와 중국의 협조가 있어야 성공적으로 효과를 거둘 수 있을 것이다.

경험적인 측면에서 한미관계를 볼 때 한국과 미국의 입장은 북한의 도발에 공동 대응한다는 안보적 이익에서는 일치하지만, 북한과의 대화와 남북한 관계개선 문제에 관해서는 종종 불협화음이 있어왔던 것이 사실이다. 미국의 대북한 정책에서 우위를 차지하는 관심사는 우선 북한의 핵개발과 미사일 수출을 차단하여 미국의 세계 안보전략에 대한 위협을 제거하는 것이다. 그러나 한반도의 궁극적 통일이나 남북관계의 개선에 대해서 미국의 입장은 보다 소극적이다.

북한은 미국과의 관계개선에 주력하면서 한국과 미국을 이간시키고 미국으로부터 경제적 실익을 얻는 동시에 군사적 안보를 얻어내려 하며 미국에 접근함으로써 한반도에서 대남 우위를 차지하려 한다.

한국의 상호주의전략이 효과를 거두려면 한반도 안정과 평화문제에 관한 한국의 당사자 입장에 대해 한미 간의 이견이 해소되어야 한다. 한국은 한반도 문제의 궁극적 해결을 위해서는 미국이 남북한 '등거리 외교'[55]를 추구하는 것보다 한국의 주도로 남북 당국자 간 관계가 개선되도록 돕는 것이 더 나은 전략이라는 것을 미국에게 설득시킬 수 있어야 한다.

미국에는 한반도의 통일에 관해서 서로 다른 견해들이 존재한다. 통일 후 한반도 주변의 힘의 공백과 한국의 외교적 행보를 우려하는 시각이 있는 반면,[56] 북한으로부터의 위협이 사라짐으로 인한 안보적 이익과 통합된 남북한의 경제가 만들어 낼 활력이 미국과 주변국들에게 큰 이익이 되리라는 긍정적 견해도 있다.[57] 미국은 한반도의 안정을 바라지만, 사실상 남북한 관계가 진전이 없으며, 통일은 더욱 어렵고 복잡한 문제이므로 차라리 소극적 통일관과 현상유지적인 노선을 유지할 것으로 이해하는 입장도 있다.[58]

한국과 미국은 궁극적으로 통일된 한반도의 행보에 대한 우려를 불식하고 미래에 대한 구체적인 공통의 비전을 공유해야 한다. 남북교류협력에 대한 한국의 노력에 미국의 지원이 가해져서, 남북한 관계를 진전시키는 데 있어 한국은 주역의 자리를 확보해야 한다.

미국이 장기적인 안목에서 대한반도 정책을 고려한다면 한국 정부의 대북관계 진전을 위한 정책에 힘을 실어 주고, 한국과의 공조하에 상호주의 원칙을 실현하는 것이 더 나은 전략이 될 것이다. 한국은 북한이 원하는 경제협력과 원조를 제공하는 대신 양자 및 6자회담을 한국의 입장이 강화된 방향으로 발전시켜 나갈 수 있도록 해야 할 것이다. 미국의 입장에서도 미북회담이 북한의 협박에 끌려가서 경제적 이익만 제공하는 결과로 끝나서는 안 될 것이다. 미국이 유인책을 제시하되 북한의 위반에 대해서는 비탄력적 상호주의에 의한 맞대응을 가하겠다는 의지를 보여야 할 것이다. 상호주의전략의 이론적 설명에서 지적하였듯이 북한이 비협조적으로 행동하면 원하는 것을 잃게 될 것이라는 것을 확실히 해야 협조를 담보할 수 있다. 즉 상호주의가 효과를 거두어 북한이 남한과의 정치, 군사적 관계 개선과 평화공존을 위한 협조 정책을 취할 수 있도록 하기 위해서는 미국의 협조가 필요하다. 미국의 대북협상의 일정(agenda)에 북한의 한국과의 실질적인 관계개선이 포함되고 추구되어야 할 것이다. 더 중요한 것은 북한이 합의를 위반하거나 한국을 따돌리려는 행위를 할 때는 비탄력적 상호주의전략에 따라 한미 공동의 제재가 가해질 것이라는 것을 확실히 하는 일이다.

남북한 교류협력을 통해 북한이 자연스럽게 제도개혁과 체제개혁으로 발전하리라고 낙관할 수는 없다. 북한 집권층은 남한과의 교류협력의 증가가 자기들의 몰락을 불러오는 '트로이의 목마'가 될 수도 있다는 것을 특히 두려워하고 있을 것이다.

북한은 남한에 대한 북한체제의 절대열세로 나타나는 남북한 관계의 현실[59]을 고려할 때 교류협력이 심화될수록 남한에 의한 북한의 흡수통일 가능성이 증대될 것으로 우려하고 있는 것으로 판단된다.[60] 따라서 북한은 체제 수호상 남한과의 관계정상화는 물론 남북한 교류협력에도 소극적으로 임해 왔던 것이다. 이러한 북한의 교류협력방안은 6·15 공동선언과 10·4 공동선언 이행의 큰 틀 속에서 추진되고 있는 것으로 판단된다.

남북교류협력에 관한 헌법적 근거를 남한에서는 현행헌법 제4조 '통일조항'의 실현이라는 점에서 그 법적 근거를 찾아볼 수 있다. 그러나 북한의 경우는 남북교류협력과 관련된 남한과 같은 이러한 유사조항을 찾아볼 수 없다. 다만, 남북교류협력과 유추해서 해석할 수 있는 헌법적 근거로는 1998년 헌법 제37조에 "국가는 우리나라 기관, 기업소, 단체와 다른 나라 법인 또는 개인들과의 기업 합영과 합작, 특수경제 지대에서의 여러 가지 기업창설운영을 장려한다"라는 조문을 명시함으로써 법적 근거를 두게 되었다.

북한은 경제 부문에서의 개방을 위한 법적인 조치로서 1992년과 1998년 두 차례의 헌법 개정을 통해 서방의 자본과 기술을 도입하기 위한 헌법적 근거조항을 마련하였으며, 외국인 투자법과 대외 경제 법제를 정비하였다.[61]

북한은 2002년 북한경제의 근간을 변화시키는 '7·1 경제관리 개선 조치'를 단행한 이후 개혁개방 및 남북경제 협력의 활성화를 위한 법개정 작업의 일환으로 2005년 7월 6일 「북남경제협력법」을 채택하였다.[62] 북한이 경제·사회·문화 분야 등 남북교류협력 전반을 규율하는 법을 제정하지 않고 경제 분야만을 대상으로 한 법을 제정한 이유는 북한의 경제 상황에 비추어 사회문화 분야보다는 경제 분야의 교류협력이 긴요한 상황임을 고려한 것으로 보인다.[63]

북한이 원하는 것은 남한과의 교류협력을 통해 당면한 경제위기를 모면하고 체제를 더욱 강화하는 일일 것이다. 북한을 개방과 개혁으로 유도하여 사실상의 통일로 발전시키려는 남한정부의 대북정책이 의도하는 것과는 정반대의 생각을 품고 있을 북한은 매우 어려운 게임 상대이다.

일단 필요한 것은 북한을 상호주의 기반인 협조의 게임으로 불러들이는 일인데, 북한은 이것을 '흡수통일론'으로 인식하고 경계한다. 따라서 남북한 간의 게임에서는 제자리 뛰기의 게임이 아니라, '진화론적인 발전'[64]이 함께 해야 성공할 수 있다.

북한은 경제적 어려움이 가중되고 대남 및 대미관계에서 위치가 불리해지면 다시 핵과 미사일 카드 등을 갖고 위협적인 행동을 할 수 있다. 따라서 우리는 미래의 잔영을 충분히 넓히면서 북한을 더욱 협조의 게임으로 불러들여야 한다.[65] 즉 포괄적이고 신축적인 상호주의전략이 필요하다.

앞으로 길게 지속될 남북한 간에 상호주의가 적용되기 위해서는 적절한 환경과 전제조건이 필요하다.[66]

첫째, 사람들은 제로섬 방식의 상호작용을 생각하는 데 익숙해져 있다. 제로섬 방식에서는 누군가는 반드시 진다. 예를 들면 각종 프로운동경기나 바둑대회가 그렇다. 좋은 성적을 내려면 경기자는 거의 모든 게임에서 상대방보다 잘해야 한다. 백이 이기면 흑은 반드시 진다. 하지만 우리네 삶은 대개 제로섬 방식이 아니다. 일반적으로 양쪽 모두 잘할 수도 있고 양쪽 모두 못할 수도 있다. 서로 협력을 할 수 있는 경우가 종종 있는데도 항상 협력이 이루어지지는 않는다. 특히 남북한의 관계는 남쪽이 상호협력을 회복하려고 시도하지만 북한 측은 이런 시도가 진심으로 우러나온 것인지 아니면 협력을 회복한 뒤에 다시 배반을 선택해서 자신을 이용하려는 것은 아닌지 확신을 가지지 못한다. "맞대응전략이 우승을 한 것은 상대방을 무찔러서가 아니라 함께 좋은 점수를 얻을 수 있는 행동을 상대방으로부터 이끌어냈기 때문이다"[67]라는 액셀로드의 주장은 특히 남북관계에서 시사하는 바가 크다.

둘째, 남북한 관계가 지속되려면 먼저 배반하려고 해서는 안된다.

액셀로드의 TFT게임에서 어떤 전략이 좋은 성적을 낼지 예측할 수 있
는 기준을 단 하나 꼽는다면, 그것은 바로 그 전략이 신사적이냐, 다
시 말해서 상대보다 먼저 배반을 하느냐 여부이다. 1차 대회에서 상위
8등까지에 든 프로그램은 모두 신사적이었고 최하위 7개 프로그램 중
에서 신사적인 것은 하나도 없었다.[68] 2차 대회에서는 하나만 빼고 상
위 15개 프로그램 모두 신사적이었다. 그리고 하나만 빼고 최하위 15
개 프로그램 모두 비신사적이었다.[69] 따라서 남북한 관계에서 교류협
력이 확대되려면 상호 신사적인 게임을 해야 한다.

셋째, 남북한 관계가 교류협력을 통해 통일의 길로 다가서려면 상
대의 배반에 대해 처벌과 용서의 균형을 적절하게 조절해야 한다. 상
대방이 한 차례 배반을 하면 나도 정확하게 한 차례만 배반한다. 맞대
응전략은 그렇게 해서 대회에서 좋은 성적을 거두었다. 이런 사실은
그렇다면 언제나 정확하게 일대일로 대응하는 것이 가장 효과적인 비
율인가 하는 의문이 들게 한다. 이에 답하기는 쉽지 않는데, TFT와
약간 다른 비율로 대응하는 전략이 대회에 참가하지 않았기 때문이다.
아무튼 분명한 것은 상대방이 한 차례 배반을 했을 때 두 차례 이상
배반하는 것은 자칫 끝없는 보복으로 이어질 위험이 있다는 사실이다.
반면에 '팃 포 투 탯'[70]처럼 한 차례 미만으로 응징하면 상대방으로부
터 이용을 당할 위험이 그만큼 높아진다. 남북한 관계에서 협력이 진
화적으로 발전하려면 용서의 균형을 조절할 줄 알아야 한다. 즉 상황
에 따라 비탄력적 상호주의, 포괄적 상호주의와 신축적인 상호주의를
적절히 적용할 줄 알아야 한다.

넷째, 미래 평화적 통일을 향하여 나아가는 특수관계인 북한과의
관계에서는 한국정부는 너무 영악하게 이익을 추구할 필요가 없다. 액

셀로드는 호혜주의에 바탕을 둔 공존공영시스템의 사례를 제1차 세계대전의 참호전의 사례를 들어 제시하고 있다.[71] 따라서 남북한 관계에서 교류협력을 강화하기 위해서는 비탄력적 상호주의보다는 포괄적 혹은 신축적 상호주의가 바람직할 수 있다.

액셀로드는 "협력의 진화는 세 개의 질문으로부터 개념화시킬 수 있다"[72]고 주장한다. 즉 ① 초기 생존력, ② 강건함, ③ 안정성이다. 그리고 "두 개체가 후에 다시 만날 확률이 충분히 클 때는 호혜주의에 입각한 협력은 살아남을 수 있고, 친족관계가 전혀 없는 집단 내에서도 진화적으로 안정하다"[73]고 주장한다.

남한 정부의 포괄적인 상호주의를 기반으로 한 포용정책 이후 남북한의 관계는 과거와 다른 새로운 모습으로 전개되었다. 이러한 모습은 다음과 같은 사례에서 확인할 수 있을 것이다.

첫째, 2002년 6월 서해사건에 대한 남북한의 해결과정이다. 책임자 처벌 및 사과, 재발방지 등 남측의 강력한 요구에 북측은 빠른 유감을 표명하였다.

둘째, 제2차 북한 핵문제를 해결하는 과정에서, 핵문제는 북한과 미국 간의 사안이라는 북한의 강력한 주장에도 불구하고, 장관급 회담에서 북한 핵문제가 수차례 거론되었다. 양측은 평화적으로 해결하겠다는 공동보도문까지 도출하였다. 6자회담에서는 미국 측 안을 놓고 서로 의견교환까지도 하였다. 그동안의 4자회담 등 다자회담과 비교해 볼 때 분명히 달라진 남북한 간의 모습이었다.

셋째, 대한민국 정부가 김대중정부에서 노무현정부로 바뀌었음에도 불구하고 대화와 교류가 지속되었다는 점이다.[74] 비록 노무현정부가 김대중정부의 대북정책을 계승하고 북핵문제가 지속되었지만, 남북 간의 교류가 오랜 지연이나 교착 없이 그 틀을 유지하였다는 것은 과거와는 상당한 차이가 나는 모습이었다.

남북한 간의 교류협력관계가 지속적으로 발전해 나가기 위해서는 상호주의가 서로 조화를 이루면서 균형을 유지해야 한다. 상호주의의 바탕은 신뢰인바, 신뢰는 대화를 통해 제고될 수 있다. 균형과 조화 속에서 대화가 이루어진다면 남북관계가 지속적으로 발전할 수 있을 것이다. 대화와 남북관계는 직접적인 연관을 가진다. 대화의 긍정적인 결과는 남북관계의 진전으로 이어지고, 남북관계의 진전은 대화의 활성화를 이끈다. 즉 미래의 잔영을 길게 끌어가는 것이다. 이러한 대화는 남북 간의 갈등관계를 서로에게 이익을 주는 협력관계로 발전시킨다. 협력의 지속은 결국 평화통일을 촉진시킬 것이며, 통일 이후의 사회통합 또한 대화를 통한 협상이 그 중심에 있을 수밖에 없다.[75]

무엇보다도 남북이 공동으로 지향해 나갈 수 있는 가치를 도출해내는 작업이 우선적으로 이루어져야 한다. 이는 남북한이 공동이익의 범주를 확대해나가는 작업으로 남북관계가 '상생의 틀'로 전환해 나가는 것을 의미한다. 동시에 남북한이 상호 협력적이고 보완적인 관계로 발전해 나갈 수 있게 한다. 그러나 문제는 남북한이 추구할 수 있는 공동의 가치를 도출해내는 작업이 쉽지 않다는 것이다. 남북한 어느 한 쪽에 의해서 일방적으로 결정될 수 없을 것이며, 또한 정부당국의 노력만으로도 이루어질 수 없는 작업이기 때문이다.[76] 따라서 상호 호혜성을 바탕으로 한 상호주의의 큰 틀 속에서 남북한 서로가 협력을 강화할 수 있는 여건을 조성해나가는 노력이 필요하다.

우리는 그동안의 남북한 간의 교류협력에서 초기 생존력은 확인하였으나, 강건함과 안정성이 부족하였음도 입증되었다. 따라서 남북교류협력에 적용 가능한 상호주의 모형을 정립할 필요가 상존한다.

2. 상호주의 적용의 종합 모형

남북한 사이의 교류협력이 지속되고 확대되어 나갈 수 있도록 상호주의를 적용하기 위해서는 남북한이 안고 있는 한계와 잠재력을 냉정하게 파악하는 작업이 우선적으로 이루어져야 한다. 이를 기초로 단기적으로는 이를 수용하는 범위 내에서 교류협력 사업을 추진해 나가고, 장기적으로 우리의 수용능력을 확대해 나가는 방안을 공동으로 모색해나가야 한다.

이를 위해서는 첫째, 남북한 간의 신뢰관계를 보다 튼튼하게 구축해야 한다. 남북 간의 교류협력 사업은 굳건한 신뢰가 뒷받침될 때 확대발전해 나갈 수 있으며 상호주의가 정착할 수 있다.

둘째, 점진적이고 단계적으로 교류협력관계를 확대해 나가야 한다. 최근에 남북한 양쪽에서 '속도조절론'이 제기된 것은 남북한의 수용능력을 초과한 것이었기 때문일 것이다.

셋째, 교류협력과 안보문제 간의 균형과 조화가 유지되도록 해야 한다. 긴장완화와 북한의 위협 감소 등 안보문제에 대한 어느 정도 성과는 국내에서 공감대를 형성하고, 국제사회에서 지지를 유도하기 위해서 요구되고 있다. 특히 북한의 핵문제가 국제적인 관심사로 부각되면서 북한의 핵문제를 해결하지 않은 상태에서 국제사회에서 추가적인 협력문제를 논의하기에는 어려운 실정이다.[77]

우리가 남북한 교류협력을 활성화시켜 점진적 통일을 이루기 위해서는 남북한 간 신뢰구축을 강화하여 일방에 의한 흡수통일의 불안감을 제거해 나가는 것과 국제 사회의 통일에 대한 신뢰형성이 전제되

어야 한다는 것을 독일 통일사례는 시사하고 있다.[78]

넷째, 남북 간의 관계개선을 위한 노력은 지속하되 융통성과 통제력을 갖추도록 해야 한다. 남북 간의 교류협력은 다소간 어려움이 있더라도 중단하지 않고 추진될 때, 최대한 큰 효과를 거둘 수 있을 뿐 아니라 지속적으로 발전해 나갈 수 있다. 그러나 지나치게 지속적인 추진이라는 원칙에 집착하는 것도 바람직하지는 않다. 긴장완화와 안보능력 확보라는 측면과 병행해서 발전해야 한다는 점과, 또한 지나친 속도를 스스로 절제할 수 있어야 한다는 점에서 어느 정도의 융통성을 가질 필요가 있다.[79]

남북 교류협력을 활성화시키기 위해서는 호혜성과 상생에 바탕을 둔 상호주의를 적절히 적용해야 한다. 이러한 상호주의 적용은 다음과 같은 방향으로 추진해야 할 것이다.

첫째, 남측은 협상과정에서 남북이 할 수 있는 일을 제시하고, 상대에 대해 호혜성 차원에서 '선의의 부담'을 주는 방안을 강구하는 것이 바람직하다. 즉 더 큰 사후적 보답을 얻어내는 방향으로 나아가야 한다.

둘째, 상호주의의 진전을 위해서는 공개적이며 노골적인 방법보다는 당국 간 비공개 접촉통로를 통한 상호이해의 사전 조정 작업이 필요하다. 북한으로부터의 반응과 상호조치가 남한이 평가할 만한 정도의 수준에 이른다면 상호주의 원칙이 원만히 구현된 것으로 보는 것이 바람직하다.

셋째, 경제 분야 상호주의 적용에 따른 북한의 상응조치는 앞서도 언급했듯이 우선 3통 문제의 해결에 최우선 목표를 두는 것이 바람직할 것이다. 남북한 간의 경제협력은 기본적으로 경제논리에 입각하여 추진되기 때문에 다른 분야와는 달리 비교적 철저하게 상호주의를 적용할 수 있는 장점이 있다. 그 밖의 정부차원의 대북 지원에 대해서는 이와 관련된 분야별로 신축적인 상호주의를 적용하는 것이 합리적일 것이다. 예를 들어 비료지원의 경우, 농업협력 방안인 계약재배, 세부 절차, 영농기술자 파견 등의 분야 내 교환방식에 남한 측의 입장이 수용되는 방안을 적용하는 것이다.[80]

"대북 상호주의와 압박이 북한의 변화를 촉진할 것이라는 논리에 따른 대북정책은 직접적인 압박에 굴복한 적이 없는 지난 수십 년간의 북한의 일관된 행태로 미루어 볼 때, 남북관계를 '상호 비방과 일방적인 요구와 침체'라는 '과거시대'로 돌릴 위험이 있다"[81]는 오스트리아 빈 대학의 루디거 프랑크 동아시아경제사회학과 교수의 말은 남북한 관계에 시사하는 바가 크다. 그리고 남북관계가 경색될 경우, 그 공간을 중국과 러시아가 차지할 가능성이 크다. 북한은 중국, 러시아와 각종 합작사업, 신의주 특구, 북한 철도산업에 대한 러시아의 진출 등을 용이하게 할 것이다. 더 나아가 평양은 워싱턴을 포함, 일본과도 새롭게 협력하는 길을 찾을 가능성도 크다. 그렇게 될 경우에는 북한에 대해 갖고 있던 남한의 '지렛대'를 모두 잃게 될 것이다.[82]

남북 교류협력과정에서 국민들이 우려하는 북한의 적대행위를 교정하는 방법은 크게 보아 강압에 의한 방법, 유인책을 제공하는 방법, 합리적 협상에 의한 방법 등 3가지가 있을 수 있다.[83]

강압에 의한 방법은 위협을 주요 수단으로 하여 상대측을 설득하고자 시도하는데, 바로 비탄력적 상호주의의 맞대응전략이 여기에 해당된다. 유인책에 의한 방법은 포용의 차원에서 주로 긍정적 유인책을 통해 상대방의 행위교정을 유도하는 것으로 통상 포괄적인 상호주의와 사안별 신축적인 상호주의가 이에 해당한다. 유인책 구사전략 유형은 크게 두 가지로 나누어 볼 수 있다. 먼저 상대방 정부를 상대로 한 유인책 구사이며, 다음으로 상대방의 시민사회에 대한 유인책 구사이다. 상대방 정부에 대한 유인책 구사에도 다시 두 유형으로 분류할 수 있다. 첫째, 유형은 강제성과 결합해 있으며, 보다 엄격한 등가적 교환에 기초한 신축적 상호주의 유형이다. 둘째는 강제보다는 유인책 제공을 통한 설득에 보다 많은 주안점을 두며, 교환관계에서도 보다 유연한 포괄적인 상호주의 유형이다.[84] 합리적 설득에 의한 방법은 강제나 유인보다는 상호이익을 추구하는 가운데 양측의 의지와는 무관한 어떤 객관적 기준에 따라 상대방 행위의 수정을 유도해내는 방법이다.

상호주의는 통상 안정된 관계에서 지속성을 갖는다. 즉 미래의 잔영을 멀리 가져갈 수 있는 것이다. 교류협력을 통해 달성하려는 북한의 안정은 남북교류협력에 있어서 두 가지 의미에서 중요하다. 첫째는 북한이 안정될 때에만, 북한의 개혁과 개방은 추진될 수 있다. 둘째, 북한이 안정될 때에만, 남북관계에서의 공존과 교류협력 과정은 촉진될 수 있다. 북한 지역 주민의 생활이 보다 개선되고 북한이 보다 자유화·문명화된 체제로 발전하기 위해서는 개혁과 개방이 필수적이다. 그러나 주지하다시피, 북한의 변화는 그 내부의 체제를 교란시킬 수도 있는 상당한 위험을 함축하고 있다. 북한의 엘리트집단이 이러한 위험을 통제할 수 있다는 자신감을 가지고 있지 못하는 한, 북한은 내부적으로 과거와 같은 강권폐쇄 체제를 지속적으로 유지하려 노력할 수밖에 없을 것이다. 북한의 엘리트집단이 사회·정치적인 혼란을 통제할 수 있다는 자신감을 가질 수 있다면, 북한은 강권통치를 기반으로 하여 점진적으로 개혁과 개방을 추진해 나갈 수 있을 것이다.

남북관계가 더욱 두터워지기 위해서는 북한 정권의 안정이 요구된다. 안정된 북한 정권만이 남한과의 상당한 정도의 관계 개선과 협력 관계를 만들어 갈 수 있고, 남측과 협상할 수 있다. 그 반대로 불안정한 북한 정권은 불가피하게 남한에 대해서 문을 닫을 것이며, 또한 공격적 자세도 취할 가능성도 있다. 그것은 남한 측의 이익에 부합하지 않을 것이다. 또한 남한이 북한과 협상하고 협력 관계를 쌓아 나가는 데서 북한 정권의 체면, 그리고 내부체제의 안정에 대해서 신중히 배려할 때에만, 남북관계는 지속적으로 유지될 수 있을 것이다.

이러한 남북한 관계의 발전은 동서독 관계의 발전과 유사한 의미를 갖는다. 한반도의 긴장완화와 북한의 국제사회 진출은 북한의 변화 또는 개혁과 개방이 성공할 수 있는 전제 조건이다. 동독을 비롯한 과거 동유럽 사회주의 국가의 경우에도 국가 안보 문제는 소련을 중심으로 한 바르샤바 조약국에 의해서 보장되었다. 그 결과 동유럽 국가들에게는 안보 지출은 그다지 크지 않았으며, 또한 서방 국가들과 상당한 정도의 교역 및 금융관계를 맺을 수 있었다. 이러한 이유 때문에 동유럽 국가들은 시장사회주의를 통한 경제중시 노선, 민생중시 노선을 추진할 수 있었고, 대내 정치적으로는 상당한 자유화를 허용할 수 있었다. 그리고 중국이 1978년 개혁과 개방을 시작할 때 중국은 미국과 사실상의 대소 동맹관계에 있었다. 중국은 경제정책 추진과정에서 자본과 기술 도입 그리고 생산된 상품의 시장 확보라는 측면에서 반드시 필요한 미국을 비롯한 서방과의 관계를 손쉽게 형성할 수 있었다.

우리의 대북정책과 독일의 신동방정책은 주도적이고 '공세적인 긴장완화' 정책이다. 이 정책은 우리 측의 안보와 체면을 전혀 손상하지 않으면서도 일방적이고 선행적으로 취할 수 있는 여러 조치들을 통해

점진적으로 상대측과 신뢰관계 형성과 협력관계를 수립해나가고자 하
는 정책이다. 이러한 공세적인 정책이 관심을 가졌던 것은 상대국가와
의 관계에서 남한 측의 지도력, 주도성과 책임성이었다. 즉 남한 측이
북한 측을 적극적으로 견인해 나가고자 하는 주도적이고 공세적 자세
를 유지하고자 했다는 것이다.

동서독은 1980년대 미소의 신(新)냉전하에서도 자신들만의 화해협
력(데탕트)을 유지했다. 남북한 사이의 상호주의의 호혜성을 바탕으로
한 공동이익 확대는 설령 한반도를 둘러싼 국제정세가 경색되더라도
남북한 사이의 데탕트를 지속적으로 유지해 나갈 수 있는 조건을 마
련해 줄 수 있을 것이다. 또한 남북 간의 공동이익의 확대라는 것은
결국에 북한의 남한에 대한 '의존성의 증대'를 의미하게 될 것이다.

국가 간의 관계에서 통용되는 비탄력적 상호주의의 상징인 TFT는
상대방의 배반에 대해서 똑같은 규모의 배반으로 대응하지만, 대부분
의 경우 대응이 도발보다 약간 작을 때 협력의 안정성이 강화된다. 그
렇지 않을 경우 서로의 배반에 대해서 보복하는 악순환에 빠지기 쉽
기 때문이다.[85]

국가 간이든 개인 간이든 지속적으로 협력이 일어나려면 상호작용
이 반복되어야 한다. 따라서 협력을 증진시키는 중요한 방법은 두 집
단이 나중에 다시 만날 수 있게 하고, 다시 만났을 때 서로 알아볼 수
있게 하고, 또 과거에 서로에게 어떤 행동을 했는지 기억할 수 있게
조정하는 것이 중요하다. 이처럼 계속적으로 이어지는 상호작용은 호
혜주의에 입각한 협력이 안정적으로 자리를 잡게 해준다.

남북한 간의 상호주의를 바탕으로 한 교류와 협력을 증진하기 위해
서는 다음 세 가지를 존중해야 한다. 첫째, 현재와 비교해서 미래의

가치를 더욱 중요하게 만들어야 한다. 둘째, 미래의 협력의 결과에 의한 생산물의 크기와 가치를 확대해야 한다. 셋째, 협력을 증진시킬 수 있는 가치관과 그에 대한 사실과 방법을 서로에게 가르쳐야 한다.

남북한 간의 관계에서 현재와 비교해서 미래가 더욱 중요하게 인식된다면 상호협력은 지속적이고 안정적이다. 보복의 효과가 나타날 만큼 상호작용하는 기간이 충분하다면, 보복이 상당한 효과를 발휘할 수 있기 때문이다. 즉 현재와 비교해서 미래가 덜 중요할 때에는 '어떤 형태의 협력'도 안정적이고 지속적이지 않다는 뜻이다. 따라서 북한과의 관계는 통일을 향한 미래의 잔영이 크게 드리워지도록 노력해야 한다. 즉 남북관계는 미래의 잔영을 확대해야 한다. 이를 위해서는 두 가지의 방법이 있다. 남북한 간에 ① 상호작용이 보다 오래 지속되도록 하는 것과, ② 서로 자주 만나도록 하는 것이다. 즉 남북한 간의 교류협력을 장려할 수 있는 가장 직접적인 방법은 상호작용을 오래 지속시키면서 자주 만나도록 하는 것이다.

사실상 남북한의 상호작용이 보다 자주 일어나도록 하는 가장 좋은 방법은 다른 국가들을 접근하지 못하게 막는 것이다. 예를 들어 새들은 자기의 텃세권을 만드는데,[86] 이것은 많지 않는 이웃하고만 상호작용하게 된다는 의미이다. 또 이웃들하고 상대적으로 빈번하게 상호작용을 한다는 의미이기도 하다.[87] 상호작용의 빈도가 높아야 안정된 협력이 촉진된다. 따라서 북한과 중국의 관계가 밀접해지면 밀접해질수록 남북관계는 소원해질 수밖에 없을 것이다.

남북한 간에 교류협력을 통해 상호작용을 집중시키는 것은 남북한이 더 자주 만나도록 하는 방법이기도 하다. 협력이라는 맥락에서 남북한 간의 상호작용이 더 자주 일어나게 하는 또 하나의 방법은 남북한의 핵심쟁점을 작게 나누어 협상하는 것이다. 예를 들어서 북한핵문제 처리나 평화협정체결 등은 여러 단계로 세분화할 수 있다. 이렇게 할 때 양측은 한두 차례의 커다란 선택을 하는 대신 상대적으로 작은 선택을 할 수 있게 된다. 이런 식으로 하면 호혜주의가 보다 효과적이 될 수 있다. 따라서 일부 주장하고 있는 '빅딜설' 등 '일괄 타결방안'은 교류협력의 증진차원에서 보면 상당히 비현실적인 안이 될 수도 있다.

남북한 협력에서 한쪽이 부적절한 선택을 하게 되면 다음 번 선택에서 상대방이 보복 차원에서 역시 배반을 선택한다는 것을 양측은 모두 잘 알고 있기 때문에 양측은 보다 조심스러울 수밖에 없다. 물론 북한핵문제 처리 등 남북한 간 교류협력과정에서 가장 큰 문제는 양측 모두 상대방이 실제로 이전 게임에서 어떻게 했는지, 즉 협력의 의무를 이행했는지 아니면 속임수를 써서 배반을 했는지를 정말 알 수 있느냐는 점이다. 따라서 상대방의 속임수를 탐지할 수 있다는 확신이 어느 정도 있기만 하면, 작은 협상을 많은 단계에 걸쳐 하는 것은 두세 단계에 결판내는 것보다 협력증진에 도움이 된다. 매우 중요한 상호작용을 덜 중요한 작은 상호작용들로 쪼개면, 현재의 선택에서 배반함으로써 얻을 수 있는 이득이 미래에 상호 협력함으로써 얻을 수 있는 이득과 비교할 때 상대적으로 적어지기 때문에 협력의 안정성을 증진시킬 수 있다.[88]

이는 동서독간의 교류협력과정에서 서독 측의 '작은 걸음 전략'이 대표적인 성공사례가 될 수 있을 것이다. 남북한 간의 협력에서 볼 때는 남북 간 철도와 도로 연결도 포괄적이고 신축적인 상호주의가 짐진적·발전적으로 구현되어 성공한 사례이다.

통일을 향하여 교류협력이 안정적으로 지속되려면 남북한 양측이 서로를 향한 배려가 중요함을 인식해야 한다. 포괄적인 상호주의나 신축적인 상호주의 심지어 비탄력적 상호주의에 이르기까지 그 기반은 '상호 호혜성'이다. 즉 남북한은 서로의 이익을 배려하는 상생게임을 해야 한다.

국가 간 또는 집단 간의 관계에서 협력을 장려하기 위한 최고의 방법은 상대를 배려하라고 교육하는 것이다. 가정과 사회교육에서 부모와 학교는 아이들이 다른 사람도 배려하라고 가르치는 데 엄청난 노력을 들인다. 게임이론의 용어로 표현하자면, 어른들은 미래의 시민들이 자기 자신뿐 아니라 최소한 어느 정도까지는 다른 사람도 염두에 둘 수 있게 어릴 때부터 가치관을 잡아주려 애쓴다는 것이다. 이렇게 남을 배려하는 사람들로 형성된 사회는, 혹시 죄수의 딜레마 상황이 발생하더라도 구성원 사이에서 협력을 훨씬 쉽게 이끌어낼 수 있을 것이다.[89]

비탄력적 상호주의에서의 맞대응전략은 이기주의자들이 사용하기에는 효과적인 전략일 것이다. 하지만 그것이 어떤 국가나 따라서 해도 좋을 만큼 도덕적인가에 대한 답은 물론 각 국가의 판단기준에 따라 다를 것이다. 가장 널리 인정받는 도덕 기준은 '황금률(黃金律, Golden Rule)'[90]일 것이다. 즉 남에게 대접 받고자 하는 것대로 남을 대접하라는 것이다. 죄수의 딜레마 맥락에서 보면 황금률은 가능한 협력하라는 말과 같다. 왜냐하면 내가 다른 사람에게 바라는 것은 협력이기 때문이다. 이런 식으로 해석한다면, 도덕적 관점에서 보면 가장 훌륭한 전략은 맞대응전략이 아니라 무조건 협력하는 전략일 수 있다.[91]

액셀로드의 게임에서 TFT전략은 상대방보다 더 많은 점수를 얻어서가 아니라 상대방으로부터 협력을 이끌어 냄으로써 우승했다. 즉 상호이익을 증진시킴으로써 좋은 성적을 냈지 상대방의 약점을 이용해서 좋은 성적을 올린 게 아니었다.

이러한 맞대응전략이 가혹하게 여겨지는 것은 '이에는 이, 눈에는 눈'의 원칙을 고수하기 때문이다. 그러나 국제정치에서 문제는 이보다 더 나은 대안이 있느냐 하는 점이다. 국가 내에서 집단의 기준을 강제하는 중앙권위체에 의지할 수 있는 상황에서는 대안들이 있다. 법에 의해 범죄 자체만큼 가혹하지 않게 적절히 처벌할 수 있다. 그런데 이런 강제력을 행사할 수 있는 중앙권위체가 없는 남북한 간의 관계에서는, 북한 측이 배반이 아니라 협력을 선택하도록 적절한 동기가 제공되어야 한다. 그러나 이런 경우 어떻게 북한 측이 협력하도록 유도하느냐는 결코 쉬운 문제가 아니다.

맞대응전략이 안고 있는 근본적인 문제는, 일단 불화가 시작되면 영원히 계속될 수 있다는 것이다. 실제로 수많은 불화가 이런 속성을 가지고 있다. 한 번의 모욕이 새로운 모욕으로 이어지고 다시 거기에 대한 보복이 이어지는 과정이 끝없이 반복될 수 있다. 처음 불화의 원인이 되었던 사건은 까마득하게 기억에서 사라졌지만, 서로에게 상처를 입히는 행위는 메아리가 되어 계속 오고 간다.[92] 이것이 맞대응전략이 가지고 있는 심각한 문제다.[93]

한 가지 특정사안을 놓고 볼 때는, 맞대응전략보다 더 좋은 전략은 액셀로드의 주장처럼 "한 번의 배반에 10분의 9만큼만 되갚는 것"[94]일지도 모른다. 이 경우에는 갈등의 메아리 효과는 누그러지지만 여전히 대가를 치르지 않는 배반을 시도해서는 안 될 동기를 준다. 즉 호혜주의를 바탕으로 하면서도 맞대응전략보다 약간 관용적이 되는 것이다. 이것은 중앙권위체가 없는 이기적인 세상에서 자신의 이익뿐만 아니라 상대방의 이익까지도 함께 증진시킨다는 장점을 가지고 있다. 즉 남북한 관계에서도 사안에 따라 액셀로드와 코헨의 주장처럼 포괄적 상호주의가 적용될 수 있는 것이다.

남북한 관계에서 남측은 과거의 교류협력 과정에서 상호작용했던 북측의 전략을 알아보고, 그 상호작용이 어땠는지 관련된 특성을 기억하는 것이 협력을 유지하는 데 반드시 필요하다. 이런 능력이 없다면 어떤 형태의 호혜주의도 실천될 수 없고, 나아가 북한 측의 협력을 이끌어낼 수도 없다. 사실 교류협력의 지속성 여부는 바로 남한 측의 이런 능력에 달려 있다.

국제관계에서도 종종 상대방이 누구였는지 그리고 그가 과거에 어떤 선택을 했는지 잘 모르기 때문에 협력에 한계가 생긴다. 특히 최초로 제기된 국가의 문제에 대해서 국제적 통제를 실시하기 어려운 경우에 이런 문제가 더욱 심각하다. 문제는 검증과 협력이 어렵다는 것이다. 즉 상대방이 지금까지 실질적으로 어떤 선택을 해왔는지 어느 정도 확신을 할 수 있어야 하는데 그럴 수가 없다는 말이다. 구체적인 협력방안도 도출되기 어렵다. 북한의 핵문제 처리가 어려운 문제도 여기에 해당될 수 있다. 특히 자유민주주의 국가에서 잦은 정권교체는 상대방에게 혼란을 야기할 수 있다. 지난 정권과의 그동안의 협상결과가 순식간에 무시될 수 있기 때문이다.[95]

그러나 무조건적인 협력이 안고 있는 문제는 상대에게 오른뺨을 맞고 왼뺨을 내밀면 상대가 나를 이용할 동기를 제공한다는 것이다. 무조건적인 협력은 뺨맞는 당사자만 해치는 것이 아니라, 무고한 구경꾼들까지 피해를 줄 수도 있다. 또한 무조건적인 협력을 하게 되면 한때의 남북관계에서처럼 상대방을 망치는 경향이 있을 수 있다. 때로는 상대를 교화시키는 부담을 전체 집단에 지우게 되거나 다음 세대에 전가하게 된다. 이것은 무조건적 협력보다는 호혜주의가 더 든든한 도덕의 토대가 됨을 말한다. 특히 이익을 앞세우는 국가 간의 관계에서는 상호 호혜성에 기반을 둔 상호주의는 훌륭한 전략이 될 수 있다. 호혜주의는 다른 사람들을 도울 뿐만 아니라 남에게 기꺼이 양보하면서 자기를 위해서는 최소한의 요구를 한다. 호혜주의에 입각한 전략은 상대 경기자가 상호협력에 따른 보상을 얻게 한다. 이는 바로 남북한이 각자 최선을 다할 때 얻는 좋은 결과와 같다.

남북한의 통일정책은 본래 국가의 미래를 결정짓는 핵심정책이며, 민족적 염원과 인도적 차원에서 국민적 관심이 매우 높은 분야이다.[96] 분단 상황에서의 통일에 대한 개념은 통일의 목표와 과정을 내포하고 있는 복잡한 개념으로서, 특히 남북한 간에 견해차이가 심하여 양측의 입장을 수용하는 객관적 개념을 정립하기에는 어려운 주제이다. 남북한 간의 갈등상황은 '거울영상효과(mirror image effect)'를 활용하여 설명할 수 있다. 즉 '적대적인 일방의 효과가 상대방에게 대칭적인 반작용을 일으키고 또 그것이 상호 상승작용을 일으키는 효과'[97]를 말한다. 그러나 항상 위와 같은 부정적인 효과만이 존재하는 것은 아니다. 6·15 정상회담 이후에 점증하는 남북한 간의 교류협력은 긍정적인 상승작용도 일으키고 있다고 할 수 있다. 남북한 간의 관계를 단절된 상태, 즉 데이비드 미트라니(David Mitrany)와 같은 기능주의 시각을 고려하지 않는다면 거울영상효과 외에 '확산(擴散, ramification)효과'가 발생할 수 있음을 간과하기 쉽다. 남북한 간 접촉과 왕래가 지속되면 점진적인 관계개선이 가능하다는 뜻이다. 구영록은 남북한을 가로지르는 협동망의 성장에 의한 통일을 상정하였다. "공통의 이익을 주축으로 하는 협조는 또 다른 공통의 이익으로 연결되고 이러한 연쇄적 반응은 마치 연못에 돌을 던져서 일으킨 파문이 수없이 많은 동심원을 만들어 내는 원리와 흡사하다"[98]는 뜻이다. 즉 호혜성을 바탕으로 한 상호주의가 적용된다면 동심원의 효과는 확산될 수 있는 것이다.

특히 실질적인 통합[99]을 추구해야 하는 남북한 '특수관계'에서는 '통합이론(統合理論, unification theory)'의 적절한 활용이 요구된다.[100] 남북교류협력 분야에서 기능주의적 접근이든 신기능주의적 접근이든 비정부 부문의 행위자들은 정부의 부족한 역할수행을 다양한 방면에서 보완하고 보충할 수 있다.[101] 남북 정부 간 관계는 필연적으로 이념적·정치적 문제에 직면하게 되며, 이로 인해 작금의 상황에서처럼 때에 따라서는 대립과 대결 구도로 나타나서 남북관계는 침체되거나 중단될 수도 있기 때문이다. 이럴 경우라도 비정부 부문의 행위자들은 정치적 문제를 배제하고 사회문화교류를 할 수 있으며, 남북 주민 및 단체 간 교류에서 이념적 갈등을 완화시킬 수 있다는 것이다. 즉, 남북정부간 첨예한 대립으로 공식적 통로가 중단된 상황에서도 이러한 비정부 부문의 행위자들을 통해서 접촉할 통로를 열어놓을 수 있다. 이러한 비공식 통로는 대립적 관계의 완충역할을 할 수도 있다. 즉 사안에 따라 정부와 민간부문이 서로 보완적으로 업무를 추진하는 신축적인 상호주의전략이 요구된다.

남북한 관계와 남북한의 교류협력문제는 남북한 간의 협력과 갈등 문제에 국한되는 것이 아니다. 이 문제는 바로 주변4국과 연결되며, 남한 사회 내에서의 갈등문제에도 중요한 영향을 줄 수 있다. 이미 남남갈등의 문제가 대북 통일전략에서 남한사회의 통합을 저해하는 요소가 되고 있다는 것은 새삼스러운 일이 아니다. 즉 남한 내에서도 이념적 갈등과 방법론적 관점의 차이가 극명하게 드러나고 있다는 것이다. 따라서 각각 보수와 진보 한 쪽을 대변하는 비탄력적 상호주의와 포괄적인 상호주의만으로는 이 문제를 해결할 수 없다. 신축적 상호주의가 필요한 또 다른 이유이다.

남북한 문제는 국제적으로 핵문제, 동북아의 평화체제 및 북한 내부문제에 대한 처리 등 다양한 이슈영역을 내포하고 있다. 따라서 이러한 문제들을 둘러싸고 있는 행위자 역시 다양하며, 이들은 북한을 대상으로 복잡한 활동을 전개하고 있다. 이와 같은 복잡하고 다변화하는 환경 속에서 통일정책의 수요는 급증하고 있지만, 기존의 비탄력적 상호주의 또는 포괄적 상호주의전략만으로 이 문제를 해결하기에는 어려움이 있다. 즉 행위자의 복잡성과 문제의 다양성과 같은 조건에서 기존의 전략으로는 효율성과 효과성을 기대하기 어렵게 만든다. 맞대응전략에 기반을 둔 비탄력적 상호주의나 포용과 양보를 위주로 한 포괄적 상호주의만으로 북한 측의 협력을 유도할 수 없다.

이러한 복잡한 상황에서는 신축적인 상호주의를 적용하여 문제를 점진적·단계적으로 해결해 나가는 것이 최선일 것이다. 따라서 남북한이 교류협력을 증진시켜 평화통일을 달성코자 한다면, 관련 사안과 참가국들의 입장을 고려하여 호혜성에 바탕을 둔 신축적 상호주의가 주된 전략으로 자리잡아야 할 것이다. 남북한 교류협력에서 상호주의 적용모형은 〈도표 6-5〉에서 보는 바와 같다.

| 도표 6-5 | 남북한 교류협력에서 상호주의 적용의 종합 모형

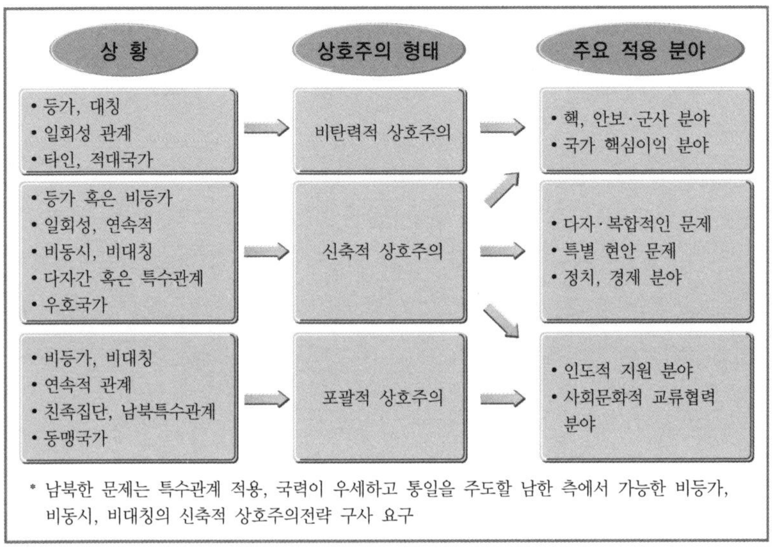

제 7 장

결 론

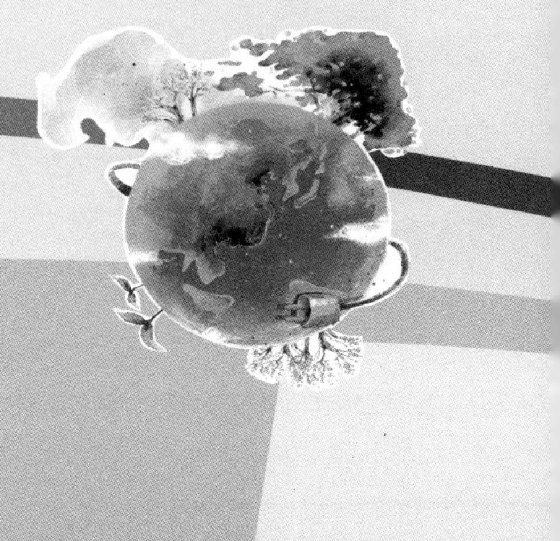

　졸저는 상호주의 개념을 재정립하여, 남북한의 교류협력과 평화통일의 과정에서 상호주의의 실천적 방안과 효율적인 적용 유형을 정립할 목적으로 연구되었다.

　우리는 축구경기나 바둑처럼 오로지 한 쪽만 이기고 한 쪽은 지는 식의 경쟁에 익숙해 있다. 그러나 독자들도 잘 알다시피 실제 세상은 그렇지 않다. 특히 국제정치 등 광범위하고 다양한 상황에서는 상호협력이 상호배반보다 이득이 될 때가 많다. 국가 간 혹은 개인 간의 관계에서 좋은 성과를 올리는 비결은 대부분 상대방을 누르고 이긴 것이 아니라, 상대방에게서 협력을 유도하는 것이다. 액셀로드가 주장한 대로 상호주의전략은 상대방을 패배시킴으로써 성공하는 게 아니라 상대방에게서 협력을 이끌어내어 함께 노력함으로써 성공을 거두었다.

　이러한 개념에 바탕을 두고 남북한 관계 개선과 교류협력 증진에 상호주의를 실천적으로 적용하기 위한 효율적인 전략을 제시한다.

　첫째, 전략적으로 남북한 교류협력에도 일정한 근본적인 목표와 원칙이 있어야 한다고 주장한다. 남북한이 평화통일을 향한 교류협력의 과정에서 부닥칠 여러 사건들의 해결과정은 마치 항해하는 배에 밀려드는 강한 파도와 싸우는 것과 같을 것이다. 중요한 것은 항해 과정에서 목표와 원칙을 잃지 않는다는 것이다. 나침반이 항해사에게 중요하듯이 북한 문제를 풀어나가는 대북 '교류협력전략(交流協力戰略)'에도 목표와 원칙이 있어야 한다. 이러한 목표와 원칙이 없다면 결국 온 나라와 민족이 길을 잃고 방황하는 형국이 될 수도 있기 때문이다. 바로 그 목표는 평화통일이요, 원칙은 호혜주의에 바탕을 둔 상호주의가 되어야 한다고 주장한다.

둘째, 이론적으로 국제협력의 조건에 관한 액셀로드의 '비탄력적 상호주의'와 코헨의 '포괄적 상호주의'에 '신축적 상호주의' 개념이 보완되어야 한다고 주장한다. 즉 액셀로드와 코헨이 '미래의 잔영'이라고 지칭한 상호 관계의 지속성과 장기성, 그리고 협력의 조건으로 오래 그리고 널리 지적되어온 이슈의 연계와 '다자주의(多者主義)' 등의 협력조건은 결국 시간, 공간, 이슈 차원의 '신축적 상호주의'의 일면을 이룬다고 주장한다.

셋째, 경험적으로 지금까지 북한문제의 해결과정은 대체로 '눈에는 눈, 이에는 이' 식의 비탄력적 상호주의의 작동으로 볼 수 있지만, 그것이 성공한 이면에는 관계의 지속성과 장기성, 이슈간의 연계, 다수 참여자의 협력 등 포괄적 · 신축적 상호주의의 조건을 전략적으로 설정하거나 그것들이 구조적으로 존재하였기 때문이라고 주장한다.

넷째, 이러한 분석이 지닌 정책적 함의는 전략으로서 상호주의와 분석적 개념으로서 상호주의는 비탄력적 상호주의, 포괄적 상호주의와 신축적 상호주의로 구분되어야 하며, 이것을 혼동할 시나 한 쪽의 전략에 집착할 시는 전략의 실패와 이론적 분석의 실수가 초래될 수 있다고 주장한다.

다섯째, 남북관계가 평화통일로 가는 장기적 시간표 속에서 발생하는 여러 기능적 측면이 혼합되고, 다자가 작동하는 국제적인 틀에서 전개될 경우, 비탄력적 상호주의와 포괄적 상호주의 및 신축적 상호주의의 복합적이고 선택적인 운용으로 남북 간 상호협력의 가능성은 높아질 수 있다고 주장한다.

여섯째, 대북전략에서 상호주의 원칙을 적용하는 목적은 북한의 바람직한 변화에 두고 핵심적인 목표가 북한의 개혁과 개방을 지원하는 데 초점이 모아져야 한다고 주장한다. 개혁하고 변화하지 않으면 북한 당국이나 북한 주민이 살아남기 어렵다는 것은 최근의 세계역사가 입증해주었다. 남한은 호혜주의에 기반을 둔 상호주의전략을 적절히 구사하여 북한이 변화하면서 스스로 생존의 기술을 터득해 가도록 도와야 할 것이다.

일곱째, 남북한 교류협력의 방향은 북한이 인류의 보편적인 가치와 기준을 받아들이는 데 맞추어져야 한다는 점을 강조한다. 세계적인 보편적 가치와 표준의 예로는 '자유민주주의, 시장원리, 인권존중' 등을 들 수 있다. 이러한 가치와 표준을 받아들여 북한이 변화해야만 북한 주민의 실질적인 삶의 질이 개선될 것이고, 인권이 보호될 것이다. 즉 남북 교류협력전략은 가능한 포괄적이고 신축적인 상호주의를 적용하여 북한 주민의 삶의 질 개선을 위해 노력해야 한다는 것이다.

상호주의에 기반을 둔 남북 교류협력전략은 남한만의 포용이 아니라 국제적인 동반 포용이 함께 해야 성공할 수 있다. 대북정책의 원칙들은 당시의 상황과 이슈에 따라 때로는 엄격하게, 필요에 따라서는 포괄적 혹은 신축적으로 추진되어야 할 것이다. 북한의 인권문제 등은 미국정부가 추진하는 것과는 다른 방식으로 조용하게 남북한 채널을 통해 추진함으로써 북한 당국의 최소한의 체면을 지켜주어야 할 것이다. 그리고 필요하다면 과거 서독정부가 시행했던 것처럼 경제적 보상과 연계하는 것도 고려할 수 있을 것이다. 즉 상호주의 원칙은 준수하되, 수행하는 과정에서는 유연하고 탄력적으로 적용하도록 노력해야 한다.

남북한은 단기적으로 가시적인 성과와 업적에 연연하지 말고 호혜주의에 기반을 둔 상호주의 원칙에 입각한 남북한 교류협력 관계가 되도록 노력해야 한다.

북한의 비핵화와 대북경협의 연계를 시도하는 데는 비탄력적 상호주의에 신축적 상호주의를 적절히 활용하여 좀 더 정교하고 구체적인 안을 제시해야 할 것이다. 북한의 비핵화과정은 현실적으로 일정 기간이 소요되는 복잡하고 기나긴 과정이다. 북한이 이것을 이행할 때까지 남북교류협력을 하지 않고 있을 수는 없을 것이다. 따라서 비핵화의 과정과 더불어 남북교류협력의 과정도 보다 세분화하여 신축적인 상호주의 개념하에서 상호 연계하는 구체적인 로드맵을 제시해야 한다.

국가 간의 관계이자 통일을 지향하는 특수관계인 남북한의 교류협력과정에서 비탄력적 상호주의만으로는 많은 문제를 해결할 수 없다. 즉 정책적 유연성을 지니지 못해 성공을 담보하기 어렵다. 비탄력적 상호주의가 북한지도부의 의사결정에 강력한 영향을 미칠 수 있을 것으로 기대할 수 있으나, 남북한 양자가 일회적인 관계가 아닌 상호 협력을 향한 관계에서 이를 그대로 적용하는 것은 근본적인 한계에 부닥칠 가능성이 크다. 따라서 남북한 교류협력과정에서 상호주의의 적용은 신축적이고 탄력적으로 이루어지는 것이 바람직하다. '호혜주의

(互惠主義)’에 바탕을 둔 남북 간의 상호주의는 서로 호혜적 반응의 결과로서 나타날 수 있는 것이어야 한다.

상호주의전략에서 포용과 보복의 적정수준은 환경에 따라 결정된다. 특히 서로 끊임없이 반복해서 보복을 하는 악순환이 주된 위험요소일 경우에는 보다 큰 관용성이 필요하다. 하지만 만일 북한 측이 남한 측의 호의를 이용하고 착취하고자 할 경우에는 지나친 관용은 비현실적이다. 특정 환경에 맞는 적당한 수준의 용서를 정확하게 결정하기는 어렵지만, 액셀로드의 대회의 결과를 보면, 한 번 배반했을 때 한 차례 응징을 하는 일대일 비율이 폭넓은 범위의 환경에서 두루 인정을 받았다. 그 다음 두 번 배반했을 때 한 번 응징하는 것도 차선의 방책이 될 것이다. 그러므로 ‘협력뿐만 아니라 배반도 되돌려주라’는 말은 상호주의전략을 구사하는 남한에게는 매우 중요한 충고라고 할 수 있다. 그러나 남북한 특수관계에서 맞대응할 때는 폭과 양에 있어서 조심스러운 접근과 전략이 필요하다. 가능한 포용하고 용서하는 관용의 전략이 ‘미래의 잔영’을 길게 가져갈 수 있기 때문이다.

남북한 간의 교류협력이 상호주의 차원에서 성공하기 위해서는 다음과 같은 전략이 필요하다.

첫째, 핵문제와 안보문제 등의 해결과정에서 상호주의를 적용할 때에는 남북한 및 주변국이 호혜적 차원에서 서로 이익을 주고받을 수 있도록 좀 더 정교한 내용으로 구성해야 한다. 핵과 안보문제 해결과정에서 통상 비탄력적 상호주의를 적용해야 하는데 이 경우에는 남북 교류협력이 지속될 수 있는 대책을 함께 수립해야 한다. 무엇보다도 북한 핵문제 해결과 남북 간 교류협력을 선후의 문제가 아닌 함께 해결해야 할 문제로 인식해야 한다. 남북 간 교류협력은 핵문제 해결과 연계된 북미관계의 개선과 6자회담의 진전을 추동하는 역할을 할 수 있을 것이다. 핵문제가 남북교류협력에 상관없이 북미 간에 해결되리라는 기대를 하기는 어려운 것이 현실이다. 상호주의가 비핵화 과정에 효율적으로 적용될 수 있도록 비핵화 과정을 여러 단계로 구분하고, 각 단계를 남북 간의 교류협력과 연계해서 추진해야 한다. 핵 불능화 조치와 신고, 핵 폐기 과정의 초·중·후기 등의 비핵화의 단계에 맞추어 신축적 상호주의전략을 활용하여 인도적 지원과 경제교류협력을 적절하게 연계해야 할 것이다.

둘째, 남북한 교류협력의 과정에서 상호주의를 적용 시는 북한에 요구하는 개혁과 개방에 대한 개념과 범위, 내용과 수준 등을 더욱 명확히 제시하고, 이에 대한 반대급부 차원의 대가를 제시할 필요가 있다. 왜냐하면 북한은 개방을 통해 극한 상황에 처해있는 주민을 살리고 남한으로부터 주민의 삶의 질 향상이라는 큰 경제적 이익을 얻을 수 있다 하더라도 그것이 내부체제의 불안정을 초래한다면 개방에 쉽게 응하지 않을 것이기 때문이다. 북한의 의지가 담보되어 핵문제가 잠정적으로 해결되었다고 하더라도 남한이 원하는 북한의 실질적인 대외개방은 결코 쉽지 않을 것이다. 즉 남한이 비탄력적 상호주의를 적용하며, 북한의 내부적인 체제개혁과 민주화를 요구하면 북한이 이를 적극적으로 받아들이지 못할 것이 분명하다. 따라서 포괄적이고 신축적인 상호주의전략에 따라 국제공조를 유지하며, 사안별로 신축적으로 대응해야 한다.

셋째, 남북한의 경제교류협력은 신축적인 상호주의전략을 적용하여 통행·통신·통관 등 3통 문제를 해결하는 것으로부터 시작되어야 할 것이다. 남북 경제교류협력 추진을 위한 3통 문제가 북한 전역에서 자유롭게 이루어질 경우 북한의 개방은 거의 이루어진 것이나 다름없다. 따라서 남북교류협력을 통한 북한의 개방은 남북교류협력에서의 3통 문제해결과 연결되는 경협사업을 추진하는 것이 중요하다.

넷째, 동서독 관계에서나 남북관계에서 정부와 지도자의 역할은 통상적인 대내외 정책에 관한 정치적 결정과정과는 상당히 다른 성격을 가지고 있었다. 남북한 관계와 마찬가지로 동서독 관계에서도 성공적인 협상은 양측 정부 간의 비밀채널을 통해서 그 기초가 마련되는 경우가 많았다. 또한 동서독의 경험에서 보면, 양측 간의 성공적인 상호주의적 거래는 그 거래의 사실과 그 내역이 공개되지 않을 때에만 성공할 수 있었다. 거래 당사자 중 약자인 동독 정권의 체면 때문이었다. 이 모든 것이 의미하는 것은 정책에 대한 초당적 합의와 정부, 여당과 야당 및 국민 사이의 두터운 신뢰관계의 형성 없이는 북한에 대한 정책을 능동적으로 풀어 나가기 어렵다는 것이다.

'상호주의전략'은 자기 성공의 발판을 파괴하지는 않는다. 그 역으로, 다른 성공적인 전략들하고 어울려 상승작용을 함으로써 번성한다. 상호주의전략에 구현된 '호혜주의'는 국제정치의 이론으로도 좋은 원칙이다. 남북한 관계에서 현재와 비교해 미래가 충분히 중요하다고 남북한이 느끼게 되면, 상호주의전략은 총체적으로 안정적이다. 달리 표현하자면, 상대방이 상호주의전략을 구사하며 또한 상대방과의 상호작용이 충분히 오래 지속될 것이라고 확신한다면, 당신도 상호주의전략을 쓰라고 액셀로드는 강조하고 있다. 왜냐하면 상호주의전략의 호혜성의 진짜 가치는, 다양한 전략들이 뒤섞인 어떤 환경에서도 좋은 성과를 낸다는 데 있다. 북한은 남북 특수관계를 이유로 상호주의를 부정하였으나, 앞에서 살펴본 대로 미국과 북한 간의 핵협상은 물론이

고, 남북한 간의 교류협력에도 상호주의를 적용하고 있다. 특히 북한
이 김대중정부와 노무현정부의 포괄적 상호주의에는 큰 반발 없이 순
응하였다는 점은 많은 것을 시사하고 있다.

액셀로드의 컴퓨터 대회의 결과는 수인의 딜레마 상황에서 너무 영
악하다보면 손해임을 보여준다. 정교하고 복잡한 규칙이 단순한 규칙
보다 더 성공했는가? 그렇지 않았다. 소위 성과 극대화 전략들은 좋은
성적을 내지 못했다. 상호배반의 고리에 쉽게 갇혀버렸기 때문이다.
이런 규칙들이 공통적으로 안고 있는 문제는, 상대방에 대한 추론 방
식이 너무 복잡하다는 것이다. 예를 들어 상대가 시험 삼아 한번 해본
배반을 보고, 상대방을 협력으로 이끌어내기 불가능한 상대라고 결론
내려 버린다. 그러나 성과를 극대화하려는 전략들의 가장 큰 문제는
자신의 행동이 상대방의 선택을 바꾸어 놓을 수도 있음을 대부분 고
려하지 않았다는 것이다.

통일로 향해가는 남북한 특수 관계처럼 서로 상생을 해야 하는 '넌
제로섬게임(Non Zero-sum game)' 즉 '상생게임'에서는 상대를 항상 이
기는 것만이 능사가 아니다. 북한 측은 우리의 선택에 따라 변할 수
있는 대상으로 보아야 한다. 북한 측이 남한을 이기려고 혈안이 된 집
단이라고 생각해서는 안 된다. 남한 측이 북한 측을 예의 주시하듯이
북한 측은 남한 측이 협력을 협력으로 갚는지 우리의 행동을 주의 깊
게 보고 있다. 그러므로 '메아리효과'처럼 우리의 행동은 메아리 되어
우리에게 돌아오게 된다.

남북한 간에 상호주의가 작용하여 협력이 반복될 때는 남북한이 서
로 협력해주어야 서로가 더 잘 될 수 있다. 따라서 서로의 협력을 격
려하고 유도하는 것이 핵심이다. 북한 측이 남한 측에 적응하고, 남한

측은 다시 북한 측에 적응하고, 이런 식으로 반복 순환과정을 통해 상황은 상호 협력적인 방향으로 계속 호전될 수 있기 때문이다. 통일의 길은 남북한 관계에서 성공의 길이 당장 보이지 않더라도 희망을 가지고 따라가야 하는 어려운 길이다.

제로섬게임의 논리보다 상생의 '윈윈(win-win)원리'가 작동해야 하는 남북한 관계에서 전체적으로 좋은 성과를 올리기 위해서는, 매 번 북한보다 잘해야 할 필요는 없다. 특히 다양한 분야에서 수많은 상호작용을 해야 하는 경우라면 더욱 그렇다. 내가 주의해서 잘한다면, 북한 측이 남한 측과 같거나 조금 높은 점수를 얻도록 내버려 두어도 좋다. 북한 측이 거둔 성공을 질투해서 얻을 것은 아무것도 없다. 통일로 연결되어야 할 남북한의 특수관계에서는 북한 측의 성공이 사실상 남한 측이 성공을 거두기 위한 전제조건이 될 수도 있다. 따라서 특별한 경우를 제외하고는 포괄적·신축적 상호주의를 적절하게 활용해야 한다.

남북한 쌍방은 김대중정부와 노무현정부에서 실시되었던 당국 간 장관급회담을 포함한 각종 회담을 정례화해야 한다. 남북한의 정치·군사적 긴장완화와 상호주의의 핵심요소인 상호 신뢰 부족 등은 포괄적인 남북한 관계의 불안정 요인으로 작용하고 있다. 남북경협의 경제외적 제약요인은 남북 당사자 간 화해협력 분위기 조성과 같은 노력을 통해 상당 부분은 해소될 수 있다. 남북 당국 간 회담의 정례화를 통해 포괄적인 남북관계의 개선과 이를 통한 남북경협의 발전을 기대할 수 있을 것이다.

서로 만나서 이야기를 해야만 상호주의가 작동할 수 있는 기반인 이해와 신뢰를 구축할 수 있다. 즉 상호주의 적용의 핵심요소인 '미래의 잔영'을 길게 가져갈 수 있는 것이다. 남측이 해결하고자 원하는

북한의 핵, 인권과 안보불안에 대한 해결책은 단·중기적으로는 상호
주의를 효율적으로 적용해야 모색될 수 있으며, 장기적으로는 평화통
일이 되어야 완전히 해결될 수 있다.

일단 여기까지 읽었다면, 여러분은 대단히 인내심이 많은 독자이다.
또한 남북 교류협력과 평화통일에 크게 기여하려는 의지와 능력을 갖
춘 독자이다. 여러분의 행동하는 양심이 조국의 평화통일을 앞당길 것
이다. 사랑하는 조국의 평화통일을 위해 우리 함께 손잡고 정진하자!

부 록

남북 사이의 화해와 불가침 및 교류·협력에 관한 합의서

남과 북은 분단된 조국의 평화적 통일을 염원하는 온 겨레의 뜻에 따라, 7·4 남북공동성명에서 천명된 조국통일 3대원칙을 재확인하고, 정치 군사적 대결상태를 해소하여 민족적 화해를 이룩하고, 무력에 의한 침략과 충돌을 막고 긴장 완화와 평화를 보장하며, 다각적인 교류·협력을 실현하여 민족공동의 이익과 번영을 도모하며, 쌍방 사이의 관계가 나라와 나라 사이의 관계가 아닌 통일을 지향하는 과정에서 잠정적으로 형성되는 특수관계라는 것을 인정하고, 평화통일을 성취하기 위한 공동의 노력을 경주할 것을 다짐하면서, 다음과 같이 합의하였다.

제 1 장 남북화해

제1조 남과 북은 서로 상대방의 체제를 인정하고 존중한다.

제2조 남과 북은 상대방의 내부문제에 간섭하지 아니한다.

제3조 남과 북은 상대방에 대한 비방·중상을 하지 아니한다.

제4조 남과 북은 상대방을 파괴·전복하려는 일체 행위를 하지 아니한다.

제5조 남과 북은 현 정전상태를 남북 사이의 공고한 평화상태로 전환시키기 위하여 공동으로 노력하며 이러한 평화상태가 이룩될 때까지 현 군사정전 협정을 준수한다.

제6조 남과 북은 국제무대에서 대결과 경쟁을 중지하고 서로 협력하
　　 며 민족의 존엄과 이익을 위하여 공동으로 노력한다.
제7조 남과 북은 서로의 긴밀한 연락과 협의를 위하여 이 합의서 발
　　 효 후 3개월 안에 판문점에 남북연락사무소를 설치·운영한다.
제8조 남과 북은 이 합의서 발효 후 1개월 안에 본회담 테두리 안에
　　 서 남북정치분과위원회를 구성하여 남북화해에 관한 합의의 이
　　 행과 준수를 위한 구체적 대책을 협의한다.

제 2 장　남북불가침

제9조 남과 북은 상대방에 대하여 무력을 사용하지 않으며 상대방을
　　 무력으로 침략하지 아니한다.
제10조 남과 북은 의견대립과 분쟁문제들을 대화와 협상을 통하여 평
　　 화적으로 해결한다.
제11조 남과 북의 불가침 경계선과 구역은 1953년 7월 27일자 군사
　　 정전에 관한 협정에 규정된 군사분계선과 지금까지 쌍방이
　　 관할하여 온 구역으로 한다.
제12조 남과 북은 불가침의 이행과 보장을 위하여 이 합의서 발효 후
　　 3개월 안에 남북군사공동위원회를 구성·운영한다. 남북군사
　　 공동위원회에서는 대규모 부대이동과 군사연습의 통보 및 통
　　 제문제, 비무장지대의 평화적 이용문제, 군 인사교류 및 정보
　　 교환 문제, 대량살상무기와 공격능력의 제거를 비롯한 단계적
　　 군축 실현문제, 검증문제 등 군사적 신뢰조성과 군축을 실현
　　 하기 위한 문제를 협의·추진한다.
제13조 남과 북은 우발적인 무력충돌과 그 확대를 방지하기 위하여

쌍방 군사 당국자 사이에 직통 전화를 설치·운영한다.

제14조 남과 북은 이 합의서 발효 후 1개월 안에 본회담 테두리 안에서 남북군사분과위원회를 구성하여 불가침에 관한 합의의 이행과 준수 및 군사적 대결상태를 해소하기 위한 구체적 대책을 협의한다.

제 3 장   남북교류·협력

제15조 남과 북은 민족경제의 통일적이며 균형적인 발전과 민족 전체의 복리향상을 도모하기 위하여 자원의 공동개발, 민족 내부 교류로서의 물자교류, 합작투자 등 경제교류와 협력을 실시한다.

제16조 남과 북은 과학·기술, 교육, 문화·예술, 보건, 체육, 환경과 신문, 라디오, 텔레비전 및 출판물을 비롯한 출판·보도 등 여러 분야에서 교류와 협력을 실시한다.

제17조 남과 북은 민족구성원들의 자유로운 왕래와 접촉을 실현한다.

제18조 남과 북은 흩어진 가족·친척들의 자유로운 서신거래와 왕래와 상봉 및 방문을 실시하고 자유의사에 의한 재결합을 실현하며, 기타 인도적으로 해결할 문제에 대한 대책을 강구한다.

제19조 남과 북은 끊어진 철도와 도로를 연결하고 해로, 항로를 개설한다.

제20조 남과 북은 우편과 전기 통신 교류에 필요한 시설을 설치·연결하며, 우편·전기 통신 교류의 비밀을 보장한다.

제21조 남과 북은 국제무대에서 경제와 문화 등 여러 분야에서 서로 협력하며 대외에 공동으로 진출한다.

제22조 남과 북은 경제와 문화 등 각 분야의 교류와 협력을 실현하기
　　　 위한 합의의 이행을 위하여 이 합의서 발효 후 3개월 안에 남
　　　 북경제교류 · 협력공동위원회를 비롯한 부문별 공동위원회들
　　　 을 구성 · 운영한다.
제23조 남과 북은 이 합의서 발효 후 1개월 안에 본회담 테두리 안에
　　　 서 남북교류 · 협력분과위원회를 구성하여 남북교류 · 협력에
　　　 관한 합의의 이행과 준수를 위한 구체적 대책을 협의한다.

제 4 장　 수정 및 발효

제24조 이 합의서는 쌍방의 합의에 의하여 수정 · 보충할 수 있다.
제25조 이 합의서는 남과 북이 각기 발효에 필요한 절차를 거쳐 그
　　　 문본을 서로 교환한 날부터 효력을 발생한다.

1991년 12월 13일

남 북 고 위 급 회 담　　　　　　　 북 남 고 위 급 회 담
남측 대표단 수석 대표　　　　　　　 북 측 대 표 단 단 장
대　 한　 민　 국　　　　　　　 조선민주주의 인민공화국
국 무 총 리 정 원 식　　　　　　　 정 무 원 총 리 연 형 묵

제1차 남북장관급회담 공동보도문

제1차 남북장관급회담이 2000년 7월 29일부터 31일까지 서울에서 진행되었다.

회담에서 쌍방은 남북 정상들의 역사적인 평양 회담과 6·15 남북 공동선언의 중대한 의의를 강조하고, 공동선언을 성실히 이행해 나가기 위하여 다음과 같은 당면사항들에 합의하였다.

1. 남과 북은 남북장관급회담을 남북공동선언 정신에 부합되게 운영한다.

   첫째, 남북장관급회담은 쌍방 정상들이 서명한 공동선언의 합의사항을 존중하고 공동이익을 추구하는 방향으로 그 이행문제를 협의, 해결하는 대화가 되도록 한다.

   둘째, 남북장관급회담은 불신과 논쟁으로 일관하던 과거의 낡은 타성에서 벗어나 신의와 협력으로 쉬운 문제부터 해결하는 대화가 되도록 한다.

   셋째, 남북장관급회담은 민족 앞에 실질적인 결실을 내놓을 수 있도록 실천을 중시하며, 평화와 통일을 지향해 나아가는 대화가 되도록 한다.

2. 남과 북은 1996년 11월에 잠정적으로 중단되었던 판문점 남북연락사무소 업무를 2000년 8.15를 계기로 재개한다.

3. 남과 북은 올해 8.15에 즈음하여 남과 북, 해외에서 각기 지역별로

남북공동선언을 지지, 환영하며 그 실천을 위한 전 민족적 결의를
모으는 행사를 진행한다.

4. 남과 북은 총련 동포들이 방문단을 구성하여 고향을 방문할 수 있
도록 협력하며, 이와 관련한 적절한 조치를 취한다.

5. 남과 북은 경의선 철도의 끊어진 구간을 연결하며, 이를 위한 문제
는 빠른 시일 내에 협의하기로 한다.

6. 남과 북은 제2차 남북장관급회담을 2000년 8월 29부터 8월 31까
지 평양에서 개최한다.

2000년 7월 31일

서 울

제3차 남북장관급회담 공동보도문

제3차 남북장관급회담이 2000년 9월 27일부터 9월 30일까지 제주도에서 진행되었다.

이번 회담에서 남북 쌍방은 역사적인 6·15 남북공동선언 발표 후 합의한 사항들이 성실히 이행되고 있는 데 대해 긍정적으로 평가하고 남북공동선언을 변함없이 적극 이행해 나갈 것을 다짐하면서 다음과 같은 사항들에 합의하였다.

1. 남과 북은 이미 여러 갈래 회담에서 합의한 모든 문제들을 차질없이 이행하면서 앞으로의 실천적인 사업들을 계속 폭넓고 깊이 있게 협의하고 성실히 추진해 나가기로 한다.

2. 남과 북은 이산가족 문제의 조속한 해결을 위해 쌍방 적십자단체들이 제2차 회담에서 합의한 문제들과 함께 금년 말부터 생사확인, 서신교환, 면회소설치 등에 관한 조속한 조치를 취해 나가도록 적극 협력하기로 한다.

3. 남과 북은 경제협력의 제도적 장치를 마련하기 위한 제1차 실무접촉이 성과적으로 진행되었음을 평가하고 투자보장과 이중과세방지 문제와 함께 분쟁해결절차와 청산결제제도 마련 문제도 빨리 타결하기 위해 협력하기로 한다.

4. 남과 북은 경제분야에서 교류협력을 확대시키기 위한 제반문제를 협의·추진하기 위하여 [남북경제협력추진위원회]를 협의·설치한다.

5. 남과 북은 학술·문화·체육 등 제반분야에서 교류와 협력을 활성
   화 하는 것이 중요하다는 데 인식을 같이하는 바탕 위에서 남측은
   서울과 평양을 왕래하며 정기적으로 친선축구대회를 개최하는 문
   제와 시범적으로 교수·대학생·문화계 인사 등의 방문단을 상호
   교환하는 문제를 제의하였고, 북측도 위의 제안을 포함하여 교류
   협력문제에 대해 긍정적으로 연구·검토하기로 하였으며, 쌍방은
   제4차 남북장관급회담에서 협의·결정하기로 한다.
6. 남과 북은 제4차 남북장관급회담을 2000년 11월 28일부터 12월 1
   일까지 3박 4일간 개최하기로 한다. 장소는 추후 협의하기로 한다.

2000년 9월 30일

제 주 도

제5차 남북장관급회담 공동보도문

제5차 남북장관급회담이 2001년 9월 15일부터 18일까지 서울에서 진행되었다.

회담에서 쌍방은 6·15 남북공동선언을 철저히 이행해 나가려는 서로의 의지를 확인하고 남북관계의 지속적인 발전과 평화 보장을 위하여 적극 노력하기로 하면서 다음과 같은 사항들에 합의하였다.

1. 남과 북은 민족의 화해와 단합을 도모하기 위하여 쌍방 당국 사이의 대화와 협력사업을 발전시키는 것과 함께, 민간급에서의 접촉과 왕래, 협력사업을 상호 이해와 존중의 바탕 위에서 적극 지원하기로 한다.

2. 남과 북은 올해 추석을 계기로 이산가족들의 고통을 덜어주기 위한 인도적 조치를 취하는 것이 필요하다는 데 인식을 같이하였으며, 이를 위하여 제4차 이산가족 방문단을 10월 16일부터 18일까지 서로 교환하기로 한다.

3. 남과 북은 민족경제의 균형적 발전과 경제협력 확대를 위하여 다음과 같은 조치들을 취하기로 한다.

   ① 남과 북은 서울-신의주 사이의 철도와 문산-개성 사이의 도로를 우선적으로 개성공단에 연결시키기 위하여 쌍방 사이에 군사적 보장에 관한 합의서가 서명 발효되는 데 따라 연결공사에 곧 착수하고 가급적 빠른 시일 내에 개통하기로 한다.

② 남과 북은 개성공단 사업을 적극 추진하기로 하였으며, 이를 위
한 실무접촉을 빠른 시일 내에 가지고 공단의 규모와 구체적 실
천계획을 확정하여 공사에 착수하기로 한다.

③ 남과 북은 금강산 관광사업의 활성화를 위한 대책을 적극 추진
하기로 하였으며, 이를 위하여 10월 4일 당국간 회담을 열고,
육로관광을 비롯한 금강산 관광활성화 문제를 협의 해결해 나가
기로 한다.

④ 남과 북은 남과 북, 러시아 사이의 철도연결사업을 실현하기 위
하여 적극 협력해 나가기로 하고, 가스관의 연결 사업도 검토해
나가기로 한다.

⑤ 남과 북은 평화적인 민간선박들의 상호 영해통과 허용 문제를
협의하기 위하여 해운 관계자들 사이의 실무 접촉을 빠른 시일
내에 가지기로 한다.

⑥ 남과 북은 임진강 수해방지 대책 문제와 관련하여, 이미 협의한
바탕 위에서 쌍방 군사당국 사이에 필요한 조치가 취해지는 대
로 11월중 현지조사에 착수하기로 한다.

⑦ 남과 북은 이미 서명 교환한 남북경제협력의 법적, 제도적 장치
들을 마련하기 위한 투자보호, 이중과세 방지, 상사분쟁 해결절
차, 청산결제 등 4가지 합의서들을 각기 내부절차를 거쳐 빠른
시일 내에 발효시키기로 한다.

⑧ 남과 북은 북측의 동해어장의 일부를 공동으로 이용하는 문제를
협의하기 위하여 실무자들 사이의 접촉을 빠른 시일 내에 가지
기로 한다.

⑨ 남과 북은 이상의 경제실무적 문제들의 구체적인 이행대책들을

경제협력추진위원회와 해당부문 접촉들에서 협의해 나가며 제2
차 경제협력추진위원회를 10월 23일부터 26일까지 개최하기로
한다.

4. 남과 북은 태권도 시범단을 교환하기로 하고, 북측 시범단을 10월
에, 남측 시범단을 11월에 각기 상대측 지역에 파견하며, 이와 관
련한 실무적인 문제들을 관계자들 사이에 협의해 나가기로 한다.

5. 남과 북은 제6차 남북장관급회담을 2001년 10월 28일부터 31일까
지 개최하기로 한다.

2001년 9월 18일

서 울

제8차 남북장관급회담 공동보도문

제8차 남북장관급회담이 2002년 10월 19일부터 22일까지 평양에서 진행되었다.

회담에서 쌍방은 최근 남북관계가 6·15 공동선언의 기본정신에 부합되게 좋게 발전하고 있는 데 대하여 긍정적으로 평가하고 남북공동선언을 이행하기 위하여 계속 노력하며 당면한 문제들을 풀어나가기 위하여 다음과 같이 합의하였다.

1. 남과 북은 6·15 공동선언의 정신에 맞게 한반도의 평화와 안전을 보장하기 위하여 공동으로 노력하며, 핵문제를 비롯한 모든 문제를 대화의 방법으로 해결하도록 적극 협력하기로 한다.

2. 남과 북은 경의선과 동해선 철도·도로 건설이 동시에 빨리 진척되도록 남북장관급회담을 적극 추진하기로 한다. 쌍방은 1차적으로 경의선 철도·도로를 개성공업단지에, 동해선 철도·도로를 금강산 지역에 연결한다. 쌍방은 동해선 철도 연결공사를 빨리 추진하며, 남측은 강릉방향에로의 남측구간 연결공사를 중단없이 빨리 추진시킨다.

3. 남과 북은 개성공단 건설착공을 12월중에 하는 문제와 건설과 관련한 실무적 문제들을 개성공단건설실무협의회에서 토의하기로 하며, 개성공단이 건설되면 그 안에 남측의 해당부문 사무소를 설치하기로 한다.

4. 남과 북은 쌍방 민간선박들의 상대측 영해통과와 안전운항 등 해
   운협력에 관한 해운합의서 채택을 위한 관계자 실무접촉을 11월중
   에 금강산에서 갖기로 한다.
5. 남과 북은 상대측의 인원통행 및 물자수송에 관한 통행합의서 채
   택 문제를 남북철도 · 도로가 처음 연결되는 시기에 맞추어 협의하
   기로 한다.
6. 남과 북은 남측 어민들이 북측의 동해어장의 일부를 이용하는 문
   제와 관련하여 해당 실무접촉을 빠른 시일 내에 금강산에서 갖기
   로 한다.
7. 남과 북은 이산가족들의 금강산 면회소를 빨리 건설하고, 전쟁시기
   소식을 알 수 없게 된 자들의 생사주소를 확인하는 적십자단체들
   의 사업을 적극 밀어 주기로 한다.
8. 남과 북은 제9차 남북장관급회담을 2003년 1월 중순에 서울에서
   개최한다.

2002년 10월 22일

평　양

제18차 남북장관급회담 공동보도문

제18차 남북장관급회담이 2006년 4월 21일부터 24일까지 평양에서 진행되었다.

회담에서 쌍방은 6·15 남북공동선언 이후 이룩한 성과들을 평가하고, 남북관계를 우리 민족끼리의 정신에 맞게 보다 높은 단계로 발전시키기 위해 적극 노력하기로 하고 다음과 같이 합의하였다.

1. 남과 북은 6·15 공동선언의 기본정신에 맞게 상대방의 사상과 체제를 인정하고 존중하는 실천적 조치를 취함으로써 민족의 화해와 신뢰를 증진시켜 나가기로 하였다.

2. 남과 북은 한반도에서 군사적 긴장을 완화하고 평화를 보장하기 위한 실천적인 대책들을 취해 나가야 한다는 데 인식을 같이하고 그 실현을 위해 협력하기로 하였다.

3. 남과 북은 한반도 비핵화를 위한 노력을 계속하며 '9·19 공동성명'이 조속히 이행되어 핵문제가 민족공동의 이익과 안전에 부합되게 평화적으로 해결되도록 적극 협력하기로 하였다.

4. 남과 북은 민족의 단합을 위하여 노력하며 당면하여 6·15 공동선언 발표 6주년을 맞아 남측지역에서 개최되는 민족통일대축전에 쌍방 당국 대표단이 적극 참가하여 민족적 행사를 의의있게 진행하기로 하였다.

5. 남과 북은 경제분야에서 민족공동 번영에 실질적으로 이바지하는

협력을 실현해 나가기로 하였다.

쌍방은 남북경제협력사업이 민족내부의 협력사업이며 공동의 번영을 위한 사업이라는 확고한 인식 아래 서로에게 이익이 되도록 지역과 업종, 규모에서 투자와 협력을 적극 확대해 나가는 실천적 조치들을 취하기로 하였다.

당면하여 남북경제협력추진위원회 제12차 회의를 5월중에 개최하여 한강 하구 골재채취 문제, 민족공동 자원개발 문제를 검토하기로 하였으며, 이와 함께 열차 시험운행 및 철도·도로 개통문제, 개성공단 건설사업, 경공업 및 지하자원 협력문제 등을 협의하기로 하였다.

6. 남과 북은 전쟁시기와 그 이후 소식을 알 수 없게 된 사람들의 문제를 실질적으로 해결하기 위해 협력하기로 하였다.

7. 남과 북은 자연재해 방지, 보건·의료, 문화유적 보존 등 여러분야에서의 협력사업을 추진하기로 하였다.

8. 남과 북은 제19차 남북장관급회담을 2006년 7월 11일부터 14일까지 부산에서 개최하기로 하였다.

2006년 4월 24일

평 양

대한민국 국방부장관과 조선민주주의인민공화국 인민무력부장 간 회담 공동보도문

역사적인 남북정상회담에서 채택된 6·15 남북공동선언 이행을 군사적으로 보장하기 위하여 대한민국 국방부 장관과 조선민주주의인민공화국 인민무력부장 사이의 회담이 9월 25일부터 26일 사이에 남측 제주도에서 진행되었다.

회담에는 남측에서 대한민국 조성태 국방부 장관을 수석대표로 하는 5명의 대표들과 북측에서 조선민주주의인민공화국 인민무력부장 김일철 차수를 단장으로 하는 5명의 대표들이 참가하였다.

회담에서 쌍방은 6·15 남북공동선언이 채택된 이후 그 이행을 위한 사업들이 본격적으로 추진되고 있는 가운데 적절한 군사적 조치들이 요구되고 있다는데 견해를 같이하면서 다음과 같은 문제들을 합의하였다.

1. 쌍방은 남북 정상들이 합의한 6·15 남북공동선언의 이행을 위해 최선의 노력을 다하고, 민간인들의 왕래와 교류, 협력을 보장하는 데 따르는 군사적 문제들을 해결하기 위하여 상호 적극 협력하기로 하였다.

2. 쌍방은 군사적 긴장을 완화하며, 한반도에서 항구적이고 공고한 평화를 이룩하여 전쟁의 위험을 제거하는 것이 긴요한 문제라는 데 이해를 같이하고 공동으로 노력해 나가기로 하였다.

3. 쌍방은 당면 과제인 남과 북을 연결하는 철도와 도로공사를 위하
여 각측의 비무장지대 안에 인원과 차량, 기재들이 들어오는 것을
허가하고 안전을 보장하기로 하였으며, 쌍방 실무급이 10월 초에
만나서 이와 관련한 구체적 세부사항들을 추진하기로 하였다.

4. 남과 북을 연결하는 철도와 도로 주변의 군사분계선과 비무장지대
를 개방하여 남북관할지역을 설정하는 문제는 정전협정에 기초하
여 처리해 나가기로 하였다.

5. 쌍방은 2차 회담을 11월 중순에 북측지역에서 개최하기로 하였다.

2000년 9월 26일

제 주 도

「남북관계발전과 평화번영을 위한 선언」
이행을 위한 남북국방장관회담 합의서
(제2차 남북국방장관회담 합의서)

제2차 남북국방장관회담이 2007년 11월 27일부터 29일까지 평양에서 진행되었다.

회담에서 쌍방은 역사적인 정상회담에서 채택된 「남북관계 발전과 평화번영을 위한 선언」의 이행을 위한 군사적 대책을 토의하고 다음과 같이 합의하였다.

1. 쌍방은 군사적 적대관계를 종식시키고 긴장완화와 평화를 보장하기 위한 실제적인 조치를 취하기로 하였다.

   ① 쌍방은 적대감 조성 행동을 하지 않으며 남북 사이에 제기되는 모든 군사관계 문제를 상호 협력하여 평화적으로 처리하기로 하였다.

   ② 쌍방은 2004년 6월 4일 합의를 비롯하여 이미 채택된 남북간 군사적 합의들을 철저히 준수해 나가기로 하였다.

   ③ 쌍방은 지상·해상·공중에서의 모든 군사적 적대행위를 하지 않기로 하였다.

   ④ 쌍방은 충돌을 유발시키지 않도록 제도적 장치들을 수정·보완하며 우발적 충돌이 발생하는 경우에는 즉시적인 중지대책을 취한 다음 대화와 협상을 통하여 해결하기로 하였다. 이를 위해

쌍방 사이에 이미 마련된 통신연락체계를 현대화하고, 협상통로
들을 적극 활용·확대해 나가기로 하였다.

2. 쌍방은 전쟁을 반대하고 불가침의무를 확고히 준수하기 위한 군사
   적 조치들을 취하기로 하였다.

   ① 쌍방은 지금까지 관할하여 온 불가침경계선과 구역을 철저히 준
   수하기로 하였다.

   ② 쌍방은 해상불가침경계선 문제와 군사적 신뢰구축 조치를 남북군
   사공동위원회를 구성·운영하여 협의·해결해 나가기로 하였다.

   ③ 쌍방은 무력불사용과 분쟁의 평화적 해결 원칙을 재확인하고 이
   를 위한 실천적 대책을 마련하기로 하였다.

3. 쌍방은 서해해상에서 충돌을 방지하고 평화를 보장하기 위한 실제
   적인 대책을 취하기로 하였다.

   ① 쌍방은 서해해상에서의 군사적 긴장을 완화하고 충돌을 방지하
   기 위해 공동어로구역과 평화수역을 설정하는 것이 절실하다는
   데 인식을 같이하고, 이 문제를 남북장성급군사회담에서 빠른
   시일 안에 협의·해결하기로 하였다.

   ② 쌍방은 한강 하구와 임진강 하구 수역에 공동 골재채취 구역을
   설정하기로 하였다.

   ③ 쌍방은 서해해상에서의 충돌방지를 위한 군사적 신뢰보장조치
   를 남북군사공동위원회에서 협의·해결하기로 하였다.

4. 쌍방은 현 정전체제를 종식시키고 항구적인 평화체제를 구축해 나
   가기 위해 군사적으로 상호 협력하기로 하였다.

   ① 쌍방은 종전을 선언하고 평화체제를 구축해 나가는 것이 민족의
   지향과 요구라는데 인식을 같이하기로 하였다.

② 쌍방은 종전을 선언하기 위한 여건을 조성하기 위하여 필요한 군사적 협력을 추진해 나가기로 하였다.

③ 쌍방은 전쟁시기의 유해발굴문제가 군사적 신뢰조성 및 전쟁종식과 관련된 문제라는 데 이해를 같이하고 추진대책을 협의·해결해 나가기로 하였다.

5. 쌍방은 남북교류협력사업을 군사적으로 보장하기 위한 조치들을 취하기로 하였다.

① 쌍방은 민족의 공동번영과 군사적 긴장완화에 도움이 되는 교류협력에 대하여 즉시적인 군사적 보장대책을 세우기로 하였다.

② 쌍방은 「서해평화협력특별지대」에 대한 군사적 보장대책을 세워 나가기로 하였다. 쌍방은 서해공동어로, 한강하구 공동이용 등 교류협력 사업에 대한 군사적 보장대책을 별도로 남북군사실무회담에서 최우선적으로 협의·해결하기로 하였다. 쌍방은 북측 민간선박들의 해주항 직항을 허용하고, 이를 위해 항로대 설정과 통항절차를 포함한 군사적 보장조치를 취해 나가기로 하였다.

③ 쌍방은 개성·금강산지역의 협력사업이 활성화되도록 2007년 12월 11일부터 개시되는 문산-봉동간 철도화물 수송을 군사적으로 보장하기로 합의하였으며, 남북관리구역의 통행·통신·통관을 위한 군사보장합의서를 2007년 12월초 판문점 통일각에서 남북군사실무회담을 개최하여 협의·채택하기로 하였다.

④ 쌍방은 백두산 관광이 실현되기 전까지 직항로 개설과 관련한 군사적 보장조치를 협의·해결하기로 하였다.

6. 쌍방은 본 합의서의 이행을 위한 협의기구들을 정상적으로 가동하기로 하였다.

① 제3차 남북국방장관회담은 2008년중 적절한 시기에 서울에서
   개최하기로 하였다.

② 남북군사공동위원회는 구성되는 데 따라 제1차 회의를 조속히
   개최하기로 하였다.

7. 본 합의서는 쌍방 국방부장관이 서명하여 발효에 필요한 절차를
   거쳐 문본을 교환한 날부터 효력을 발생한다.

① 이 합의서는 필요에 따라 쌍방이 합의하여 수정·보충할 수 있다.

② 이 합의서는 각기 2부 작성되었으며, 같은 효력을 가진다.

2007년 11월 29일

대한민국   조선민주주의 인민공화국
국방부장관   국방위원회 인민무력부장
김장수   조선인민군 차수 김일철

비무장지대 일부구역 개방에 대한 국제연합군과 조선인민군 간 합의서(2000.11.17)

1. 쌍방은 정전협정에 따라 서울-신의주간 철도와 문산-개성간 도로가 통과하는 군사분계선과 비무장지대 일부구역을 개방하여 그 구역을 남과 북의 관리구역으로 한다.
2. 쌍방은 비무장지대안의 일부구역 개방과 관련된 기술 및 실무적인 문제들과 남과 북의 관리구역에서 제기되는 군사적인 문제들을 정전협정에 따라 남과 북의 군대들 사이에 협의처리하도록 한다.
3. 본 합의서는 판문점 장성급회담에서 비준한 날로부터 효력을 발생한다.

2000년 11월 17일

마이클 엠. 소장　　　　　　　　　　　　박림수 대좌
국제연합군측 대표　　　　　　　　　　조선인민군측 대표

비무장지대 일부구역 개방에 대한 국제연합군과
조선인민군 간 합의서(2002.9.12)

1. 쌍방은 정전협정에 따라 저진-온정리간 철도와 송현리-고성간 도로
   가 통과하는 군사분계선과 비무장지대 일부구역을 개방하여 그 구
   역을 남과 북의 관리구역으로 한다.
2. 쌍방은 비무장지대안의 일부구역 개방과 관련된 기술 및 실무적인
   문제들과 남과 북의 관리구역에서 제기되는 군사적인 문제들을 정
   전협정에 따라 남과 북의 군대들 사이에 협의처리하도록 한다.
3. 본 합의서는 판문점 장성급회담에서 비준한 날로부터 효력을 발생
   한다.

2002년 9월 12일

제스 엔. 솔리건 소장   리찬복 상장
국제연합군측 대표   조선인민군측 대표

동해지구와 서해지구 남북관리구역 설정과 남과 북을 연결하는 철도·도로작업의 군사적 보장을 위한 합의서

대한민국 국방부와 조선민주주의인민공화국 국방위원회 인민무력부는 역사적인 6·15 남북공동선언을 성실히 이행하기 위하여 동해지구와 서해지구의 철도·도로를 하루빨리 연결하는 것이 남북 사이의 긴장을 완화하고 교류와 협력을 보다 활성화하는 데서 중요한 의의를 가진다는데 견해를 같이하고 이를 군사적으로 보장하기 위하여 다음과 같이 합의하였다.

1. 남북관리구역 설정

① 쌍방은 동해지구와 서해지구의 비무장지대에 남북관리구역을 설정한다.

동해지구 남북관리구역은 군사분계선 표식물 제1289호-제1291호 구간에서 낡은 철도노반 중심을 기준으로 하여 동쪽으로 70m, 서쪽으로 30m, 계 100m, 서해지구 남북관리구역은 군사분계선 표식물 제0039호-제0043호 구간에서 낡은 철도노반 중심을 기준으로 하여 동쪽으로 50m, 서쪽으로 200m, 계 250m 폭으로 비무장지대 남과 북의 경계선까지로 한다.

② 남북관리구역들에서 제기되는 모든 군사실무적 문제들은 남과 북이 협의 처리한다.

③ 쌍방은 동해지구 남북관리구역 안에 동해선 철도와 도로를, 서해

지구 남북관리구역 안에 서울-신의주간 철도와 문산-개성간 도로를 건설하여 운영한다.

④ 쌍방은 동해지구와 서해지구 남북관리구역 자기측 지역에서 지뢰제거(해제)와 철도 및 도로 연결작업 그리고 공사인원과 장비의 출입 및 통제 등 군사적 제반 문제들에 대하여 책임을 진다.

⑤ 쌍방은 남북관리구역들에서 지뢰제거(해제)가 끝나면 그의 외곽선을 따라 일정한 간격으로 표시하고 상대측에 통보한다.

⑥ 쌍방은 군사분계선으로부터 250m 떨어진 남북관리구역 자기측 도로주변에 각각 1개씩의 경비(차단)초소를 설치하며 그 외 다른 군사시설물들을 건설하지 않는다.

⑦ 남과 북을 오가는 인원들과 열차 및 차량의 군사분계선 통과와 남북관리구역 안의 군사적 안전보장과 관련한 문제들은 별도로 날짜를 선정하여 협의 및 확정한다.

2. 지뢰제거(해제) 작업

① 쌍방은 철도와 도로건설 및 운행, 유지를 위하여 남북관리구역 자기측 지역의 지뢰와 폭발물을 제거(해제)한다.

② 쌍방은 지뢰제거(해제)를 비무장지대 자기측 경계선으로부터 군사분계선 방향으로 나가면서 하며 필요한 경우 쌍방의 합의하에 군사분계선 가까이에 있는 일부 구간에서 먼저 작업할 수 있다.

③ 쌍방은 작업인원수, 장비(기재)수량, 식별표식을 작업에 편리하게 정하며 사전에 상대측에 통보한다.

④ 쌍방은 작업을 09시에 시작하여 17시까지 하며 필요한 경우 합의하여 연장할 수 있다.

⑤ 쌍방은 상대측 작업인원들에게 폭음으로 자극을 주거나 파편으로 피해를 줄 수 있는 폭발은 1일 전 16시까지 상대측에 통보하며 이러한 폭발은 오후 작업시간에만 한다.

⑥ 쌍방 작업인원들이 군사분계선 일대에서 가까이 접근하여 그 거리가 400m로 좁혀지는 경우 안전보장을 위하여 그 구역 안에서의 작업은 날짜를 엇바꾸어 월·수·금은 북측이, 화·목·토는 남측이 하도록 한다.

⑦ 군사분계선까지 지뢰제거(해제)를 먼저 끝낸 측에서는 지뢰제거(해제)구역을 다른 일방이 알아볼 수 있게 표시하고 상대측에 통보한다.

⑧ 쌍방은 지뢰제거(해제)와 관련한 장비 및 기술적 문제들을 협조한다.

⑨ 쌍방은 2002년 9월 19일부터 동해지구와 서해지구 남북관리구역 자기측 지역 안의 지뢰제거(해제) 작업을 동시에 착수한다.

3. 철도와 도로 연결작업

① 작업인원과 장비(기재)들의 수와 식별표식은 지뢰제거(해제)시와 같이하며 작업시간은 각기 편리하게 정한다.

② 쌍방은 작업과정에 폭발을 비롯하여 상대방에 영향을 줄 수 있는 문제들을 사전에 전화를 통하여 통보해 주며 필요한 협조를 한다.

③ 쌍방의 작업장 거리가 200m까지 접근하는 경우 그 구역 안에서의 작업을 남측은 월요일부터 수요일까지, 북측은 목요일부터 토요일까지 하며 필요에 따라 협의하여 변경시킬 수 있다.

④ 쌍방은 군사분계선 일대의 철도와 도로를 연결하는 마감단계 공사를 위해 일방의 인원이나 차량들이 군사분계선을 20m 범위까지

넘어서는 것을 허용한다.

⑤ 쌍방은 철도와 도로 연결작업에 따르는 측량 및 기술협의를 위해 남북관리구역 자기측 지역들에 출입하는 상대측 인원에 대한 신변 안전 및 편의를 보장한다.

4. 접촉 및 통신

① 지뢰제거(해제) 및 철도, 도로 연결작업과 관련하여 수시로 제기되는 군사 실무적 문제들은 전화통지문을 통하여 협의하는 것을 원칙으로 한다.

② 작업과정에 제기되는 군사적 문제들을 토의하기 위한 현장 군사실무책임자 사이의 접촉은 남북관리구역들에서 지뢰를 제거(해제)하고 철도, 도로 노반공사를 끝내는 시기에 그 구역들의 군사분계선상에 지어 놓은 임시건물에서 한다.

③ 그 전 단계에서 부득이 만나야 할 필요가 있을 때에는 어느 일방의 요청에 따라 남측 「자유의 집」과 북측 「판문각」에서 접촉한다.

④ 쌍방은 공사현장들 사이의 통신보장을 위하여 동해지구와 서해지구에 각각 유선통신 2회선(자석식 전화 1회선, 팩스 1회선)을 연결한다. 서해지구에서는 합의서 발효 후 1주일 내에 판문점 회의장구역 서쪽 군사분계선에서 연결하고 동해지구에서는 지뢰가 완전히 제거(해제)된 다음 남북관리구역 동쪽 군사분계선상에서 연결하며 그 전단계에서의 통신연락은 서해지구 통신선로를 이용한다.

⑤ 쌍방은 매일 07시부터 07시 30분 사이에 시험통화를 하며 통신이 두절되는 경우 기존통로를 이용하여 상대방에 통보해 주고 즉시 복구한다.

5. 작업장경비 및 안전보장

① 쌍방은 남북관리구역들에서 공사인원과 장비(기재)들의 안전을 보장하기 위하여 각각 100명을 넘지 않는 군사인원으로 자기측 경비근무를 수행하며 그중 군사분계선방향 경계인원은 15명으로 한다.

② 경비인원들의 무장은 각기 편리한 개인무기로 하고 1인당 실탄 30발을 휴대하며 그 외 모든 무기, 전투장비(기술기재)의 반입을 금지 한다.

③ 경비인원들의 식별표식은 작업인원과 구별되게 하며 경비인원 외에는 그 어떤 인원도 무기를 휴대할 수 없다.

④ 경비인원들은 군사분계선을 넘어 상대측 지역으로 들어갈 수 없으며 상대측 작업인원들을 향하여 도발행위를 할 수 없다.

⑤ 쌍방이 날짜를 엇바꾸어 작업하는 경우 작업을 하지 않는 측의 경비인원들은 군사분계선으로부터 100m 떨어진 위치에서 경비근무를 수행한다.

⑥ 쌍방은 상대측 작업인원과 장비(기재)의 안전을 보장하며 예상치 않은 대결과 충돌을 막기 위하여 작업장과 그 주변에서 상대측을 자극하는 발언이나 행동, 심리전 등을 하지 않도록 한다.

⑦ 쌍방은 우발적인 충돌이 발생할 경우 즉시 작업을 중단시키고 모든 경비 및 작업인원들을 비무장지대 밖으로 철수시키며 전화통지문 또는 남북군사 실무회담을 통하여 사태를 해결하고 사건의 재발을 방지하기 위한 대책을 세운다.

⑧ 쌍방은 작업장과 그 주변에서 산불이나 홍수 등 자연재해가 발생하여 상대측에 영향을 줄 수 있는 경우 즉시 서로 통보해주며 자

기측 지역에 대한 진화 및 피해방지 대책을 신속히 세우고 피해확
대를 막기 위하여 최선의 노력을 한다.

6. 합의서 효력발생과 폐기 및 수정, 보충

① 본 합의서는 남측 국방부장관과 북측 인민무력부장이 서명하여 문
건을 교환한 날부터 효력을 발생한다.
② 본 합의서는 동해선 철도와 도로, 서울-신의주간 철도와 문산-개성
간 도로가 지나가는 비무장지대 남북관리구역들에서만 적용된다.
③ 본 합의서의 철도, 도로 연결작업과 관련한 조항(1조 4항, 7항, 2
조~5조)들은 작업이 완료되면 자동적으로 폐기된다.
④ 본 합의서는 남측 국방부장관과 북측 인민무력부장이 합의하여 수
정, 보충할 수 있다.

이 합의서는 2부 작성되었으며 두 원본은 같은 효력을 가진다.

2002년 9월 17일

대한민국   조선민주주의인민공화국
국방부장관   국방위원회 인민무력부장
이준   조선인민군 차수 김일철

문산-봉동간 철도화물 수송의 군사적 보장을 위한 합의서

쌍방은 「남북관계발전과 평화번영을 위한 선언」 이행을 위한 남북 국방장관합의에 따라 문산-봉동간 철도화물수송을 다음과 같이 군사 적으로 보장하기로 하였다.

1. 쌍방은 문산-봉동간 철도화물 수송을 위하여 서해지구 남북관리구 역 철도가 연결되는 지점에서 10m 구간의 군사분계선을 열차가 통과하는 시간에 개방한다.

2. 쌍방은 철도화물 수송을 위하여 남북관리구역 상대측 지역에 들어 가는 경우 인원 명단과 열차 현황, 적재화물의 품목과 수량, 군사 분계선 통과시간 등을 「동·서해지구 남북관리구역 임시도로 통행 의 군사적 보장을 위한 잠정합의서」에 규정된 절차에 따라 24시간 전에 통보하여 승인을 받아야 한다.

3. 남북관리구역을 통과하는 열차는 기관차 앞면 오른쪽 상단에 50×40cm 크기의 주황색 깃발을 부착한다.

4. 남북관리구역을 통과하는 열차는 최저시속 20km/h로, 최고시속 60Km/h로 제한하며, 합의된 분계역에서 정지하여 통보된 인원과 장비, 화물의 출입 및 세관심사 등을 받는다. 쌍방은 세관심사에 필요한 설비와 자재 지원 문제를 추후 협의해 나가기로 하였다.

5. 쌍방은 열차운행구간에서 상대측 지역에 대한 촬영을 금지하며 상

대측의 통제품 및 금지품 등의 반출입 금지규정을 철저히 지켜야
한다.

6. 쌍방은 남북관리구역 자기 측 철도의 유지·보수를 위해 인원, 장
비가 군사분계선 100m 이내로 접근하는 경우 사전에 상대측에 통
보하여야 한다.

7. 쌍방은 남북관리구역에서 열차운행 시 사고를 비롯하여 비정상적
인 현상이 발생하는 경우 상대측에 신속히 통보하며, 상대측 구호
(작업) 차량 및 인원의 긴급통행을 허용하는 등 정상회복에 협력하
도록 한다.

8. 본 합의서는 남북 국방장관이 서명, 교환한 후 2007년 12월 11일
00시부터 효력을 발생한다.

본 합의서는 쌍방 합의에 따라 수정보충할 수 있으며 동, 서해지구
기본도로, 철도가 개통되어 새로운 합의서가 채택 발효되는 경우 자동
적으로 폐기된다.

2007년 12월 6일

대한민국	조선민주주의인민공화국
국방부장관	국방위원회 인민무력부
김장수	조선인민군 차수 김일철

개성공단건설 실무협의회 제1차 회의 합의서

남과 북은 2002년 10월 30일부터 11월 2일까지 평양에서 개성공단 건설 실무협의회 제1차 회의를 가지고 다음과 같이 합의하였다.

1. 남과 북은 개성공단 건설착공을 오는 12월중에 하며 개성공단 1단계 100만 평에 대한 개발을 2003년까지 끝내도록 적극 협력한다.
2. 북측은 개성공단 건설을 빨리 진척시키기 위하여 개성공업지구법을 11월에 발표할 수 있도록 제기한다. 이와 함께 개성공업지구법에 따르는 규정, 세칙들을 빠른 시일 안에 제정 공포하도록 한다.
3. 북측은 개성공단 건설에 필요한 노동력을 제공하며 남측은 전력, 통신, 용수 등 외부기반시설 건설이 상업적 차원에서 추진되도록 최대한 적극 협력한다. 이를 위하여 빠른 시일 내에 남측 개발사업자 및 기반시설 공급자와 북측 관계 부문 실무자간 접촉을 개최하여 구체적인 문제들을 협의한다.
4. 남과 북은 철도 및 도로가 처음 연결되는 시기에 맞추어 개성공단 건설에 따르는 통행·검역·통신 문제를 남북경제협력추진위원회 또는 쌍방 관계자들의 실무접촉을 통하여 협의·확정하도록 한다.
5. 남과 북은 개성공단이 건설되면 그 안에 남측의 해당부문 사무소를 설치하기로 한다.

6. 남과 북은 개성공단건설실무협의회 제2차 회의를 2002년 12월중
   에 서울에서 개최하기로 한다.
7. 쌍방 당국은 이 합의서의 이행을 위하여 적극 협력추진하기로 한다.

2002년 11월 2일

남북경제협력추진위원회   북남경제협력추진위원회
남측 위원장   북측 위원장
대한민국   조선민주주의인민공화국
재정경제부차관   국가계획위원회 제1부위원장
윤진식   박창련

서해해상에서 우발적 충돌방지와 군사분계선 지역에서의 선전활동 중지 및 선전수단 제거에 관한 합의서

대한민국 국방부와 조선민주주의인민공화국 국방위원회 인민무력부는 2004년 6월 3일과 4일 설악산에서 제2차 남북장성급군사회담을 개최하고 다음과 같이 합의하였다.

1. 쌍방은 한반도에서의 군사적 긴장완화와 공고한 평화를 이룩하기 위하여 공동으로 노력하기로 하였다.

2. 쌍방은 서해해상에서 우발적 충돌 방지를 위해 2004년 6월 15일부터 다음과 같은 조치를 취하기로 하였다.

   ① 쌍방은 서해해상에서 함정(함선)이 서로 대치하지 않도록 철저히 통제한다.

   ② 쌍방은 서해해상에서 상대측 함정(함선)과 민간 선박에 대하여 부당한 물리적 행위를 하지 않는다.

   ③ 쌍방은 서해해상에서 쌍방 함정(함선)이 항로미실, 조난, 구조 등으로 서로 대치하는 것을 방지하고 상호 오해가 없도록 하기 위하여 국제상선공통망(156.8Mhz, 156.6Mhz)을 활용한다.

   ④ 쌍방은 필요한 보조수단으로 기류 및 발광신호규정을 제정하여 활용한다.

   ⑤ 쌍방은 서해해상의 민감한 수역에서 불법적으로 조업을 하는 제 3국 어선들을 단속·통제하는 과정에서 우발적 충돌이 발생할

수 있다는 데 견해를 같이하고 이 문제를 외교적 방법으로 해결
하도록 하는 데 상호협력하며 불법조업선박의 동향과 관련한 정
보를 교환한다.

⑥ 서해해상에서 제기된 문제들과 관련한 의사교환은 당분간 서해
지구에 마련되어 있는 통신선로를 이용한다.

쌍방은 서해해상 충돌방지를 위한 통신의 원활성과 신속성을
보장하기 위하여 2004년 8월 15일까지 현재의 서해지구 통신선
로를 남북관리구역으로 따로 늘여 각기 자기측 지역에 통신연락
소를 설치하며, 그를 현대화하는 데 상호 협력한다.

3. 쌍방은 한반도의 군사적 긴장을 완화하고 쌍방군대들 사이의 불신
과 오해를 없애기 위해 군사분계선 지역에서의 선전활동을 중지하
고 선전수단들을 제거하기로 하였다.

① 쌍방은 역사적인 6·15 남북공동선언 발표 4주년이 되는 2004
년 6월 15일부터 군사분계선 지역에서 방송과 게시물, 전단 등
을 통한 모든 선전활동을 중지한다.

② 쌍방은 2004년 8월 15일까지 군사분계선 지역에서 모든 선전수
단을 3단계로 나누어 제거한다.

○ 1단계는 6월 16일부터 6월 30일까지 서해지구 남북관리구역
과 판문점지역이 포함된 군사분계선 표식물 제0001호부터 제
0100호 구간에서 시범적으로 실시하며,

○ 2단계는 7월 1일부터 7월 20일까지 군사분계선 표식물 제
0100호부터 제0640호 구간에서,

○ 3단계는 7월 21일부터 8월 15일까지 군사분계선 표식물 제0640
호부터 제1292호 구간에서 선전수단들을 완전히 제거한다.

③ 쌍방은 단계별 선전수단 제거가 완료되면 그 결과를 상대측에
통보하며 각각 상대측의 선전수단 제거 결과를 자기 측 지역에
서 감시하여 확인하되 필요에 따라 상호검증도 할 수 있다.
④ 쌍방은 단계별 선전수단 제거가 완료되면 각각 그 결과를 언론
에 공개한다.
⑤ 쌍방은 앞으로 어떤 경우에도 선전수단들을 다시 설치하지 않으
며 선전활동도 재개하지 않는다.
4. 쌍방은 위 합의사항들을 구체적으로 실천하기 위하여 후속 군사회
담을 개최하기로 한다.

2004년 6월 4일

남북장성급군사회담
남 측 수 석 대 표   준 장 박 정 화
북 측 단 장   소 장 안 익 산

Abstract

Reciprocity Strategy
(A Study of the Two Koreas Cooperation and Reunification)

The purpose of this study is to specify a conceptual definition of reciprocity, a topic which has recently raised controversy in Korean politics and inter-Korean relations. By defining reciprocity to a level which would allow for its theoretical application in vitalizing and increasing North-South Korea exchange and cooperation, this study aims to present a form of reciprocity applicable to North-South Korea exchange and cooperation.

The scope of this study ranges from the Kim Dae Jung administration to the Roh Moo Hyun administration - February 1998 to February 2008. It analyzes reciprocity applied to the fields of security, politics, economy, social culture, humanitarian aid, etc. In an attempt to flesh out concepts pertaining to reciprocity, this study, based on a theoretical inquiry on reciprocity, analyzed the conceptual structure, features and forms of reciprocity, as well as the theoretical characteristics of a mutualistic approach. In the fields of security and military, in which strict reciprocity was applied, an analysis on the topics of nuclear issues, removal of propaganda methods, adherence to the NLL, North-South railway/road connection among others was conducted. The analysis on comprehensive(diffuse) reciprocity focused primarily on the process of humanitarian aid and social culture exchange cooperation while the analysis on flexible reciprocity mainly covered Kumkang Mountain tourism, the Kaeseong Industrial Complex project and North-South Korea economic cooperation.

The methodology of this study is as follows. First, an analysis and account of available primary and secondary sources from abroad as well as South and North Korea was conducted based on the interpretation of the author. Next, the study presents the types of reciprocity applications through an indirect comparative analysis of eight cases.

Based on this concept, this study presents an effective strategy for a practical application of reciprocity in the context of North-South Korea exchange and cooperation.

First, this study argues that a set strategy and principle in North-South Korea exchange cooperation is necessary, and for strategic purposes, this set strategy and principle must be reciprocity founded upon the principles of reciprocity.

Second, from a theoretical perspective, this study advocates the need to further develop a "flexible reciprocity" concept in addition to Axelrod's specific(strict) reciprocity and Keohane's diffuse (comprehensive) reciprocity. That is, it argues that conditions for cooperation, including continuity and longevity of mutual relations-designated as the "shadow of the future" by Axelrod and Keohane-along with the interdependence and multilateralism, which have long been raised as a precondition to cooperation, essentially form a side of "flexible reciprocity" in the spheres of time, space, and issue.

Third, while past experience may indicate the resolution of issues involving North Korea until now as applications of "an eye for an eye"-type strict reciprocity, this paper argues that there were other underlying factors — the conditions of comprehensive and flexible reciprocity — that were either strategically implemented or structurally present that facilitated this success. Such factors include the continuity and longevity of the relationship, interconnected nature of the issues, numerous number of participants, etc.

Fourth, the policy implications of this analysis is that reciprocity in a strategic and analytical sense must be differentiated into strict, comprehensive, and flexible reciprocity. This paper argues that confusion in this differentiation or a tendency towards a singular strategy can result in strategic failure and errors in theoretical analysis.

Fifth, this paper argues that assuming the combination of various functional perspectives and an international, multilateral framework in the long-term timetable leading to peaceful reunification of South and North Korea, the combined and selective utilization of strict, comprehensive and flexible reciprocity raises the possibility of mutual cooperation between the two Koreas.

This paper presents a type of exchange and cooperation between South and North Korea based on a form of reciprocity advanced in the above arguments.

The North-South Korea relationship must not concern itself with visible results and accomplishments in the short-term; rather, it must work towards a exchange and cooperation relationship grounded in the principles of reciprocity, which in turn must reflect the principles of reciprocity. Given that the North-South Korea exchange and cooperation relationship is between nations and distinct in its aim of achieving reunification, little can be achieved solely by strict reciprocity. Without flexibility in policy, success cannot be guaranteed. Therefore a flexible and elastic application of reciprocity is preferable in the context of North-South Korea exchange and cooperation. North-South Korea reciprocity, founded on the principles of reciprocity, must result in cooperation between the two nations. The road to reunification is difficult - while success may not seem imminent, we must still retain hope as we continue upon the path laid before us.

In conclusion, in the North-South Korea exchange and cooperation relationship, which requires principles of co-existence rather than that of a zero-sum game, there is little need for us to do better than North Korea in each instance to achieve overall success. The North-South Korea relationship must eventually lead to reunification; therefore, we must regard North Korean success as a precondition to our eventual success and appropriately utilize comprehensive and flexible reciprocity in all but the most special cases. This will allow us to raise trust, a crucial component of reciprocity, and elongate the "shadow of the future." The exercise of reciprocity, embodied by the strategy of reciprocity, is also a theoretically sound principle in international politics. As the Republic of Korea assess the changes in North Korea, North Korea too is closely monitoring South Korea to see if their cooperation is answered by further cooperation from the South.

Key Word: reciprocity, strict reciprocity, comprehensive reciprocity, flexible reciprocity, North-South Korea relationship, exchange and cooperation, reciprocity strategy

요 약

1) Robert Axelrod, *Evolution of Cooperation*(New York: Basic Books, 1984).

2) Robert O. Keohane, "Reciprocity in International Relations," *International Organization* 40,1(Autumn 1986).

3) Peter M. Blau, *Exchange and Power in Social Life*(New York: Wiley and Sons, 1964), pp.155-156.

4) Alvin W. Gouldner, "The Norm of Reciprocity: A Preliminary Statement," *American Sociological Review*, 25.(1960), pp.161-178.

5) 박재민, "국가간 상호주의와 협력: 이론과 실제," 『동서연구』, 제13권 제2호 (2001), p.79.

6) 위의 글, p.79.

7) 국민의 정부 출범 이후 최초의 남북 당국자 회담이었던 1998년 4월 베이징 남북한 차관회담에서 국민의 정부는 정부차원의 협상과 거래에서 '상호주의 원칙'을 강조하고, 정부의 예산이 소요되는 당국 간의 협력 내지 거래에서는 한 쪽이 일방적으로 혜택을 베풀고 다른 한쪽은 이익만 보는 방식을 지양하고 줄 것은 주겠지만 받을 것은 꼭 받겠다는 상호주의 협상원칙을 북한 측에 주지시켰다.

8) 로동신문, 1998년 5월 23일, 5면.

9) Tit-for-Tat는 본 논문에서는 맞대응전략 혹은 TFT로 사용할 것이다.

10) 엄격한 상호주의와 포괄적 상호주의를 코헨(Robert O. Keohane)은 '구체적 (specific) 상호주의'와 '포괄적(diffuse) 상호주의'로(Robert O. Keohane, "*Reciprocity in International Relations*," International Organition, 40(1986), pp.4-5) 사린스(Marshall Sahlins)는 '균형된(balanced) 상호주의'와 '일반적 (generalized) 상호주의'로 표현하였다(Marshall Sahlins, *Stone Age Economics*, (Chicago: Aldine-Atherton, 1972, p.194)

11) Robert O. Keohane, *op. cit.*, p.27.

12) 남북한 통일의 개념은 독일, 베트남과 예멘 등의 경험적 사례에 근거하여 하나의 국가체제 속에서 하나의 민족공동체를 형성하고 살아야 할 우리 민족이 서로 적대적인 상이한 정치·사회체제를 지닌 두 개의 국가 속에서 살고 있는 현재의 상태를 극복하고, 하나의 민족국가 속에서 하나의 공동체를 형성하면서 살아가는 상태를 창출하는 일로 규정하기도 한다. 그리고 분단 이전 상태로의 회귀가 아니라 서로 다른 역사의 길을 걷고 있는 남북한의 두 동족 사회가 새로운 조건과 상황에서 다시 하나의 사회로 되게 만드는 작업이라고 정의하기도 한다.

13) 통일은 단순히 지리적으로 국토가 하나로 되는 것을 넘어 정치적으로 대립되었던 제도를 하나로 만드는 것이고, 경제적으로 상이한 체제를 하나로 거듭나게 하는 것이며, 이질화된 문화를 하나로 다시 탄생시키는 것이다. 그리고 이 모든 결과로 남북의 주민이 심리적으로 "우리는 같은 국민"이라고 느끼게 되는 것이 바로 통일이다. 이렇듯 통일은 모든 방면에서 남북의 주민이 하나의 삶의 양식과 정신문명을 공유하는 것을 의미하게 된다.

14) 통일부 통일정책실, 『상호주의원칙이란 무엇인가』(서울: 통일부), 1998.

15) Axelrod and Keohane, *op.cit.*, p.246.

제 1 장

1) R. Axelrod and R. Keohane, *op. cit.*, p.249.

2) Robert O. Keohane, *op. cit.*, pp.51-54.

3) K. Waltz, *Theory of International Politics*(Reading, Mass: Addison, 1979), p.105.

4) GATT체제의 존폐위협에 관한 문헌으로는 Harald B. Malmgren, "Threats to Multilateral System," in Wiliam Cline(ed.), Trade Policy in the 1980s (Washington, D.C.: Institute for International Economics, 1983), pp.189-202; 그리고 Bretton Woods 통화체제붕괴에 관해서는 Joanne Gowa, Closing the Gold Window: Domestic Politics and the End of Bretton Woods(Ithaca, N.Y.: Cornell University Press, 1983)를 들 수 있다.

5) 국제정치에 있어서 협력과 질서의 문제는 오랜 이론적 배경을 가지고 있다. 여기서 논의될 상호주의 이론은 패권적 안정의 쇠퇴에 따른 국제체제의 붕괴현상을 여하히 극복하느냐 하는 시각에서 등장하게 된 것이다. 이와 관련된 문헌으로

Robert Keohane, *After hegemony: Cooperation and Discord in the World Political Economy*(Princeton: Princeton University Press, 1984); Kenneth Oye(ed.), *Cooperation under Anarchy* (Princeton: Princeton University Press, 1986)를 들 수 있다.

6) Robert Axeloed, *The Evolution of Cooperation*(New York: Basic Books, 1984); Robert Keohane, "Reciprocity in International Relations," International Organization, 40:1(Winter 1986), pp.1-27.

7) Robert Axelrod, *op. cit.*, p.8.

8) 내쉬균형(Nash equilibrium)은 게임이론에서 경쟁자의 대응에 따라 최선의 선택을 하면 서로가 자신의 선택을 바꾸지 않는 균형상태를 말한다. 상대방이 현재 전략을 유지한다는 전제하에 나 자신도 현재 전략을 바꿀 유인이 없는 상태를 말하는 것으로 죄수의 딜레마(Prisoner's Dilemma)와 밀접한 관계가 있다. 존 포브스 내쉬(John Forbes Nash Jr.)가 개발한 것으로, 그의 이름을 따서 명명되었다. 내쉬균형은 게임에 참가하는 선수들은 주어진 상황에서 최선의 대응전략을 택한다는 것과 상대방이 택할 전략을 예측할 수 있으며, 이 예측대로 상대가 선택하다는 특징을 가지고 있다.

9) 세종연구소, 『국가전략』, 제8권 3호 2002년 가을(통권 제21호), 2002. p.9.

10) Anatol Rappaport and Albert Chammah, *Prisoners' Dilemma*(Ann Arbor: Univ. of Michigan, 1965); Michael Taylor, *Anarchy and Cooperation* (London: John Wiley and Sons, 1976).

11) Anatol, Evolution⋯, *op. cit.*; "The Emergence of Cooperation Among Egoists," *American Political Science Review*, 75:2(1981).

12) TFT전략은 반복게임에서 첫 번째 게임에서는 협력을 택하고, 그 다음부터는 상대방 선수가 그 이전 게임에서 택한 선택을 따라하는 것이다. 일반조건이란 미래에 대한 확실성이 비교적 높아 미래의 가치가 현재에 비해 크게 떨어지지 않는 경우, 즉 활인계수(discount parameter)가 큰 경우를 말한다. *Ibid.* ch.1.

13) Robert Axelrod, *Ibid.* ch.2.

14) Robert Axelrod, *Ibid.*, pp.53-54.

15) Oye, ed., *Cooperation Under Anarchy*(Princeton: Princeton University press, 1986).

16) Reciprocity는 흔히 호혜주의로 번역된다. 그러나 본 논문에서는 호혜주의로 번역치 않았다. 그 이유는 이 용어가 단순히 혜택의 교환뿐 아니라 처벌의 교환이란 의미도 동시에 함유하고 있기 때문이다. 이 점에 관해 Larson은 reciprocity를 다음과 같이 정의하고 있다. "a pattern of contingent, diffuse, sequential exchange of positive or negative sanctions between actors who are in a

relationship of outcome interdepence." Deborah Welch Larson, "Game Theory and Psychology of Reciprocity," a paper presented at American Political Science Association, Washington, D.C. August 1986, p.20.

17) Larson, "Game Theory…," pp.14-20.

18) 국가의 자력구제로 가장 대표적인 조치는 보복(報復, retorsion)이나 복구(復仇, reprisal)가 있다.

19) J. L. Brierly, *The Law of Nations*(New York: Oxford University Press, 1963), pp.398-402; Gerhard Glahn, *Law Among Nations*(New York: Macmillan, 1981), pp.553-559.

20) Blau는 상호성을 일시적으로 수지타산을 맞추는 경제적 교환행위의 개념으로 보지 않는다. 오히려 교환주체들이 공유하는 공약과 가치라는 맥락하에서 부단히 양보하고 혜택을 주는 하나의 사회적 교환규범으로 본다. 물론 단기적으로는 '무임승차' 행위에 의해 손해를 보나 궁극적으로는 신뢰를 싹트게 하고 상호 책무감을 고취시켜 사회적 응집력을 돈독하게 해 준다고 본다. Peter Blau, *Exchange and Power in Social Life*(New York: Wiley, 1964), pp.93-97; *On the Nature of Organizations*(New York: Wiley, 1974), pp.208-209; Alvin Gouldner, "The Norm of Reciprocity: A Preliminary Statement," *American Sociological Review*, 25(April 1960).

21) Marshall Sahlin, *Stone Age Economic*(Chicago: Aldine-Atherton, 1972).

22) Charles P. Kindleberger, "Hierarchy vs. International Cooperation," *International Organization*, 40:4(1986), pp.841-848; James Rosenau, "Hegemony, Regimes, and Habit-Driven Actor," *International Organization*, 40:4(1986), pp.849-894.

23) Keohane, "Reciprocity…," *op. cit.*, p.8.

24) 탈리오의 법칙은 동해보복법(同害報復法)이라고 번역된다. 응보(應報)원칙의 가장 소박한 형태이며, 원시 미개사회규범 중에서 볼 수 있는 정의 관념의 원시적 표현이다. 무제한 복수를 허용하던 단계에서 동해보복의 정도까지 보복을 제한하여 권력적 질서하에 둔 것은 큰 진보라고 할 수 있다. 이 법칙은 함무라비법전(法典)에 규정되어 있고, 성서에도 이와 유사한 것이 있는데, '생명에는 생명으로써, 눈에는 눈으로써, 이[齒]에는 이로써'라고 표현되어 있는 것이 그것이다.

25) Keohane, *Ibid.*, pp.6-8

26) 패권적 안정에 관한 논쟁은 패권 자체보다는 거기서 파생하는 국제체제의 성격, 생성, 추이, 그리고 소멸에 관한 연구를 중심으로 전개되어 왔다.

27) 로버트 액셀로드 저, 이경식 옮김, 『협력의 진화(이기적 인간의 팃포탯 전략)』(서울: 시스테마, 2009). p.36.

28) 할인계수란 자금의 가치를 현재가치로 산출할 때 사용되는 계수를 가리키며, 현가
    계수(present worth factor)라고도 한다.

29) 위의 책, p.38.

30) 위의 책, p.41.

31) 위의 책, p.40.

32) 시간적 성격과 책무의 범주적 성격에 대한 구분은 주로 Larson, "Game Theor
    y…," *op. cit.*, p.16과 Keohane, "Reciprocity…," *op. cit.*, pp.18-20 참조.

33) 졸저에서 출처를 밝히지 않는 도표는 본인이 직접 작성한 것임을 밝혀 둔다. 그
    외의 도표는 출처를 명기하였다.

34) Robert O. Keohane, *op. cit.*, p.8. 코헨은 이 논문에서 상호주의를 조건성과 동
    등성에 따라 '엄격한 혹은 구체적(具體的, specific) 상호주의'와 '포괄적 혹은 분
    산된(diffuse) 상호주의'로 구분하고 있다.

35) 정진영, "상호주의와 국제협력: 국제무역의 경우,"『국가전략』제3권 2호(성남: 세
    종연구소), 1997. p.39.

36) Axelrod, *op. cit.*, p.138. 그는 상호주의의 이러한 위험을 극복하기 위한 방안으
    로 "오직 9할 정도만 맞대응"하는 전략을 추천하면서 이 전략이 "갈등과 메아리를
    줄이는데 도움을 줄 것이고, 상대방으로 하여금 배반을 시도하지 않게 할 유인을
    제공할 것"이라고 설명하고 있다.

37) 정진영, 앞의 글, p.40.

38) 사이언스, Volume 242, 1998. pp.1385-1390.

39) 로버트 액셀로드 저, 이경식 옮김, 앞의 책, p.19.

40) 위의 책, p.35.

41) 경기자들이 두 번 다시 서로 거래하지 않는 경우에는 배반 전략만이 유일하게 안
    정된 전략이다(위의 책, p.119).

42) Keohane, "reciprocity…," *op. cit.*, p.24. 상호주의 이론에 있어서 중요한 것은
    교환참여 주체의 연계성이다. 여기서 이해관계의 정도와 구조, 그리고 교환주체의
    수 등은 교환과정에 영향을 주고, 궁극적으로 교환의 결과까지 결정하는 것이다.

43) 이러한 관점에서 상호주의 통상정책과 관련한 미국과 동아시아 국가들 간의 무역
    마찰은 유익한 연구대상이 될 수 있을 것이다. 그러나 문제는 미국이 'Tit'를 취했
    으나 동아시아 국가들이 'Tat(즉 무역보복)'을 취하지 않고 있다는 점이다. 바꾸어
    말하면 미국과 동아시아 국가들이 엄밀한 의미에 있어서 상호 교차적 형태를 보
    이지 않고 있다.

44) David Baldwin, "Politics, Exchange and Cooperation," 1987년 미국 국제정
    치학회 발표 논문.

45) 그 대표적 시각은 상호의존학파 또는 '세계사회(World Society)' 학파에서 찾아볼
    수 있다. Micheal Bank(ed), Confilict in World Society(Brighton, U.K.:
    Wheatcheaf, 1984) 참조.

46) 박재민, 앞의 논문, p.83.

47) 게임이론(game theory)이란 이해가 대립되는 집단의 행동을 수학적으로 다룬 이
    론으로써 경제행위에서 상대방의 행위가 자신의 이익에 영향을 미치는 경우 이익
    을 극대화하는 방법에 관한 이론이다. 노이먼(J. V. Neumann)과 모르겐스테른
    (O. Morgenstern)에 의해 대표된다. 게임이론은 1960년대 초 미국 핵전략론의
    도구로 군사 · 안보 분야에서 주로 사용되다가 1980년대부터 사회학과 국제정치
    학, 국제경제학의 주요한 방법론으로 쓰이고 있지만 비판적인 시각도 만만치 않
    다. 각 행위자를 이기적 존재로만 규정하는 가치론적 전제와 복잡한 경제 관계를
    이론에 꿰맞추려 한다는 비판을 받기도 한다.

48) '우주가 유한한지, 무한한지' 또는 '신이 존재하는지, 안하는지'와 같은 물음들에
    대한 논증은 사실상 현상계, 즉 인과법칙과 시공간의 지배에서 벗어나 있는 문제
    들이다. 우리의 오성 능력은 절대로 이러한 물음에 답을 내릴 수 없다. 만약에 답
    을 내리게 된다면 이때에는 양쪽의 논증 모두를 인정할 수밖에 없는 딜레마에 빠
    져 버린다. 즉 신의 존재를 인정하는 논증도 성립되고, 동시에 신의 존재를 부정
    하는 논증 역시 모순 없이 성립되는 것이다. 칸트는 이것을 '이율배반'의 문제라고
    명명하였으나, 우리는 이를 칸트적 딜레마라 부르고 있다.

49) 미국의 국제정치학자 Kenneth Waltz는 자신의 저서 『*Man, the State, and War*』
    를 통해 분석수준(level of analysis)의 문제를 제시하였다. 여기서 분석수준이란
    하나의 이미지를 통해 표상되는, 국제정치분석에서 의미가 있는 세 가지 단계를
    의미한다. 즉 first image — man, second image — state, 그리고 third image
    — system을 고려할 수 있다.

50) J. Gowa, *op. cit.*, pp.167-186.

51) 이 점에 관해서는 Larson, "Game Theory…," *op. cit.*와 Snidal, "Game
    Theory…," *op. cit.* 참고 바람.

52) 인간의 관계는 주는 것과 받는 것의 교환관계를 통해 유지되며, 서로 남는 것이
    있을 때 그 관계가 더욱 끈끈하게 유지될 수 있다는 이론이다.

53) Thomas Schelling, *Strategy of Conflict*(Cambridge: harvard University Press,
    1964).

54) Morton Deutsch, *Distributive Justice: A Social Psychological Perspective*(New
    Haven: Yale University Press, 1985).

55) 로버트 액셀로드 저, 이경식 옮김, 앞의 책, p.43.

56) 위의 책, p.44.

57) 상호주의는 "대체로 상응하는 가치의 교환으로 각 당사자의 행위는 타방 당사자의 사전행위에 연계되어 선의는 선의로, 악의는 악의로 대응하는 것"으로 정의된다. Robert Keohane, "Reciprocity," p.8.

58) 맞대응전략에 대한 보다 상세한 내용은 Robert Axelrod, *The Evolution of Cooperation*(New York: Basic Books, 1984), 상호 긴장완화전략(GRIT)에 관한 것은 Charles E. Osgood, *An Alternative to War or Surrender*(Urbana: University of Illinois Press, 1962) 참조.

59) 윤영관, 이장로 엮음, 『남북경제협력 정책과 실천과제』, 한반도평화연구원총서, (서울: 한울, 2009), p.95.

60) 박형중, 앞의 책, p.57.

61) 로버트 액셀로드 저, 이경식 옮김, 앞의 책, p.106.

62) 위의 책, p.111.

63) 로버트 액셀로드 저, 이경식 옮김, 앞의 책, pp.99-114.

64) 위의 책, p.45.

65) 이것은 월츠로 대표되는 신현실주의 국제정치이론의 기본적인 주장이다. 월츠의 다음과 같은 지적은 이를 잘 보여준다. 상호이익을 위한 협력의 가능성과 직면했을 때 안보를 걱정하는 국가는 이득을 어떻게 배분할 것인지를 틀림없이 물을 것이다. 그들은 "우리 둘 다 이득을 복 것인가?"라고 묻지 않고 "누가 더 많이 얻을 것인가?"라고 묻지 않을 수 없다. K. Waltz, *Theory of International Politics* (Reading, Mass: Addison, 1979), p.105.

66) 정진영, 앞의 글, p.38.

67) 신자유주의적 국제협력이론은 상호주의전략이 개별행위자들로 하여금 "분권화된 집행(decentralized enforcement)"를 가능하게 하고, 일회의 게임에 따른 수익의 배분이 아니라 반복되는 게임에서 오는 수익, 즉 '미래의 그림자(Shadow of the Future)'를 고려하여 행동함으로써 협력을 가능하게 한다고 주장한다. 이에 대해 현실주의자들은 국제관계에서 국가들은 "집행의 부재(lack of enforcement)"가 아니라 "보호의 부재(lack of protection)"에 직면해 있고, 미래의 그림자가 아니라 '전쟁의 그림자(Shadow of the War)'에서 살고 있다고 반박한다.

68) 박재민, "국가가 상호주의를 택하는 이유(국가 간 상호주의와 협력: 이론과 실제)," 『동서연구』, 제13권 제2호(2001), p.81.

69) 위의 글, pp.81-82.

70) Martin Patchen, "Conflict and Cooperation in American-Soviet Relation," *International Interactions*, 17 (1991), pp.127-143.

71) Robert Axelrod, *op. cit.*

72) Samuel S. Komorita and James K. Esser, "Frequency of Reciprocated Concessions in Bargaining," *Journal of Personality and Social Psychology*. 32(1975). pp.600-705.

73) Deborah W. Larson, "The Psychology of Reciprocity in International Relations," *Negotiation Journal*. 3(1988), pp.281-301.

74) Deborah W. Larson, *Ibid.*, pp.281-301.

75) Deborah W. Larson, "Exchange and Reciprocity in International Negotiation," *Journal of International Negotiation*.(1998), p.17.

76) 박재민, 앞의 글, p.82.

77) Martin Patchen, "Resolving Disputes Between Nations: Coercion or Conciliation?"(Durham N. C.: Duke University Press. 1991), pp.40-51.

78) Axelrod, *op. cit.*, pp.110-113.

79) 박재민, 앞의 글, p.84.

80) 남북 사이의 화해와 불가침 및 교류·협력에 관한 합의서(1991.12.13).

81) 로동신문, 1998년 5월 23일, 5면.

82) 위의 글, 5면.

83) 위의 글, 5면.

84) 위의 글, 5면.

85) 무엇을 하나 주면 하나를 받아야 한다는 〈상호주의〉는 전형적인 장사군의 론리이다. 이와 같은 저속한 론리로 민족문제인 북남관계와 나라의 통일문제를 대하는 것 자체가 속물근성의 표현으로서 언어도단이라고 하지 않을 수 없다. 우리의 민족문제는 결코 북과 남의 등가교환에 의하여 해결할 성격의 문제가 아니다. 북남관계를 개선하고 나라의 통일위업을 실현하는 것은 일방의 리해관계를 떠나 오로지 민족 공동의 리익을 첫 자리에 놓고 해결해야 할 숭고한 애국위업이다. 이것을 장사군의 론리로 대한다는 것은 우리 민족의 성격에도 맞지 않으며 문제의 해결책으로도 될 수 없다. 북과 남이 제각기 제 주머니를 차고 장사군 같이 민족적 위업을 흥정할 내기를 한다면 상방은 항상 대결하는 상대로나 될 뿐 언제가도 민족의 숙원인 조국통일문제를 풀어나갈 수 없다(로동신문, 1998년 5월 23일, "북남관계에서 〈상호주의〉는 통용될 수 없다").

86) 한국에서는 비탄력적 상호주의를 영어로 'Restrict Reciprocity'로 사용하고 있다. 혼용할 수 있는 표현이라고 생각한다.

87) 로버트 액셀로드 저, 이경식 옮김, 앞의 책, p.70.

88) 위의 책, p.78.

89) 위의 책, p.84.

90) 양무진, "제2차 북핵문제와 미북 간 대응전략: 미국의 강압전략과 북한의 맞대응 전략,"『현대북한연구』제10권 제1호(경남대학교 극동문제연구소, 2007년 4월), pp.93-97.

91) 김재한,『게임이론과 남북한 관계』(서울: 한울아카데미, 1995), pp.14-16.

92) Robert Axelrod, 앞의 책. pp.205-207.

93) 전성훈,『KEDO 체제하에서 남북한 협력증진에 관한 연구』(서울: 민족통일연구원, 1996), pp.26-30.

94) 임강택,『새로운 남북협력모델의 모색: 지속적으로 발전 가능한 협력모델』(서울: 통일연구원, 2002), p.18.

95) 로버트 액셀로드 저, 이경식 옮김, 앞의 책, p.103.

96) 위의 책, p.218.

97) 하정열, 한반도의 평화통일전략(서울: 박영사, 2004), pp.223-224.

98) 한국에서는 포괄적 상호주의를 영어로 'Comprehensive Reciprocity'로 사용하고 있다. 더 적합한 표현이라고 생각한다.

99) 임강택, 앞의 책, p.25.

100) Robert O. Keohane, *op. cit.*, pp.1-28.

101) Robert O. Keohane, *Ibid.*, p.4.

102) Amitai Etzioni, *The hard way to peace: A New Strategy*(New York: Collier, 1962), p.23.

103) 임강택, 앞의 책, p.26.

104) 박형중, 앞의 책, p.63.

105) 임강택, 앞의 책, pp.26-27.

106) 위의 책, p.27.

107) 하정열, 앞의 책, pp.224-225.

108) 로버트 액셀로드 저, 이경식 옮김, 앞의 책, p.57.

109) 위의 책, p.59.

110) 영국의 진화생물학자 존 메이너드 스미스가 제출한 프로그램으로 상위권의 결과를 얻었다.

111) 로버트 액셀로드 저, 이경식 옮김, 앞의 책, p.63.

112) 위의 책, p.68.

113) 위의 책, p.143.

114) 위의 책, p.144.

115) Haass and O'Sullivan,., Honey and Vinegar, Incentives, Sanctions, and

Foreign Policy(Brookings Instition, 2000), pp.172-174.

116) 박형중, 앞의 책, p.52.

117) Peter M. Blau, *op. cit.*, pp.93-95.

118) Ernst B. Haas, "Why Collaborate? Issue-Linkage and International Regimes," *World Politics* 32. 3(April 1980), pp.357-405; Michael D. McGinnis, "Issue-Linkage and the Evolution of International Cooperation," *Journal of Conflict Resolution* 30,1(March 1986), pp.141-170.

119) 이슈간의 연계가 협력에 도움이 된다는 명제는 논란의 소지가 없지 않다. 김영삼 정부 당시 북한의 핵문제와 남북 경제협력을 연계시킴으로써 남북관계의 경색을 가져왔다는 지적처럼, 연계가 부정적인 효과를 가져올 수도 있기 때문이다. 그러나 이와 같은 특정한 예는 문제의 전략이 상황적 고려 속에서 적절한 것이었는가 하는 문제이지 협상의 이슈의 폭이 넓을 때 소위 '측면보상(側面報償, side-payment)'을 가능케 하여 협력의 가능성이 넓어진다는 일반론을 부정하지는 않는다. 포괄적 의제를 다루는 정상회담에서 협력이 용이한 이유가 여기에 있다. 이 점에 대해서는 Ernst B. Haas, "Why Collaborate?" 참조.

120) Alexander L. George, *Bridging the Gap. Theory & Practice in Foreign Policy*(Washington: United States Institute of Peace Press, 1993), p.49.

121) George, *Ibid.*, p.55.

122) 중앙일보가 2002년 1월에 실시한 여론조사 결과 우리 정부가 대북정책 시 지켜야 할 원칙으로 포괄적 상호주의 39.3%, 철저한 상호주의 34%로 나타났다. 세종연구소, 국제질서 전환기의 국가전략(세종국가포럼, 2002), p.146.

123) 하정열, 앞의 책, pp.225-226.

124) Richard N. Haass and Meghan L. O'Sullivan(eds), *op. cit.*, p.2.

125) 박형중, 앞의 글, p.51.

126) 통일부 통일정책실, 『상호주의원칙이란 무엇인가』(서울: 통일부), 1998.

127) George, *op. cit.*, pp.55-56.

제 2 장

1) 심병철, 앞의 책, p.128.

2) 관련내용은 4장에서 자세히 설명할 것이다.

3) 로동신문, 1998년 5월 23일, 5면.

4) 심병철, 앞의 책, p.128.

5) 위의 책, p.128.

6) 로동신문, 1998년 7월 24일, 5면.

7) 윤영관, 이장로 엮음, 앞의 책, p.100.

8) 로동신문, 1998년 7월 9일 5면.

9) 연합뉴스, 2010. 02. 24, 인터넷판.

10) 사실상의 통일 개념은 남북한 간 평화적 교류협력의 방향타의 임무도 수행한다. 남북한 간 인적·경제적·사회문화적 교류협력도 위의 개념을 실현하는 차원에서 추진되고 있으며, 군사적 긴장완화와 국제환경의 개선을 통한 한반도 및 동북아의 평화체제 구축도 동일 선상에서 볼 때 사실상의 통일 상황인 남북연합단계에 필수적이다. 다시 말해서 사실상의 통일 상황은 남북이 서로 오가고 돕고 나누는 것으로서 '보다 많은 접촉, 보다 많은 대화, 보다 많은 협력'이 요구된다. 이는 동서독 간 교류협력 증진을 통한 분단 고통 감소와 더불어 체제우위 입증을 목적으로 교류협력 증진을 통해 분단 고통 감소와 더불어 체제우위 입증을 목적으로 하였던 서독의 대동독 정책과 일맥상통한다.

11) 크게 세 방향으로 대별해 볼 수 있다. 첫째, 동독산 상품에 대한 '내독교역 특별원칙'을 공인해 줌으로써 관세 없는 유럽으로의 수출을 가능케 해주었고, 둘째, 사실상의 재정원조로 내독교역 용역비와 동서독관계 정상화를 위한 서독 정부의 비용부담이며, 셋째, 경제협력방안의 하나인 '스윙(Swing)제도'를 적용하였다는 점이다.

12) 차관 제공 이후 양독관계는 동독체제의 안정을 바탕으로 비교적 우호적인 관계를 유지할 수 있는 계기가 되었다.

13) 조은석 외, 『남북한 교류·협력활성화를 위한 법·제도적 개선방안 연구』(서울: 통일연구원, 2000), p.23.

14) 윤영관, 이장로 엮음, 『남북경제협력 정책과 실천과제』(서울: 한울, 2009), p.95.

15) 연금 수혜자, 산업재해 연금수령자, 장애연금수령자 등에게는 하루 25마르크였던 강제교환금이 15마르크로 인하되었다.

16) 윤영관, 이장로 엮음, 앞의 책, p.96.

17) 위의 책, p.97.

18) 위의 책, p.95.

19) 기본조약 체결 이후에도 '공동재난방지 협정(1973)', '상주대표부 설치 협정(1974)', '보건협정(1974)', '베를린과 마리엔보른 간 고속도로 건설협정(1975)', '우편과 통신협정(1976)', '상대국 국경을 넘어선 갈탄채취에 관한 개발협정

'(1976)', '베를린-함부르크 간 고속도로와 텔포트 운하건설에 관한 협정(1978)', '바르타와 헬레스하우젠 간 고속도로 연결협정(1985)', '동서독 문화협정(1986)', '과학기술협정(1987)' 등을 체결했다.

20) 윤영관, 이장로 엮음, 앞의 책, p.99.

21) 이우영, 손기웅, 임순희 공저, 『남북한 평화공존을 위한 사회문화 교류협력의 활성화방안』(서울: 통일연구원, 2001), p.48.

22) 위의 책, p.49.

23) 내독교역은 VE(換算單位, Verrechnungseinheit)라는 청산단위에 기초하여 행하여졌다. VE청산단위는 양독의 통화권이 이분화되고 구매력 역시 서독마르크화와 동독마르크화 사이에 현저하게 격차가 발생함에 따라 양독 간에 도입된 결제수단이었다.

24) 동독의 경우 서독과의 교류협력을 통해 획득한 외환의 일부를 군사 분야에 투입하였으나, 상당부분은 체제유지를 위한 우선순위에 따라 다른 분야에 투입하였다는 사실이 통일 이후 확인되었다. 북한 역시 가장 긴급하다고 판단되는 분야에 남북교류협력의 획득물을 사용할 가능성이 크지만, 군사 분야에 투입할 가능성은 상존하므로 남북협력 시에는 서독의 사례를 참고하여야 할 것이다.

25) 조은석 외, 앞의 책, p.26.

26) 데이비드 미트라니(David Mitrany)에 의해서 주창된 이론으로 상호작용을 하고 있는 사회 간에 기술·경제적인 상호의존 관계가 높아지면 점진적으로 통합의 촉진이 이루어진다는 이론이다. 재래의 정치적 접근방법에 의한 평화의 유지방식에서 탈피하여 비정치적 영역, 즉 경제적, 사회적, 기술, 그리고 인도적 분야에서 국제적 활동을 강조함으로써 평화유지의 획기적 방향전환을 모색한 통합이론이다. 대북 포용정책(햇볕정책)은 기능주의적 사고에 해당한다. 전통적인 기능주의 이론은 정경분리 원칙에 충실한 발상이며 교류와 거래를 형성하여 소기의 목표를 달성하는 것을 말한다. 여기에는 시혜적인 것도 있을 수 있고 정상적인 교류와 거래, 그리고 사회간접자본의 확충 등 다방면의 기능망 구축이 요구되며 이러한 기능망의 확장은 자연스럽게 정치공동체로 발전할 수 있다고 전제하고 있다. 대표적인 이론가로는 미트라니(D. Mitrany), 도이치(K. Deutsh), 에치오니(A. Etzioni) 등이 있다.

27) 신기능주의는 통합을 하나의 상태가 아니라 궁극적으로 정치공동체를 향해 나가는 변화의 과정이라고 정의한다. 높은 수준의 정책통합을 이루는 동시에 중간수준의 기구통합도 이룰 것을 강조하는 통합전략이론이다. 연방주의 통합이론에서 강조한 기구창설을 실제적으로 시도함으로써 정치역할을 회복시킬 것을 주장하는 이론이다. 신기능주의는 정경분리 원칙을 수용하지 않고 정치 문제도 과감하게 풀어 나가는 새로운 접근 방법을 도입하는 것을 말한다. 대표적인 이론가로는 하스(Ernst B. Hass), 린드버그(Leon N. Lindberg), 나이(Joseph S. Nye Jr.) 등이

있다.

28) 허문영, 오일환, 정지웅 공저, 『평화번영정책 추진성과와 향후과제』(서울: 통일연구원, 2007), p.22.

29) 개념정의에 대해서는 Evan Resnick, "Defining Engagement," *Journal of International Affairs*(Sping, 2001), Vol.54, no.2. pp.551-566 참조.

30) Resnick, *Ibid.*, pp.559-561.

31) 박형중, 『"불량국가" 대응전략-기본개념들과 비판적 검토』(통일연구원, 2002), p.25.

32) 민간교류의 대표적인 사례로는 2000년 언론사 사장단 방북 및 남북언론교류에 관한 합의서 채택, 남북교향악단 서울합동연주회, 백두산 관광단 방북, 올림픽 공동 입장, 남측 방문단의 조선로동당 창건 55주년 행사 참가, 2001년 춘향전 평양공연, 김연자 함흥 공연, 남북노동자대회, KBS 방북 취재, 민족통일 대토론 대회, 평양 통일대축전, 2002년 남북공동선언 2주년 기념 통일대축전, 8·15 민족통일 대회, KBS 교향악단 평양 공연, 남북통일축구대회, 부산아시아경기대회 북측 참가, 태권도 시범단 교환 등을 들 수 있다.

33) 2002년 서해교전 이후 개최된 아시안 게임에 참가한 북한 선수단 및 응원단에 대한 환영의 분위기는 남한 사회의 대북 적대감 완화를 보여주는 하나의 좋은 예라고 할 수 있다.

34) 자유주의는 협력의 강화 및 확대에 초점을 맞추고 있기 때문에 남북교류·협력과 적극적인 평화 구축의 문제를 해결하는 데 있어서 현실주의보다 풍부한 대안을 제공해준다는 장점을 지닌다. 그러나 힘이 뒷받침되지 않으면 상대방에게 이용당할 가능성도 있다.

35) 정상회담과 관련한 대북송금 문제는 정책의 투명성과 성과를 퇴색하게 한 결정적 사안이라고 할 수 있다.

36) 김대중정부는 민간 부문의 교류협력은 자율적 판단에 맡기거나 오히려 정부 차원의 교류협력을 대행하는 성격도 갖고 있었다.

37) 「한겨레신문」, 1998년 12월 26일.

38) 코헨은 포괄적 상호주의의 무제한적 적용은 상대의 역이용을 초래하며, 구체적 상호주의를 오랜 기간 동안 순차적으로 적용할 때 포괄적 상호주의가 작동할 수 있는 조건이 구비될 수 있다고 주장하고 있다. Robert Keohane, *op. cit.*, p.21.

39) 이런 이중성은 한 국가로서 대외정책을 신뢰받을 수 없게 하는 중대한 장애요소다.

40) 박재민, 앞의 글, p.96.

41) 위의 글, p.96.

42) 정지웅, "대북포용정책에 대한 이론적 검토"(2006년 북한연구학회 동계학술회의 발표논문), pp.221-226.

43) 노무현정부는 통일 정책으로는 '대북 5대 원칙'의 기조를 유지하면서 첫 번째 원칙으로 '계산적 상호주의'를 배격하고 상대방을 인정하는 토대 위에서 신뢰를 쌓아가는 '신뢰우선주의'를 내세웠다.

44) 노무현정부는 '평화번영정책'의 추진원칙 중 두 번째 원칙으로 '상호 신뢰 우선과 호혜주의'을 주장하고 있다. 북한 및 주변국가와의 관계 증진과 건전한 상호협력을 위해 서로 이익이 되는 호혜주의를 추구해 나간다는 것이다.

45) MBC 인터넷판, 2007.7.19.

46) 현재 '10 · 4 남북공동선언문'의 이행을 두고 북한과 남한은 한 치의 양보도 보이지 않고 있다. 북측은 남측이 정권교체 이후 이를 이행하려는 의지를 잃었다고 판단, 각종 무리수를 두어 남측에서 공동으로 합의한 사항을 이행해야 함을 촉구하고 있다. 그러나 현 정부는 경제적 이유, 선언문의 정당성 여부 판단, 북핵 문제 미해결 등을 내세우며 이에 관한 이행을 미루고 있는 입장이다.

47) '10 · 4 남북공동선언' 5항: "남과 북은 민족경제의 균형적 발전과 공동의 번영을 위해 경제협력사업을 공리공영과 유무상통의 원칙에서 적극 활성화하고 지속적으로 확대 발전시켜 나가기로 하였다. 남과 북은 경제협력을 위한 투자를 장려하고 기반시설 확충과 자원개발을 적극 추진하며 민족내부협력사업의 특수성에 맞게 각종 우대조건과 특혜를 우선적으로 부여하기로 하였다."

제 3 장

1) 제목: 「서해해상에서 우발적 충돌 방지와 군사분계선 지역에서의 선전활동 중지 및 선전수단 제거에 관한 합의서」(2004.6.4), 회담명: 제2차 남북장성급군사회담(2004.6.3~4, 속초 컨싱턴스타호텔).

2) 위 합의서 3조 1, 2항.

3) 위 합의서 3조 3, 4, 5항.

4) 제목: 「서해해상에서 우발적 충돌방지와 군사분계선지역에서의 선전활동 중지 및 선전수단 제거에 관한 합의서」의 부속합의서(2004.6.12), 회담명: 제21차 남북군사실무회담(2004.6.10~12, 개성 자남산여관).

5) 문성묵 국방부 회담운영팀장(육군대령)과 류영철 인민무력부 부국장(대좌. 대령급)을 각각 수석대표로 하는 남북 양측 실무대표는 12일 오전 군사분계선과 서해

상 북방한계선(NLL)을 둘러싼 군사적 긴장완화 방안에 합의했다.

6) 「서해해상에서 우발적 충돌방지와 군사분계선지역에서의 선전활동 중지 및 선전 수단 제거에 관한 합의서」의 부속합의서, 2조 1항.

7) 위 합의서, 2조 2항.

8) 1단계(6.16~6.30: 임진강 말도-판문점), 2단계(7.6~20: 판문점-강원 철원 갈말읍), 3단계(7.20~8.15: 갈말읍-고성군 현내면)

9) 국방부 관계자는 2005.6.20일 "남측은 그동안 북측이 회담에 조속히 응하도록 여러 차례 촉구한 바 있다. 본격적인 회담 재개에 대비해 우리 측 협상안을 치밀하게 준비하고 있다"고 말했다(연합뉴스, 2005.6.21).

10) 남북 정치·군사 분야 합의 이행율은 10% 미만인 것으로 밝혀졌다(연합뉴스, 2009.2.2).

11) 통일부 발표, 2009.2.1.

12) 내부문제 불간섭, 상대방 비방·중상 금지, 무력불사용, 불가침 경계선 및 구역 준수 등 나머지 35개의 합의사항은 북한이 위반하거나, 남북 간에 후속 협의가 진행되지 못함으로써 지켜지지 못했다고 통일부는 밝혔다.

13) 먼저 북측은 2008년 10월 2일 군사실무회담에서 남측의 '삐라(전단) 살포' 행위가 남북 간 합의 위반이라며 이 행위가 계속될 경우 개성관광, MDL을 통한 통행, 개성 및 금강산 지구 내 남측 인원 추방 등의 조치를 취할 것이라고 경고했다. 통일부는 2008년 10월 8일 군사분계선지역(MDL)에서 전단 살포 등 선전 활동을 벌이고 있는 민간단체에 '전단 살포 자제'를 요청했다고 밝혔다.

14) 김 대변인은 "실무 부서가 관련 단체들을 상대로 남북 간 합의 내용과 지난 2일 남북 군사실무회담에서 논의된 내용, 그리고 현재 남북관계 상황을 설명하면서 협조를 요청했다"고 부연했다.

15) 정찬구 외, 『NLL문제의 실체적 해부』(서울: 도서출판 이경, 2009), p.11.

16) 백령도, 대청도, 소청도, 연평도, 우도 등을 말한다.

17) 제13항 본 정전협정이 효력을 발생한 후 10일 이내에 상대방은 한국에 있어서의 후방과 연해도서 및 해면으로부터 그들의 모든 군사역량, 보급물자 및 장비를 철거한다. 만일 철거를 연기할 쌍방이 동의한 이유 없이 또 철거를 연기할 유효한 이유 없이 기한이 넘어도 이러한 군사역량을 철거하지 않을 때는 상대방은 치안을 유지하기 위하여 그가 필요하다고 인정하는 어떠한 행동이라도 취할 권리를 가진다. 상기한 연해도서라는 용어는 본 정전협정이 효력을 발생할 때에 비록 일방이 점령하고 있더라도 1950년 6월 24일에 상대방이 통제하고 있던 도서 중에서 백령도(북위 37도 58분, 동경 124도 40분), 대청도(북위 37도 50분, 동경 124도 42분), 소청도(북위 37도 46분, 동경 124도 46분), 연평도(북위 37도 38분, 동경 125도 40분) 및 우도(북위 37도 36분, 동경 125도 58분)의 도서군들을 국

제연합군 총사령관의 군사통제하에 남겨두는 것을 제외한 기타 모든 도서는 조선인민군 최고사령관과 중국인민지원군사령관의 군사 통제하에 둔다. 한국 서해안에 있어서 상기 경계선 이남에 있는 모든 도서는 국제연합군 총사령관의 군사통제하에 남겨 둔다.

18) 정전협정 체결과정에 대해서는 임규정 외 "북방한계선의 역사적 고찰과 현실적 과제," 『현대이념연구』 제14집(1999.12), pp.49-52 참조.

19) 정전협정 참조.

20) 임규정, 서주석, 앞의 글, p.52.

21) 제성호, 앞의 글, p.124.

22) 정찬구외, 앞의 책, p.15.

23) 위의 책, p.14.

24) 국회사무처, "한반도 주변 안보정세와 한국의 대응방안," 『연구보고서』 GOVP1200701749(2006.11), p.34.

25) 정찬구외, 앞의 책, p.15.

26) 북한은 중앙통신사에서 1959년 11월 30일 발간된 『조선중앙년감』에서 NLL을 군사분계선으로 표기하고 있다. 북한대표는 1963년 5월의 군사정전위 제168차 회의에서 북한 간첩선의 격퇴위치와 관련하여 북한함정이 NLL을 넘어간 적이 없다고 언급하였다. 묵시적으로 NLL의 존재를 인정한 것이다. 또한 1984년 9월 29일부터 10월 5일 사이에 북한이 수해지원물자를 한국에게 인도하는 과정에서 군함으로 구성된 양측의 호송선단이 NLL선상에서 상봉하여 인수인계하였다. 1993년 5월에는 국제민간항공기구 간행물인 '항공항행계획'에서 NLL에 준해 조정된 한국의 비행정보구역 변경(안)이 공고되었음에도 불구하고 1998년 1월 발효 시까지와 발효 이후에도 북한은 이에 대한 이의를 제기하지 않았다. 국방부, 『북방한계선에 대한 우리의 입장』(서울: 국방부전사편찬위원회, 2002), p.14.

27) 정찬구외, 앞의 책, p.20.

28) 제성호, "북방한계선(NLL)의 법적 유효성과 한국의 대응방향," 『중앙법학』 제7권 2호(2006), p.121.

29) 1958년의 '영해 및 접속수역에 관한 협약' 및 1982년의 '유엔해양법 협약'

30) 제성호, 앞의 글, p.123.

31) 공군본부, 『공군』(대전: 공군본부, 1999년 7월호), p.16.

32) 정찬구 외, 앞의 책, p.106.

33) 위의 책, p.107.

34) 위의 책, p.63.

35) 통일부, 『2007 남북정상회담』(서울: 통일부, 2007), p.22.

36) 제성호, 앞의 글, p.139.

37) 손기웅, "남북정상회담 이후 남북관계 발전과 향후 과제," pp.19-20.

38) 제1차 남북장관급회담 공동보도문(2000.7.31): 제5항 남과 북은 경의선 철도의 끊어진 구간을 연결하며, 이를 위한 문제는 빠른 시일 내에 협의하기로 한다.

39) 허문영, 오일환, 정지웅 공저, 앞의 책, p.99.

40) 제2차 남북장관급회담 공동보도문(2000.9.1): 제4항 남과 북은 서울-신의주 사이의 철도를 연결하며 문산·개성 사이의 도로를 개설하기 위한 실무접촉을 9월중에 가지고 착공식 문제 등을 협의한다.

41) 이 합의서에는 공사와 안전운행을 위해 필요한 공간을 고려, 경의선은 폭 250m, 동해선은 폭 100m의 남북 관리구역을 설정하고 관리구역 안에 철도와 도로, 경비초소 외에 군사시설물을 건설하지 않으며, 경비초소는 군사분계선으로부터 250m 떨어진 곳에 각각 1개씩을 설치한다는 내용을 담았다. 합의서는 또 비무장지대 자기 측 지역의 지뢰와 폭발물을 제거하고, 작업과 관련해 수시로 제기되는 문제해결을 위해 남북 군사당국간 전화통지문을 통해 협의하기로 했다.

42) 국방부,『남북군사회담자료집』(국방부, 2009), p.114.

43) YTN 인터넷뉴스, 남북 군인들 비무장지대서 만남, 2003년 6월 11일.

44) 제20차 남북장관급회담 공동보도문(2007.3.2) 제5항.

45) 10.4 남북공동선언(남북관계 발전과 평화번영을 위한 선언) 제5항.

46) 동해지구와 서해지구 남북관리구역 설정과 남과 북을 연결하는 철도·도로작업의 군사적 보장을 위한 합의서(2002.9.17): 대한민국 국방부와 조선민주주의인민공화국 국방위원회 인민무력부는 역사적인 6.15 남북공동선언을 성실히 이행하기 위하여 동해지구와 서해지구의 철도·도로를 하루빨리 연결하는 것이 남북 사이의 긴장을 완화하고 교류와 협력을 보다 활성화하는 데서 중요한 의의를 가진다는 데 견해를 같이 하고 이를 군사적으로 보장하기 위하여 다음과 같이 합의하였다.

47) 남북철도 및 도로 연결공사 자재·장비 제공에 관한 합의서(2002.9.17): 남과 북은 남북경제협력추진위원회 제2차 회의에서 합의한 바에 따라 경의선과 동해선 철도 및 도로 연결공사에 필요한 자재·장비 제공에 대해 다음과 같이 합의하였다. 제1항 남측은 경의선과 동해선 철도 및 도로 연결공사에 필요한 자재·장비를 북측에 차관방식으로 제공한다. 제3항 자재·장비 제공에 따르는 차관의 상환기간은 차관제공 후 거치기간 10년을 포함하여 30년으로 하며, 이자율은 연 1.0%로 한다.

48) 서울과 북한 신의주를 연결하는 경의선 철도 가운데 단절된 구간은 문산 개성 간 24km였다.

49) 대한민국 국방부장관과 조선민주주의인민공화국 인민무력부장 간 회담 공동보도문(2000.9.26): 제3항 쌍방은 당면 과제인 남과 북을 연결하는 철도와 도로공사

를 위하여 각 측의 비무장지대 안에 인원과 차량, 기재들이 들어오는 것을 허가하고 안전을 보장하기로 하였으며, 쌍방 실무급이 10월 초에 만나서 이와 관련한 구체적 세부사항들을 추진하기로 하였다. 제4항 남과 북을 연결하는 철도와 도로 주변의 군사분계선과 비무장지대를 개방하여 남북관할지역을 설정하는 문제는 정전협정에 기초하여 처리해 나가기로 하였다.

50) 남북철도 도로연결 실무협의회 제1차 회의 합의서(2002.9.17): 제2항 경의선에서 철도는 종전의 철길노선을 따라 개성역으로부터 군사분계선까지의 15.3km구간과 미진된 남측구간을 연결하고, 도로는 개성공단 건설부지의 남쪽 경계선으로부터 철길노선 서쪽을 따라 4차선으로 연결한다. 동해선에서 철도는 1차적으로 온정리-저진 사이 27.5km구간을 단선으로 연결하고 강릉방향에로의 남측구간 연결공사를 중단 없이 빨리 추진시키며, 도로는 고성-송현리 사이의 구간을 2차선으로 연결하되, 우선 12월 초부터 차량이 다니게 한다.

51) 최수영, 김규륜, 김학성, 박종철 공저, 앞의 책, p.44.

52) 남북철도 · 도로연결 실무협의회 제1차 회의 합의서(2002.9.17): 제5항 남측은 경의선과 동해선의 북측구간 철도 및 도로 연결공사에 필요한 1차분 자재와 장비 등을 9월 안에, 나머지 전량은 공사일정에 맞추어 공사에 지장이 없도록 원산항과 해주항 등을 통해 북측에 제공한다. 이와 관련한 세부사항은 [남북 철도 및 도로 연결공사 자재 · 장비 제공에 관한 합의서]에 따른다.

53) 남북철도 · 도로연결 실무협의회 제1차 회의 합의서(2002.9.17): 제6항 경의선과 동해선 철도 및 도로 연결공사의 원만한 추진을 위해 필요한 때에 남북철도 및 도로연결실무협의회 또는 실무접촉을 수시로 진행하며 문서교환방식으로도 제기되는 문제를 협의한다.

54) 남북철도 · 도로 연결을 위한 공동측량 절차와 방법: 제1항 공동측량구간은 경의선과 동해선 철도 · 도로 연결지점을 기준으로 남과 북의 각 방향으로 200m 길이와 철도 · 도로 연결 남북관리구역 폭으로 한다. 제2항 공동측량기간은 동해선에서 2002년 11월 26일과 11월 27일, 경의선에서 11월 29일과 30일 사이로 하며, 매일 09:00부터 15:00까지 진행한다. 제3항 공동측량인원은 쌍방이 각각 철도 및 도로전문가 10명, 지원인원 5명 이하로 구성한다. 쌍방은 공동측량인원 명단을 측량하기 하루 전에 문서교환 방식으로 통보한다.

55) 허문영, 오일환, 정지웅 공저, 앞의 책, p.100.

56) 국방부, 앞의 책, p.114.

57) 최수영, 김규륜, 김학성, 박종철공저, 앞의 책, p.45.

58) 남북철도 · 도로연결 제4차 실무접촉 합의서(2003.3.12): 제2항 남과 북은 철도 및 도로연결공사 자재 · 장비제공에 관한 합의서에 따라 제공된 자재 · 장비의 정상 이용을 위한 사용결과 통보 및 남측 기술인원들의 현장방문을 진행한다. 가. 1

차 남측 기술인원들의 현장방문은 경의선에서 3월 20일부터 22일까지, 동해선에서 3월 24일부터 26일까지 각각 진행한다. 나. 현장방문을 위한 남측 기술인원들은 단장(대표1명), 기술인원 4~5명을 포함하여 8~9명 정도로 구성한다. 다. 북측은 남측 기술인원들이 자재·장비의 사용결과 통보 내용 확인과 필요한 기술지원을 할 수 있도록 협력하며, 남측은 현장방문에서 확인된 사항에 따라 장비들에 대한 수리정비대책을 빠른 시일 내에 강구하도록 한다.

59) 허문영, 오일환, 정지웅 공저, 앞의 책, p.102.

60) 남측은 자금, 기술, 물자를 호혜성 차원에서 지원하였고, 양측은 각 담당지역을 비탄력적 상호주의에 따라 세부일정, 장소, 방법 등을 합의하여 신축적으로 공사를 추진하였다.

제 4 장

1) 남과 북은 인도주의 협력사업을 적극 추진해 나가기로 하였다. 남과 북은 흩어진 가족과 친척들의 상봉을 확대하며 영상 편지 교환사업을 추진하기로 하였다. 이를 위해 금강산면회소가 완공되는 데 따라 쌍방 대표를 상주시키고 흩어진 가족과 친척의 상봉을 상시적으로 진행하기로 하였다. 남과 북은 자연재해를 비롯하여 재난이 발생하는 경우 동포애와 인도주의, 상부상조의 원칙에 따라 적극 협력해 나가기로 하였다(10·4 남북공동선언 제7항).

2) 제1차 남북장관급회담 공동보도문(2000.7.31): 첫째, 남북장관급회담은 쌍방 정상들이 서명한 공동선언의 합의사항을 존중하고 공동이익을 추구하는 방향으로 그 이행문제를 협의, 해결하는 대화가 되도록 한다.

3) 제10차 남북장관급회담 공동보도문(2003.4.29): ① 4. 남과 북은 쌍방 사이에 이미 합의하여 이행 중에 있거나 예정되어 있는 협력사업들을 적극 추진하기로 한다.

4) 제13차 남북장관급회담 공동보도문(2004.2.6): 4. 남과 북은 임진강수해방지사업, 해운합의서 발효 문제, 상대방에 대한 방송중지 문제 등 쌍방이 제기하는 문제를 계속 협의해 나가기로 하였다.

5) 제17차 남북장관급회담 공동보도문(2005.12.16, 제주): 5. 남과 북은 새해 음력설을 계기로 인도주의 사업들을 적극 추진하기로 하였다. ① 쌍방은 2006년 2월 안으로 적십자회담을 개최하고 상호 관심을 갖는 인도주의 문제들을 협의·해결해 나가기로 하였다.

6) 제18차 남북장관급회담 공동보도문(2006.4.24): 7. 남과 북은 자연재해 방지, 보건 의료, 문화유적 보존 등 여러 분야에서의 협력사업을 추진하기로 하였다.

7) 연도별 식량 지원 현황

연도	2000	2002	2003	2004	2005	2007	계
내용 (톤)	쌀30만, 옥수수20만	쌀40만	쌀40만	쌀40만	쌀50만	쌀40만	쌀 240만, 옥수수 20만
금액 (억 원)	1천57	1천510	1천510	1천359	1천787	1천649	8천872

* 출처: 2009 통일백서(통일부, 2009), p.241에서 요약 재정리.

8) 통일부, 『2009 통일백서』(서울: 통일부, 2009), p.124.

9) 퍼주기식 대북 지원은 없다고 강조해온 이명박정부도 인도적 지원에 대해서만큼은 "북측 요구가 있으면 검토한다"고 누차 밝혀온 것도 바로 동포애라는 보편적 정서를 무시할 수 없기 때문이라고 생각한다. 따라서 금강산 피격사건, 핵실험 및 미사일 발사에 이르기까지 북의 최근 행태를 돌아보면 여러 논란도 있겠지만 인도적 문제만큼은 남북관계의 장래를 위해서 포괄적인 상호주의로 추진해야 한다.

10) 여전히 부족하기는 하지만 북한은 1990년대 중반의 고난의 행군시기의 심각한 기아 상황은 모면하였고, 영유아·산모의 영양 상태는 뚜렷하게 개선되었다.

11) 2006년 11월 5일자 〈로동신문〉은 "북남 협력 사업은 하나를 받으면 하나를 주는 식의 등가 교환 형태의 상업 거래가 아니라 철두철미 상부상조의 원칙에서 동족끼리 서로 도와주고 도움 받는" 사업이라고 정의하면서 "북남 협력 사업을 그 누구에 대한 일방적인 퍼주기라고 우겨대면서 방해"하면 안 된다고 강조하고 있다. 또한 북한이 쌀 10만 톤 지원마다 남한의 분배현장 방문을 허용한 것도 차관이 아니라 무상지원으로 인식하고 있음을 나타내는 것이다.

12) 윤영관, 이장로 엮음, 『남북경제협력 정책과 실천과제』(서울: 한울, 2009), p.131.

13) 미국 국무부의 필립 크롤리 공보 담당 차관보는 2010년 3월 23일 정례 기자회견에서 지미 카터 전 대통령이 미국과 북한의 조건 없는 직접 대화와 인도적인 식량 지원을 해야 한다는 발언과 관련해 "미국 정부는 '세계식량계획'을 통해 북한에 식량을 지원했지만, 미국이 아닌 북한의 결정에 의해 지원이 중단됐다"고 말했다. 즉 북한이 원한다면 인도적인 지원을 고려하겠지만 다른 곳에 전용하지 않고 북한 주민에 대한 분배 감시가 보장돼야 한다고 미국 국무부가 밝혔다.

14) 제성호 중앙대 교수는 "정부의 대북 지원은 상호 만족을 얻는 방식이 돼야 한다"며 "국군포로. 납북자 문제의 해결, 이산가족의 고향 성묘 허용, 이산가족 면회소 상봉 정례화에 맞춰 인도적 지원 규모를 적절히 정해야 한다"는 의견을 제시한 바 있다. 손광주 데일리NK 편집국장도 "인도적 지원이라 하더라도 정치적 함의를 갖는다"며 "정부가 인도적 지원으로 북한 주민의 생존을 지원하되 국군포로, 납북자

문제 등과 연계해야 한다"고 비탄력적 상호주의에 동의했다.

15) 이 같은 이산가족의 정의 속에는 6·25전쟁 과정에서 발생한 국군 포로와 민간인 납북자, 전쟁 이후에 발생한 납북자, 해방 이후 전쟁을 거치는 과정에서 발생한 실향민 그룹을 모두 포함하고 있다.

16) 남과 북은 올해 8·15에 즈음하여 흩어진 가족, 친척 방문단을 교환하며 비전향 장기수 문제를 해결하는 등 인도적 문제를 조속히 풀어 나가기로 하였다(6·15 남북공동선언 제3항).

17) 2000년 8월 15일 이산가족 1차 상봉이 이뤄진 후 17차 상봉까지 대면상봉을 통해 총 1만 7,100명이 그리운 가족을 만났다. 2005년 8월 시작된 화상상봉은 7차례에 걸쳐 557가족 총 3,478명이 상봉했다. 생사여부에 대한 주소확인은 2001년 2번에 걸쳐 진행돼 2,267명이 이를 확인했고, 총 679명이 편지를 주고받았다.

18) 제2차 남북장관급회담 공동보도문(2000.9.1): 1. 남과 북은 올해 안에 흩어진 가족, 친척방문단 교환 사업을 두 차례 더 진행한다. 이와 관련한 실무적 문제는 남북 적십자 단체들이 곧 토의하며 이와 함께 흩어진 가족, 친척들의 서신교환을 추진하는 등의 문제들을 협의한다.

19) 제4차 남북장관급회담 공동보도문(2000.12.16): 4. 남과 북은 이산가족들의 생사·주소 확인 사업과 서신교환 사업을 시범적으로 하되 생사·주소 확인은 2001년 1월과 2월에 각각 100명씩, 서신교환은 2001년 3월에 300명 정도로 한다.

20) 제5차 남북장관급회담 공동보도문(2001.9.18): 1. 남과 북은 민족의 화해와 단합을 도모하기 위하여 쌍방 당국 사이의 대화와 협력사업을 발전시키는 것과 함께, 민간급에서의 접촉과 왕래, 협력사업을 상호 이해와 존중의 바탕 위에서 적극 지원하기로 한다. 2. 남과 북은 올해 추석을 계기로 이산가족들의 고통을 덜어주기 위한 인도적 조치를 취하는 것이 필요하다는 데 인식을 같이하였으며, 이를 위하여 제4차 이산가족 방문단을 10월 16일부터 18일까지 서로 교환하기로 한다.

21) 제7차 남북장관급회담 공동보도문(2002.8.14): 4. 남과 북은 제5차 이산가족 상봉을 추석을 계기로 금강산에서 진행한다. 상봉단의 규모와 상봉절차는 제4차 이산가족 상봉의 관례에 따르며 구체적인 문제는 판문점을 통해 협의한다. 아울러 이산가족 문제를 해결하기 위하여 쌍방 적십자단체의 책임자급을 수석대표로 하는 제4차 남북적십자회담을 9월 4일부터 6일까지 금강산에서 개최하며 이 때 면회소 설치·운영 문제 등을 협의한다.

22) 제10차 남북장관급회담 공동보도문(2003.4.29): ① 4. 남과 북은 쌍방 사이에 이미 합의하여 이행 중에 있거나 예정되어 있는 협력사업들을 적극 추진하기로 한다. ② 제11차 남북장관급회담 공동보도문(2003.7.12): 2. 남과 북은 추석을 계기로 금강산에서 제8차 이산가족 상봉을 실시하기로 하였다. 쌍방은 금강산이산가족면회소건설 착공식을 갖도록 협력하기로 하였다.

23) 제13차 남북장관급회담 공동보도문(2004.2.6): 4. 남과 북은 임진강수해방지사업, 해운합의서 발효 문제, 상대방에 대한 방송중지 문제 등 쌍방이 제기하는 문제를 계속 협의해 나가기로 하였다. 5. 남과 북은 제9차 이산가족 상봉을 2004년 3월 말 금강산에서 실시하기로 하였다.

24) 제15차 남북장관급회담 공동보도문(2005.6.23): 3. 남과 북은 이산가족들의 금강 산 상봉을 8월 26일부터 실시하는 것과 동시에 금강산면회소 건설 착공식을 진행 하기로 하고 이를 위한 측량 및 지질조사를 7월 중으로 끝내기로 하였다. 그리고 제6차 남북적십자회담을 8월중에 개최하여 전쟁 시기 생사를 알 수 없게 된 사람 들의 생사확인 등 인도주의 문제들을 협의하기로 하였다. 4. 남과 북은 8.15를 계 기로 이산가족들의 화상상봉을 시범적으로 개시하기로 하고 이를 위한 실무접촉 을 7월 10일경 개성에서 가지기로 하였다. 10. 남측은 동포애와 인도주의적 견지 에서 북측에 식량을 제공하기로 하고, 구체적인 절차는 남북경제협력추진위원회 제10차 회의에서 처리하기로 하였다.

25) 제16차 남북장관급회담 공동보도문(2005.9.16): 4. 남과 북은 이산가족 문제해결 등 인도주의적 사업들을 적극 추진하기로 하였다. ① 남과 북은 11월 초에 제12 차 이산가족 상봉을 실시하고 올해 안으로 2차례의 화상상봉을 하기로 하였다. ② 남과 북은 전쟁 시기 소식을 알 수 없게 된 사람들의 생사확인문제를 남북적 십자회담에서 계속 협의·해결해 나가기로 하였다.

26) 제17차 남북장관급회담 공동보도문 (2005.12.16, 제주): 5. 남과 북은 새해 음력 설을 계기로 인도주의 사업들을 적극 추진하기로 하였다. ① 쌍방은 2006년 2월 안으로 적십자회담을 개최하고 상호 관심을 갖는 인도주의 문제들을 협의·해결 해 나가기로 하였다. ② 쌍방은 2006년 2월말 경에 제4차 이산가족 화상상봉을 실시하며, 3월말 경에는 제13차 이산가족 상봉행사를 금강산에서 진행하기로 하 였다.

27) 제20차 남북장관급회담 공동보도문(2007.2.27~3.2, 평양 고려호텔): 4. 남과 북 은 인도주의 분야의 협력 사업들을 재개하고 이산가족 문제의 실질적 해결을 위 해 노력하기로 하였다. ① 쌍방은 제5차 이산가족 화상상봉을 3월 27일부터 29 일까지, 제15차 이산가족 상봉행사를 5월 초순에 금강산에서 실시하기로 하였다. ② 쌍방은 이산가족 면회소 건설을 빠른 시일 안에 추진하기로 하였다. 이와 관 련하여 쌍방 적십자 단체간 실무접촉을 3월 9일 금강산에서 진행하기로 하였다. ③ 쌍방은 제8차 남북적십자회담을 4월 10일부터 12일까지 금강산에서 개최하고 전쟁시기와 그 이후 소식을 알 수 없게 된 사람들의 문제를 비롯하여 상호 관심사 항들을 협의 해결하기로 하였다.

28) 10·4 남북공동선언(남북관계 발전과 평화번영을 위한 선언): 7. 남과 북은 인도 주의 협력사업을 적극 추진해 나가기로 하였다. 남과 북은 흩어진 가족과 친척들 의 상봉을 확대하며 영상 편지 교환사업을 추진하기로 하였다. 이를 위해 금강산

면회소가 완공되는 데 따라 쌍방 대표를 상주시키고 흩어진 가족과 친척의 상봉
을 상시적으로 진행하기로 하였다.

29) 통일부, 『2009 통일백서』(서울; 통일부, 2009), p.125.

30) 2009년 9월 26일 시행된 '남북이산가족 생사확인 및 교류촉진에 관한 법률'이 제
정된 것은 뒤늦은 감이 있으나, 남북이산가족 생사확인과 상봉을 국가가 법률로서
국가의 책무로 했다는 점과 이산가족 상봉지원정책과 비용지원의 법원을 마련했
다는 점에서 이산가족 정책에 있어서 중요한 의미가 있다. 특히 그동안 국군 포로
와 납북자를 포함한 이산가족 상봉이 북한의 거부 내지 소극적인 자세로 제한된
것이었던 만큼, 동법에서 북한에게 이산가족 실태조사와 생사확인 및 소재 파악
등에 필요한 물자와 경비를 남북협력기금에 의해 조성된 협력기금에서 북한에 지
원할 수 있도록 함으로써 북한으로 하여금 좀 더 적극적이고 성의 있는 자세로 이
산가족 문제해결에 나설 수 있는 환경을 만들었다는 점에서 의의가 있다.

31) 사회문화 교류협력 사업이란 민족의 동질성 회복과 사회문화공동체 형성을 위해
상대방 지역이나 제3국에서 당사자 간의 합의 및 계약에 따라 계획, 준비, 실시
및 사후처리 등이 연속성 있게 이루어지는 행위를 말한다. 교육과 학술, 문화와
예술, 종교, 보건, 과학, 체육, 출판 및 보도 등의 분야에서 남한과 북한의 주민이
공동으로 행하는 비영리적 활동으로서 [남북교류협력에관한법률]이 정한 요건과
절차에 따라 협력사업자 승인과 협력사업 승인을 받아 추진한다.

32) 이우영, 손기웅, 임순희 공저, 『남북한 평화공존을 위한 사회문화 교류협력의 활
성화 방안』(통일연구원, 2001), p.7.

33) 위의 책, p.110.

34) 7 · 4 남북공동성명(1972.7.4) 3항. 쌍방은 끊어졌던 민족적 연계를 회복하며 서
로의 이해를 증진시키고 자주적 평화통일을 촉진시키기 위하여 남북 사이에 다방
면적인 제반교류를 실시하기로 합의하였다.

35) 남북 사이의 화해와 불가침 및 교류협력에 관한 합의서(1991.12.13): 제16조 남
과 북은 과학 · 기술, 교육, 문화 · 예술, 보건, 체육, 환경과 신문, 라디오, 텔레비
전 및 출판물을 비롯한 출판 · 보도 등 여러 분야에서 교류와 협력을 실시한다. 제
21조 남과 북은 국제무대에서 경제와 문화 등 여러 분야에서 서로 협력하며 대외
에 공동으로 진출한다.

36) 조한범외, 『비정부기구(NGO)를 통한 남북한 교류 · 협력 증진 방안 연구』(서울:
통일연구원, 2000), p.68.

37) 위의 책, p.69.

38) 사회문화 분야에선 분단 이후 지금까지 어려운 여건 속에서도 지속적인 교류협력
의 시도가 있었다. 특히 '7 · 7특별선언'으로 남북교류의 적극화 의지가 대외적으
로 표명된 이래 「남북교류협력에 관한 기본지침」 시행(1990), 「남북교류협력 추

진협의회」 발족(1989), 「남북교류협력법과 남북협력기금법」 제정(1990), 「남북
문화교류의 5대 원칙」 발표(1990), 「남북기본합의서와 부속합의서」 채택 발효
(1992), 「남북사회문화협력사업처리에 관한 규정」 제정(1997), 「남북교류협력에
관한 법률 시행령」 개정(1998) 등 일련의 법·제도적 정비 과정을 거치면서 남북
사회문화교류협력이 점차 활성화 추세를 나타냈다.

39) 분단 이후 약 30년 동안 남북 사회문화 교류는 한반도의 냉전기류 속에서 좀처럼
돌파구를 찾을 수 없었다. 1950년대와 60년대에 걸쳐 북한이 남북 언론인 교류
(1957), 제17차 올림픽 단일팀 구성(1958), 남북 공동 영화제작 및 연극경연대회
(1965), 기자 및 과학자 교류(1966) 등 수차례의 대남 제의를 한 바 있으나, 이는
대부분 통일전선전략 차원의 선전성 제안에 불과할 뿐 실천적 의지를 결여한 공
허한 것이었다.

40) 이우영, 손기웅, 임순희 공저, 앞의 책, p.60.

41) 조한범 외, 위의 책, pp.69-70.

42) 전체적으로 북한 핵문제를 둘러싼 일련의 가정, 김일성의 사망 등은 남북관계를
냉각시켰으며, 따라서 남북 사회문화교류에도 영향을 미쳤다. 실례로 1994년 일
본에서 열기로 한 「코리아 통일미술전 및 예술축전」과 민예총이 북한 민예총과
함께 서울에서 열기로 한 「코리아 통일미술전」은 김일성 사망에 따라 북한 측이
이를 연기함으로써 무산되었다. 또한 1990년의 「제2차 남북이산가족 고향방문
및 예술공연단」이 성사되지 않은 것은 북한 측의 혁명가극 「꽃 파는 처녀」의 공
연이 문제가 되었으며, 1992년 「노부모고향방문단」 교환이 이루어지지 않는 것도
이인모의 송환과 포커스렌즈 훈련이라는 외적인 요인 때문이었다.

43) 사회문화교류협력의 큰 틀에서 볼 때, 김대중정부와 노무현정부는 포용정책에 바
탕을 두고 정책을 추진하였음으로 통합하여 다룰 것이다.

44) 조한범 외, 앞의 책, p.71.

45) 북한은 1998년 6월 서해교전사태 이후 남한관계자 방북을 일방적으로 중단시켰으
나, 이는 일시적인 조치임을 분명히 했다. 북한 측은 1999년 7월 방북예정이던
국제 옥수수재단 김순권 박사의 방북과 우리민족 서로 돕기 운동 여성대표 7인의
방북에 대해 방북연기를 요청하면서 일시적인 난관 때문이라고 설명하고, 상황이
좋아지는 대로 관계자들의 방북이 이루어질 것임을 시사했다.

46) 이우영외, 앞의 책, p.71.

47) 이는 남북합의사항 이외에도 매 건당 고액의 대가를 요구하거나 교류협력 성사의
전제조건 내지 추가적 대가로서 대북지원을 요구하는 행태에서 나타났다.

48) 이우영 외, 앞의 책, p.62.

49) 사회문화 교류협력을 위한 대북제의 및 접촉의 개별적·경쟁적 추진은 결과적으
로 남북 사회문화 일관성과 지속성을 저해한 주요 요인으로 작용하였다.

50) 이우영 외, 앞의 책, pp.76-77.

51) 허문영 외, 『평화번영정책 추진성과와 향후과제』(통일연구원, 2007), p.105.

52) 이것은 ① 사회문화교류를 통하여 적대적 대결의식을 약화할 수 있으며, ② 체제 및 주민들에 대한 상호이해를 심화시킬 수 있고, ③ 교류과정에서 발생한 각종 오해를 불식시킬 수 있으며, ④ 평화통일의 추진동력을 얻을 수 있기 때문이다.

53) 이우영 외, 앞의 책, p.3.

54) 10.4 남북공동선언 제6항. 남과 북은 민족의 유구한 역사와 우수한 문화를 빛내기 위해 역사, 언어, 교육, 과학기술, 문화예술, 체육 등 사회문화 분야의 교류와 협력을 발전시켜 나가기로 하였다. 남과 북은 백두산관광을 실시하며 이를 위해 백두산-서울 직항로를 개설하기로 하였다. 남과 북은 2008년 북경 올림픽경기대회에 남북응원단이 경의선 열차를 처음으로 이용하여 참가하기로 하였다.

55) 제3차 남북장관급회담 공동보도문(2000.9.30) 제5항. 남과 북은 학술·문화·체육 등 제반분야에서 교류와 협력을 활성화 하는 것이 중요하다는데 인식을 같이 하는 바탕 위에서 남측은 서울과 평양을 왕래하며 정기적으로 친선축구대회를 개최하는 문제와 시범적으로 교수·대학생·문화계 인사 등의 방문단을 상호 교환하는 문제를 제의하였고, 북측도 위의 제안을 포함하여 교류 협력문제에 대해 긍정적으로 연구·검토하기로 하였으며, 쌍방은 제4차 남북장관급회담에서 협의·결정하기로 한다.

56) 이우영 외, 앞의 책, p.4.

57) 조은석 외, 앞의 책, p.17.

58) 제5차 남북장관급회담 공동보도문(2001.9.18): 제1항 남과 북은 민족의 화해와 단합을 도모하기 위하여 쌍방 당국 사이의 대화와 협력사업을 발전시키는 것과 함께, 민간급에서의 접촉과 왕래, 협력사업을 상호 이해와 존중의 바탕 위에서 적극 지원하기로 한다.

59) 제11차 남북장관급회담 공동보도문(2003.7.12): 제4항 남과 북은 남북사회문화협력분과회의를 구성하는 문제를 검토하기로 하였다. 이 회의에서는 사회, 문화, 체육 등 분야에서의 교류협력사업을 협의하며, 상대방에 대한 비방방송 중지 등 쌍방이 제기하는 문제를 검토하기로 하였다.

60) 허문영 외, 앞의 책, p.105.

61) 6·15 남북공동선언(2000.6.15): 제4항 남과 북은 경제협력을 통하여 민족경제를 균형적으로 발전시키고 사회·문화·체육·보건·환경 등 제반 분야의 협력과 교류를 활성화하여 서로의 신뢰를 다져 나가기로 하였다.

62) 주요 남북공동행사로는 2001년 6월 15일 금강산에서 '민족통일 대토론회'란 이름으로 열린 것을 비롯해서 10월 9일부터 14일까지 남측의 10여개 사회단체 대표 및 개인 42명이 조선노동당 창건 55주년 행사에 참관한 바 있다. 2002년 8·15

광복절에 북한 민간대표단 100명이 서울에 왔고, 2005년 6 · 15축전과 8 · 15민
족대축전을 서울과 평양에서 민간합동으로 개최하였다.

63) 허문영, 앞의 책, p.106.

64) 위의 책, p.107.

65) 조은석 외, 앞의 책, p.108.

66) 제18차 남북장관급회담 공동보도문(2006.4.24): 제7항 남과 북은 자연재해 방지,
보건 의료, 문화유적 보존 등 여러 분야에서의 협력사업을 추진하기로 하였다.

67) 제15차 남북장관급회담 공동보도문(2005. 6. 23): 제5항 남과 북은 일제의 을사5
조약 날조 100년이 되는 올해에 이 조약이 원천무효임을 확인하였다. 당면하여
남과 북은 일본으로부터 북관대첩비를 반환받기로 하고 이를 위한 실무적 조치를
취하기로 하였다. 또한 안중근 의사의 유해발굴사업을 공동으로 추진하기로 하였
다.

68) 제17차 남북장관급회담 공동보도문(2005. 12. 16, 제주): 제5항 남과 북은 「겨레
말큰사전」 공동 편찬사업이 중요하다는 데 인식을 같이하고 이를 적극 지원하기
로 하였다.

69) 조은석 외, 앞의 책, p.109.

70) 위의 책, p.110.

71) 대종상영화제에서 「청자의 넋」, 부산영화제에서 「신혼부부」 등 7편이 상영됨으로
써 북한영화에 대한 관심이 높아졌다.

72) KBS와 조선중앙TV합동으로 2000년 8월에는 이산가족 상봉행사를 했고, ‘백두에
서 한라까지’를 공동 제작하였다. 그 후 남북한 방송국의 수차례의 공동제작, 행사
방영 등으로 이어갔다.

73) 2005년 11월 금강산에서 열린 방송영상물 소개 모임에서 남한방송사들은 북한 영
상물 114편을 구매하였고, 북한은 남한 방송사 영상물 22편을 각각 구매하였다.

74) 제4차 남북장관급회담 공동보도문(2000.12.16): 제3항 남과 북은 태권도 시범단
교환 문제를 협의하기 위한 쌍방 태권도 단체들 사이의 접촉을 권고하기로 한다.

75) 제7차 남북장관급회담 공동보도문(2002.8.14): 제6항 남과 북은 북측의 제14회
부산 아시아경기대회 참가와 백두산 성화 운반 등 제반 실무적 문제들과 관련하
여 8월 17일부터 금강산에서 개최되는 부산 아시아경기대회 조직위원회와 조선올
림픽위원회간의 협의가 원만히 진행되도록 적극 협력한다. 제7항 남과 북은 남북
축구경기가 9월 6일부터 8일까지 서울에서 성공적으로 진행될 수 있도록 적극 협
력하기로 한다. 제8항 남과 북은 태권도 시범단 교환을 추진하기로 하며 남측 시
범단이 9월 중순에 평양을, 북측 시범단이 10월 하순에 서울을 방문하기로 하고
관계 단체들 간의 실무적 협의를 주선하기로 한다.

76) 조계종이 금강산 신계사 복원사업을 지원하였으며, 북한사찰 ‘법운암’ 시범단청을

시작으로 북한 사찰에 필요한 단청재료를 제공하였다. '영통사' 낙성식 및 천태학
술회의를 남북의 불자 500여 명이 참석한 가운데 2005년 10월 31일에 성대히 거
행하여 남북이 협력하여 종교시설을 건립한 최초의 기록을 남겼다. 대한예수교 장
로회총회에서는 '평양신학원' 신축 협력 사업을 2003년 9월에 완료하였다.

77) 사회문화 교류협력은 직접 북한 측과 남한 측 인사들이 상호 내왕하면서 사회적
분위기에 영향을 주기 때문에 사안에 따라 민감하며, 이로 인해 남북한 당국 간의
관계와 주변상황 그리고 여론에 결정적인 영향을 받는다. 여기서 북한의 태도, 남
북관계, 북한 핵문제 같은 주변상황은 통제할 수 없는 외생적 변수로 작용한다.

제 5 장

1) 양현모, 이준호 공저, 『남북교류협력 효율화를 위한 거버넌스 모형 구축』(서울:
통일연구원, 2008), p.23.

2) 금강산 관광사업은 1989년 1월 고(故)정주영 현대그룹 회장이 우리 기업인으로서
는 최초로 방북하여 북한의 최수길(조선대상은행 이사장 겸 조선아세아무역촉진
회 고문)과 「금강산 관광 개발 및 시베리아 공동 진출에 관한 의정서」를 체결한
데서 비롯되었다.

3) 현대그룹이 추진했던 금강산개발은 관광상품 개발·판매, 관광선 운행, 관광기반
시설 및 편의시설의 설치와 운영으로 투자형태는 합영 및 전액투자, 일정기간 독
점사용 후 이전방식으로 진행되며, 투자규모는 총 9,582만 6천 달러였다. 관광선
의 운항은 남한의 동해항에서 북한의 장전항까지 12시간이 소요되는 거리에 관광
객을 1998년에는 매주 약 2,000명을 모집하고, 1999년부터 매일 약 1,000명 수
준으로 계획하였다.

4) 허문영, 오일환, 정지웅 공저, 앞의 책, p.93.

5) 김정일 국방위원장과 회담을 하고 돌아온 정주영 명예회장의 방북(2000.6.28~30)
성과와 관련하여 현대가 북측과의 주요 합의 내용 중에는 금강산 지구는 조만간
특별경제지구로 지정되고, 해외교포를 포함한 외국인의 금강산 관광이 전면 허용
된다는 내용이 포함되어 있었다.

6) 제5차 남북장관급회담 공동보도문(2001.9.18): 제3항 ③ 남과 북은 금강산 관광
사업의 활성화를 위한 대책을 적극 추진하기로 하였으며, 이를 위하여 10월 4일
당국간 회담을 열고, 육로 관광을 비롯한 금강산 관광활성화 문제를 협의 해결해
나가기로 한다.

7) 금강산관광은 한국의 기업인 현대 측의 오랜 노력과 정부의 햇볕정책이 맞물려 그 결실을 맺었는데, 1998년 1월 현대의 정주영 명예회장이 방북하여 금강산 남북공동개발 의정서를 체결하면서 그 씨앗이 잉태되었다. 그 후, 1998년 2월 14일 정몽헌 회장이 중국의 베이징(北京)에서 북한 측과 첫 협의를 거친 다음, 6월 23일 금강산관광 계약이 체결되었음을 발표하였고, 8월 6일 통일부는 현대상선, 현대건설, 금강개발의 협력사업자를 승인하였다.

8) 금강산에 호텔이 없어 유람선을 이용해 시작된 금강산 해로 관광은 2003년 2월 남북을 잇는 육로가 완공됨에 따라 육로 관광이 주요 수단으로 전환하게 되었다.

9) 허문영, 오일환, 정지웅 공저, 앞의 책, p.96.

10) 현대아산은 1998년 해로를 통해 금강산 관광사업을 시작했다. 2003년 9월 육로를 통한 금강산 관광사업을 개시했고 2007년에는 개성 관광사업에도 나섰다. 하지만 2008년 7월 남측 관광객이 북한군이 쏜 총에 맞아 숨지면서 금강산과 개성 관광을 전면 중단하게 됐다.

11) 내일신문, 2009.10.22, 인터넷판.

12) 금강산 관광객 민영미 씨가 1999년 6월 20일 북한에 억류되었다가 6일 만인 25일 석방되어 속초항을 통해 귀환한 사건이 발생하였다. 민씨는 구룡폭포를 관광하던 중 북측 환경감시원에게 "빨리 통일이 되어서 우리가 금강산에 오듯이 선생님도 남한에 와서 살았으면 좋겠어요" 및 "귀순자 전철우와 김용이 TV프로에도 잘 나오고 잘 살아요"라는 등의 발언을 하였다가 관광증을 압수당하고, 북측 감시원이 불러준 "금강산 관광을 와서 법칙에 어긋나는 행위를 하여 100달러를 낸다"는 내용의 사죄문을 작성하였다.

13) 금강산 관광객의 신변안전보장은 ① 현대-아태위원회간 관광계약서(억류금지), ② 북한 당국의 신변안전보장(신변안전, 무사귀환 보장), ③ 「남북기본합의서」와 「교류협력부속합의서」(신변안전, 무사귀환 보장)등을 통해 이미 보장되어 있는 상태이다.

14) 최수영, 김규륜, 김학성, 박종철 공저, 『남북한 경제교류·협력 제도화 방안』(서울: 통일연구원, 2001), p.43.

15) 위의 책, p.49.

16) 1998년 11월부터 2001년 말까지 금강산 관광객은 총 429,516명이며, 이 중 외국인은 1,422명으로 나타났다. 연도별 관광객 수는 1998년 10,543명, 1999년 147,460명, 2000년 212,020명, 2001년 57,285명이었다.

17) 합의내용은 ① 남측의 송현리와 북측의 고성 삼일포를 연결하는 13.7km 구간의 도로 건설을 당국자에게 건의, ② 금강산 일대를 투자 촉진과 자유왕래를 보장하는 관광특구로 지정, ③ 관광대가를 총액제에서 해로관광의 경우 관광객 1인당 100달러로 축소하고, 육로관광은 1인당 50달러로 하기로 하였다.

18) 최수영 외, 앞의 책, p.51.

19) 김대중정부는 2002년 3월 28일 「금강산 관광객에 대한 경비지원지침」을 제정하여 2002년 4월초부터 초중고 학생들에게 70%, 이산가족, 대학생, 국가유공자, 장애인 등에게는 60%의 관광경비를 지원하였다. 그렇지만 관광경비보조금 지급은 국회의 부정적 의견으로 지속되지 못했다.

20) 제7차 남북장관급회담 공동보도문(2002.8.14): 제5항 남과 북은 금강산관광 활성화를 위한 제2차 당국회담을 9월 10일부터 12일까지 금강산에서 개최하기로 한다.

21) 최진욱 외, 『남북관계의 진전과 국내적 영향』(서울: 통일연구원, 2003), pp.50-51.

22) 제8차 남북장관급회담 공동보도문(2002. 10. 22): 제2항 남과 북은 경의선과 동해선 철도·도로 건설이 동시에 빨리 진척되도록 남북장관급회담이 적극 추진하기로 한다. 쌍방은 1차적으로 경의선 철도·도로를 개성공업단지에, 동해선 철도·도로를 금강산 지역에 연결한다. 쌍방은 동해선 철도 연결공사를 빨리 추진하며, 남측은 강릉방향에로의 남측구간 연결공사를 중단 없이 빨리 추진시킨다.

23) 허문영 외, 앞의 책, p.95.

24) 위의 책, p.95.

25) 오전 9시 54분 쯤 북한연안 경비정인 SO-1급 2척이 연평도 서방 14마일, 7마일 해상에서 NLL을 각각 3마일과 1.8마일 넘어 남진하였다. 한국해군은 북한함정에 대해 즉각 '퇴각' 경고방송을 수차례 실시한 뒤, 곧바로 대응기동에 나섰다. 10시 쯤 다른 북한 경비정 1척이 NLL을 3마일 가량 넘어오자 우리 고속정 1개 편대 2척이 위협기동을 시작했다. 그러나 북한 경비정은 계속 남쪽으로 향진했다. 북한 경비정은 그 때 갑자기 27명이 탑승한 우리 고속정을 향해 선제기습공격을 가하기 시작했다. 장착무기 중 가장 위력적인 85mm 함포가 우리 고속정 조타실을 명중했다. 우리 고속정도 즉각 대응사격을 실시했다.

26) 금강산관광 활성화를 위한 남북실무접촉 합의서(2008.2.5) 남과 북은 2008년 2월 5일 개성에서 금강산 관광 활성화를 위한 실무접촉을 진행하고 다음과 같이 합의하였다. 제1항 남과 북은 빠른 시일 내에 금강산 관광지구에 「금강산 관리위원회」를 설치하기로 한다. 제2항 남과 북은 금강산 통행검사소 건설 등 기반시설 문제가 빠른 시일 안에 원만히 해결되도록 한다.

27) 정치적 상황에 의해 관광객의 교류가 제한당한 사례는 국제관계에서도 그 예를 찾아 볼 수 있다. 즉 미국과 소련이 여행의 자유를 강조한 헬싱키협정(1976)을 맺었지만, 소련의 아프가니스탄 침공에 대해 미국을 중심으로 한 서방세계에서 모스크바올림픽 참가를 거부한 것과 이에 소련이 맞대응하여 LA올림픽이 반쪽으로 치러진 것이다. 그리고 헬싱키협정에서 소련 내 반체제 인사와 유태인의 이주 및 소련시민의 자유로운 여행 등을 강조한 미국이 쿠바 및 리비아와 같이 이데올로기

상 적대관계에 있는 국가에 대한 여행금지정책을 고수하면서, 인권탄압과 여행을 제한하는 니카라과나 엘살바도르에 대해 자국민들의 여행을 제한하지 않는 신축적 상호주의를 적용하였다.

28) 맞대응전략의 가장 큰 약점은 최초의 협력에 대해 상대가 배신으로 응할 경우 상호배신의 악순환을 타파할 수 없다는 데 있다. 또 액셀로드는 상호주의전략의 성공비결로 "① 웃는 낯으로 시작하되(nice), ② 상대의 배신을 허용치 않고(retaliatory), ③ 상대가 사과할 시 바로 용서하며(forgiving), ④ 분명함(clear)이 있어야 한다"고 주장한다. Robert Axelrod, *op. cit.*

29) 제3장 남북교류·협력 제15조. 남과 북은 민족경제의 통일적이며 균형적인 발전과 민족 전체의 복리향상을 도모하기 위하여 자원의 공동개발, 민족 내부교류로서의 물자교류, 합작투자 등 경제교류와 협력을 실시한다.

30) 허문영 외, 앞의 책, p.87.

31) 제2차 남북장관급회담 공동보도문(2000.9.1): 제4항 남과 북은 서울-신의주 사이의 철도를 연결하며 문산-개성 사이의 도로를 개설하기 위한 실무접촉을 9월중에 가지고 착공식 문제 등을 협의한다.

32) 제5차 남북장관급회담 공동보도문(2001.9.18): 제3항 ① 남과 북은 서울-신의주 사이의 철도와 문산-개성 사이의 도로를 우선적으로 개성공단에 연결시키기 위하여 쌍방 사이에 군사적 보장에 관한 합의서가 서명 발효되는 데 따라 연결공사에 곧 착수하고 가급적 빠른 시일 내에 개통하기로 한다. ② 남과 북은 개성공단 사업을 적극 추진하기로 하였으며, 이를 위한 실무접촉을 빠른 시일 내에 가지고 공단의 규모와 구체적 실천계획을 확정하여 공사에 착수하기로 한다.

33) 제7차 남북장관급회담 공동보도문(2002.8.14): 제1항 남과 북은 남북 경제협력추진위원회 제2차 회의를 8월 26일부터 29일까지 서울에서 개최한다. 여기에서 남북 철도·도로 연결문제, 개성공단 건설문제, 임진강 수해방지문제와 그 밖의 경제협력문제들에 대해 협의하기로 한다. 경의선 및 동해선의 철도·도로 연결공사와 관련하여 남북이 동시에 병행시켜 착공하기로 하되 기술적인 문제 등을 고려하여 날짜를 최종 확정하기로 한다. 제2항 남과 북은 남북 철도·도로 연결을 위한 군사적 보장조치를 시급히 취하며, 쌍방 군사당국자 간 회담을 빠른 시일 안에 개최하기로 한다.

34) 제8차 남북장관급회담 공동보도문(2002.10.22): 제3항 남과 북은 개성공단 건설 착공을 12월중에 하는 문제와 건설과 관련한 실무적 문제들을 개성공단건설실무협의회에서 토의하기로 하며, 개성공단이 건설되면 그 안에 남측의 해당 부문 사무소를 설치하기로 한다.

35) 허문영 외, 앞의 책, p.88.

36) 이 법은 개성공업지구의 개발 및 관리 기업관 창설운영, 분쟁해결 등을 규정한 5

장 46조와 부칙 3개항으로 구성하고 있다. 남측 사업자에게는 개성공단에 토지 장기임대, 시설물 소유권 보장, 각종 조세 및 공과금 면제 또는 최소화, 자율적인 노무관리 등이 제시되었다.

37) 북한 측은 개성공단에만 적용되는 「개성공업지구법」 및 개성공업지구 개발규정, 기업창설·운영규정, 세금규정, 노동규정, 관리기관설립운영규정, 출입·체류·거주규정, 세관규정, 외화관리규정, 광고규정, 부동산규정, 보험규정, 회계규정, 기업재정규정, 회계검증규정, 자동차관리규정, 환경보호 규정 등 16개 하위규정을 제정·시행 중이다. 남한 측은 「개성공업지구 지원에 관한 법률」 제정('07.5) 및 동법 시행령 제정·시행('07.9), 관리위원회는 기업창설운영준칙, 부동산등록준칙, 가스안전관리준칙, 노동안전준칙, 건축준칙, 소방준칙, 대기환경관리준칙, 외화관리준칙, 자동차등록준칙, 석유판매업준칙, 기업회계기준, 회계검증준칙, 출입증발급준칙 등 43개 준칙을 제정 시행 중이다.

38) 미국에 의해 위험국가로 분류된 북한에 반입되는 물자와 생산설비는 「바르나제협약」을 비롯해 미국의 수출관리법, 우리나라의 대외무역법 등에 의해 규제를 받게 된다. 특히 우리정부가 회원국으로 있는 「바르나제협약」은 재래식 무기 및 이중용도로 사용될 수 있는 물품과 기술에 대해 광범위한 통제를 하고 있다.

39) 허문영, 오일환, 정지웅 공저, 앞의 책, p.89.

40) 본 단지 1차 입주 예정 기업 24개 업체와 기관 가운데 개성공단은 노무현정부 시절인 2004년 12월 리빙아트가 '통일냄비' 1,000세트를 첫 생산한 것을 비롯해, 코튼클럽이 2006년 7월에 처음으로 시제품을 내놓았다.

41) 허문영, 오일환, 정지웅 공저, 앞의 책, p.90.

42) 위의 책, p.91.

43) 북한노동자의 인건비는 60달러 수준으로 책정되어 중국 심천 경제특구의 100달러 수준에 비해서도 가격 경쟁력이 있다.

44) 개성공단은 수도권에서 가까워 수많은 남한기업들이 배후 생산기지로서 최근 고임금, 인력난, 노사분규에 시달리는 기업들에게 대안을 제시하고, 제조업 공동화 현상을 겪고 있는 한국경제에 활력을 줄 것으로 기대된다.

45) 남한의 경우 해당분야의 경영인들은 물론 많은 기술 인력이 진출하게 될 것이며, 특히 북한의 경우는 공단지역에 유휴노동력을 대거 진출시킴으로써 소득 증대는 물론 기술습득을 통해 경제난 해결의 기회로 삼을 수 있을 것이다.

46) 양현모, 이준호 공저, 앞의 책, p.27.

47) 제8차 남북장관급회담 공동보도문(2002.10.22), 제3항.

48) 회담명 제1차 남북국방장관회담(2000.09.25~09.26, 제주 롯데호텔) 공동보도문(2000.9.26).

49) 제10차 남북장관급회담 공동보도문(2003.4.29) 제3항.

50) 제10차 남북장관급회담 공동보도문(2003.4.29) 제4항.

51) 제13차 남북장관급회담 공동보도문(2004.02.06) 제1항과 제3항.

52) 제18차 남북장관급회담 공동보도문(2006.4.24) 제3항과 제5항.

53) 남북경제협력추진위원회 제12차 회의를 5월중에 개최하여 한강 하구 골재채취 문제, 민족공동 자원개발 문제를 검토하기로 하였으며, 이와 함께 열차 시험운행 및 철도·도로 개통문제, 개성공단 건설사업, 경공업 및 지하자원 협력문제 등을 협의하기로 하였다.

54) 제2차 남북국방장관회담(2007.11.27~11.29, 평양 송전각초대소) 공동보도문(2007.11.29).

55) 비무장지대 일부구역 개방에 대한 국제연합군과 조선인민군 간 합의서(2000.11.17): 제1항 쌍방은 정전협정에 따라 서울-신의주간 철도와 문산-개성간 도로가 통과하는 군사분계선과 비무장지대 일부구역을 개방하여 그 구역을 남과 북의 관리구역으로 한다. 제2항 쌍방은 비무장지대 안의 일부구역 개방과 관련된 기술 및 실무적인 문제들과 남과 북의 관리구역에서 제기되는 군사적인 문제들을 정전협정에 따라 남과 북의 군대들 사이에 협의처리하도록 한다.

56) 당시 남한의 대북 제재 참여 시 북한이 언급한 '해당한 조치'가 무엇일지가 관심의 대상이었다. 당국 간 대화는 2006년 7월 장관급회담 결렬 이후 단절되었다. 당시는 인적·물적 교류도 극도로 위축됐다. 그래서 북한이 내놓을 극약 처방이 금강산관광과 개성공단 사업 중단일 가능성이 지적되었다. 그러나 북한은 극단적인 조치는 취하지 않았다.

57) 통일부, 『2007 통일백서』(서울: 통일부, 2007), p.57.

58) 제20차 남북장관급회담 공동보도문(2007.3.2) 제2항과 제5항.

59) 개성공단 북측근로자 숙소 건설·운영에 관한 합의서(2007.12.21): 남과 북은 개성공단 1단계 북측 근로자 숙소의 건설 및 운영과 관련한 문제를 협의하고 다음과 같이 합의하였다. 제1항 남과 북은 개성공단 1단계 구역에서 일하는 북측 근로자들의 숙소를 15,000명 수용능력으로 먼저 건설하며, 단계별로 확대해 나가기로 한다. 제2항 남과 북은 개성공단 근로자들의 숙소를 2008년 상반기 중에 착공하여 건설하기로 한다. 제4항. 숙소부지에 대한 토지이용권과 숙소건물에 대한 소유권은 '개성공업지구관리기관'을 지원하는 남측의 단체가 가지며, 등록을 비롯한 제반 사항들은 개성공업지구 관련 법규에 따른다.

60) 윤영관, 이장로 엮음, 앞의 책, p.110.

제 6 장

1) 정경분리의 반대 개념인 정경연계 정책과 상통하는 것으로 이해할 수 있는 이러한 등가·대칭의 비탄력적 상호주의는 김영삼정부의 대북정책 시행과정에서 많은 문제점이 드러났다. 김영삼정부에서는 쌀 지원, 북미관계 개선 등을 모두 남북관계 개선과 연계시킴으로써 남북관계를 최악의 상황에 빠뜨리고 대신에 경제협력 실패, 국가재원 낭비, 한미관계 악화 등의 값비싼 대가를 치른 바 있다.

2) 위의 글, p.262.

3) 예를 들어 북한 핵문제에는 비탄력적 상호주의를 적용해야 하나 모든 문제를 핵문제 해결과 연계하는 것은 바람직하지 않다. 즉 모든 분야로 비탄력적 상호주의가 확대되면 남북 교류협력은 정체되고, 이미 이루어놓은 사회문화 분야와 경제 분야의 교류협력도 제한되거나 방해되기 때문이다. 통일을 이루어야 할 남북한 특수관계에서 냉탕과 온탕을 오가는 것은 결코 바람직하지 않다. 분야별 또는 사안별로 신축적 상호주의가 요구되는 이유이다.

4) 이러한 비탄력적 상호주의에 기반을 둔 맞대응 전략은 2001년 부시 행정부 출범 이후 미국의 핵심적인 대북 정책으로 표출되었다. 미국은 북한이 핵 및 미사일 문제, 재래식 전력 문제 등 군사 안보분야에서 국제 사회의 경제적 지원 및 북한의 고립을 해소하는 노력에 상응하는 대가를 요구하게 되었다.

5) Robert Axelrod, *Ibid.*, pp.8-11, 54, 129.

6) 사회문화적 통합은 사회구성원들이 어떻게 조화롭게 잘 살아가느냐 하는 공동체 의식을 배양해가는 과정이라고 볼 수 있다.

7) 서독정부는 동독정부에 대해 정치적 대응보다는 비정치적 차원에서의 교류협력 강화를 통해 정치적 관계개선을 모색했으며, 동독정부도 실리추구차원에서 동서독 교류협력에 호응함으로써 거의 반세기에 가까운 분단사를 마감한 것이다.

8) 한민족 사회에서는 계산적이고 남을 돕는 과정에서 생색내는 일을 바람직하지 않게 생각하고 있다. 서양의 사회가 더치페이 문화의 비탄력적 상호주의의 성격의 사회라면, 한민족의 사회는 가진 자가 보다 많이 부담하는 포괄적인 상호주의에 익숙해 있다. 친구와 주변에 큰일이 있으면, 당연히 도와야 하며, 이때 가진 자가 조금 더 부담해야 하는 것은 당연시되고 있다. 그러한 면에서 너무 타산적이고 엄격하게 행동하면 그 사람 너무 쩨쩨하다는 이야기를 듣게 된다. 즉 마음속의 배려를 최고의 선으로 생각한다. 한국적인 관습으로는 비탄력적 상호주의는 인색한 것으로, 포괄적인 상호주의 정신은 바람직한 것으로 평가된다.

9) 남한의 북한에 대한 인도적 지원현황은 식량은 2007년까지 쌀 240만 톤과 옥수수 20만 톤을 지원하였다. 금액으로는 약 8,872억 원에 해당하는 것이었다. 비료는

매년 약 20~30만 톤을 지원하여 2007년까지 총 255만 5천 톤을 지원하였으며, 금액으로는 7천 995억 원이었다.

10) 남북 경제교류협력 사업은 남한과 북한의 주민이 공동으로 행하는 경제적 이익을 주된 목적으로 하는 제반활동으로서 구체적으로 남북 주민간의 합작, 단독투자, 제3국과의 합작투자는 물론 북한주민의 고용, 용역제공, 행사개최, 조사 및 연구 활동 등의 행위 중 사업의 규모나 계속성, 기타 형성되는 경제관계의 특성을 고려하여 통일부장관이 경제협력사업으로 인정하는 행위를 의미한다.

11) 이와 같은 맥락에서 볼 때, 노태우정부는 북방정책이라는 큰 틀 속에서 북한과의 적대적 관계를 완화하기 위한 경제교류협력을 출범시킨 공로가 있다고 평가할 수 있다. 한편, 김영삼정부는 남북 경제교류협력 확대를 추구하였으나, 북한 핵문제 등 군사안보 면에서의 불안요인을 극복하지 못하였다고 할 수 있다.

12) 북한의 미래를 진단하는 인식체계는 크게 변화론과 붕괴론으로 대별할 수 있다.

13) 조한범외, 『비정부기구(NGO)를 통한 남북한 교류·협력 증진 방안 연구』(서울: 통일연구원, 2000), p.74.

14) 정경분리 원칙의 개념은 정치와 경제를 연계 또는 분리하느냐 하는 이분법적인 사고에 기반을 둘 수 없다. 정치와 경제를 어느 정도 분리 또는 연계할 것인가 하는 폭과 수준의 신축적인 상호주의에 기반을 두어야 한다. 즉 남북한 간 경제교류협력은 남북관계가 적대적이면서도 동시에 단일민족으로 구성되어 있다는 특수한 관계에 있으므로, 대북한 경제정책은 북한을 도와주어야 할 대상으로 인식하고, 대북한 경제지원 및 남북한 경제교류협력 활성화를 통한 북한의 경제력 상승이 남북한 간 이질성 해소 및 통일비용 절감에 기여할 것이라는 확신을 가지고 추진되어야 한다.

15) 남북한 통합을 추진하는 방법에 있어서, 교류협력활성화가 자연스럽게 정치 및 사회부문의 통합을 촉진하여 체제의 통합을 이룰 수 있다는 기능주의적 입장과 교류협력의 활성화가 체제통합으로 연결되기 위해서는 정치적 결단이 필요하다는 신기능주의적 입장이 있다. 남한정부는 1970~80년대에는 기능주의적인 입장을 강조하는 선언적 경제교류협력 방안을 제시하였으나, 1990년대에는 경제교류협력의 실제적 효율적 추진 차원에서 신기능주의적 입장을 강조한 바 있다.

16) 조한범 외, 앞의 책, p.77.

17) 「남북공동선언」 전문 4항은 "남과 북은 경제협력을 통하여 민족경제를 균형적으로 발전시키고 사회, 문화, 체육, 보건, 환경 등 제반 분야의 협력과 교류를 활성화하여 서로의 신뢰를 다져 나가기로 하였다"는 내용을 담고 있다.

18) 6·15 남북공동선언(2000.6.15) 제4항.

19) 제2차 남북장관급회담 공동보도문(2000.9.1): 제3항 남과 북은 경제협력을 확대·발전시키기 위하여 투자보장, 이중과세 방지 등 제도적 장치를 마련한다. 이

와 관련한 쌍방 전문가들의 실무접촉을 9월중에 가진다. 그리고 남측은 북측이
연이어 자연재해를 격고 있는 실정에서 상부상조의 원칙에 따라 북측에 식량을
차관으로 제공하는 문제를 검토하여 추진한다.

20) 민주평화통일자문회의 사무처, 「제2차 남북경협 실무접촉 개최결과」(서울: 민주평
화통일자문회의, 2000).

21) 「남북관계발전법」은 남북관계발전을 추진하는 기본원칙으로써 '자주·평화·민주'
의 통일원칙, 투명과 신뢰의 원칙에 따른 남북관계의 추진, 정치적·파당적 목적
을 위한 남북관계의 이용금지 등을 명시적으로 규정하여, 대북정책이 국민적 지지
와 공감대를 바탕으로 추진되도록 하고 있다.

22) 「남북관계발전법」은 그동안 혼재되었던 남북 관계 법과 제도들을 통합하여 일정
한 질서와 체계를 부여한 것이라 볼 수 있다.

23) 최수영, 김규륜, 김학성, 박종철 공저, 앞의 책, p.63.

24) 6·15 남북공동선언: 제4항 남과 북은 경제협력을 통하여 민족경제를 균형적으로
발전시키고 사회·문화·체육·보건·환경 등 제반 분야의 협력과 교류를 활성
화하여 서로의 신뢰를 다져 나가기로 하였다.

25) 제1차 남북장관급회담 공동보도문(2000.7.31): 제5항 남과 북은 경의선 철도의
끊어진 구간을 연결하며, 이를 위한 문제는 빠른 시일 내에 협의하기로 한다.

26) 이에 따라 제1차 남북경협 실무접촉(9.25~26 서울)이 개최되어 투자보장, 이중과
세방지 등 제도적 장치를 빠른 시일 내에 타결하기로 합의하고, 상사분쟁해결절차
와 청산결재에 관한 합의서가 필요하다는 데 이해를 같이하고 후속 실무접촉에서
협의하기로 하였다. 제2차 남북경협 실무접촉(11.8~11. 평양)에서는 투자보장,
이중과세방지, 상사분쟁조정절차 및 청산결재 등 4개 분야에 대해 일괄타결하고
이들 4개 합의서에 서명하였다.

27) 제3차 남북장관급회담 공동보도문(2000.9.30): 제4항 남과 북은 경제분야에서 교
류협력을 확대시키기 위한 제반문제를 협의·추진하기 위하여 [남북경제협력추진
위원회]를 협의·설치한다.

28) 제4차 남북장관급회담 공동보도문(2000.12.16): 제1항 남과 북은 민족경제의 균
형적 발전과 공동번영을 위하여 남북경제협력추진위원회를 구성·운영하기로 하
였다. 이 위원회는 각기 차관(부상)급을 수석대표(단장)로 하여 5~7명으로 구성
하며, 2000년 12월 26일경에 첫 회의를 평양에서 하되 여기에서는 전력협력 문제
를 비롯하여 철도 및 도로연결 문제, 개성공업단지 건설 문제, 임진강유역 수해방
지사업추진 문제 등 당면한 경제협력에서 제기되는 실무적 문제들을 협의·해결
한다.

29) 제5차 남북장관급회담 공동보도문(2001.9.18): 제3항 남과 북은 민족경제의 균형
적 발전과 경제협력 확대를 위하여 다음과 같은 조치들을 취하기로 한다. ① 남

과 북은 서울-신의주 사이의 철도와 문산-개성 사이의 도로를 우선적으로 개성공
단에 연결시키기 위하여 쌍방 사이에 군사적 보장에 관한 합의서가 서명 발효되
는 데 따라 연결공사에 곧 착수하고 가급적 빠른 시일 내에 개통하기로 한다. ②
남과 북은 개성공단 사업을 적극 추진하기로 하였으며, 이를 위한 실무접촉을 빠
른 시일 내에 가지고 공단의 규모와 구체적 실천계획을 확정하여 공사에 착수하
기로 한다. ③ 남과 북은 금강산 관광사업의 활성화를 위한 대책을 적극 추진하
기로 하였으며, 이를 위하여 10월 4일 당국 간 회담을 열고, 육로 관광을 비롯한
금강산 관광활성화 문제를 협의 해결해 나가기로 한다. ④ 남과 북은 남과 북, 러
시아 사이의 철도연결사업을 실현하기 위하여 적극 협력해 나가기로 하고, 가스관
의 연결 사업도 검토해 나가기로 한다. ⑤ 남과 북은 평화적인 민간선박들의 상
호 영해통과 허용 문제를 협의하기 위하여 해운관계자들 사이의 실무 접촉을 빠
른 시일 내에 가지기로 한다. ⑥ 남과 북은 임진강 수해방지 대책 문제와 관련하
여, 이미 협의한 바탕 위에서 쌍방 군사당국 사이에 필요한 조치가 취해지는대로
11월중 현지조사에 착수하기로 한다. ⑦ 남과 북은 이미 서명 교환한 남북경제협
력의 법적, 제도적 장치들을 마련하기 위한 투자보호, 이중과세 방지, 상사분쟁
해결절차, 청산결제 등 4가지 합의서들을 각기 내부절차를 거쳐 빠른 시일 내에
발효시키기로 한다. ⑧ 남과 북은 북측의 동해어장의 일부를 공동으로 이용하는
문제를 협의하기 위하여 실무자들 사이의 접촉을 빠른 시일 내에 가지기로 한다.
⑨ 남과 북은 이상의 경제실무적 문제들의 구체적인 이행대책들을 경제협력추진
위원회와 해당부문 접촉들에서 협의해 나가며 제2차 경제협력추진위원회를 10월
23일부터 26일까지 개최하기로 한다.

30) 10.4 남북공동선언: 제5항 남과 북은 민족경제의 균형적 발전과 공동의 번영을 위
해 경제협력사업을 공리공영과 유무상통의 원칙에서 적극 활성화하고 지속적으로
확대 발전시켜 나가기로 하였다. 남과 북은 경제협력을 위한 투자를 장려하고 기
반시설 확충과 자원개발을 적극 추진하며 민족내부협력사업의 특수성에 맞게 각
종 우대조건과 특혜를 우선적으로 부여하기로 하였다.

31) 노무현정부의 대북 경제정책은 그의 2007년 8월 15일 제62주년 8·15 광복절의
축사에 잘 투영되어 있다. 그는 "무엇보다 서로 간의 이해와 신뢰를 증진하는 것
이 중요하다고 생각한다"며 "이를 위해서는 서로 이해하기 위해 노력하고, 타협할
것은 타협할 줄 아는 자세가 필요 할 것이다"라고 말했다. 그는 특히 경제협력에
대해 "남북 경제공동체의 건설을 위한 대화에 들어가야 할 것"이라며 "이제는 남
북경협을 생산적 투자협력으로, 쌍방향 협력으로 발전시켜 우리에게는 투자의 기
회가, 북한에게는 경제회복의 기회가 되도록 해야 할 것"이라고 강조했다. 그는
"정전체제가 평화체제로 전환되고, 남북이 함께 공조하는 한반도 경제시대가 열리
면 한반도는 동북아 경제의 중심이 될 것이다. 우리는 유라시아 대륙으로 힘차게
뻗어나가면서 동북아의 물류, 금융, 비즈니스 허브로 확고히 자리잡고, 북한은 획

기적인 경제발전의 기회를 갖게 될 것"이라고 전망했다. 그의 남북경제교류협력에
대한 철학이 들어간 대목이다.

32) 조은석 외, 앞의 책, p.117.

33) 최수영, 김규륜, 김학성, 박종철 공저, 앞의 책, p.2.

34) 한국 정부는 남북한 간 거래는 민족자결권에 입각한 민족내부거래로서 국제통상
규범이 적용되지 않는다는 일관된 입장을 견지하고 있다. 그러나 남북한 간 거래
가 민족내부거래로서 국제사회로부터 인정을 받은 것은 아니기 때문에 향후 남북
경협이 본격화되고 교역규모가 획기적으로 증가할 경우 국제사회의 이의 제기 가
능성은 언제나 열려 있는 것이다. 따라서 국제사회의 문제제기에 대비해서 남북한
거래가 민족내부거래로 인정받을 수 있는 방안을 사전에 모색해야 한다. 남북교역
을 민족내부거래로 인정받기 위해서는 우선 UN의 지지를 확보한 후 이를 바탕으
로 WTO에서 지지를 받는 것이 가장 바람직하다. 현 단계에서 가장 좋은 방안은
남북한 쌍방이 남북교역이 내부거래임을 주장하고 선언하는 것이다. 남북교역협
정 등과 같은 형식으로 문서화하는 방안도 고려해볼 필요가 있을 것이다.

35) 윤영관, 이장로 엮음, 앞의 책, p.105.

36) 위의 책, p.107.

37) 조건부 지원의 예로는 통행, 통신, 통관 등 3통 문제의 완화 및 해결, 철도도로 연
결 및 상시 운행, 이산가족의 방문 통신, 납북자 국군포로 문제 해결 등을 들 수
있다.

38) 윤영관, 이장로 엮음, 앞의 책, p.109.

39) 위의 책, p.132.

40) 특히 서해교전 시 금강산 관광이 지속되었던 사례는 당시의 한국정부가 정경분리
원칙에 입각하여 신축적 상호주의전략을 적절히 구사한 대표적인 사례가 될 것이
다.

41) 이러한 정경분리원칙은 남한이 북한과의 경제교류협력을 활성화함에 있어서 기능
주의적인 입장에서 보다 포괄적인 상호주의를 강조한다는 것을 의미한다고 볼 수
있다. 큰 틀에서는 포용정책의 틀 속에서 포괄적 상호주의를 적용한 북한 지원정
책 위주로 진행되었다.

42) 조건부 지원의 사례로는 통행, 통신, 통관 등 3통 문제의 완화 및 해결, 철도도로
연결 및 상시 운행, 이산가족의 방문과 상호간 통신 보장, 납북자 국군포로 문제
해결 등을 들 수 있다. 또한 한반도의 평화와 핵 문제 해결을 위한 국제환경의 조
성 등을 조건으로 내걸어 북이 남북관계 개선, 대미관계 개선에 호응하도록 해야
한다. 이를 위해 북한이 거부할 수 없을 정도로 매력적인 사업내용과 규모를 제시
하는 전략이 필요하다.

43) 임강택, 『새로운 남북협력모델의 모색: 지속적으로 발전 가능한 협력모델』(통일연

구원, 2002), p.71.

44) 우리 국민은 한국의 대외적 안보위협을 줄이기 위한 방안으로 북한과의 교류확대를 가장 중요하게 생각하는 것으로 나타났다. 또 국민 10명 중 6명 이상은 남북교류협력이 북한체제 변화에 긍정적인 영향을 주고 있다는 인식을 가진 것으로 조사됐다. 이 같은 조사결과는 국방대학교 안보문제연구소가 2009년 9월 9일부터 10월 16일까지 여론조사 전문기관인 한국갤럽조사연구소에 의뢰해 전문가 60명을 포함한 전국 19세 이상 성인남녀 1천 261명을 대상으로 한 국민 안보의식조사에서 드러났다. 국방대의 조사결과에 따르면 '한반도의 안보위협을 줄이기 위한 방안'으로 일반 국민의 33.6%가 '북한과의 교류협력확대'라고 답해 가장 큰 비중을 차지했고 이어 '한국의 군사력 증강'(29.9%), '한미협력체제 강화'(18.0%), '일본, 중국, 러시아 등 주변국과 협력강화'(17.7%) 순으로 응답했다.

45) 임강택, 『새로운 남북협력모델의 모색: 지속적으로 발전 가능한 협력모델』(서울: 통일연구원, 2002), p.2.

46) 로버트 액셀로드 저, 이경식 옮김, 앞의 책, p.206.

47) 위의 책, p.206.

48) 위의 책, p.181.

49) 미래의 그림자가 없어지면 협력은 더 이상 유지될 수 없다. 즉 협력을 유지하는데 시간전망은 필수적이다. 상호작용이 오래 계속될 것 같고 참가자들이 함께하는 미래를 소중히 생각할 때 협력의 창발과 유지의 조건이 무르익는다. 협력의 기초가 되는 것은 관계의 지속성이다(위의 책, p.215).

50) 통일부 통일정책실, 앞의 책.

51) Axelrod and Keohane, 앞의 글, p.246.

52) 협력이 성사되려면 다음의 두 가지 특징을 가진 전략을 사용하는 개체들이 우선 무리지어 있어야 한다. 첫째, 먼저 협력하고, 둘째, 협력에 협력으로 반응해오는 상대와 그렇지 않은 상대를 구분할 줄 알아야 한다(로버트 액셀로드 저, 이경식 옮김, 앞의 책, p.207).

53) 양성철 교수는 서구식의 채찍과 당근 개념 위에 한국식의 "널뛰기" 개념이 보완되어야 한다고 주장한다. 양 당사자가 상호 중량과 힘을 적절히 균형, 조정해야 하는 한국식 널뛰기 개념이 북한과의 게임에 유효·적절하게 적용된다는 것이다(양성철, 『북한 핵과 대북정책』, 서울: 민족통일연구원, 1994, p.10).

54) 로버트 액셀로드 저, 이경식 옮김, 앞의 책, p.194.

55) 백태열, "미국 클린턴 행정부의 한반도 등거리 외교정책," 『통일연구』 2권1호, 연세대학교 통일연구원, 1998.

56) Paul Bracken, "How to Think About Korean Unification," Orbis, Summer 1998.

57) Nicholas Eberatadt, "Hastening Korean Reunification," *Foreign Affairs* 76/2, March/April 1997.

58) 백태열, 앞의 글, p.98.

59) 1990년대 소련의 붕괴와 중국의 사회주의적 시장경제체제 채택으로 소련·중국·북한의 사회주의 3각 동맹체제가 상당히 와해되었다. 그러나 미국·일본·한국의 자유민주주의 3각 동맹체제는 여전히 유지되고 있다. 또한 북한의 국민 총생산 규모는 남한의 약 1/30밖에 되지 않는 등 체제비교상의 힘의 균형은 이미 파괴되었다.

60) 북한은 교류협력의 필요성을 인정하면서도 그것이 북한의 개혁개방으로 이어져 북한체제 유지에 악영향을 줄 것을 우려하고 있다.

61) 최은석,『남북한과 중국·대만의 교류 협력법』(한국학술정보, 2006), p.91.

62) 북한의 내각 기관지『민주조선』2005년 7월 29일자에서는 "최고인민회의 상임위원회는 북남경제협력법을 채택했다"며 "이 법의 채택으로 북남경제협력사업의 활기 있는 진전을 법적으로 확고히 담보해주게 됐다"라고 강조한 바 있다.『연합뉴스』, 2005년 8월 7일.

63) 향후 북한은 남북교류협력 전반을 규율하는 일반법을 제정할 가능성도 있어 보인다.

64) 진화론적 접근은 하나의 단순한 원칙을 바탕으로 한다. 보다 성공적인 것은 무엇이든 미래에 더 많이 나타난다는 것이다(로버트 액셀로드 저, 이경식 옮김, 앞의 책, p.201).

65) 팃포탯은 현재에 드리우는 미래의 잔영이 충분히 크기만 하면 총체적으로 안정적이며, 또 언제나 배반을 선택하는 전략은 가능한 모든 조건 아래에서 총체적으로 안정함을 알 수 있다(위의 책, p.202).

66) 로버트 액셀로드 저, 이경식 옮김, 앞의 책, p.136.

67) 위의 책, p.138.

68) 신사적인 전략이 모여 있는 집단은 비신사적 전략이 침범하기 가장 어려운 형태의 집단이다. 신사적인 전략들끼리 워낙 좋은 성과를 올리고 있기 때문이다. 돌연변이 전략을 가진 한 개체의 침범을 막을 수 있은 신사적인 전략 집단은 다른 어떤 전략들이 무리를 지어서 들어오더라도 이겨낼 수 있다.

69) 로버트 액셀로드 저, 이경식 옮김, 앞의 책, p.140.

70) '팃 포 투 탯'은 상대방이 이전 두 수에서 연속으로 배반을 했을 경우에만 배만을 하는 규칙이다. 즉 두 번 배반을 한 번의 배반으로 갚아주는 이대일의 비율이다. 팃포탯에 비해 상대적으로 관용적인 이 규칙이 1차 대회에 참가했더라면 우승을 차지했을지도 모른다. 이 프로그램은 팃포탯조차도 성가셔 한 몇몇 규칙들을 상대로도 좋은 성적을 냈을지도 모른다. 그런데 2차 대회에 실제로 이 프로그램이 참

가했지만 상위 3등 안에 들지 못했다. 2차 대회에 참가한 프로그램 가운데 드문 드문 딱 한 번씩만 배반을 용서해주는 팃포투탯의 관용성을 이용해 득을 보는 프로그램들이 있었기 때문이다.

71) 제1차 세계대전 당시 참호전의 고단함 속에서 나타난 공존공영시스템은 호혜주의 에 바탕을 둔 협력이 나타나는 데 우정이 필요 없음을 입증한다. 적절한 조건만 갖추어진다면 적대적 관계에서도 얼마든지 협력이 발전할 수 있다. 호혜주의에 입 각한 전략은 일단 시작되고 나자 여러 가지 방식으로 확산되었다. 처음에는 몇 시 간 동안 지속되던 사격 자제 시간이 점차 길게 연장되었다. 한 형태의 자제가 또 다른 형태의 자제 시도로 이어졌다. 그리고 무엇보다 중요한 것은, 한 전투 지구 에서 개발된 자제의 형태가 이웃 지구들에서 모방되었다는 것이다.

72) 로버트 액셀로드 저, 이경식 옮김, 앞의 책, p.122.

73) 위의 책, p.125.

74) 양무진, "북한의 대남협상행태: 지속과 변화를 중심으로,"『한국과 국제정치』19 권, 4호(경남대학교 극동문제연구소, 2003), p.241.

75) 위의 글, p.242.

76) 임강택, 앞의 책, p.74.

77) 독일 통일은 국제적 여건의 형성이 매우 중요함을 시사해주고 있는데 결론적으로 통일 한국이 안정되고 동북아의 안정과 발전에 기여한다는 신뢰를 주변국에 심어 주어야 한다는 교훈을 주고 있다. 독일 통일에 있어서 미국의 신뢰는 결정적 요인 으로 작용하였는데, 영국이 "제2차 세계대전에 참전한 용사들이 아직도 살아있기 때문에 제2차 세계대전은 영국에서 아직도 살아있는 역사(living history)"라며 독 일 통일을 반대하였고, 프랑스도 "유럽이 통일될 때 그때에 독일 통일도 하자"는 식으로 우회적인 반대를 하였다. 이러한 주변국의 반대는 부시 전 미국 대통령이 콜 서독 대통령의 "통일 독일은 반드시 NATO의 맴버가 되어야 한다"는 약속에 대한 신뢰감을 가지고 영국과 프랑스를 설득함으로써 해소되고, 독일의 통일을 가 능하게 하였다(공로명, "김대중 외교노선 비판", 『월간조선』 2002년 6월, p.105).

78) 서독의 신동방정책이 성공할 수 있었던 원인은 동독이 교류협력을 통한 분단의 평 화적 관리를 수용할 수 있는 국제정치적 여건이 갖추어졌다는 점 때문이다. 즉 동 서냉전의 유럽분단구조가 독일의 분단을 규정하고 있었기 때문에 동독은 교류협 력을 확대하더라도 서독에 의한 흡수통일을 억제할 수 있을 것으로 판단하여 서 독과 기본조약을 체결하고 경제적 실리 확보를 목적으로 내독교역을 활성화시켰 던 것이다.

79) 임강택, 앞의 책, pp.13-14.

80) 윤영관, 이장로 엮음, 앞의 책, p.104.

81) 위의 책, p.105.

82) 위의 책, p.105.

83) 박형중, 앞의 책, p.40.

84) 위의 책, p.48.

85) 로버트 액셀로드 저, 이경식 옮김, 앞의 책, p.220.

86) 인간의 세계에서도 주먹세계와 상권 등의 여러 곳에서 텃세권은 자주 관측된다.

87) 로버트 액셀로드 저, 이경식 옮김, 앞의 책, p.158.

88) 위의 책, p.161.

89) 위의 책, p.164.

90) 황금률은 원래 예수 그리스도의 산상수훈(山上垂訓) 속에 있는 것으로, 신약성서 마태복음 7장 12절에 나오는 "그러므로 무엇이든지 남에게 대접을 받고자 하는 대로 너희도 남을 대접하라. 이것이 율법이요. 선지자니라"와 누가복음 6장 31절 "남에게 대접을 받고자 하는 대로 너희도 남에게 대접하라"의 예수의 가르침을 말한다. 17세기부터 황금률이라는 표현이 사용되었다고 알려져 있다. 그 기원은 정확히 알 수 없으나, 3세기의 로마 황제 세베루스 알렉산더가 이 문장을 금으로 써서 거실 벽에 붙인 데에서 유래한 것으로 알려져 있다.

91) 로버트 액셀로드 저, 이경식 옮김, 앞의 책, p.165.

92) 위의 책, p.168.

93) 우리는 이러한 사례를 부시정권하에서 미국과 북한 간의 관계에서 쉽게 확인할 수 있다.

94) 위의 책, p.168.

95) 이러한 대표적인 사례는 미국과 북한 간에는 클린턴정부에서 부시정부로의 정권교체과정에서, 남북관계에서는 노무현정부에서 이명박정부로의 정권교체로 확인할 수 있다. 아마 김정일을 둘러싼 북한의 지도부로서는 남북 정상 간에 이루어진 10·4선언이 새로운 정부에 의해 무시되는 현상을 이해하기 어려울 것이다.

96) 한국 헌법의 전문에서는 "평화적 통일의 사명에 입각하여 정의, 인도와 동포애로써 민족의 단결을 공고히 할 것"을, 제4조에서는 "대한민국은 통일을 지향하며, 자유민주주의 기본질서에 입각한 평화적 통일정책을 수립하고 이를 추진할 것"을 규정하고 있다. 그리고 제66조 3항에서는 "대통령은 조국의 평화적 통일을 위한 성실한 의무를 진다"고 규정함으로써 평화통일을 위한 대통령의 책무도 제시하고 있다.

97) 이종석, 『분단시대의 통일학』(서울: 한울아카데미, 1998), p.34.

98) 구영록, 『한국과 햇볕정책: 기능주의와 남북한 관계』(서울: 법문사, 2000), pp.109-111.

99) 국가 간의 통합의 과정은 다양하게 설명되고 있으나, 대체적으로 다음과 같은 네 단계로 요약할 수 있다. 첫째, 국가 간에 교류 및 거래 관계가 증대하면 그러한

행위의 복잡성이 증대된다. 둘째, 이러한 복잡성 문제를 해결하기 위해 국가들은 상호작용을 정식화하게 되며, 그러한 과정에서 보다 큰 협력관계가 발생한다. 셋째, 국가들은 이러한 협력관계를 보다 더 단일화하기 위해 또는 하나의 국가로서 정책결정을 하기 위해서 실질적이며 공식적인 제도를 창출한다. 넷째, 일단 이 단계에 이르면 독립된 단위로서의 국가들이 하나의 단위로서 통합될 가능성이 높아진다.

100) 통합이론은 비교적 동질적인 국가들이 평화적인 방법에 의해 하나로 결합되는 양상, 방법을 설명하기 위해 개발된 이론이다. 따라서 남북한같이 이념적으로는 물론 체제의 성격이 근본적으로 다른 두 개의 체제로 분단되어 군사적 대치상태에 있는 분단국의 통일문제를 설명하기에는 한계가 있다. 그러나 통합이론은 통합방법과 전략의 측면에서 일정한 유용성을 가지고 있다. 또한 통합이론은 국가 간 분쟁의 평화적인 해결, 제도 확립과 상호협조를 통한 공영체제의 수립이라는 적극적 평화개념에서 출발하고 있다는 점에서 남북정치공동체의 형성방안을 마련하기 위한 이론적 준거로서 어느 정도의 타당성을 발견할 수 있다. 더욱이 통합이론은 통합의 방법론적 측면에서 평화적·단계적 접근을 제시하고 있으며, 인간들의 구체적인 집단적 행위를 중시하기 때문에 남북한 문제를 다루는 데 있어서 유용성을 가질 수 있다.

101) 정치통합의 결과로서 정치공동체의 형성을 지적하고 있는 통합이론은 정치통합에 이르는 방법론적 맥락에서 다원주의, 연방주의, 기능주의, 그리고 신기능주의 등으로 분류된다. 다원주의 이론이 설명하려는 통합은 안전공동체의 형성을 의미하기 때문에 국가 간의 전쟁이 제거된 상태이지 개별국가의 주권이 소멸된 상태를 의미하지는 않는다. 연방주의 이론은 통합이 국가의 주권, 권력배분 및 정치엘리트의 행위와 직접적으로 연관된 정치적 현상으로 보고 있다. 통합을 경제기술적인 영역에서부터 점진적으로 이루기보다는 급격한 정치적 타결을 중시하고, 정치지도자의 권력집중능력과 대중의 합의 없이 통합결단을 내리는 의지를 중요시한다. 기능주의 이론은 기술과 경제적 변화가 국제관계의 구조적 변화를 초래하며, 국경을 초월한 기술혁신과 경제활동의 팽창은 영토보존과 배타적 주권을 보호하는 국가의 기능을 상실케 한다고 주장한다. 국가들이 그들의 기능을 초국가기구에 이전시킴이 따라서 국가단위에 대한 충성심과 지지가 초국가단위로 이전되며, 이는 정치공동체를 형성하게 된다는 것이다. 신기능주의이론은 정치공동체가 형성되는 과정을 자동적인 것으로 보지 않는다. 이들은 기능주의 이론이 무관심했던 정치적 변수에 관심을 두고, 정치공동체의 형성과정에서 정치적 변수를 중시, 정치적으로 중요한 과업을 선택하여 통합을 계획하는 것이 필요하다고 주장한다. 또한 통합을 더욱 진행시키기 위하여 의식적인 제도적 장치가 필요함을 강조하고 있다.

1. 국내문헌

1) 단행본

고유환, 『로동신문을 통해본 북한 변화』, 서울: 선인, 2006.

구갑우, 『비판적 평화연구와 한반도』, 서울: 후마니타스, 2007.

구영록, 『한국과 햇볕정책: 기능주의와 남북한 관계』, 서울: 법문사, 2000.

권정달, 『남북한 교역의 활성화 전략: 동서독 교역 비교 분석』, 성남: 세종연
　　　구소, 2002.

김달중 편저, 『외교정책의 이론과 이해』, 서울: 도서출판 오름, 1999.

김영채, 『학습심리학』, 서울: 박영사, 1998.

김용제, 『한반도 통일론』, 서울: 박영사, 2009.

김유남 외, 『21세기 남북한의 미국』, 서울: 삼영사, 2001.

김재한, 『게임이론과 남북한 관계』, 서울: 한울아카데미, 1995.

김학성, 『동・서독 인적교류 실태 연구』, 서울: 민족통일연구원, 1996.

동북아평화연구회, 『국민의 정부 대북포용정책』, 서울: 밀레니엄북스, 1999.

로버트 액셀로드 저, 이경식 옮김, 『협력의 진화(이기적 인간의 팃포탯 전략)』,
　　　서울: 시스테마, 2009.

박건영 외,『한반도 평화보고서』, 서울: 한울, 2002.

박영호,『남북한 평화공존과 대북정책』, 서울: 통일연구원, 2001.

박재규 편,『북한의 신외교와 생존전략』, 서울: 나남, 1997.

______,『새로운 북한 읽기를 위하여(개정증보판)』, 서울: 법문사, 2007.

박준영,『국제정치학』, 서울: 박영사, 2009.

박형중,『"불량국가" 대응 전략』, 서울: 통일연구원, 2002.

백종천,『한반도평화안보론』, 성남: 세종연구소, 2006.

백학순 외,『북한의 국가전략』, 서울: 한울아카데미, 2005.

베르너 바이덴펠트 외 엮음, 임종현 외 옮김,『독일통일백서』, 서울: 한겨레
　　　신문사, 1999.

서대숙,『현재북한의 지도자: 김일성과 김정일』, 서울: 을유문화사, 2000.

송종환,『북한협상행태의 이해』, 서울: 도서출판 오름, 2007.

신영석,『역대정권의 통일정책변천사』, 서울: 평화문제연구소, 2008.

신종대 외,『남북한 관계론』, 서울: 한울, 2005.

심지연,『남북한 통일방안의 전개와 수렴』, 서울: 돌베개, 2001.

양문수,『북한경제의 구조: 경제개발과 침체의 메커니즘』, 서울: 서울대학교
　　　출판부, 2004.

양성철,『북한 핵과 대북정책』, 서울: 민족통일연구원, 1994.

양현모 외,『남북교류협력 효율화를 위한 거버넌스 모형 구축』, 서울: 통일연
　　　구원, 2008.

윤영관 외,『남북경제협력 정책과 실천과제』, 서울: 한울, 2009.

이상민 외,『21세기 남북한 정치』, 서울: 한울아카데미, 2000.

이상우,『국제정치학강의』, 서울: 박영사, 2009.

이서행 외,『남북정치경제와 사회문화교류 전망』, 서울: 백산서당, 2005.

이우영 외,『북한의 국가전략』, 서울: 한울아케데미, 2005.

______,『한반도의 평화와 통일』, 서울: 백산서당, 2005.

______,『화해, 협력과 평화번영 그리고 통일』, 서울: 한울아카데미, 2005.

________,『남북한 평화공존을 위한 사회·문화 교류협력의 활성화 방안』,
　　　서울: 통일연구원, 2001.

이종석,『분단시대의 통일학』, 서울: 한울아카데미, 1998.

______,『현대북한의 이해』, 서울: 역사비평사, 2005.

이효원,『남북교류협력의 규범체제』, 서울: 경인문화사, 2006.

임강택,『새로운 남북협력모델의 모색: 지속적으로 발전 가능한 협력모델』,
　　　서울: 통일연구원, 2002.

임동원,『피스메이커: 남북관계와 북핵문제 20년』, 서울: 중앙books, 2008.

임채완 외,『분단과 통합』, 서울: 한울아카데미, 2006.

전성훈,『KEDO 체제하에서 남북한 협력증진에 관한 연구』, 서울: 민족통일
　　　연구원, 1996.

정용길,『독일 1990년 10월 3일-통일을 생각하며 독일을 바라본다』, 서울:
　　　동국대학교출판부, 2009.

정찬구 외,『NLL문제의 실체적 해부』, 서울: 도서출판 이경, 2009.

조은석 외,『남북한교류·협력 활성화를 위한 법·제도적 개선방안 연구』,
　　　서울: 통일연구원, 2000.

조한범,『비정부기구를 통한 남북한 교류협력 증진 방안 연구』, 서울: 통일연
　　　구원, 2000.

최수영 외,『남북한 경제교류·협력 제도화방안』, 서울: 통일연구원, 2001.

최완규,『북한은 어디로: 전환기 '북한적' 정치현상의 재인식』, 서울: 경남대
　　　출판부, 1996.

최은석,『남북한과 중국·대만의 교류협력법』, 서울: 한국학술정보, 2006.

최정규,『이타적 인간의 출현』, 서울: 뿌리와 이파리, 2008.

최진욱 외,『남북관계의 진전과 국내적 영향』, 서울: 통일연구원, 2003.

하정열,『한반도의 평화통일전략』, 서울: 박영사, 2004.

______,『국가전략론』, 서울: 박영사, 2009.

______,『한반도 희망이야기』, 서울: 오래, 2011.

한덕웅 외, 『인간의 마음과 행동』, 서울: 박영사, 2001.

함택영, 『국가안보의 정치경제학』, 서울: 법문사, 1998.

허문영 외, 『평화번영정책 추진성과와 향후과제』, 서울: 통일연구원, 2007.

황병덕, 『동서독간 정치통합 연구』, 서울: 민족통일연구원, 1996.

2) 논 문

고유환, "남북한의 통일전략과 한반도의 평화적 통일전망,"『사회과학연구』,
　　　2000년 12월호.

김국신, "국가통합이론과 분단국 통합사례가 남북한 통일에 주는 시사점,"
　　　『한국과 국제정치』, 제16권 제1호, 2000.

김근식, "연합제와 연방제의 공통성 인정: 통일접근 방식과 평화공존에 합의,"
　　　『아태평화포럼』, 제39호. 2000. 7.

김승학, "상호주의와 거리가 먼 남북 실무협상,"『한국논단』, 1994. 8.

김영수, "북한의 정치문화「주체문화」와 전통정치문화," 서강대학교 박사학위
　　　논문, 1991.

김영윤, "남북관계에서의 상호주의 적용: 동서독 사례와 시사점,"『통일경제』
　　　통권 제93호(2008년 여름), 현대경제연구원, 2008.

김재한, "상호주의의 대북정책의 조건과 효과,"『통일정책연구』, 통일연구원,
　　　1999.

김진영, "김대중정부의 대북정책: 정경분리원칙과 상호주의원칙을 중심으로,"
　　　『韓國民族文化』 제12호, 1998.

김태현, "대북인식의 이중구조와 북핵문제,"『국가전략』, 제2권 2호, 1996.

＿＿＿, "상호주의와 국제협력: 한반도 핵문제의 경우,"『국가전략』, 2002년
　　　가을.

김헌환, "軍備統制에서 檢證과 相互主義에 대한 硏究,"『국방대논문』,
　　　2003.

남만권, "한반도 긴장완화의 저해요인에 대한 고찰,"『국가전략』, 2002년 가을.

노정호, "대북화해협력정책과 북한의 변화에 대한 실증적 연구," 『한국과 국
　　제정치』, 제18호, 2002.

류길재, "김대중 정부의 대북정책에 대한 평가," 『신정부의 대북 및 대미정책
　　과제와 방향』, 국제문제조사연구소·한국국제정치학회 공동학술회의,
　　2003년 2월 26일.

문두식, "남북한 통일방안에 대한 연구," 경남대학교 대학원 박사학위논문,
　　2002.

문정인, "패권적 안정이론과 상호주의" 『국제정치학회보』, 1988.

박홍석, "일본패권과 국제질서의 상호주의," 『부산정치학회보』, 1994.

박재민, "국가가 상호주의를 택하는 이유(국가 간 상호주의와 협력: 이론과
　　실제)," 『東西硏究』, 제13권 제2호, 2001.

＿＿＿, "김대중정부 시기 남북한 상호성에 대한 연구," 『國際政治論叢』, 제
　　43집 1호, 2003.

백태열, "미국 클린턴 행정부의 한반도 등거리 외교정책," 『통일연구』, 2권1
　　호, 연세대학교 통일연구원, 1998.

백학순, "대북정책," 『국가전략』, 세종연구소, 국가전략 제4권 2호, 성남: 세
　　종연구소, 1988.

신종대, "한국정치의 북한요인 연구," 서강대학교 박사학위논문, 2002.

양길현, "신남북시대의 평화공영과 연합제-낮은 단계의 연방제," 『국가전략』,
　　7권 4호, 2001.

양무진, "북한의 대남협상전략 유형," 경남대학교 대학원 박사학위논문,
　　2001.

＿＿＿, "북한의 대남협상행태: 지속과 변화를 중심으로," 『한국과 국제정치』,
　　19권, 4호, 경남대학교 극동문제연구소, 2003.

＿＿＿, "제2차 북핵문제와 미북 간 대응전략: 미국의 강압전략과 북한의 맞
　　대응전략," 『현대북한연구』, 제10권 제1호, 경남대학교 극동문제연구
　　소, 2007년 4월호.

양운철, "남북한 경제협력과 상호주의," 『국제정치학 회보』, 2008.

임규정 외, "북방한계선의 역사적 고찰과 현실적 과제," 『현대이념연구』, 제14집, 1999.

정지웅, "대북포용정책에 대한 이론적 검토," 2006년 북한연구학회 동계학술회의 발표논문, 2006.

정진영, "상호주의와 국제협력: 국제무역의 경우," 『국가전략』, 제3권 2호(성남: 세종연구소), 1997.

제성호, "남북관계의 발전과 상호주의," 『北韓』, 2005년 11월호.

최완규, "햇볕정책의 허실: 쟁점과 대안의 모색," 『햇볕정책과 그 이후: 정책적 평가와 전망』, 연세대학교 사회과학연구소 춘계학술대회, 2002년 6월 14일.

최완규 외, "북한주민의 사적 욕망," 『현대북한연구』, 제11권 2호(서울: 북한대학원대학교), 2008.

한용섭, "상호주의 적용으로 북한이 선군정치를 선민정치로 바꾸지 않을 수 없게 만들어야," 『한국논단』, 2008년 4월호.

함택영, "남북한 통합과정 모델 비교분석," 경남대학교 극동문제연구소, 『한국과 국제정치』, 제16권 제1호, 2000년 봄·여름호.

3) 기 타

① 정부간행물

공군본부, 『공군』, 대전: 공군본부, 1999년 7월호.

국방부, 『북방한계선(NLL)에 관한 우리의 입장』, 서울: 국방부, 2007.

국방부, 『남북군사회담 자료집』, 서울: 국방부, 2009.

국회사무처, "한반도 주변 안보정세와 한국의 대응방안," 『연구보고서』 GOVP1200701749(2006.11),

민주평화통일자문회의 사무처, 『제2차 남북경협 실무접촉 개최결과』, 서울: 민주평화통일자문회의, 2000.

통일부, 『1999-2009 통일백서』, 서울: 통일부, 1999-2009.

______, 『북한이해』, 서울: 통일부, 1999-2009.

______, 『분야별 남북공동위원회 편람』, 서울: 통일부, 1998.

______, 『상호주의원칙이란 무엇인가』, 서울: 통일부, 1998

______, 『참여정부의 평화번영 정책』, 서울: 통일부, 2003.

______, 『2007 남북정상회담』, 서울: 통일부, 2007.

통일연구원, 『남북한 실질적 통합을 위한 교류·협력 제도화 방안』, 서울: 통일연구원, 2002.

② 잡지, 신문 및 방송

『연합뉴스』

『중앙일보』

『한겨레신문』

『내일신문 인터넷판』

『연합뉴스 인터넷판』

『MBC 인터넷판』

『YTN 인터넷판』

2. 북한 문헌 및 자료

1) 김정일 선집

김정일, 『김정일선집』, 제14권, 평양: 조선로동당출판사, 1995-1999.

2) 단행본

강충희, 『조국통일 3대 공조』, 평양: 평양출판사, 2005.

김태영, 『애국애족의 통일방안』, 평양: 평양출판사, 2001.

심병철, 『조국통일문제 100문 100답』, 평양: 평양출판사, 2003.

장　석,『김정일장군 조국통일론 연구』, 평양: 평양출판사, 2002.

3) 신 문

로동신문, "북남관계에서 〈상호주의〉는 통용될 수 없다," 평양: 1998.5.23.
______, "북남관계전반을 망치는 불망종," 평양: 1998.7.9.
______, "이른바 〈대북화해정책〉을 발가본다," 평양: 1998.7.24.
______, "이른바 〈해볕론〉은 뒤집어놓은 반북대결론," 평양: 1998.8.7.
______, "남조선 집권자에게 진정으로 화해와 단합, 평화통일의 의지가 있
　　는가," 평양: 1998.8.21.
______, "정체위장을 노린 〈화해〉,〈협력〉타령," 평양: 1998.11.15.
______, "공동선언 실천에 통일조국의 미래가 있다," 평양: 2001.6.16.

4) 기 타

『민주조선』, 평양, 2005.
『조선중앙년감』, 평양, 1959.

3. 국외문헌

1) 단행본

Albrecht, Ulrich, *Die Wiedervereinigung. Die Regelung der aeusseren Aspekte*, Manuskript, Berlin, 1991.
Axelrod, Robert, *The Evolution of Cooperation*, New York: Basic Books, 1984.
______, Conflict of Interest, A Theory of Divergent Goals with Application to Politics, Chicago: Markham, 1970.
Bahr, Egon, *Sicherheit für und vor Deutchland*, München, 1991.
Bender, Peter, *Die Neue Ostpolitik und ihre Folgen*, München, 1995.

Blau, Peter, *Exchange and Power in Social Life*, New York: Wiley, 1964.

Brierly, J. L., *The Law of Nations*, New York: Oxford University Press, 1963.

Buzan, Barry. *People, State, and Fear: An Agenda for International Security Studies in the Post-Cold War*, London: Harvester Wheatsheaf, 1991.

Deutsch, Karl W., *The Analysis of International Relations*, New Jersey: Prentice-hall, Inc. 1968.

__________________, *Tides among Nations*, A division of Macmillan Publishing Co., Inc., New York, 1979.

Deutsh, Morton, *Distributive Justice: A Social Psychological Perspective*, New Haven: Yale University Press, 1985.

Dugatkin, L. A., *Cooperation among animals: an evolutionary perspective*, NY: Oxford University Press, 1997.

Dugatkin, L. A. and Reeve, H. K.(eds.), *Game Theory and Animal Behavior.* Oxford University Press, 1998.

Etzioni, Amitai. *The Hard way to Peace: A New Strategy*, New York: Collier, 1962.

______________, *Political unification*, New York: Holt, Rheinhart and Winston, 1965.

Farwick, Dieter, *Ein Staat-Eine Armee*, Report Verlag, 1992.

George, Alexander L., *Bridging the Gap. Theory & Practice in Foreign Policy*, Washington: United States Institute of Peace Press, 1993.

Glahn, Gerhard, *Law Among Nations*, New York: Macmillan, 1981.

Gowa, Joanne, Closing the Gold Window: Domestic Politics and the End of Bretton Woods, Ithaca, N.Y.: Cornell University Press, 1983.

Haass, Richard N. and O'Sullivan, Meghan L.(eds), *Honey and Vinegar, Incentives, Sanctions, and Foreign Policy*, Brookings

Instition, 2000.

Hass, Ernst B., *Beyond the Nation-State : Functionalism and International Organization*, Stanford: Stanford University Press, 1964.

Keohane, Robert O., *After hegemony: Cooperation and Discord in the World Political Economy*, Princeton: Princeton University Press, 1984.

Keohane, Robert O., Nye, Joseph S., *Transnational Relations and World Politics*, Cambridge: Harverd University Press, 1973.

Leng Russel J., *Interstate Crisis Behavier 1816-1980: Realism Versus Reciprocity*, Cambridge University Press, 1993.

Lindblom, Charles E., *The Intelligence of Democracy: Decision Making through Mutual Adjustment*, New York Press, 1993.

Osgood, Charles E., *An Alternative to War or Surrender*, Urbana: University of Illinois Press, 1962.

Oye, Kenneth(ed.), *Cooperation under Anarchy*, Princeton: Princeton University Press, 1986.

Pentalnd, Charles, *International Theory and European Intergreation*, London: Faber and Faber Ltd., 1973.

Putnam, Robert D., *Bowling Alone: The Collapse and Revival of American Community*, New York: Simon & Schster, 2000.

Rappaport, Anatol and Chammah, Albert, *Prisoners' Dilemma*, Ann Arbor : Univ. of Michigan, 1965.

Sahlins, Marshall, *Stone Age Economics*, Chicago: Aldine-Atherton, 1972.

Schelling, Thomas, *Strategy of Conflict*, Cambridge: Harvard University Press, 1964.

Taylor, Michael, *Anarchy and Cooperation*, London: John Wiley and Sons, 1976.

Trivers, Robert. *Social Evolution*, Menlo Park, CA: Benjamin/ Cummings, 1985.

Waltz, K., *Theory of International Politics*, Reading, Mass: Addison, 1979.

2) 논 문

Axelrod, R. and Hamilton, W. D., "The evolution of cooperation," *Science* 211, 1981.

Axelrod, R. and Keohane R., "Achieving Cooperation under Anarchy: Strategies and Institutions," *World Politics,* vol. 38, no. 1, October 1988.

Bracken, Paul, "How to Think About Korean Unification," *Orbis*, Summer 1998.

Eberatadt, Nicholas, "Hastening Korean Reunification," *Foreign Affairs* 76/2, March/April 1997.

Galluci, Robert, "Progress and Challenges Toward Denuclearizing the Korean Peninsula: A Briefing on the Status of the Agreed Framework," Arms Control Association Conference(Wednesday, April, 10. 2002).

Gouldner, Alvin W., "The Norm of Reciprocity: A Preliminary Statement," *American Sociological Review*, 25, 1960.

Keohane, Robert O., "Reciprocity in International Relations," *International Organization*, 40, 1986.

Kindleberger, Charles P., "Hierarchy vs. International Cooperation," *International Organization*, 40:4, 1986.

Komorita, Samuel S., and Esser, James K., "Frequency of Reciprocated Concessions in Bargaining," *Journal of Pesonality and Social Psychology.* 32, 1975.

Krell, Gert, "Die Ostpolitik der Bundesrepublik Deutschland und die deutsche Frage," *Aus Politik und Zeitgeschichte* Heft B29, 1990.

Larson, Deborah W., "The Psychology of Reciprocity in International

Relations," *Negotiation Journay*, 3. 1988.

___________________, "Game Theory and Psychology of Reciprocity," a paper presented at American Political Science Association, Washington, D.C., August 1986.

___________________, "Exchange and Reciprocity in International Negotiation," *Journal of International Negotiation*, 1998.

___________________, "Crisis Prevention and Austrian Treaty", *International Organization*, Vol. 41, no.2, Winter 1987.

Malmgren, Harald B., "Threats to Multilateral System," in Wiliam Cline (ed.), *Trade Policy in the 1980s*, Washington, D.C.: Institute for International Economics, 1983.

McGinnis, Michael D., "Issue-Linkage and the Evolution of International Cooperation," *Journal of Conflict Resolution* 30, March 1986.

Morgenthau, Hans J., "Another 'Great Debate': The National Interest of the United States," *American Political Science Review*, LXVI, 1952.

Nemeth, C., "Bargaining and Reciprocity," *Psychological Bulletin*, 74, 1970.

Patchen, Martin, "Conflict and Cooperation in American-Soviet Relation" *International Interactions*, 1991.

______________, "Resolving Disputes Between Nations: Coercion or Conciliation?," Durham N. C.: Duke University Press. 1991.

Resnick, Evan, "Defining Engagement," *Journal of International Affairs*, Sping, 2001.

Rosenau, James, "Hegemons, Regimes, and Habit-Driven Actor," *International Organization*, 40:4, 1986.

Victor Cha, "Korean Unification: the zero-sum past and the precarious future," *Asian Perspective*, vol.21, no.3, winter 1997.